全国高职高专公共基础课规划教材

大学语文辅学增广

鞠永才　王淑娟　主　编

王秀华　刘晓燕　张　焱　李凤霞　杨青凌　副主编

清华大学出版社

北　京

内 容 简 介

以就业为导向、以实用为核心的高职教育强调基础理论课以“必需”、“够用”为度，使得基础理论课的客观标准变得模糊，弹性空间加大。要实现语文水平“不厌其高”的指向，就要强调学生学习的自觉性和提高学生的自觉能力。本书为《大学语文》辅助教材，旨在满足学生完成课业的同时，为学生提供广阔的拓展视野。

本书依《大学语文》(鞠永才主编，清华大学出版社 2010 版)的体例，分为诗、词、散文、小说、戏剧五个单元，针对每篇课文设置知识拓展、强化训练、写作训练、口语训练等知识模块，便于学生自学，是提高学生语文能力的良好选本。

本书适合学生自学使用，也是教学的理想参考资料，对题库建设乃至精品课建设都有很大的帮助。

图书在版编目(CIP)数据

大学语文辅学增广/鞠永才，王淑娟主编；王秀华，刘晓燕，张焱，李凤霞，杨青凌副主编. —北京：清华大学出版社，2011.10(2019. 9 重印)

(全国高职高专公共基础课规划教材)

ISBN 978-7-302-26715-7

Ⅰ. ①大…　Ⅱ. ①鞠…　②王…　③王…　④刘…　⑤张…　⑥李…　⑦杨…　Ⅲ. ①大学语文课—高等职业教育—教学参考资料　Ⅳ. ①H19

中国版本图书馆 CIP 数据核字(2011)第 176471 号

责任编辑：桑任松
封面设计：刘孝琼
责任校对：周剑云
责任印制：丛怀宇
出版发行：清华大学出版社
　　网　　址：http://www.tup.com.cn, http://www.wqbook.com
　　地　　址：北京清华大学学研大厦 A 座　　**邮　　编**：100084
　　社 总 机：010-62770175　　**邮　　购**：010-62786544
　　投稿与读者服务：010-62776969, c-service@tup.tsinghua.edu.cn
　　质量反馈：010-62772015, zhiliang@tup.tsinghua.edu.cn
　　课件下载：http://www.tup.com.cn, 010-62791865
印 装 者：北京虎彩文化传播有限公司
经　　销：全国新华书店
开　　本：185mm×260mm　　**印　张**：17.5　　**字　数**：422 千字
版　　次：2011 年 10 月第 1 版　　**印　次**：2019 年 9 月第 5 次印刷
定　　价：45.00 元

产品编号：043268-02

随着我国职业教育的发展，教育教学的目标更加明确。在培养技能型、实用型人才的大方向下，教学改革逐步深入，职业教育也从精英教育中独立出来，成为我国高等教育的一个重要板块。要培养技能型、实用型人才，就要建立技能型、实用型人才培养的内容体系和方法体系。根据教育部《关于加强高职高专教育人才培养工作的意见》和《关于制订高职高专教育专业教学计划的原则意见》，职业教育的基本特征是“以培养高等技术应用性专门人才为根本任务，以适应社会需要为目标、以培养技术应用能力为主线设计学生的知识、能力、素质结构和培养方案，毕业生应具有基础理论知识适度、技术应用能力强、知识面较宽、素质高等特点，以应用为主旨和特征构建课程和教学内容体系”。“基础理论教学要以应用为目的，以必需、够用为度，以讲清概念、强化应用为教学重点”。“必需”、“够用”是弹性概念，其弹性特点是以教学目标和专业需要为依据。据此，我们确立了建模立块、灵动组合、服务必需、保障应用的基础课建设的指导思想，建立了基础课模块弹性配课体系。本书就是在这个背景下编写的，旨在适应高职高专教学，完善基础课模块弹性配课体系。

大学语文在高职高专院校中是一门基础课，它作为横向联系各学科能力最强的一门基础性学科，具有丰富的文化内涵，对于文化素质教育来说有着极为重要的学科价值。首先，大学语文在培养学生的语言文字能力方面，是其他任何学科无法取代的，这种能力也是任何学科的学生都必须掌握的。大学语文对于语言表达能力的培养，既可以促进学生专业知识、专业技能的掌握，提高学生获取知识的能力，同时又有助于学生逻辑思维和形象思维的培养，有助于提高学生的分析能力、感悟能力、鉴赏能力和表现能力。其次，大学语文的内容可谓包罗万象，课程从古今中外的典范作品出发，从历史、哲学、艺术、伦理、心理、美学等多方面对学生进行潜移默化的教育和熏陶。文学作品可以通过丰富的想象性、情感性、思辨性和思维发散性培养学生认识生活、理解生活、品味生活和创造生活的能力。其丰富的文化内涵对启迪心智、陶冶情操、充实知识、认识社会、感悟人生、提高综合素质具有特别重要的意义。再次，大学语文教学还是培养学生爱国主义情操和高尚人格的有力手段。

大学语文对于文科类专业来说，既是一门职业核心能力训练课，又是一门综合职业素质课。大学语文将说、学、写、做融为一体，教学中着重加强学生的综合人文修养和素质培养，渗透职业核心能力的培养，如自我学习能力、与人交流能力、与人合作能力、解决问题能力、处理政务的能力、普通话交际能力、语言思辨能力、信息处理能力、创新创造能力等，为造就高素质、可持续发展的职业人才发挥支撑和促进作用。因此，我们把高职高专大学语文定位为：为适应提高学生的文化素质和学习专业文化知识的需要，培养学生终身自我教育的能力，使学生的专业技术和社会综合能力得到充分发挥，潜能得到充分显现，在专业教育的同时实现通才教育，提高学生的职业关键能力而开设的一门基础课。

我们研究了大学语文在职业教育人才培养中的地位和作用，其直观图如下所示。

前言

Preface

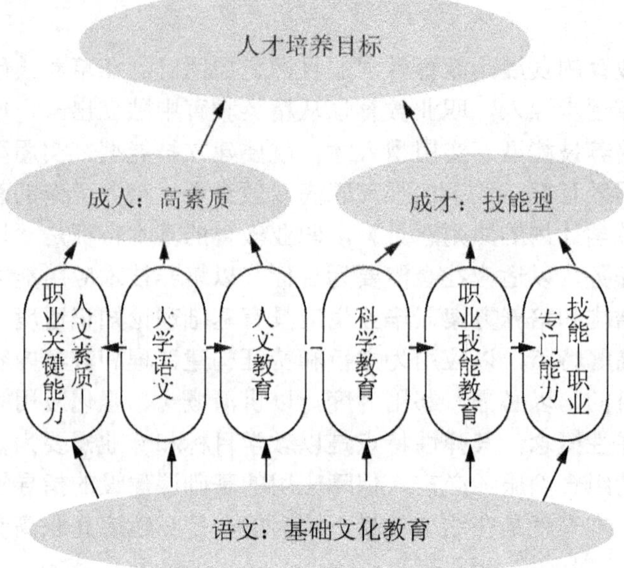

任何一门学科都没有语文这一最基础的学科承载得那么多，覆盖得那么广，蕴蓄得那么深！

本书以文体分类共有五个单元：诗、词、散文、小说、戏剧。所选篇目注重思想性与艺术性的统一，注重认知历史与时代特点的统一，注重文化传承与思想解放的统一，注重伦理素质与审美情趣的统一，注重知识传授和能力培养的统一。

——鞠永才《大学语文》前言

大学语文要以较少的课时完成较重的教学任务，在满足“必需”、“够用”的条件下实现语文水平“不厌其高”的指向，就更要强调学生的自主学习和学习的自觉性，加强对学生的宏观指导。为此，我们以《大学语文》(鞠永才主编，清华大学出版社出版，2010 年 9 月)为蓝本编写了这本《大学语文辅学增广》，与《大学语文》配套使用。我们认为，在加强专业技能教学的同时，必须加强学生的文化素质教育，而语文是提高学生文化素质的有效途径和最好的文化载体。要加强语文教学，又要不增加学时，就要引导学生自学，逐步培养学生的自我导向终身学习能力。《大学语文辅学增广》的作用，一是辅助学习，导引如师；二是增广知识，扩大视野，是学生自我学习的理想选本。

本书由鞠永才、王淑娟任主编，王秀华、 刘晓燕、张焱、李凤霞、杨春凌任副主编，参加编写的同志(以姓氏笔画为序)有：王秀华、王淑娟、刘晓燕、张焱、李凤霞、杨春凌、鞠永才。

本书资料来源较为复杂，在此谨向有关作者和版权所有者表示感谢，如有疏漏，还望谅解！

本书成书时间较短，缺点错误在所难免。诚望广大专家学者和同学们提出批评，在此表示谢忱！

编者

目　　录

目录 Contents

Contents 目录

目录

Contents

Contents 目录

目录 Contents

第一单元　诗歌

诗歌的欣赏

学习目的与要求

1. 掌握诗歌的基础知识和诗歌的一般特点。
2. 学习运用常识欣赏诗歌。
3. 了解重点作家、作品及其在文学史上的地位。

学习重点

掌握诗歌的基础知识，从文学史的角度理解名家、名篇的重要性。

一、知识拓展

怎样欣赏中国古典诗词(节选)

李敬一

在我们现实生活当中，处处可以看到古典诗词为人们所热爱，千百年来，古典诗词依旧焕发出鲜活的生命力。古典诗词既然这么美，我们大家都想学它，那么，怎么去学呢？从哪儿找一个切入点呢？

第一个方面，我们欣赏古典诗词就要欣赏古典诗词的意境美，从领略、把握诗词的意境入手，这样才能真正地理解诗词那种深邃的、优美的境界，那种优美的艺术魅力。意境美是中国古代诗歌所追求的最高的艺术标准，也是欣赏诗歌首先应当注意的。

什么叫“意境”呢？王国维在《宋元戏曲史》里面这样说：“写情则沁人心脾，写景则在人耳目，述事则如其口出是也。古诗词之佳者，无不如是。”王国维又说：“能写真景物、真感情者，谓之有境界，否则谓之无境界。”其实真正能够体现一首诗的意境美的，应当是情和景的有机结合、密不可分，我们欣赏一首诗，要看它怎样写景，看它怎样通过写景来把思想感情融会其中，这是古代诗歌创作意境的一种艺术追求。

中国古典诗词的意境所呈现出来的美的形态是多方面的，大家读诗，体会到的意境美是不一样的。我们可以把意境美概括为八个方面。第一种意境叫“雄奇阔大”；第二种叫“旷放开朗”；第三种叫“苍凉悲壮”；第四种叫“深邃沉郁”。这四种类型有个共同点，就是均表现了一种“阳刚之美”。此外还有四种：第五种叫做“浓艳瑰丽”；第六种叫做“淡泊静谧”，第七种叫做“清新素雅”；第八种叫做“凄冷寒凉”。这四种集中表现了一个共同点，那就是“阴柔之美”。所以诗歌的意境美给我们的感受，大体上可分为“阳刚美”和“阴柔美”。“阳刚美”的第一种类型就是“雄奇阔大”的意境，这种意境的诗词往往在写景的时候，雄奇壮美，气势雄浑，抒情则奔腾震荡，磅礴千钧，语言方面则往往是渲染夸张，惊心破胆。第二种叫做“旷放开朗”，这种意境的一般特征是这样的，写景往往是脱尘拔俗，虚实相生，抒情的时候往往是旷大开朗，舒缓绵长，在语言方面一般是健朗明快，奇谲俊逸。第三种叫做“苍凉悲壮”，这种意境美一般的特征是，在写景方面，往往是苍茫阔远，峭拔萧疏，抒情方面往往是豪纵雄健，慷慨悲凉，在语言方面往往是古朴遒劲，刚正惨烈。第四种就是“深邃沉郁”，这类诗词，它一般的特点是，内容上深蓄积厚，感情深沉，曲回郁结，在语言上往往是不事雕琢，绝少夸张，长于以情事动人。关于“阴柔美”，也可以概括为四种类型：第一种叫“浓艳瑰丽”，这类诗词所描写的题材，大多是酒边花下、盛装美人；它所采用的表现手法，往往是浓墨彩绘，刻意雕琢；它所表现出来的艺术形象，往往是金碧辉煌，浓艳绝人。第二种叫做“淡泊静谧”，这类诗词的意境，往往它所描写的题材大多是大自然的空寂幽趣，表现作者一种远尘避世的飘逸情绪。第三种叫做“清新素雅”，这类的诗词一般说来，作者所描写的也大多是大自然的景物，青山绿水，芳草鲜花，比较素淡。或者描写一些纯洁天真的人物，生动活泼，俏丽可爱。它的表现手法往往是细致纤丽的、清奇婉转的，好像是流泉鸣琴，洋溢着生气。第四种是“凄冷寒凉”，这类诗词，它所表现的情事环境大多是哀伤凄冷的，如愀如悲，如泣如诉，往往以凄婉楚恻来打动人心。读这类诗词，它可以引发人们的畏惧和悲悯，用一种悲剧的方式来唤起人们对美好事物的热爱和向往。(中国文明网，文明中华，山西日报，2007-10-16)

二、课文内容强化训练

(一) 单项选择题

1. 被称为“隐逸诗人之宗”的诗人是(　　)。
   A. 老子　　B. 嵇康　　C. 阮籍　　D. 陶渊明
2. “质而实绮，癯而实腴”，这是苏轼对(　　)诗风的评价。
   A. 陶渊明　　B. 杜甫　　C. 李白　　D. 李商隐
3. 有着飘逸、奔放、雄奇、壮丽的艺术风格的诗人是(　　)。
   A. 王维　　B. 李白　　C. 杜甫　　D. 白居易
4. 李白擅长多种诗体，其成就最高的是(　　)。
   A. 五绝　　B. 七绝　　C 七律　　D. 乐府歌行
5. “游说万乘苦不早，著鞭跨马涉远道。”其中的“万乘”指的是(　　)。
   A. 无数的意思　　B. 军营　　C. 诸侯　　D. 皇帝
6. “蓬莱文章建安骨，中间小谢又清发。”其中的“小谢”指的是(　　)。
   A. 谢庄　　B. 谢安　　C. 谢灵运　　D. 谢眺
7. “俱怀逸兴壮思飞，欲上青天览________。”其中划线处是(　　)。
   A. 日月　　B. 明月　　C. 白日　　D. 清辉
8. 其人忧国忧民，其诗被后人誉为“诗史”的诗人是(　　)。
   A. 杜甫　　B. 李白　　C. 白居易　　D. 王维
9. 杜甫诗歌的总体艺术风格是(　　)。
   A. 幽静恬适　　B. 醇美和谐　　C. 含蓄深远　　D. 沉郁顿挫
10. 陆游《关山月》一诗中没有写到的场景是(　　)。
    A. 遗民切望恢复　　B. 战士老死沙场
    C. 将军不修战备　　D. 侵略者烧杀掠夺
11. 《卜算子·缺月挂疏桐》一词写于苏轼被贬(　　)时期。
    A. 惠州　　B. 黄州　　C. 儋州　　D. 杭州

12. “长恨此身非我有，何时忘却营营？”其中的“营营”指的是(　　)。
    A. 钻营　B. 苟且偷生　C. 世事的纷扰和羁绊　D. 黎民百姓
13. 写有“上马击狂胡，下马草军书”诗句的诗人是(　　)。
    A. 苏轼　B. 陆游　C. 辛弃疾　D. 柳永
14. 《渭南文集》、《剑南诗稿》的作者是(　　)。
    A. 苏轼　B. 陆游　C. 辛弃疾　D. 柳永
15. 下列作品属乐府旧题的是(　　)。
    A.《关山月》　B.《饮酒》　C.《江上吟》　D.《无家别》

(二) 多项选择题

1. 下列各篇属于七言绝句的是(　　)。
   A.《从军行》　B.《山居秋暝》
   C《登高》　D.《送孟浩然之广陵》
2. 下列各篇属七言律诗的有(　　)。
   A.《从军行》　B.《登高》
   C.《无题》(相见时难别亦难)　D.《山居秋暝》
3. 下列各篇属于叙事诗的有(　　)。
   A.《氓》　B.《白雪歌送武判官归京》
   C.《兵车行》　D.《杜陵叟》　E.《关山月》
4. 下列诗作中属于爱情诗的有(　　)。
   A.《氓》　B.《上邪》
   C.《短歌行》　D.《无题》(相见时难)
5. 下列诗作中属于送别诗的有(　　)。
   A.《登高》　B.《送孟浩然之广陵》
   C.《关山月》　D.《白雪歌送武判官归京》
6. 下列诗中的抒情主体正确的是(　　)。
   A.《兵车行》中的长者　B.《兵车行》中的役夫
   C.《杜陵叟》中的杜陵叟　D.《杜陵叟》中的长吏
7. 下列诗句中采用比喻修辞手法的是(　　)。
   A. 月明星稀，乌鹊南飞　B. 结庐在人境，而无车马喧
   C. 被驱不异犬与鸡　D. 虐人害物即豺狼
   E. 春蚕到死丝方尽　F. 厩马肥死弓断弦
8. 我国词史上最早的两部词集是(　　)。
   A.《南唐二主词》　B.《花间集》
   C.《尊前集》　D.《乐章集》　E.《漱玉词》
9. 下列词作中属于婉约词的有(　　)。
   A.《虞美人》(春花秋月)　B.《八声甘州》(对潇潇暮雨)
   C.《江城子》(十年生死)　D.《破阵子》(醉里挑灯看剑)
   E.《声声慢》(寻寻觅觅)

10. 下列词人中基本倾向属于婉约派的有(　　)。
    A. 李煜　B. 柳永　C. 苏轼　D. 李清照　E.辛弃疾
11. 下列词人中基本倾向属于豪放词派的有(　　)。
    A. 李煜　B. 柳永　C. 苏轼　D. 李清照　E. 辛弃疾
12. 下列篇名中属于词牌的有(　　)。
    A.《摸鱼儿》　B.《虞美人》　C.《山坡羊》
    D.《江城子》　E.《关山月》
13. 下列作品中属于词集的有(　　)。
    A.《乐章集》　B.《东坡乐府》　C.《漱玉词》
    D.《东篱乐府》　E.《云庄休居自适小乐府》
14. 下列词人中属于北宋的有(　　)。
    A. 李煜　B. 柳永　C. 苏轼　D. 李清照　E. 辛弃疾
15. 词不同于诗的形式特点有(　　)。
    A. 每首词都有词牌　B. 句子有长有短　C. 对仗
    D. 押韵灵活多变　E. 有一字逗
16. 诗歌的艺术特点是(　　)。
    A. 以丰富的情感反映生活　B. 对生活的高度集中与概括
    C. 语言凝炼而富于形象美　D. 富于节奏美和韵律美
    E. 完整的情节和典型的人物
17. 在中国文学发展史上，乐府曾具有下列意义(　　)。
    A. 指西汉王朝设立的掌管音乐的机构　B. 指该机构所收集和配乐演唱的歌词
    C. 曾用来称呼词　D. 曾用来称呼散曲
    E. 曾用来称呼小说
18. 诗中抒情主体是作者的有(　　)。
    A.《饮酒》作者陶渊明　B.《兵车行》作者杜甫
    C.《行路难》作者李白　D.《山居秋暝》作者王维
19. 下列词曲中属于小令的有(　　)。
    A.《八声甘州》　B.《破阵子》　C.《声声慢》
    D.《天净沙》　E.《山坡羊》
20. 下列作品中属于散曲的有(　　)。
    A.《乐章集》　B.《东坡乐府》　C.《漱玉词》
    D.《东篱乐府》　E.《云庄休居自适小乐府》
21. 下列作家属元代的有(　　)。
    A. 王实甫　B. 马致远　C. 孟浩然
    D. 张养浩　E. 宗臣
22. 下列作品采用托物言志手法的有(　　)。
    A.《饮酒》　B.《氓》　C.《炉中煤》　D.《鹰之歌》　E.《往事》

23. 下列诗句中属象征手法的有(　　)。
A. 欲渡黄河冰塞川　　B. 孤帆远影碧空尽
C. 惜春长怕花开早　　D. 突然晴天里一个霹雳

24. 下列诗句中用因情造景方式抒情的有(　　)。
A.《上邪》　B.《登高》　C.《江城子》
D.《氓》　E.《破阵子》

25. 下列诗文中属散文诗的有(　　)。
A.《门槛》　B.《往事》　C.《鹰之歌》　D.《背影》

26. 下列作品中抒发爱国情怀的有(　　)。
A.《虞美人》　B.《短歌行》　C.《关山月》
D.《炉中煤》　E.《我用残损的手掌》

27. 下列作家中属于创造社成员的有(　　)。
A. 郭沫若　B. 朱自清　C. 郁达夫　D. 成仿吾

28. 下列词语中用借代修辞手法的有(　　)。
A. 红衰翠减　B. 中原干戈古亦闻　C. 千树万树梨花开
D. 十年生死两茫茫　E. 总角之宴

29. 下面解说或分析正确的一项是(　　)。
A. 这是唐代诗人白居易的近体诗《琵琶行》中的诗句
B. 句中“客人”指白居易
C. 第一句的正确理解是：主人和客人一道下马，一起上船
D. 这两个对偶句渲染了送别时的凄凉气氛

30. 东汉后期出现了许多抒情小赋，其代表作有(　　)。
A. 张衡《归田赋》　B. 枚乘《七发》
C. 赵壹《刺世疾邪赋》　D. 司马相如《上林赋》

(三) 填空题

1. 诗歌表现手法极多，如传统表现手法_______，而且历代以来不断地发展创造，运用也灵活多变，如夸张、复沓、重叠、跳跃等，就现代的观点来说，诗歌塑造形象的手法，主要有三种：比拟、_______和_______。

2. 塑造诗歌形象，不仅可以运用视角所摄取的素材去描绘画面，还可以运用_______、_______等感官所获得的素材，从多方面去体现形象，做到有声有色，生动新颖。

3. 无论是比拟、_______或借代，都有赖于诗人对客观事物进行_______，融入自己的情感，加以大胆的_______，甚至_______。可以这样说，无论什么诗派，没有_______，便不成其为诗人。

4. 汉魏六朝诗，一般称为古诗，其中包括汉魏乐府古辞、_______，以及这个时期的_______。

5. 唐代以后的诗体，从格律上看，大致可分为近体诗和_______两类。近体诗又叫_______，它有一定的_______。_______一般又叫古风。

6. 七言古体诗简称______，七言律诗简称七律。就字数说，七律诗限定______字。

7. 只有四句的诗叫______，有七绝、五绝。七绝限定______字，五绝限定______字。

8. 现代诗歌，按照作品语言的音韵格律和结构形式分，有格律诗、______和______。

9. ______的《鹰之歌》是篇______诗，他的长篇小说《母亲》，塑造了自觉的______形象，______、______、______被称为自传体三部曲。

10. 《虞美人》的作者是______，字______，号______、______，是五代时______最后一个君主，世称______，后人把他和其父李璟的作品合辑为______。

11. 柳永是北宋第一个______的作家。他大量制作______，精通______，以______见长，是北宋______代表词人。

12. “小楼昨夜又东风，______。”“唯有长江水，______”。

13. 李清照，号______，工诗能文，尤长于______，是我国古代文学史上难得的______、______。她的词以______为界，分为前后两期，前期主要反映她______、______时期的生活，内容较______，词风______。后期词多写国破家亡夫死后的凄凉境况，词风______，《______》就是其后期词的代表作之一。

14. 马志远是______代著名的______、______，后世把他与______、______、______并称。《天净沙·秋思》是马志远______中最著名的一支，被后人称之为“______”。

15. 《长亭送别》选自______的《西厢记》第______本第______折，它是《西厢记》的精华部分，其艺术成就主要表现在______、______、______。《西厢记》故事出于______朝______的小说______，脱胎于______代______的《______》，全名为《崔莺莺待月西厢记》。

16. 张养浩是______代著名的______家，著有______一卷。

17. 诗歌和散文比较，具有______、______、______、______等特点。

18. 曲是______朝盛行的一种______，包括______和______两个部分。散曲又分______和______两种形式。

(四) 简答题

基础知识题。

1. 简要阐述诗歌的特点。
2. 简要说出我国古体诗的发展轨迹。
3. 我国古代诗歌按内容来分，有哪些类别？

文学常识题。

1. 汉乐府继承了《诗经》的什么精神和手法？
2. 盛唐的两大诗派及各自的代表人物是谁？
3. 下列风格特点“苍凉悲壮”、“清新淡雅”、“沉郁顿挫”、“飘逸奔放”、“雄奇壮丽”、“雄浑悲壮”分别属于哪位诗人？
4. 分别指出教材中乐府诗、乐府旧题诗和新乐府诗的篇目。
5. 近体诗兴起于哪代？它在哪四方面有严格规定？

6. 绝句与律诗的最大区别是什么？律诗分为哪几联？哪两联对仗？

7. 《上邪》、《无题》同为爱情诗，表达手法上有什么不同？

8. 谁对宋词进行了第一次革新并创制了慢词？ 宋词的最大革新家是谁？他创立了什么词派？宋词分哪两大流派？它们各自的代表人物是谁？集北宋婉约词之大成的词人是谁？

9. 南宋豪放派的代表词人是谁？苏轼、辛弃疾在词的风格上有何异同？

10. 词在艺术上的最大特点是什么？

三、写作训练

1. 结合教材的诗歌欣赏基础知识，选择一首诗，写一篇欣赏文章。

2. 以“自学得失谈”为题写作，要求写出自身体会，并能说明一定的道理。

参考答案

二、(一) 1～5　DAABD　6～10　DBADD　11～15　BCBBA

(二) 1. AD　2. BC　3. ACD　4. BD　5. BD　6. BC　7. ACDE　8. BC　9. ABCE　10. ABD　11. CE　12. ABD　13. ABC　14. BC　15. ABDE　16. ABCD　17. ABCD　18. ACD　19. DE　20. DE　21. ABD　22. CDE　23. ACD　24. ACE　25. AC　26. CDE　27. ACD　28. ABE　29. ACD　30. AC

(三) 1. 赋、比、兴　借代　夸张　　2. 听觉触觉

3. 夸张　敏锐的观察　想象　幻想　想象(幻想)

4. 南北朝乐府民歌　文人诗

5. 古体诗　今体诗　格律 古体诗　　6. 七古　56

7. 绝句　28　20　　8. 自由诗　　散文诗

9. 高尔基　散文　无产阶级革命家　《童年》　《在人间》　《我的大学》

10. 李煜　重光　钟隐　又号莲蓬居士　南唐　李后主　《南唐二主词》

11. 专力写词　慢词　音律　铺叙　婉约派　　12. 故国不堪回首月明中　无语东流

13. 易安居士　词　女作家　女词人　南渡　少年　少妇　狭窄　清丽婉约　沉衷凄苦声声慢

14. 元　杂剧家　散曲家　关汉卿　白朴　郑光祖　散曲小令　秋思之祖

15. 王实甫　四　三　鲜明生动的人物形象　修辞手法多样，语言雅俗共赏　唐　元稹《会真记》　金代　董解元　西厢记诸宫调

16. 元　散曲　《云庄休居自适小乐府》

17. 以丰富的情感反映生活　对生活高度集中与概括　语言凝练而富于形象性　富于节奏美与韵律美

18. 元　新体诗　散曲　剧曲　小令　套数

(四) 基础知识题：

1. 第一，高度集中、概括地反映生活；第二，抒情言志，饱含丰富的思想感情；第三，丰富的想象、联想和幻想；第四，语言具有音乐美。

2. 古体诗的发展轨迹：《诗经》→楚辞→汉赋→汉乐府→魏晋南北朝民歌→建安诗歌→陶诗等文人五言诗→唐代的古风、新乐府。

3. 按内容来分类，可分为叙事诗、抒情诗、送别诗、边塞诗、山水田园诗、怀古诗(咏史诗)、咏物诗、悼亡诗、讽谕诗。

文学常识题：

1. 民歌的现实主义精神　比兴手法

2. 田园山水诗派　王维；　边塞诗派　岑参、高适

3. ①曹操　②王维　③杜甫　④李白　⑤岑参　⑥陆游

4. 乐府诗：《饮马长城窟行》、《十五从军征》；乐府旧题诗：《燕歌行》、《春江花月夜》；新乐府诗：《丽人行》

5. 唐代　在句数、字数、平仄、押韵等方面有严格规定。

6. 绝句4句，律诗8句；律诗分为首联、颔联、颈联、尾联；颔联和颈联对仗

7. 前者呼天为誓，直接表露，后者比兴手法，委婉隐喻

8. 柳永；苏轼；豪放词派；婉约派、豪放派；代表人分别是：周邦彦、李清照，苏轼、辛弃疾；周邦彦

9. 辛弃疾；他们均是豪放词风，辛词扩大了词的题材和表现手法，尤其体现了爱国主义思想。

10. 长于比兴，注重寄托，储蓄深婉，声情并茂。

三、略

诗经二首

学习目的与要求

1. 了解《诗经》的有关常识，理解《诗经》在我国诗歌史上的地位及作用。

2. 理解《黍离》和《谷风》的思想内容和艺术特色。

学习重点

通过《黍离》体会《诗经》的成就，了解当时的社会生活。

一、知识拓展

六　经

“六经”是《诗》、《书》、《礼》、《易》、《乐》、《春秋》六部书的总称。《乐》亡佚了，因此，“六经”又称为“五经”。“六经”的名称首先见于《庄子·天运》。“孔子谓老聃曰：‘丘治《诗》、《书》、《礼》、《乐》、《易》、《春秋》’。”老子曰：“夫六经，先王之陈迹也。”六经是孔子用来教学的。儒家典范的著作共十三经：《诗》、《书》、《周礼》、《仪礼》、《礼记》、《易》、《春秋左氏传》、《春秋公羊传》、《春秋谷梁传》、《尔雅》、《孝经》、《论语》、《孟子》。

二、拓展训练

阅读理解《诗经·君子于役》，回答问题。

君子于役

君子[1]于役[2]，不知其期，曷[3]至[4]哉？鸡栖于埘[5]，日之夕矣，羊牛下来。君子于

役，如之何勿思[6]！

君子于役，不日不月，曷其有佸[7]？鸡栖于桀[8]，日之夕矣，羊牛下括[9]。君子于役，苟无饥渴[10]！

【注释】

[1]君子：此妻称丈夫。[2]役(yì)：苦役。[3]曷(hé)：何时。[4]至：归家。[5]埘(shí)：音时，鸡舍。[6]如之何勿思：如何不思。[7]佸(huó)：音活，聚会、相会。[8]桀(jié)：鸡栖的木架。[9]括：通佸，聚集，此指牛羊放牧回来关在一起。[10]苟：大概，也许。

——选自《中国古典文学荟萃》，北京燕山出版社，2009年11月版，有改动

1. 全诗分两章，指出各章包含的层次及各层的含义。
2.《君子于役》的主题和点明主旨的诗句各是什么？
3. 本诗产生的时代背景是怎样的？

三、口语训练

1. 背诵《诗经》中你熟悉的一首诗，讲解它的思想内容和时代意义，谈谈你喜欢它的理由。

2. 当你带着激动、好奇的心情来到新的城市，开始你向往已久的大学生活时，你是否准备好了？除了学习、生活方面的准备之外，你准备怎样向新同学、新朋友介绍你自己呢？请认真考虑后写出你的设想。

四、课文内容强化训练

(一)单项选择题

1.《诗经》在句式上以(　　)为主。

A. 四言　　B. 五言　　C. 七言　　D. 杂言

2. 风、雅、颂的“风”是各地的民间歌曲、民谣，大部分是(　　)的民歌。

A. 长江流域　　B. 黄河流域　　C. 淮河流域　　D. 海河流域

3. 中国诗歌史上最古老的弃妇诗是(　　)。

A.《汉广》　　B.《氓》　　C.《将仲子》　　D.《狡童》

4.“溯洄从之，道阻且长。”其中的“从”的意思是(　　)。

A. 追寻　　B. 跟从　　C. 跟随　　D. 顺从

5.《诗经》分风、雅、颂是依据(　　)。

A. 乐调不同　　B. 作者不同　　C. 产生地域不同　　D. 产生时代不同

6. 被王夫之誉为“以乐景写哀，以哀景写乐，一倍增其哀乐”的诗篇是(　　)。

A.《东山》　　B.《采薇》　　C.《黍离》　　D.《蒹葭》

7. 控诉秦穆公以人殉葬暴行的诗篇是(　　)。

A.《黄鸟》　　B.《正月》　　C.《小弁》　　D.《雨无正》

8.《诗经》中的作品属王室宗庙祭祀用的舞曲歌词的是(　　)。

A. 风　　B. 大雅　　C. 小雅　　D. 颂

9. 琼瑶的《在水一方》歌词的内容、意境完全脱胎于(　　)。

A.《静女》　　B.《蒹葭》　　C.《汉广》　　D.《泽陂》

(二)多项选择题

1. 《诗经》中“颂诗”包括(　　)。
   A.《夏颂》　B.《商颂》　C.《周颂》
   D.《吴颂》　E.《鲁颂》
2. 原始诗歌的特点有(　　)。
   A. 口头性　B. 集体性　C. 综合性
   D. 功利性　E. 随意性
3. 下列作品中反映周部族发迹史的是(　　)。
   A.《玄鸟》　B.《大明》　C.《生民》
   D.《绵》　E.《思文》
4. 关于《小雅•采薇》说法正确的是(　　)。
   A. 反映人们的厌战情绪　B. 多用叠字和叠句
   C. 即景抒情，情景相生　D. 反映了战争对生产、生活的极大破坏
   E. 从某种意义上说，它是一首早期的边塞诗
5. 复沓的作用在于(　　)。
   A. 加深印象，渲染气氛　B. 深化诗的主题
   C. 使感情得到抒发　D. 增强诗的音乐性、节奏感
   E. 可以增加诗篇长度
6. 《卫风•氓》分析正确的是(　　)。
   A. 是我国诗史上最古老的一首弃妇诗
   B. 主要表现手法是比兴
   C. 控诉了夫权制的罪恶
   D. 告诉人们不要自主择偶
   E. 景物描写出色
7. 对《王风 • 黍离》说法正确的是(　　)。
   A. 生长茂盛的农作物指沧桑巨变
   B. 采用重章叠唱的结构方式
   C. 诗中明确指出了造成历史悲剧的根源
   D. 历史的沧桑巨变会使诗人陷入悲哀之中
   E. 用脚步的缓慢引出悲痛的心情
8. 下列内容符合《小雅 • 谷风》的有(　　)。
   A. 用风雨起兴
   B. 歌颂了被弃女子的辛勤耐劳
   C. 主题是谴责负心的丈夫，也说明女子地位低下
   D. 说明女子渴望独立自主的地位

(三)填空题

1.《诗经》是我国第一部________总集，收入自西周初年至春秋中叶五百多年的诗歌 305 篇，又称《________》或《诗》，西汉时被儒家尊为________，始称《诗经》，并沿用至今。

2.《诗经》的表现手法分为_______，与_______合称“六义”。

3. 原始诗歌保存至今的只有《_______》和《_______》。原始诗歌在艺术上的显著特点是_______。

4.《诗经》305篇大抵是周初至_______五百多年间的作品。

5. 古人采诗的目的主要是为了_______。

6. 《诗经》中的“风”为土风歌谣，就是声调，如《秦风》就如现在我们说陕西调，而《魏风》、《郑风》就如现在我们说_______调和_______调。

7. 《诗经》的搜集与编订成书历来众说纷纭，主要有______、______和______之说。

8. 春秋时期，外交场合常常“_______言志”，但多是比喻和_______，而非真正采用诗文本义。

9. 《毛诗序》云：“故诗有六义焉：曰_______、曰赋、曰比、曰兴、曰_______、曰_______。”

10. 孔子非常重视“诗”的作用，他曾说：“诗，可以兴，可以_______，可以群，可以_______；迩之事父，远之事君，多识于鸟兽草木之名”。

11. 《毛诗》得以流传下来，与经学大师_______作笺有很大关系。

12. 汉代传授《诗经》的共有鲁国申培、齐国_______、_______国韩婴和赵国_______共四家。

13. “信誓旦旦”一词出自于_______。

14. “扶苏”、“孟姜”均是人名，其分别出自《诗经》的《_______》和《_______》。

(四)简答题

1. 简要回答《黍离》中象征意味的运用。

2. “知我者谓我心忧，不知我者谓我何求”这句话表达了作者怎样的思想感情？

五、写作训练

1. 自己尝试创作一首“重章叠唱”的小诗。

2. 描写一个借物抒情的片段。

参考答案

二、1. 第一章：(1)表达出主人公对丈夫的不能自主的怀念之情；(2)描写山村田野傍晚的自然景色；(3)喷发出她那被压抑着实在按捺不住的愁思。第二章：(1)时间已经很久了，什么时候才能与他相聚在一起呢？再表思念之切；(2)仍然是描写傍晚的自然景色，以此表示时间的流淌；(3)意为我的丈夫外出服役，或许他没受到饥渴的折磨吧！这是思妇在惆怅中的企祝，表现了她对丈夫深切的忧虑和深情的关切。

2. 主题：《君子于役》描写了丈夫去服役，妻子在家中的情形。抒发在家的思妇盼望久役在外的丈夫回家的感情。主旨句：君子于役，不知其期，曷至哉？

3. 时代背景：是奴隶社会时，男子被征去战争，而妇女留在家中，思念着久未归来的丈夫，这首诗就是表达妇女对丈夫的思念之情。

三、略

四、(一)1～5 ABBAA　6～9 BADB

(二) 1. BCE　2. AB　3. CD　4. ABCE　5. ACD　6. ABE　7. ABDE　8. ABC

(三) 1. 诗歌　诗三百　经典　2. 赋、比、兴　风、雅、颂

3. 弹歌　蜡辞　它是歌、乐、舞综合性的艺术形式　4. 春秋中叶

5. 王者所以观风俗、知得失、自考证也　6. 山西　河南

7. 采诗说　献诗说　孔子删诗说　8. 赋诗　暗示　9. 风　雅　颂

10. 观　怨　11. 郑玄　12. 辕固　燕　毛亨、毛苌　13.《卫风•氓》

14. 郑风 • 山有扶苏　郑风 • 有女同车

(四) 1. 稷黍成长的过程颇有象征意味，与此相随的是诗人从“中心摇摇”到“如醉”、“如噎”的深化。每章后半部分的感叹和呼号虽然在形式上完全一样，但在一次次反复中加深了沉郁之气，这是歌唱，更是痛定思痛之后的长歌当哭。“苗”、“穗”、“实”，不仅起了分章换韵的作用，而且造成景致的转换，反映了时序的迁移，说明浪子长期流浪而不知所归。

2. 这是众人皆醉我独醒的尴尬，这是心智高于常人者的悲哀。这种大悲哀诉诸人间是难得回应的，只能质之于天：“悠悠苍天，此何人哉？”苍天自然也无回应，此时诗人郁懑和忧思便又加深一层。透过诗文所提供的具象，我们可以看到一个孤独的思想者，面对虽无灵性却充满生机的大自然，对自命不凡却无法把握自己命运的人类前途的无限忧思，这种忧思只有“知我者”才会理解，可这“知我者”是何等样的人呢？“悠悠苍天，此何人哉？”充满失望的呼号中我们看到了另一个诗人的影子。“前不见古人，后不见来者，念天地之悠悠，独怆然而涕下！”吟出《登幽州台歌》的陈子昂心中所怀的不正是这种难以被世人所理解的对人类命运的忧思吗？读此诗者当三思之。

五、略

楚辞二首 • 山鬼

屈原

学习目的与要求

1. 了解屈原及楚辞的有关常识。
2. 理解《山鬼》的思想性和艺术性。

学习重点

通过《山鬼》体会屈原诗歌的成就。

一、知识拓展

楚　辞

“楚辞”又称“楚词”，是战国时代的伟大诗人屈原创造的一种诗体。作品运用楚地(今两湖一带)的文学样式、方言声韵，叙写楚地的山川人物、历史风情，具有浓厚的地方特色。楚辞，本义是指楚地的言辞，后来逐渐固定为两种含义：一是诗歌的体裁，一是诗

歌总集的名称(在一定程度上也代表了楚国文学)。从诗歌体裁来说，它是战国后期以屈原为代表的诗人，在楚国民歌基础上开创的一种新诗体。从总集名称来说，它是西汉刘向在前人基础上辑录的一部“楚辞”体的诗歌总集，收入战国楚人屈原、宋玉的作品以及汉代贾谊、淮南小山、东方朔、王褒、刘向诸人的仿骚作品，成为继《诗经》以后，对我国文学具有深远影响的一部诗歌总集。

“楚辞”之名首见于《史记·张汤传》，可见至迟在汉代前期已有这一名称，其本义当是泛指楚地的歌辞，以后才成为专称，指以战国时楚国屈原的创作为代表的新诗体。这种诗体具有浓厚的地域文化色彩，如宋人黄伯思所说，“皆书楚语，作楚声，纪楚地，名楚物”(《东观余论》)。西汉末，刘向辑录屈原、宋玉的作品及汉代人模仿这种诗体的作品，书名即题作《楚辞》。这是《诗经》以后，我国古代又一部具有深远影响的诗歌总集。另外，由于屈原的《离骚》是楚辞的代表作，所以楚辞又被称为“骚”或“骚体”。汉代人还普遍把楚辞称为“赋”。《史记》中已说屈原“作《怀沙》之赋”《汉书·艺文志》中也列有“屈原赋”、“宋玉赋”等名目。

《楚辞》对后世文学影响深远，不仅开启了后来的赋体，而且影响了历代散文创作，是我国积极浪漫主义诗歌创作的源头。

二、拓展训练

阅读并回答问题。

1. 朝饮木兰之坠露兮，夕餐秋菊之落英。苟余情其信姱以练要兮，长顑颔亦何伤。掔木根以结茝兮，贯薜荔之落蕊。矫菌桂以纫蕙兮，索胡绳之纚纚。謇吾法夫前修兮，非世俗之所服。虽不同于今之人兮，愿依彭咸之遗则。(屈原《离骚》)

(1) 翻译“謇吾法夫前修兮，非世俗之所服”这句诗。

(2) “薜荔”、“胡绳”指什么，有何寓意？

(3) 本段文字表达出作者什么样的思想情操？

2. 纷吾既有此内美兮，又重之以修能。扈江离与辟芷兮，纫秋兰以为佩。汩余若将不及兮，恐年岁之不吾与。朝搴阰之木兰兮，夕揽洲之宿莽。日月忽其不淹兮，春与秋其代序。惟草木之零落兮，恐美人之迟暮。不抚养壮而弃秽兮，何不改此度？乘骐骥以驰骋兮，来吾道夫先路。(屈原《离骚》)

(1) “扈江离”与“纫秋兰”引申为什么含义？“美人”指谁？

(2) 翻译：日月忽其不淹兮，春与秋其代序。惟草木之零落兮，恐美人之迟暮。

(3) 此段文字叙述的是什么？表达了作者怎样的感情？

三、口语训练

1. 以《山鬼》、《离骚》等为例，谈谈你对我国早期的诗歌《诗经》和楚辞的认识，你更喜欢哪一种？为什么？

2. “结识新朋友，不忘老朋友”。你已经开始新的大学生活一段时间了，当你通过网络与过去的老朋友交流时，你准备怎样介绍你新生活中方方面面的感受呢？其中可以尝试着使用诗歌的形式。

3. 在世界文学格局中，中国文学有中国本土的特色，在中国文学中，各地的文学有各

自地域的特色。请以你家乡(这里的“家乡”小到你的家庭，说不定你祖辈或者父辈中就有作家，大到你所属的省、市、区)的一个作家为例谈谈你对文学地方色彩的理解。

四、课文内容强化训练

(一)不定项选择题

1. 下列不属于屈原的作品的是(　　)。

A. 九歌　　B. 九章　　C. 九辩　　D. 离骚

2. “路漫漫其修远兮，吾将上下而求索”一语出自(　　)。

A.《离骚》　　B.《远游》　　C.《涉江》　　D.《哀郢》

3. 《东君》祭祀的是(　　)。

A. 天之尊神　　B. 云神　　C. 太阳神　　D. 主宰寿命之神

4. 清人刘熙载《艺概·赋概》说“情人绵邈，莫如宋玉‘悲秋’。”宋玉的”悲秋"之作是(　　)。

A. 《九辩》　　B. 《高唐赋》　　C. 《神女赋》　　D. 《风赋》

5. 《九歌》中祭祀天神的作品是(　　)。

A. 《东皇太一》　B. 《礼魂》　　C. 《东君》

D. 《湘君》　　E. 《大司命》

6. 赋作为一种文体的首创者是(　　)。

A. 屈原　　B. 宋玉　　C. 荀况

D. 贾谊　　E. 枚乘

7. 宋玉是屈原之后的辞赋作家，他的作品有(　　)。

A.《高唐赋》　　B.《神女赋》　　C.《子虚赋》

D.《风赋》　　E.《长门赋 》

8. 下列作品中属于宋玉的有(　　)。

A.《神女赋》　　B.《洛神赋》　　C.《登楼赋》

D.《高唐赋》　　E.《风赋》

(二)填空题

1. 楚辞又称_______，是_______时代的伟大诗人_______创造的一种诗体(楚辞体也称骚体)。

2. 在屈原的影响下，楚国又产生了宋玉、_______、_______等楚辞作者，并皆以赋见称。

3. 屈、宋诸人作品所以名为“楚辞”，按宋人_______的解释，因其皆“书楚语，_______，纪楚地，名楚物”。

4. 现今能见到的最早的《楚辞》注本是东汉_______的《_______》。

5. 《_______》是屈原早期之作，也是一首较早的咏物诗。

6. 宋玉的《_______》和《_______》写楚襄王与宋玉游于云梦的故事。

7. 屈原，_______时期_______国人。他是我国历史上第一位_______，_______诗的创始者。

8. 《山鬼》是屈原《________》中的一首，是祭祀________的祭歌，是一首________相恋而终至失恋的________。

9. 《楚辞》是西汉________辑集屈原、________及汉代________、淮南小山等人的作品而成的一部集子。

10. 《________》和楚辞构成了我国诗歌的两大源头，开辟了两种创作方法即________和________，它们以“________”并称。

(三) 整体感知

1. 《山鬼》一诗体现了作者怎样的思想感情？

2. 《山鬼》有什么写作特色？是如何体现浪漫主义风格的？

五、写作训练

1. 根据《山鬼》的第一段，写一篇散文，体会山鬼的美丽和多情。

2. 试着以山鬼的第一人称来写一段山鬼等待时的内心独白。

参考答案

二、略

三、略

四、(一) 1. C　2. A　3. B　4. B　5. A　6. AC　7. ABD　8. ACDE

(二) 1. 楚词　战国　屈原

2. 唐勒　景差

3. 黄伯思　作楚声

4. 王逸　楚辞章句

5. 橘颂

6. 神女赋　高唐赋

7. 战国　楚　浪漫主义诗人　骚体

8. 九歌　山鬼　人神　哀歌

9. 刘向　宋玉　东方朔

10. 诗经　现实主义　浪漫主义　风骚

(三) 1. 本篇是祭祀山鬼的祭歌，叙述的是一位多情的女山鬼，在山中采灵芝及约会她的恋人。山鬼即一般所说的山神，因为未获天帝正式册封在正神之列，故仍称山鬼。宋朱熹用“君臣之义”给此篇作了一个相当完整的解释：“此篇文义——托意君臣之间者言之，则言其被服之芳者，自明其志行之洁也；言其容色之美者，自见其才能之高也。子慕予之善窈窕者，言怀王之始珍己也。折芳馨而遗所思者，言持善道而效之君也。处幽篁而不见天，路险艰又昼晦者，言见弃远而遭障蔽也。欲留灵修而卒不至者，言未有以致君之寤而俗之改也。知公子之思我而然疑作者，又知君之初未忘我，而卒困于谗也。至于思公子而徒离忧，则穷极愁怨，而终不能忘君臣之义也。以是读之，则其他之碎义曲说，无足言矣。”

2. 屈原处处渲染音乐歌舞的热烈场面和引发的感动。也喜欢大量铺陈华美的、色泽艳

丽的辞藻。他还发展了《诗经》的比兴手法，赋予草木、鱼虫、鸟兽、云霓等种种自然界的事物以人的意志和生命，以寄托自身的思想感情，又增加了诗歌的美质。大体上可以说，中国古代文学中讲究文采，注意华美的流派，最终都可以溯源于屈原。在诗歌形式上，屈原打破了《诗经》那种以整齐的四言句为主、简短朴素的体制，创造出句式可长可短、篇幅宏大、内涵丰富复杂的“骚体诗”，这也具有极重要的意义。

五、略

《汉乐府诗歌》二首

学习目的与要求

1. 了解乐府诗的有关常识。
2. 理解《饮马长城窟行》、《行行重行行》的思想性和艺术性。

学习重点

通过这两首诗体会乐府诗歌的成就。

一、知识拓展

汉　乐　府

乐府本是掌管音乐的官署的名称，原只负责有关祭祀、朝会的乐歌，汉武帝扩大乐府机构，这个机构一方面为文人创作的诗配制乐曲，一方面大规模地采集民歌。后来把由乐府机构采集、整理的歌诗(歌词)称为“乐府诗”或“乐府歌词”，也简称“乐府”，它是一种可以配乐歌唱的歌诗。

当时乐府所掌管的诗歌可分为两大类：一类是专供朝廷祀祖燕享(同燕飨、宴飨)使用的郊庙歌辞，另一类则是从全国各地采集来的“俗乐”。这后一类后世一般称之为乐府民间歌词，即乐府民歌。汉乐府民歌是汉代乐府诗中的精华，是最有价值的作品。

宋人郭茂倩所编的《乐府诗集》是收集乐府诗最为完备的一部总集。

汉乐府的创作精神，班固归结为“感于哀乐，缘事而发”，也就是说，汉乐府抒发的是真情实感，所描述的是真实景况。特别是汉乐府民歌，题材广阔而又贴近生活，反映了下层人民的日常生活和命运遭际，其中最突出的有三个方面：第一，反映劳动人民深受剥削压迫的悲惨境遇，表现他们的怨恨和反抗，如《东门行》、《病妇行》等；第二，反映战争和兵役给人民带来的巨大灾难和痛苦，如《十五从军征》、《战城南》等；第三，反映当时的爱情、婚姻、家庭问题，歌颂人民的坚贞爱情，描写他们对封建婚姻制度的反抗，如《上邪》、《有所思》、《上山采靡芜》、《孔雀东南飞》等。

汉乐府在艺术表现上主要有以下个特点。

第一，叙事成分增强。我国的诗歌艺术，先秦时期特别是在《诗经》中，以抒情诗为主，不少诗有一定的叙事性，但缺乏对完整情节和中心事件的描绘。汉乐府中的诗歌，即使是某些抒情诗，也带有叙事性。汉乐府中的叙事诗，已经出现了具有一定性格特征的人物形象和较完整故事情节的作品，有的是由第三者叙述故事，其故事性与戏剧性都大大加强了。《陌上桑》、《孔雀东南飞》是叙事诗的代表作。

第二，善于通过人物语言和行动表现人物性格。人物语言有对话，有独白。《东门行》、《陌上桑》等采用对话的形式，成功地刻画出不同人物的不同性格和心理；而《上邪》、《孤儿行》等采用独白，令人如见其人，如闻其声。汉乐府民歌注意人物动作的描写，如《陌上桑》分别描绘了行者、少年、耕者、锄者的动作细节，表现他们见到罗敷时的神态，十分逼真传神；《孔雀东南飞》通过大量的人物动作细节描写，塑造出众多不同性格的人物形象，表现出高度的艺术技巧。

第三，语言朴素自然，生动活泼，浅显易懂，感情丰富。无论是叙述性语言还是人物语言，大都不假雕饰，具有口语化的特点，能将叙事和抒情相结合，感染力强，表现出民歌特有的语言风格。

第四，汉乐府的句式自由多样。初期的乐府尚无全篇五言的，四言、三言和杂言都有，中期乐府五言与杂言参半，后期乐府则几乎全是五言。

二、拓展训练

(一)阅读陈琳同名乐府诗《饮马长城窟行》，并与本诗就思想内容和表现手法加以比较。

饮马长城窟行

——陈琳

饮马长城窟[1]，水寒伤马骨。
往谓长城吏，“慎莫稽留太原卒[2]！”
“官作自有程[3]，举筑谐汝声[4]！”
“男儿宁当格斗死[5]，何能怫郁[6]筑长城？”
长城何连连[7]，连连三千里
边城多健少[8]，内舍多寡妇。
作书与内舍：“便嫁莫留住。
善待新姑嫜，时时念我故夫子”
报书往边地：“君今出语一何鄙[9]？”
“身在祸难中，何为稽留他家子[10]？
生男慎莫举，生女哺用脯[11]。
君独不见长城下，死人骸骨相撑拄？”
“结发行事君，慊慊心意关[12]。
明知边地苦，贱妾何能久自全[13]！”

——选自《中国古代文学作品选》(第二分册)，陕西人民出版社 1980 年版

【注释】

[1] 长城窟：长城附近的泉眼。郦道元《水经注》说：“余至长城，其下有泉窟，可饮马。”

[2] 太原：秦郡名，约在今山西省中部地区。慎莫：恳请语气，千万不要。稽留，滞留，指延长服役期限。

[3] 官作：官府工程。程：期限。

[4] 筑：夯类等筑土工具。谐汝声：要使你们的声音协调。

[5] 宁当：宁愿，情愿。格斗：搏斗。

[6] 怫(fèi)郁：烦闷。

[7] 连连：形容长而连绵不断的样子。

[8] 健少：健壮的年轻人。

[9] 鄙：粗野，浅薄。

[10] 他家子：犹言别人家女子。

[11] 举：养育成人。哺：喂养。脯：干肉。

[12] 慊慊(qiàn)：怨恨的样子，这里指两地思念。关：牵连。

[13] 久自全：长久地保全自己。

(二) 阅读下文，体会古代爱情诗的思想和艺术性，谈谈你的学习体会。

明月其姿　白雪其质

——汉乐府民歌《白头吟》赏析

皑如山上雪，皓如云间月。
闻君有两意，故来相决绝。
今日斗酒会，明旦沟水头，
躞蹀御沟止，沟水东西流。
凄凄重凄凄，嫁娶不须啼，
愿得一心人，白首不相离。
竹杆何袅袅，鱼儿何徙徙，
男儿重义气，何用钱刀为？

三、口语训练

1. 以《饮马长城窟行》和《十五从军征》为例说说汉乐府诗歌主要的思想内容。

2. 在大学生活中，大家最关心的就是专业学习和毕业后的工作。在师兄师姐与新同学的见面会上，你准备怎样与他们交流？怎样就你关心的问题向他们请教？

四、课文内容强化训练

(一)填空题

1. 《饮马长城窟行》是首可以入乐的_______。作者的名字已不可考，但从所述内容看来，可知是属于_______，时代应该是在五言诗发展已相当成熟的_______。

2. 乐府原是古代_______的名称。现保存乐府诗最完备的诗集是宋人_______的《乐府诗集》。汉乐府民歌来自民间，是人民群众“感于哀乐，_______”的作品。

3. 汉乐府中，揭露战争灾难的名篇有《十五从军征》等，而表现妇女不慕富贵的名篇有《_______》和《_______》。

4. 《孔雀东南飞》最初见于徐陵编的《_______》，题为《_______》。它是我国古代史上一首有名的_______，是汉乐府_______的最高峰。

5. 汉乐府民歌的艺术特色主要是长于_______。《古诗十九首》的艺术特色主要是长于_______。

6. 汉乐府诗开创了新的诗体：_______和_______。汉乐府的基本创作方法是_______。

7. 《上邪》选自_______，是汉乐府_______之一，篇名取自_______，意思是_______。

8. 乐府，原本是_______的名称，创立于_______时期，其职能是_______，兼采_______。魏晋以后，将_______统称之为“乐府”，于是乐府便由_______名称一变而为_______的名称。

9. 《诗经》、《楚辞》之后，我国诗歌创作的又一个高峰是_______。汉代 400 年时间，因为受经学的束缚及当时统治者的倡导等原因，文人们都潜心写作辞赋，诗歌的创作落入低谷，但社会底层的人民，却热衷于_______的创作并且渐渐吸引了上层人士的注目，推动了_______诗歌的创作，著名的有_______等。

10. 汉代诗歌中，表现手法上喜用铺陈，多用对话的是_______。

(二)词语积累

1．宿昔　　2．自媚　　3．素书　　4．长跪　　5. 阿谁

(三)整体感知

1. 分析思考《饮马长城窟行》并回答以下问题。

(1) 妇女既是“思远道”，那为什么又说“远道不可思”？

(2) 诗中的“双鲤鱼”、“尺素”是什么意思？女主人公为什么“长跪读素书”？

(3) 写妇女思念为何要加入环境描写？“青青河边草，绵绵思远道”与“枯桑知天风，海水知天寒”两句采用了什么艺术手法？有何作用？

(4) 整理出妇女感情的变化过程。

(5) 总结本诗的艺术特点。

2. 比较两首《饮马长城窟行》的内容和表现手法。

3. 评析《十五从军征》的思想性。

4. 总结汉乐府民歌的主要特色与成就。

五、写作训练

1. 发挥想象力，想想诗中女子的丈夫为什么要远行？接下来女子与她丈夫的命运又会怎么样？写一篇文章。

2. 选择一首乐府诗，谈谈它的思想内容和艺术特色。要求说理透彻，论据充分。

参考答案

二、略

三、略

四、(一) 1. 乐府民歌　民间乐府　汉末

2. 音乐部门　郭茂倩编　缘事而发

3. 陌上桑　羽林郎

4. 玉台新咏　古诗为焦仲卿妻作　长篇叙事诗　叙事诗

5. 叙事　抒情

6. 杂言体　五言体　叙事

7. 《乐府诗集》　鼓吹曲辞《铙歌十八曲》　首句二字　“天啊”

8. 汉代音乐机关　西汉武帝　掌管宫廷所用音乐　民间歌谣和乐曲　汉代乐府所搜集

演唱的歌诗　音乐机关　可以入乐诗体

9. 汉乐府民歌　民歌　文人　《上邪》、《长歌行》、《君子行》、《陌上桑》、《孔雀东南飞》、《东门行》

10. 乐府民歌

(二) 略。

(三) 1. (1) 这是反话，同时，妇女深知爱人远在他乡，思念无益，也无用。

(2) 都是指代书信，“长跪”能表现女子对丈夫的恭敬及女子心中的庄重和激动。

(3) “青青河边草，绵绵思远道”起兴，引出妇女对丈夫的思念。“枯桑知天风，海水知天寒”比兴，烘托女子的孤独和寂寞。

(4) 相思→孤独→欣喜

(5) 第一，抒情中夹杂叙述，内容真实，情感真挚；第二，运用比兴艺术手法，内容丰富、形象生动；第三，句式整齐，音韵和谐，语言通俗易懂。

2. 陈琳诗：内容描写了筑城徭役带给人民的深重苦难，形式上采用对话形式。本诗：内容是写思妇对于远方丈夫的思念，形式上采用思妇第一人称自叙的口吻，并多用比兴手法。

3. 着重反映战争给人民带来的痛苦。通过一个老兵的悲惨遭遇，揭露了当时兵役制度的黑暗。他少小入伍，老大回乡，只见家园残破，亲友凋零。他孤独地采掇杂谷野菜做饭，“羹饭一时熟，不知贻阿谁”，茫然地倚门东望，不禁伤心泪落。

4. 第一，汉乐府民歌具有浓厚的生活气息；第二，汉乐府民歌奠定了中国古代叙事诗的基础；第三，汉乐府民歌表现了激烈而直露的感情；第四，汉乐府民歌表现了生动活泼的想象力；第五，汉乐府民歌使用了新的诗型——五言体和杂言体。

五、略

《古诗十九首》二首

学习目的与要求

了解《古诗十九首》的基本情况，学习赏析古诗。

学习重点

1. 了解《行行重行行》的思想内容和艺术特色。

2. 客观、历史地理解《生年不满百》的思想内容。

一、知识拓展

《古诗十九首》

《古诗十九首》为组诗名，汉无名氏作(其中有八首《玉台新咏》题为汉枚乘作，后人多疑其不确)，非一时一人所为，一般认为大都出于东汉末年。南朝梁代萧统合为一组，收入《文选》，题为《古诗十九首》。内容多写夫妇朋友间的离愁别绪和士人的彷徨失意，有些作品表现出追求富贵和及时行乐的思想。语言朴素自然，描写生动真切，在五言诗的发展史上有重要地位。

“古诗”的原意是古代人所作的诗。约在魏末晋初，流传着一批魏、晋以前文人所作的五言诗，既无题目，也不知作者，其中大多是抒情诗，具有独特的表现手法和艺术风格，被统称为“古诗”。晋、宋时，这批“古诗”被奉为五言诗的一种典范。西晋陆机曾逐首逐句地摹仿了其中的 12 首。东晋陶渊明、宋代鲍照等，都有学习“古诗”手法、风格的《拟古诗》。到了梁代，刘勰的《文心雕龙》、钟嵘的《诗品》更从理论上总结评论了“古诗”的艺术特点和价值，探索了它们的作者、时代及源流，并大体确定它们是汉代作品。同时，萧统的《文选》以及陈代徐陵的《玉台新咏》又从诗歌分类上确定了“古诗”的范围：凡无明确题目的作品，有作者的称“杂诗”，无名氏的为“古诗”。因此，梁、陈以后，“古诗”已形成一个具有特定含义的专类名称。它与两汉乐府歌辞并称，专指汉代无名氏所作的五言诗，并且发展为泛指具有“古诗”艺术特点的一种诗体。《古诗十九首》在文学史上占有“古诗”代表作的地位，这一标题也就成为一个专题名称。

东汉桓帝、灵帝时，宦官外戚勾结擅权，官僚集团垄断仕路，上层士流结党标榜，“窃选举、监荣宠者不可胜数也，既获者贤己而遂往，羡慕者并驱而追之，悠悠皆是，孰能不然者乎？”(徐幹《中论•谴交》)在这样的形势和风气下，中下层士子为了谋求前程，只得奔走交游。他们背井离乡，辞别父母，“亲戚隔绝，闺门分离，无罪无辜，而亡命是效”，然而往往一事无成，落得满腹牢骚和乡愁。《古诗十九首》主要就是抒写游子失志无成和思妇离别相思之情，突出地表现了当时中下层士子的不满不平以至玩世不恭、颓唐享乐的思想情绪，从这一侧面真实地反映出东汉后期政治混乱、败坏、没落的时代面貌。

抒发仕途碰壁后产生的人生苦闷和厌世情绪是《古诗十九首》中游子诗的共同主题思想。这类诗普遍写到人生寄世，如同行客，寿命短促而穷贱坎坷，由此引出的不同处世态度则构成各诗的具体主题。如《青青陵上柏》劝人安贫达观知足行乐：“斗酒相娱乐，聊厚不为薄；驱车策驽马，游戏宛与洛”，不必羡慕王侯权贵穷奢极欲的生活；《今日良宴会》则反语嘲弄，劝人钻营要职攫取高官：“何不策高足，先据要路津。无为守穷贱，坎坷长苦辛”；《驱车上东门》、《生年不满百》直截了当地宣扬及时行乐：“服食求神仙，多为药所误。不如饮美酒，被服纨与素”，“为乐当及时，何能待来兹”。这些诗毫无壮志豪情，诗中主人公们地位卑贱而热衷功名，羡慕富贵。他们追求功名富贵的热望破灭了变得心灰意懒，厌世弃仕。他们的达观、嬉笑、哀鸣、怨愤，甚至颓废放荡，实则都是在政治上失望至于绝望的种种病态心理的表露。

《古诗十九首》中抒写离别相思的诗，大多是思妇闺怨，但也有游子乡愁。这类诗的共同主题思想是表达离恨之苦，希望夫妻团聚，怨恨虚度青春。由于各位作者的取材和侧重点不同，因而诸诗各有具体主题。

《古诗十九首》思想内容比较狭窄，情调也比较低沉，但艺术成就相当突出。作者们大抵属于中下层文士，熟悉本阶层的生活状况和思想情绪，具有较高的文化素养，诗歌艺术上继承了《诗经》、《楚辞》的传统，吸取了乐府民歌的营养。《诗经》的赋、比、兴表现手法，在“古诗”中得到广泛运用。有的作品还在题材、语言、意境等方面，表现出《诗经》的影响。

刘勰概括“古诗”的艺术特色是 “结体散文，直而不野，婉转附物，怊怅切情”。以《古诗十九首》而言，它把深入浅出的精心构思、富于形象的比兴手法、情景交融的描写技巧、如话家常的平淡语言熔为一炉，形成曲尽衷情而委婉动人的独特风格。其中的游子诗多属感兴之作，寓有哲理，意蕴深长，耐人寻味；而思妇诗意在动人，所以形象鲜明，感情含蓄。前一类如“青青陵上柏”，它以“陵上柏”、“涧中石”起兴，而后如同闲话，却有层次，有对比，在描写小民适意娱乐和王侯穷奢极侈的情景中自然流露褒贬，结语“极宴娱心意，戚戚何所迫”稍加点破，引人思索。“明月皎夜光”则以悲秋起兴，铺排秋夜明月繁星及时节物候变化，渲染炎凉气氛，然后直接指责朋友不相提携，结语点破不讲交情，“虚名复何益”，借以警世。后一类如“行行重行行”通篇倾诉别离相思之苦，似乎脱口而出，信口絮叨，实则从追叙远别到强作自慰，随感情发展，波澜起伏，结构精致，衔接自然，而以直白为主，穿插比兴，语言精练，形象明快，确是“古诗”独特艺术风格的代表作。例如“冉冉孤生竹”、“凛凛岁云暮”等篇也都具有同样的艺术特点。比较起来，“古诗”中思妇诗更能代表“古诗”的艺术特点和成就。

在文学史上，《古诗十九首》所代表的东汉后期无名氏五言诗，标志着五言诗歌从以叙事为主的乐府民歌发展到以抒情为主的文人创作，已经成熟。无名氏诗人们所反映的中下层士子的苦闷和愿望，在封建社会具有相当的普遍性和典型意义。他们所创造的独特表现手法和艺术风格，适合于表现感伤苦闷情绪，为后世封建文人所喜爱和模仿。因此，他们的作品在梁代已获高度评价，刘勰推崇它为“五言之冠冕”，钟嵘称它“惊心动魄，可谓几乎一字千金”。学习、摹拟、继承发展“古诗”手法、风格的诗歌创作，始终不绝如缕，可见其影响甚为深远。(倪文锦，《中等职业学校文化课教学用书•语文教学参考书》高等教育出版社，2006 年 7 月)

二、拓展训练

阅读诗歌，回答下面的问题。

青青河畔草

(无名氏)

青青河畔草，郁郁园中柳。
盈盈楼上女，皎皎当窗牖。
娥娥红粉妆，纤纤出素手。
昔为倡家女，今为荡子妇，
荡子行不归，空床难独守。

1. 这首诗表达了怎样的思想感情？
2. 这首诗是如何塑造深闺思妇的形象的？
3. 这首诗在语言运用上有何特点？

三、口语训练

口语交流不能像书面语表达那样有充分的时间做准备。但我们可以在平时加强应变训练，储备足够的知识，练习娴熟的技巧，等到临场时就可以处变不惊，轻松自如地应付各种意外情况，使自己的言谈内容保持完整统一、协调匀称。在平时的学习、工作和生活中，我们要抓住一切机会进行有意识的自我训练，目的是掌握思维快速地发散、收敛与创造性的组合能力，也就是培养自己在最短的时间内解决好“说什么”和“怎么说”的能力。这里包括培养从容镇定、处变不惊的能力，培养奇妙利用、善于引导的能力，培养当

机立断、恰如其分应对的能力。

鲁迅的《从百草园到三味书屋》里讲他刚入学时问先生“怪哉虫”是怎么一回事，先生说不知道，似乎很不高兴，脸上还有怒色。从问者来说，自然是一种单纯的求知欲，但先生的反应就有点让问者失望了。处理好难题怪题是个修养问题，可以让对方认清自己的为人。有时候别人看的并不一定是知识的多少，而是看对问题的态度：是诚心对待，还是敷衍委蛇；是下工夫求解，还是不了了之。

试着巧妙回答下列问题。

1. 花木兰从军十二年，别人为什么不能从她的耳孔和小脚认出她是个女子？

2. 马路上为什么用红灯表示停止、绿灯表示通行？

四、课文内容强化训练

(一) 选择题

1. 下面诗集是我国文人五言诗集的是(　　)。

A.《离骚》　B.《乐府诗集》　C.《古诗十九首》　D.《诗经》

2.《古诗十九首》是指《文选》中选编在一起的十九首(　　)。

A. 原始歌谣　B. 先秦古诗　C. 汉代文人五言诗　D. 汉乐府民歌

3. 五言诗从民间歌谣到文人写作，经过了很长的时间，到(　　)末年，文人五言诗日趋成熟。

A. 秦　B. 东汉　C. 西汉　D. 初唐

4. 《古诗十九首》不仅是定型的五言诗，也是(　　)诗进入成熟阶段的显著标志。它的出现在中国诗歌史上具有相当重要的意义。

A. 文人　B. 叙事　C. 民间　D. 抒情

5. 中国是诗的国度，诗歌的语言形式多样化。中国古典诗歌的主要形式是(　　)。

A. 四言诗　B. 五言诗　C. 七言诗　D. 杂言诗

6. 建安年间，第一位大力创作五言诗的文人是(　　)， 五言诗在他手中完成了乐府民歌向文人诗歌的转变。

A. 曹操　B. 曹丕　C. 曹植　D. 王粲

(二) 填空题

1.“古诗十九首”之名最早见于南朝梁代昭明太子萧统编的《________》一书。该书收录了汉代文人五言诗 19 首，后人遂以“古诗十九首”称之。五言诗达到成熟阶段的标志是________的出现。

2. 《古诗十九首》长于________，善用________手法，所谓“深衷浅貌，________”。在五言诗的发展上有重要地位，标志着五言诗达到成熟阶段。

3. 《古诗十九首》不是一时一人的作品，诗的内容多叙________、相思以及对________的感触。

4. 《行行重行行》一诗写天上一对夫妇牵牛和织女，视点却在________，是以第三者的眼睛观察他们夫妇的离别之苦。

5. 《行行重行行》魅力无穷，由此演化而来的诗句不少，唐李白有________，南朝乐府诗中有________，宋柳永有________。

6. 汉乐府民歌的艺术特色主要是长于______，《古诗十九首》的艺术特色主要是长于______。

(三) 整体感知

1. 《行行重行行》一诗共十句，开头有何特点？作用是什么？
2. 《行行重行行》是如何描述思妇之苦的？诗的结尾有何特点？
3. 略述《古诗十九首》的艺术成就。
4. 你如何看待《生年不满百》中宣扬的"及时行乐"的思想？

五、写作训练

选择一首古诗，写一篇赏析文章。注意要从思想内容、文学手法、艺术特色、意象意境等方面分析。

参考答案

二、1. 这首诗是《古诗十九首》中的第二首，曾为王国维先生所推崇。它是一首思夫诗，以一女子的口气写她自己的身世和愁思。

2. 这首诗巧妙地采用正反相形的手法来塑造深闺思妇的形象。诗的前半部是一幅少妇赏春图。河畔草色"青青"、园中垂柳"郁郁"，而少妇的"盈盈"倩影宛如"皎皎"月光，出现在高楼上。诗的后半部则点明："荡子行不归，空床难独守。"一边是生意盎然的春景，艳如春花的容颜；一边是空寂无人的闺房，望断云天的泪眼——两相对衬，使读者深深地体会到，这位少妇独守空房，是以如花似锦的青春年华的无奈消磨为代价的。这首诗抓住了"昔日倡家女"独特的心理来刻画她的内心世界。往昔的歌笑生涯使她更易感到春光的撩拨；而从良之后，本指望终身有靠，不意又落到独守空房的境地，内心备感凄苦。对正常爱情的渴求促使她盛妆登楼、守望良人，而炽热的追求和深沉的幽怨，又使她发出了"空床难独守"的孤苦哀告，这样的情感和她的生活经历、心理是统一的。

3. 诗的语言并不奇幻，只是用了民歌中常用的叠词，而且一连用了六个，贴切而又生动。六个叠字无一不切，由外围而中心，由总体而局部，由朦胧而清晰，烘托刻画了楼上女尽善尽美的形象，这里当然有一定的提炼选择，然而又全是依诗人远望或者悬想的过程逐次映现的。这首诗运用了三组叠词。它们密切联系，互相生发，使物的意态和人的仪表、人的外貌风姿和内在的神采交相辉映，获得了"复而不厌，赜而不乱"、化单调为丰满的艺术效果。六个叠字的音调也富于自然美、变化美。青青是平声，郁郁是仄声，盈盈又是平声、浊音，皎皎则又为仄声、清音；娥娥、纤纤同为平声，而一浊一清，平仄与清浊之映衬错综，形成一片宫商，谐和动听。

三、略

四、(一) 1. C　2. C　3. B　4. A　5. B　6. C

(二) 1. 文选　《古诗十九首》

2. 抒情　比兴　短语长情

3. 离别　人生短促

4. 地上

5. “总为浮云能蔽日，长安不见使人愁”(或“浮云游子意，落日故人情”)“欲知相忆时，但看裙带宽几许”“衣带渐宽终不悔，为伊消得人憔悴”

6. 叙事　抒情

(三) 1. 运用重叠反复方法。复沓，渲染氛围。

2. 胡马、越鸟二句是说鸟兽还懂得依恋故乡，何况人呢？以鸟兽和人作比，是从好的方面揣度游子的心理。随着游子越走越远，思妇的相思之情也愈来愈深切。“衣带日已缓”形象地揭示了思妇的这种心情。她日益消瘦、衰老(“衣带日已缓”、“思君令人老”)和“游子不顾反”形成对比。“浮云蔽白日，游子不顾反”，是从坏的方面怀疑游子薄幸，但不直说，而是委婉地通过比喻表达心里的想法。最后两句是强作宽慰，实际上这种心情是很难“弃捐”勿“道”的，心绪不佳，“餐饭”也是很难“加”的。相思之苦本来是一种抽象的心理状态，可是作者通过胡马、越鸟、浮云、白日等恰当贴切的比喻，带缓、人老等细致的描写，把悲苦的心情刻画得生动具体，淋漓尽致。诗的前面叙写相思，最后以期待和聊以自慰的口吻结束。

3.《古诗十九首》的艺术成就：汉代文学尚未进入自觉阶段，文人无意为诗，其于诗歌创作，大抵有感而发，不事雕琢，所以，从整体来看，《古诗十九首》具有天然混成的艺术风格。

(1) 巧用起兴发端、抒情委曲婉转。《古诗十九首》触物起情，因事命意，文人因迷醉于赋的手法而一度被忘却的比兴艺术再度焕发出异彩。

(2) 物我互化笔法、情景交融境界。所谓物我互化，是指诗歌不直接抒发自己的情感，而是通过具体的物与境的描写，来渗透作者的离情别绪。

(3) 用语浅近平淡、寄意新警深迥。语浅情深，语白理至，语淡味淳，语直意曲。

4．这是一首以放浪之语抒写“及时行乐”的作品，似乎确可将许多人的人生迷梦“唤醒”；有人将这类诗作，视为汉代“人性觉醒”的标志。仔细想来，“常怀千岁忧”的“惜费”者固然愚蠢，但要说人生的价值就在于及时满足一己的纵情享乐，恐怕也未必是一种清醒的人生态度。实际上，这种态度，大抵是对于汉末社会动荡不安、人命危浅的苦闷生活的无力抗议。对毫无出路的下层人来说，又不过是从许多迷梦中醒来后，所做的又一个迷梦而已。他们何尝真能过上“被服纨与素”、“何不秉烛游”的享乐生活？所以，与其说这类诗表现了“人性之觉醒”，不如说是以旷达狂放之思，表现了人生毫无出路的痛苦。

五、略

燕　歌　行

曹丕

学习目的与要求

1. 了解曹丕、“三曹”及建安文学。

2. 宏观了解当时的社会现状。

学习重点

掌握这首诗的思想内容和千回百转、凄凉哀怨的风格。

一、知识拓展

建安文学

东汉末年，社会动荡不安。汉沛国谯(今亳州)人曹操组建青州兵，挟持汉献帝，统一北方，社会有了比较安定的环境，文学的发展获得了一个相当宽松的社会文化环境。曹操父子皆有高度的文学修养，由于他们的提倡，一度衰微的文学有了新的生机。在当时建都的邺城(故址在今河北省临漳县境内)，聚集了一大批以曹氏父子为核心的邺下文人集团。这些文学士人在积极进取、建功立业的同时，“傲雅觞豆之前，雍容衽席之上，洒笔一成酣歌，和墨以藉谈笑”，创作出许许多多表现时代精神，反映时代生活，展现时代风貌的文学作品。诗、赋、文创作都有了新的突破。尤其是诗歌，吸收了汉乐府民歌之长，大多政治理想高扬，书写建功立业的愿望和对人才的渴求，发出了人生短促的哀叹，深刻反映了社会的动乱和人民的痛苦生活，以及文人们的思想情操，情词并茂，具有慷慨悲凉的艺术风格。 因发生在汉献帝建安时期，故后人称这一时期的文学为建安文学。建安时期成为我国历史上第一个真正意义上的文学繁荣时期。

文学特征：文学史上的建安时期从黄巾起义到魏明帝景初末年，大约五十年时间。建安诗歌便是社会由分裂动荡趋向统一这一历史时期的产物。“世积乱离，风衰俗怨”的时代特征，建安文人开阔博大的胸襟、追求理想的远大抱负、积极通脱的人生态度，直抒胸臆、质朴刚健的抒情风格，形成了建安诗歌所特有的梗概多气、慷慨悲凉的风貌。为中国诗歌开创了一个新的局面，并确立了“建安风骨”这一诗歌美学风范。

建安文学的代表人物是“三曹”和“七子”，而以三曹为核心。曹操是建安文学的主将和开创者，今存其乐府诗二十余首，代表作《蒿里行》描写了军阀混战时期的惨景，《短歌行》更是脍炙人口的名篇。曹丕是曹操的次子，其诗歌委婉悱恻，多以爱情、伤感为题材。两首《燕歌行》是现存最早的七言诗。其所著《典论•论文》，是中国文学批评史上的重要著作。曹植是这一时期最负盛名的作家，流传下来的诗赋文章共有一百多篇，如描绘人民痛苦生活的《泰山梁甫行》，描写爱情的《美女篇》、《洛神赋》等。曹植写《七步诗》的原委，更流传为尽人皆知的佳话。李白有“蓬莱文章建安骨”之句，可知建安文学对后世的深远影响。

建安文学在思想内容上主要包括两个方面。一是反映了当时动荡乱离的社会现实和民生的疾苦，如曹操的《薤露行》和《蒿里行》、陈琳的《饮马长城窟行》、王粲的《七哀诗》、蔡琰的《悲愤诗》、曹植的《送应氏》等，都是这类内容题材的作品。二是抒发个人的理想、抱负与情感、心志，如曹操的《短歌行》抒发的是建功立业的理想，刘桢的《赠从弟》表现的是对志节的崇尚，曹植的《白马篇》以游侠的题材抒发为国捐躯赴难的壮志豪情。此外，也有一些游子思妇、游仙的题材。建安文学总的来说体现了很强的现实主义精神和奋发向上的积极进取精神。

建安文学的艺术特征主要体现在以下几个方面。

(1) 建安文学的主要成就在于诗歌。它继承和发扬了汉乐府的现实主义精神，真实地反映了时代的社会生活，具有充实的内容，对时代乱离的反映及个人情志的抒发形成了慷

慨悲凉的主体风格。刘勰《文心雕龙·时序》有恰当贴切的概括：“观其时文，雅好慷慨，良由世积乱离，风衰俗怨，并志深而笔长，故梗概而多气也。”

(2) 建安文学总体上说境界比较开阔，自由通脱。诗歌主要是学习乐府民歌，在艺术上受到汉乐府叙事性的影响，又加强了抒情性，并向着文人化的诗歌转变。曹操的诗歌和散文有尚质崇实的特点，其后诗文的总体取向是渐趋工致华美。除了时代的群体的总体特征之外，也具有很强的个体的个性特征。

(3) 建安诗歌以五言为主，亦有四言、杂言等，而以五言成就最高，为五言诗的发展铺平了道路。散文的体式多种多样，有诏令、奏疏、章表、书信、序论、赞颂、碑铭等。辞赋沿着汉末抒情小赋的创作道路前进，而题材更加广泛，抒情、咏物、感事、饮宴、游猎无所不至。

二、拓展训练

阅读曹操的《短歌行》，回答后面的问题。

短　歌　行

曹操

对酒当歌，人生几何？
譬如朝露，去日苦多。
慨当以慷，幽思难忘。
何以解忧？唯有杜康。
青青子衿，悠悠我心。
但为君故，沉吟至今。
呦呦鹿鸣，食野之苹。
我有嘉宾，鼓瑟吹笙。
明明如月，何时可掇？
忧从中来，不可断绝。
越陌度阡，枉用相存。
契阔谈宴，心念旧恩。
月明星稀，乌鹊南飞，
绕树三匝，何枝可依？
山不厌高，海不厌深。
周公吐哺，天下归心。

1. 概括《短歌行》一诗的主旨。
2. 说明这首诗所用的比喻和典故及各自的作用。
3. 说说这首诗是如何引用《诗经》中的成句表达感情的。
4. 这首诗是言志与抒情相结合的典范之作，除言志外，作者还抒发了怎样的感情？

三、口语训练

1. 从古至今，人才是成就事业的关键所在。说说中国古往今来重用人才、成就大业的典型事例。

2. 现代社会中，不少子女与家长就许多问题观点不同，难以达成共识，家长与子女也难以沟通。那么，你认为代沟的存在是必然的吗？为什么？两代人之间应如何沟通？谈谈你的观点。这个问题思辨性、逻辑性较强，要求思维严密、条理清楚。

四、课文内容强化训练

(一)单选题

1. “山不厌高，海不厌深，周公吐哺，天下归心”出自(　　)。

A.《蒿里行》　B.《短歌行》　C.《苦寒行》　D.《步厦门行出》

2. 诗的思想内容与其他三项不同的是(　　)。

A. 王粲《七哀诗》　B. 蔡琰《悲愤诗》

C. 刘桢《赠从弟》　D. 曹植《送应氏》

3. 建安诗歌主要是学习(　　)，并向着文人化的诗歌转变。

A. 诗经　B. 楚辞　C. 乐府民歌　D. 古诗十九首

4. 在文学上取得了巨大成就，被称为“建安之杰”的是(　　)。

A. 曹操　B. 曹丕　C. 曹植　D. 王粲

5. 对七言诗的发展有深远影响，堪称为“七言之祖”的是(　　)。

A. 《短歌行》　B. 《燕歌行》　C. 《蒿里行》　D. 《薤露行》

(二) 填空题

1．建安文学的代表人物是_______和_______，而以_______为核心。

2．建安七子指的是_____________________七人，世称“七子”。

3．现存最早的完整的文人七言诗是_______的《_______》。他的《_______》是现存最早的文学专论，开了文学批评的风气，在文学史上占有重要地位。

4．_______是建安文学的主将，新局面的开创者，开_______的先河。他的作品除五言外，四言诗也有不少优秀之作。

5．建安文学的主要成就在于_______。它继承和发扬了_______的现实主义精神，真实地反映了时代的社会生活，具有充实的内容。对时代乱离的反映及个人情志的抒发，形成了_______的主体风格，后人称之为“_______”。

6．建安文学总体上说境界比较开阔，自由通脱。诗歌在艺术上受到_______的影响，又加强了抒情性，并向着_______的诗歌转变。

7．建安诗歌以_______言为主，亦有四言、杂言等，而以_______言成就最高，

8．“七子”之称见于曹丕的《_______》。七人中成就最高的是_______，其代表作是《_______》(三首)，是汉末战乱现实的写照。

9．现存题为蔡琰的作品有五言《悲愤诗》，骚体《悲愤诗》和《_______》。其中最可信的是蔡琰所作的_______。

10．除了创作之外，曹丕在_______方面也作出了贡献。他的《_______》和《典论·论文》，都涉及了文学批评。

(三) 整体感知

1. 《燕歌行》这首诗是如何围绕“思”字进行描绘的？

2. 从“明月皎皎照我床，星汉西流夜未央。牵牛织女遥相望，尔独何辜限河梁？”分析女主人公的心理活动。

3. 曹丕以男子的身份发出思妇的思念，对此你作何感想？

4. 《燕歌行》在写作上有何特点？

五、写作训练

仔细品读《燕歌行》，说说作者是如何运用情景交融的手法描写思妇的心境，塑造完整、典型的思妇形象的。

参考答案

二、1. 诗歌抒发了诗人希望招纳贤才的急切心情和渴望建功立业的宏图大愿。

2. (1)比喻。以明月比喻贤才，以明月不可掇比喻贤才难得。以乌鹊择木而栖比喻贤才的徘徊歧路，表达对他们前途的关切。以“山不厌高，海不厌深”比喻自己广纳天下贤才的宽阔胸襟。(2)典故。据《史记·鲁周公世家》记载，周公说他“一沐三捉发，一饭三吐哺，起以待士，犹恐失天下之贤人”。这里以“周公吐哺”的典故，表示要虚心待贤，使天下贤士归心。

3. “青青子衿，悠悠我心，”是引用《诗经·郑风·子衿》中的成句。“青衿”，周代读书人的服装，这里指代有学问的人。“悠悠”，长久的样子，形容思念之情。诗中引《子衿》中表现女子对情人深情思念的名句，表达诗人对贤才的渴望。“呦呦鹿鸣，食野之苹。我有嘉宾，鼓瑟吹笙。”这四句引自《诗经·小雅·鹿鸣》。《鹿鸣》是一首描写贵族盛宴热情款待尊贵客人的诗歌。前两句起兴，意思是：野鹿呦呦呦呦地叫，欢快地吃着野地里的艾蒿。以下各句描写宾客欢宴的场面。这两句的意思是：我有许多尊贵的客人，席间弹起琴瑟，吹起笙乐。诗人引用这几句诗，表示自己对贤才的热情期待和礼遇。

4. 言志的同时也抒发了诗人的感情：有人生苦短的忧叹之情，有对贤才的渴求之情，有既得贤才的欣喜之情，有对犹豫徘徊的贤才的劝慰之情，有坚信自己礼贤下士，天下贤才定会归附自己的自信之情。诗人把这些复杂的感情，通过似断似续，低廻沉郁的笔调表现了出来。

三、略

四、(一) 1～5 BCCCB

(二) 1. “三曹” “七子” “三曹”

2. 孔融、陈琳、王粲、徐干、阮瑀、应玚、刘桢

3. 曹丕 燕歌行 典论·论文

4. 曹操 用乐府旧题写时事

5. 诗歌 汉乐府 慷慨悲凉 建安风骨

6. 汉乐府叙事性 文人化

7. 五 五

8. 典论·论文 王粲 七哀诗

9. 胡笳十八拍　五言悲愤诗

10. 文学批评　又与吴质书

(三) 1. 诗歌的开头展示了一幅秋色图：秋风萧瑟，草木零落，白露为霜，候鸟南飞……这萧条的景色牵出思妇的怀人之情，映照出她内心的寂寞；最后几句以清冷的月色来渲染深闺的寂寞，以牵牛星与织女星的“限河梁”来表现思妇的哀怨，都获得了很好的艺术效果。诗歌在描述思妇的内心活动时，笔法极尽曲折之妙。比如，先是写丈夫“思归恋故乡”；继而设想他为何“淹留寄他方”，迟迟不归；再转为写自己“忧来思君不敢忘”，整日里在相思中过活；苦闷极了，想借琴歌排遣，却又“短歌微吟不能长”，只好望月兴叹了。如此娓娓叙来，几经掩抑往复，写出了这位女子内心不绝如缕的柔情。

2. 女主人公伤心凄苦地怀念远人，不知过了多久。月光透过帘栊照在她空荡荡的床上，她抬头仰望碧空，见银河已经西转，她这时才知道夜已经很深了。“夜未央”，在这里有两层含意，一层是说夜正深沉，女主人公何时才能捱过这凄凉的漫漫长夜啊！另一层是象征的，是说战争和徭役无穷无尽，女主人公的这种人生苦难，如这漫漫黑夜，看不到个尽头！面对着这沉沉的夜空，仰望着这耿耿的星河，品味着这苦痛的人生，她又有什么办法能改变自己的命运呢？这时，她看到银河两侧的那几颗亮星：啊！牛郎织女，你们到底有什么罪过才叫人家把你们这样地隔断在银河两边呢？女主人公这两句如愤如怨，如惑如痴的话，既是对天上双星说的，也是对自己说的，同时也是对千百万被迫分离、不能团聚的男男女女们说的。这是强烈的呼吁，是悲凉的控诉，是一种愤怒的抗议，它仿佛是响彻了当时的苍穹，而且在以后近两千年的封建社会里，年年月月、时时刻刻都还可以听到它的响亮的回声。

3. 曹丕此诗的贡献不仅在于它开创了七言闺怨诗的先河，更重要的还在于它将汉乐府代抒闺怨的传统加以文人化的改造。他作为男性作者以思妇的身份与口吻代替思妇去抒发心中的哀怨，这要从历史的角度去看待这个问题。在女性尚无言说权利的时代里，文人乃至达官贵人代她们抒发感情，在一定程度上也是需要有同情心和平民意识的。曹丕此诗敢于代思妇怨天并揭露当时社会的苦难，并以逼真的描写反映出了当时妇女们的真实心态，其价值是完全可以肯定的。值得注意的是，这种代言体的诗歌表现形式对后世产生了深远的影响，南朝以及唐代的闺怨诗、宫怨诗都承接着这种表现形式而将其发扬光大，如李白的《长干行》、金昌绪的《春怨》等都是典型的代言体诗歌。

4. 首先，这首诗将写景与抒情完美地结合起来，创造了情景交融、意境浑成的境界。在诗歌的开头，作者就渲染了秋天的萧瑟环境，从而奠定了整首诗凄清悲凉的感情基调，此后主人公的所有感情变化和诗歌的风格都是围绕着这一基调而发展变化的。摇落的草木、凄凄繁霜、南归的群雁，都是在激发着人物的感情，推动着思念之情由淡转浓、由低沉走向高潮。而人物的感情，则始终和所描绘的景物融合在一起，融情入景，真正地实现了景语和情语的完美统一，形成了情景完美结合的优美意境。其次是语言风格的清丽婉转。本诗语言自然明丽，情致委婉，音节和谐。所用景物和所选取的生活片段，原本都是生活中最常见的景象，但是就在这常见的景物的巧妙组合中，却体现了难得的高明的情致风韵。

五、略

春江花月夜

张若虚

学习目的与要求

通过学习，了解张若虚的基本情况。学习赏析古诗《春江花月夜》。

学习重点

1.了解《春江花月夜》的写作特色。

2. 解析重点字词句。

一、知识拓展

自古以来，“伤春”、“叹花”、“咏月”之诗咏，业已形成了一条连绵不断的“文脉”。请欣赏下面的例子。

游客芳春林，春其伤客心。（晋·陆士衡《悲哉行》）

愁心伴杨柳，春尽乱如丝。（唐·刘希夷《春女行》）

今年花落颜色改，明年花开复谁在。（唐·刘希夷《代白头翁》）

落花人独立，微雨燕双飞。（宋·晏几道《临江仙》）

每到春来，惆怅还依旧。（五代·冯延巳《鹊踏枝》二首之一）

时物供愁，夜景伤情。（曾瑞《双调·折桂令·闺怨》）

美人迈兮音尘阙，隔千里兮共明月，临风叹兮将焉歇，川路长兮不可越。

（宋·谢庄《月赋·歌》）

今夜月光来，正上相思台，可怜无远近，光照悉徘徊。（梁·简文帝《望月诗》）

海上生明月，天涯共此时。人情怨遥夜，竟夕起相思。

灭烛怜光蒲，披衣觉露滋。不堪盈手赠，还寝梦佳期。（唐·张九龄《望月远怀》）

恨君不似江楼月，南北东西，南北东西，只有相随无别离；

恨君却似江楼月，暂满还亏，暂满还亏，待到团圆是几时？（宋·吕本中《采桑子》）

明月何时有？把酒问青天。不知天上宫阙，今夕是何年。我欲乘风归去，又恐琼楼玉宇，高处不胜寒。起舞弄清影，何似在人间。

转朱阁，低绮户，照无眠。不应有恨，何事长向别时圆？人有悲欢离合，月有阴晴圆缺，此事古难全。但愿人长久，千里共婵娟。

（宋·苏轼《水调歌头》）

嗟怨，自古风流误少年，那堪暮春天。料应是春负我，我非是辜负了春，为着我心上人，对景越添愁闷。（明·兰陵笑笑生《金瓶梅词话》）

客从江南来，来时月上弦。悠悠行旅中，三见清光圆。

晓随残月行，夕与新月宿。谁谓月无情，千里远相逐。

朝发渭水流，暮入长安陌。不知今夜月，又作谁家客。（佚名《客中月》）

二、拓展训练

阅读诗歌回答下面的问题。

望　洞　庭

刘禹锡

湖光秋月两相和，潭面无风镜未磨。遥望洞庭山水色，白银盘里一青螺。

雨中登岳阳楼望君山

黄庭坚

满川风雨独凭栏，绾结湘娥十二鬟。可惜不当湖水面，银山堆里看青山。

1. 下面两句都用了比喻的修辞手法，其表达的效果分别是什么？

(1) “潭面无风镜未磨”。

(2) “绾结湘娥十二鬟”。

2.《望洞庭》首句中的“相和”意味丰富，请略作赏析。

3.《望洞庭》中的“白银盘”和《雨中登岳阳楼望君山》中的“银山堆”在构思上有同有异，请加以分析说明。

三、口语训练

在口语交际时，不可能预先设想好该怎么说，因对话人都处于临场发挥状态。从思维到语言都必须迅速转换，想到的立即表现为说出的，吞吞吐吐、结结巴巴都会被人视为交际能力偏低的表现；而谈吐流利、侃侃而谈、口若悬河都是口才好、思路敏捷的现象。“倚马可待”这一典故是指书面语(公文、文告)的写作，用于指口语表达亦无不可。文思敏捷总是让人羡慕的、让人叹服的。文思迟钝则是思路无绪或思路迟缓，甚至是思路混乱的表现。善于辞令的人都具备思路迅速敏捷的条件。当然，思路敏捷不完全是天生的，很多人原先说话都有些艰难，靠后天培养、训练大多可以达到出口成章的程度。训练方式有限时想象练习、即兴演讲、辩论等。

试试在5分钟内把下列几个词语连缀成篇。虚构情节及补充语句是允许的。

夜　茫茫　角落　人群　呼叫　奔跑

(李元授主编《口才训练》，华中科技大学出版社，2003)

四、课文内容强化训练

(一) 不定项选择题

1. 下列诗篇属于乐府旧题的有(　　)。

A.《短歌行》　B.《月夜》　C.《春江花月夜》　D.《山鬼》

2. “江天一色无纤尘，皎皎空中孤月轮。”中的“纤”的正确读音是(　　)。

A. xiān　B. xiàn　C. qiàn　D. qiān

3.《春江花月夜》的艺术特点有(　　)。

A. 结构严谨完美　B. 诗情哲理相融　C. 善于烘托铺垫　D. 语言清新优美

4. 闻一多先生称赞《春江花月夜》为(　　)。

A.“以孤篇，压全唐”　B.“孤篇横绝，竟为大家”

C.“文辞清秀，勾勒美妙”　　　　D.“诗中的诗，顶峰上的顶峰”

(二) 填空题

1. 张若虚与贺知章、张旭、包融并称“________”。

2. 《春江花月夜》中探索宇宙与人生的诗句是：________。

3. 全诗写景别具特色。诗中写了________、________、________、________、________五种景物；以________为主体，它是此诗的灵魂，是全诗结构的纽带，也是情景兼具之物。

4. 这首诗中互文见义的句子是________。

5. “昨夜闲潭梦落花”六句写游子的相思之情，诗人借用________、________、________三种伤情的意象来烘托。

(三) 解释下列词句

1. 连海平　2. 芳甸　3. 霰　4.流霜　5. 离人　6. 玉户　7. 闲潭
8. 江水流春　9.乘月　10. 无限路

(四) 整体感知

1. 读《春江花月夜》，做后面的分析题。

(1) 本诗在写景上有什么特点？

(2) 从“春江潮水连海平……但见长江送流水”看出本诗在立意上有什么特点？

2. 前人评价张若虚的《春江花月夜》艺术成就极高，请问该诗结构的主要特点是什么？

3. 有人认为《春江花月夜》的情感基调“哀而不伤”，请谈谈你的感受和认识。

4. 试体味“江畔何人初见月？江月何年初照人。”一句的妙处。

5. “可怜楼上月徘徊，应照离人梳镜台。玉户帘中卷不去，捣衣砧上拂还来。此时相望不相闻，愿逐月华流照君。鸿雁长飞光不度，鱼龙潜跃水成文。”请欣赏这段出自《春江花月夜》里的诗句的意境。

6. 为什么张若虚的《春江花月夜》被前人誉为“以孤篇压倒全唐”之作？

7. 反复吟诵全诗，深味其音韵美。

8. 比较本诗和张九龄的《望月怀远》的意境。

望月怀远

张九龄

海上生明月，天涯共此时。
情人遥怨夜，竟夕起相思。
灭烛怜光满，披衣觉露滋。
不堪盈手赠，还寝梦佳期。

五、写作训练

在科学技术日益发展的今天，人们越来越认识到，培养科技意识比传授科技知识更重要。你同意吗？请用一千字左右论述一下，题目自拟。

参考答案

二、1. (1)形容水面的平静，并给人以朦胧的美感。(2)形容君山山势起伏，姿态各异。

2. “相和”既指彼此协调，又指此唱彼和。在诗中既说明了湖水与月色交相辉映，融为一体；同时又将湖水荡漾、月光波动的节奏感和韵律感传达出来。

3. 两者都借用“白银”的皎洁来比喻湖水的清澈。不同处在于刘诗写风平浪静时的情景，用“盘”来形容水面的平静；而黄诗写波浪汹涌时的情景，用“山”来描摹湖水的翻腾。

三、略

四、(一) 1. AC　2. A　3. AB　4. D

(二) 1. 吴中四士　　2. 江畔何人初见月，江月何年初照人

3. 春　江　花　月　夜　明月

4. 鸿雁长飞光不度，鱼龙潜跃水成文　　5. 落花　流水　残月

(三) 1. 仿佛与大海连成一片。　　2. 遍生花草的原野。

3. 雪珠。这里形容月光下的花朵。　　4. 比喻空中照射下的月光。

5. 思妇。　　6. 思妇的住室。　　7. 幽静的潭水。

8. 春光随着江水一起流逝。　9. 在月光下。　　10. 路途遥远，天各一方。

(四) 1. (1)全诗紧扣春、江、花、月、夜的背景来写，而又以月为主体。“月”是诗中情景兼融之物，它跳动着诗人的脉搏，在全诗中犹如一条生命纽带，通贯上下，触处生神，诗情随着月轮的升落而起伏曲折。月在一夜之间经历了升起——高悬——西斜——落下的过程。在月的照耀下，江水、沙滩、天空、原野、枫树、花林、飞霜、白云、扁舟、高楼、镜台、砧石、长飞的鸿雁、潜跃的鱼龙，不眠的思妇以及漂泊的游子，组成了完整的诗歌形象，展现出一幅充满人生哲理与生活情趣的画卷。这幅画卷在色调上是以淡寓浓，虽用水墨勾勒点染，但“墨分五彩”，从黑白相辅、虚实相生中显出绚烂多彩的艺术效果，宛如一幅淡雅的中国水墨画，体现出春江花月夜清幽的意境美。(2)这首诗从月升写到月落，把现实的情景和诗中人物的梦境结合在一起，写得迷离恍惚，气氛朦胧。诗的感情随着月下景物的推移逐渐展开、变化，忽此忽彼，亦虚亦实，跳动着，断续着。有时让人觉得难以把握，但又觉得有深邃的东西在里边，值得深入发掘。这就是人生的短暂，离别的痛苦，以及青春的美丽。

2. 诗题中的五个字：春、江、花、月、夜，全都点到了，但又有重点，这就是“月”，其他四个字都是陪衬。诗人从月升开始，继而写月下的江流、月下的芳甸、月下的花林、月下的沙汀，然后就月下的思妇反复抒写，最后以月落收结。有主有从，主从巧妙地结合在一起，构成完整的诗歌意境。

3. 诗人把游子思妇的离愁放在春江花月夜的背景上，以良辰美景衬托离别之苦；又以江月与人生对比，显示人生的短暂，而在短暂的人生里，那离愁就越发显得浓郁。这首诗固然带着些许伤感和凄凉，但总的看来并不颓废。它表现了对美好生活的向往，对青春年华的珍惜，以及对宇宙、人生的探索，境界是相当开阔的。

4. 清明澄彻的天地宇宙，仿佛使人进入了一个纯净的世界，这就自然地引起了诗人的遐思冥想：“江畔何人初见月？江月何年初照人？”诗人神思飞跃，但又紧紧联系着人

生，探索着人生的哲理与宇宙的奥秘。这种探索，古人也已有之，如曹植《送应氏》：“天地无终极，人命若朝霜”，阮籍《咏怀》：“人生若尘露，天道邈悠悠”等，但诗的主题多半是感慨宇宙永恒，人生短暂。张若虚在此处却别开生面，他的思想没有陷入前人窠臼，而是翻出了新意：“人生代代无穷已，江月年年只相似。”个人的生命是短暂即逝的，而人类的存在则是绵延久长的，因之“代代无穷已”的人生就和“年年只相似”的明月得以共存。这是诗人从大自然的美景中感受到的一种欣慰。诗人虽有对人生短暂的感伤，但并不是颓废与绝望，而是缘于对人生的追求与热爱。全诗的基调是“哀而不伤”，使我们得以聆听到初盛唐时代之音的回响。

5. “可怜”八句承“何处”句，写思妇对离人的怀念。然而诗人不直说思妇的悲和泪，而是用“月”来烘托她的怀念之情，悲泪自出。诗篇把“月”拟人化，“徘徊”二字极其传神：一是浮云游动，故光影明灭不定；二是月光怀着对思妇的怜悯之情，在楼上徘徊不忍去。它要和思妇作伴，为她解愁，因而把柔和的清辉洒在妆镜台上、玉户帘上、捣衣砧上。岂料思妇触景生情，反而思念尤甚。她想赶走这恼人的月色，可是月色“卷不去”、“拂还来”，真诚地依恋着她。这里“卷”和“拂”两个痴情的动作，生动地表现出思妇内心的惆怅和迷惘。月光引起的情思在深深地搅扰着她，此时此刻，月色不也照着远方的爱人吗？共望月光而无法相知，只好依托明月遥寄相思之情。望长空，鸿雁远飞，飞不出月的光影，飞也徒劳；看江面，鱼儿在深水里跃动，只是激起阵阵波纹，跃也无用。“尺素在鱼肠，寸心凭雁足”。向以传信为任的鱼雁，如今也无法传递音讯——该又平添几重愁苦！

6. 《春江花月夜》在思想与艺术上都超越了以前那些单纯模山范水的景物诗，“羡宇宙之无穷，哀吾生之须臾”的哲理诗，抒儿女别情离绪的爱情诗。诗人将这些屡见不鲜的传统题材，注入了新的含义，融诗情、画意、哲理为一体，凭借对春江花月夜的描绘，尽情赞叹大自然的奇丽景色，讴歌人间纯洁的爱情，把对游子思妇的同情心扩大开来，与对人生哲理的追求、对宇宙奥秘的探索结合起来，从而汇成一种情、景、理水乳交溶的幽美而邈远的意境。诗人将深邃美丽的艺术世界特意隐藏在惝恍迷离的艺术氛围之中，整首诗篇仿佛笼罩在一片空灵而迷茫的月色里，吸引着读者去探寻其中美的真谛。

7. 略

8. 《春江花月夜》意境优美含蓄。全诗紧扣春、江、花、月、夜的背景来写，诗情随着月轮的升落而起伏曲折。在月的照耀下，江水、沙滩、天空、原野、枫树、花林、飞霜、白云、扁舟、高楼、镜台、砧石、长飞的鸿雁、潜跃的鱼龙，不眠的思妇以及漂泊的游子，组成了完整的诗歌形象，展现出一幅充满人生哲理与生活情趣的画卷。这幅画卷体现出春江花月夜清幽的意境美。

张九龄的《望月怀远》意境宏大壮阔。起句“海上生明月”就很有气势，看起来平淡无奇，没有一分点染的色彩，却自然具有一种雄浑阔大的气象。接着即由景入情，转入“怀远”。以“怨”字为中心，以“情人”与“相思”呼应，以“遥夜”与“竟夕”呼应。

五、略

王维诗三首

学习目的与要求

1. 了解王维的生平及诗歌风格。
2. 了解《终南山》的创作风格。
3. 把握《终南山》、《辛夷坞》的思想内容及主题。
4. 品味作者的语言，鉴赏诗歌的表现手法。

学习重点

把握《终南山》、《辛夷坞》的思想内容及主题。

一、知识拓展

简说王维、孟浩然的田园山水诗的不同特点

王维、孟浩然都是盛唐田园山水诗的代表作家，在当时诗坛享有盛誉，影响很大，崔兴宗称王维为“当代诗匠”，王士源说孟浩然的五言诗“天下称其尽美矣”。但由于他们生活环境和性格气质的不同，在诗的写法和艺术风格方面是有区别的。

首先，王维山水田园诗具有空明的境界和宁静之美，诗歌宁静优美，而孟浩然的山水田园诗更贴近自己的生活，“余”、“我”等字样常出现在诗里。这主要是由于王维受禅宗思想影响重大，习惯把宁静的自然作为凝神观照而息心静虑的对象，进入到搜求于象，心入于境的意境创造，产生万物一体的浑然感受，使自然之美和心境之美融为一体，进入物我冥合的忘我境界，显示出诗人心境的空明、寂静。孟浩然的诗歌没有王维诗那样的超凡脱俗，更贴近生活。诗中景物常为自己生活环境的一部分，带有即兴而发、不假雕饰的特点，主观意识较浓，处处有“我”，大别于王维“物我冥合”的忘我境界。

其次，孟浩然对景物描写即兴而发，诗语自然纯净，似比王维的诗更显淳朴，更接近陶渊明诗豪华落尽见真淳的境界。王维诗大都有着“诗中有画，画中有诗”的明秀诗境，善于在动态中捕捉自然事物的光和色，表现出极丰富的色彩和层次感，创作出如水月镜花般的纯美诗境。而孟浩然在融景入诗时，常将随意点染的景物与清淡的情思相融合，无刻画痕迹，从而形成自然冲淡、诗味醇厚的特点。

再次，王维的山居歌咏擅长于表现空山的宁静之美，而孟浩然的乘舟行吟之作则表现了山水的淡泊纯净之美，语言清省，诗境明透。从王维的《山居秋暝》、孟浩然的《宿建德江》等诗作中都可看出二人的区别。

二、拓展训练

阅读孟浩然的《临洞庭赠张丞相》，回答问题。

临洞庭赠张丞相

孟浩然

八月湖水平，涵虚混太清[1]。
气蒸云梦泽[2]，波撼岳阳城。
欲济[3]无舟楫，端居耻圣明。
坐观垂钓者，徒有羡鱼情。

孟浩然(689—740 年)襄阳(今湖北襄阳市)人，与王维同是盛唐田园山水诗的代表作家。本诗也作《临洞庭》。张丞相，即张九龄。玄宗开元二十一年至二十四年为宰相。这首诗以洞庭湖作为兴托，表露了想入世为官，希望张丞相引荐的心情，因此被誉为盛唐第一干谒诗。诗中“气蒸云梦泽，波撼岳阳城”两句，气势磅礴，为后人传诵。

【注释】[1]涵虚句：涵，包容；虚，天空之气；混太清，是混淆于天空。[2]气蒸句：洞庭湖水气升腾，使整个云梦地区迷蒙一片。洞庭湖是古云梦泽的一部分。[3]济：渡。

1. 诗的前四句写洞庭湖怎样的情景？又有何暗示？
2. 怎样理解五、六句的含义？其中的关键字是什么？如何理解？
3. 最后两句翻用何句而来？有何含义？

三、口语训练

1. 简要谈谈田园山水诗的主要特点和王维、孟浩然诗的不同。

2. 王维是山水田园诗派的代表诗人，在他描绘自然山水的诗歌里，创造出了“诗中有画，画中有诗”的静逸明秀的诗境，试结合他的《竹里馆》分析这一特点，并说说该诗体现了怎样的意境美。

四、课文内容强化训练

(一)选择题

1. 所处时期不同于其他三位的诗人是(　　)。
   A. 孟郊　　B. 贾岛　　C. 高适　　D. 李贺
2. 下列不属于盛唐诗人的是(　　)。
   A. 杜甫　　B. 李白　　C. 李商隐　　D. 王维
3. 被称为“田园诗人”或“隐逸诗人”的鼻祖的诗人是(　　)。
   A. 王维　　B. 谢灵运　　C. 王之涣　　D. 陶渊明
4. 盛唐诗人中的“七绝圣手”是指(　　)。
   A. 王之涣　　B. 李白　　C. 王维　　D. 王昌龄
5. 被闻一多评价为“淡到看不见诗”的是(　　)。
   A. 王维的诗　　B. 孟浩然的诗　　C. 储光羲的诗　　D. 刘长卿的诗
6. “涧户寂无人，纷纷开且落”，写片片落英纷纷扬扬洒下人间，描绘出一种(　　)景况。
   A. 寂寞　　B. 落寞　　C. 寥落　　D. 寂寥

(二) 填空题

1. 首联“太乙近天都，连山接海隅”，先用_______手法勾画了终南山的总轮廓。这个总轮廓，只能得之于遥眺，而不能得之于_______。所以，这一联显然是写_______。

2. “青霭入看无”一句，与上句“_______”是“_______”的手法，它们交错为用，相互补充。

3. 作者立足于“近天都”的“_______”，收全景于眼底，故用“_______”一句写尽收眼底的全景。

4. 王维是盛唐________派的代表人物。他继承和发扬了________开创的山水诗而独树一帜，使________成就达到高峰，在中国诗歌史上具有重要的地位。

5. 王维生前身后均享有盛名，有“________”的美称，对后人影响巨大。

6. ________的《出塞》一诗从写景入手，勾勒出一幅冷月照边关的苍凉景象，悲壮而不凄凉，慷慨而不浅露，意境开阔，感情深沉，有纵横古今的气魄，确实为古代诗歌中的珍品，被誉为________之作。

7. 盛唐山水田园诗派成就最高的诗人是王维。他的诗极富诗情画意，宋代大文豪________曾高度评价：“味摩诘之诗，诗中有画”，从此，“________”就成了王维诗的定评。

8. 盛唐时期，除李白、杜甫外，还有许多成就显著的诗人，他们大致分为两类：一类是以________、________为代表的山水田园诗人，一类是以高适、________、________等为代表的________诗人。

9. 王维深究佛理，冲淡平和，故有“________”之称。李贺在他的诗中更多地融入了浪漫与幻想，故被称为“________”。

10. 山水田园诗派，是盛唐时期的两大诗派之一，这一诗派是________等诗人的后继者，这一诗派的诗人以擅长描绘山水田园风光而著称，在艺术风格上也比较接近，通过描绘幽静的景色，反映其________或隐逸的思想，因而被称为“山水田园诗派”。

(三)整体感知

1. 《终南山》诗的一、二句(“太乙……入看无”)都是写景，有什么不同之处？

2. 这首诗以什么为线索和顺序？具体说明。

3. 怎样理解最末两句？

五、写作训练

1. 以特定的景物为对象，写一篇描绘自然风光、抒发内心情感的散文。

2. 试着写一些描绘自然风光、歌颂祖国山河的诗歌(律诗、绝句均可)。

参考答案

二、1. 前四句描写八月洞庭湖波涛汹涌，辽阔旷远的雄浑景象，暗示“欲济”洞庭湖所面临的重重困难艰险，那混茫不落边际的洞庭湖景象象征着仕途道路的艰难险阻。

2. 五、六句因物生情，点明“无舟楫”而想单凭自己的力量去渡洞庭客观上的不可能，但不渡此湖心又不甘，因为身居太平盛世却闲居无事使人感到羞耻。关键字是“济”。“济”字的本义是渡河越水，引申为有工作或事业成功之意。作者说“欲济无舟楫”，表面上仍是在说洞庭湖，隐蔽的意义却是说，要获得一官半职，可是没人相助。他但愿得到张九龄的荐举、提拔，比如给他一条船，使他能渡过大湖，表达了作者希望步入仕途的愿望。

3. 最后二句巧妙翻用《淮南子·说林》“临渊羡鱼，不如退而结网”之意，暗示自己在圣明时代，枉然闲着，觉得可耻，因此，坐在湖边看人钓鱼，空有羡慕鱼儿上钩的心情。暗示有下湖捕鱼之意。而洞庭湖的难“济”与仕途的难达相通。

三、略

四、(一) 1～6　CCDDBB

(二)1. 夸张　近观　远景

2. 白云回望合　互文

3. 中峰　阴晴众壑殊

4. 山水田园诗　谢灵运　山水田园诗

5. “天下文宗”

6. 王昌龄　唐人七绝的压卷

7. 苏轼　诗中有画

8. 王维　孟浩然　岑参　王昌龄　边塞

9. 诗佛　诗鬼

10. 陶渊明、谢灵运、谢眺　宁静的心境

(三)1. 首联“太乙近天都，连山接海隅”，先用夸张手法勾画了终南山的总轮廓。这个总轮廓，只能遥眺，而不能逼视。所以，这一联是写远景。次联“白云回望合”一句，“回望”既与下句“入看”对偶，则其意为“回头望”，王维写的是入终南山而“回望”，望的是刚走过的路。诗人身在终南山中，朝前看，白云弥漫，看不见路，也看不见其他景物，仿佛再走几步，就可以浮游于白云的海洋；然而继续前进，白云却继续分向两边，可望而不可即；回头看，分向两边的白云又合拢来，汇成茫茫云海。所以次联写的是近景。

2. 作者以游踪为线索，以时空变化为顺序，对终南山及进入山中所见到的景象进行了描绘。首联是远观，用夸张手法写出了终南山的高峻、广大，它高近天都，山山相连，直到海角。颔联写进入山中所见到的云雾缭绕变幻莫测的奇妙景象。颈联写来到中峰时所见到的景象，突出了山之高大、景象之变换无穷。尾联写登山流连忘返，以至天晚欲寻觅宿处。线索清楚，层次分明，仅用四十个字就把终南山的高大雄伟展现在我们面前。

3. 第一，“欲投人处宿”句分明省略了主语“我”，是“我”在游山，句句有“我”，处处有“我”，以“我”观物，因景抒情。第二，“欲投人处宿”而要“隔水问樵夫”，则“我”还要留宿山中，明日再游；而山景之赏心悦目，诗人之避喧好静，也不难看出。第三，诗人既到“中峰”，则“隔水问樵夫”的“水”实际上是深沟大涧，那么，他怎么会发现那个“樵夫”呢？“樵夫”必砍樵，就必然有树林，有音响。诗人寻声辨向，从“隔水”的树林里欣然发现樵夫的情景，不难想见。既有“樵夫”，则知不太遥远的地方必然有“人处”，因而问何处可以投宿，“樵夫”口答手指、诗人侧首遥望的情景，也不难想见。

五、略

李白诗二首

学习目的与要求

1. 通过学习，了解李白的生平、思想，把握李白诗歌的思想内容、李白诗歌的艺术成就。

2. 赏析李白的诗歌《远别离》、《登金陵凤凰台》。

学习重点

李白诗歌的浪漫主义特征。

一、知识拓展

李白诗注本甚多，1979 年中华书局出版的清人王琦之注本最为详备。注者参考吸收前人注李的成果，订讹补阙，后出转精。注释不厌其烦，缺点是有些繁琐。书中所附年谱及评论、纪事等材料，至今仍有参考价值。此书亦有《四部备要》本，但不及中华书局标点本便于初学阅读。

中国社会科学院文学研究所编《唐诗选》由人民文学出版社于 1978 年出版。本书选诗人一百三十余家，诗作六百三十多首，分上下两册，规模适中。前言对唐诗发展繁荣之原因、过程、特点等均有所描述，虽然持论不免为其时代所囿，仍不失简明扼要，值得一读。诗人小传中也时有作家风格的分析，注释以要言不烦为原则，疑难点则展开分析或略加考证。参与此选本工作者有余冠英、钱钟书等著名学者。

二、拓展训练

阅读《宣州谢眺楼饯别校书叔云》，做后面的分析题。

宣州谢眺楼饯别校书叔云

李白

弃我去者，昨日之日不可留；
乱我心者，今日之日多烦忧。
长风万里送秋雁，对此可以酣高楼。
蓬莱文章建安骨，中间小谢又清发。
俱怀逸兴壮思飞，欲上青天揽明月。
抽刀断水水更流，举杯销愁愁更愁。
人生在世不称意，明朝散发弄扁舟。

1. 此诗抒发了作者什么样的感情？
2. “蓬莱文章建安骨”等四句在写法上有何特点？起何作用？
3. 此诗的开头、结尾有何特点？
4. 分析“抽刀断水水更流，举杯销愁愁更愁”的艺术手法。
5. 分析此诗的艺术结构，它与作者的思想感情的表达有何关系？
6. 反复诵读，试体会诗人内心的深层矛盾，以此关照中国历代文人，你有何看法？

三、口语训练

有四个学生议论如何与歹徒作斗争，甲说：“跟歹徒斗与我们学生没关系，这是警察的事。”乙说：“只要胆大不怕死，一两个歹徒不在话下。”丙说：“我们力气小，没打过架，与歹徒斗还不是送死。”丁说：“如果做坏事的是我家里的人，我才不会去管。”

迅速辨析四人观点的正误，如有错，请指出症结在什么地方。即席讲话，谈“学生要不要见义勇为”。

四、课文内容强化训练

(一) 不定项选择题

1. “人生在世不称意，明朝散发弄扁舟”中的“称”的正确读音是(　　)。
   A. chēng　　B. chēn　　C. chèng　　D. chèn
2. 李白是我国继屈原之后最杰出的浪漫主义诗人，被称为(　　)。
   A. 诗仙　　B. 诗圣　　C. 诗杰　　D. 诗怪
3. 李白是下列(　　)诗歌体裁的巨匠。
   A. 七律　　B. 七言歌行　　C. 七绝　　D. 五绝
4. 《登金陵凤凰台》是一首怀古之作，是一首(　　)诗。
   A. 借景抒情　　B. 歌颂祖国河山　　C. 政治讽刺　　D. 怀古伤今
5. “流血涂野草，豺狼尽冠缨”是(　　)的诗句。
   A. 杜甫　　B. 李白　　C. 白居易　　D. 刘禹锡
6. 李白的《蜀道难》是用(　　)写的。
   A. 汉乐府　　B. 古体诗　　C. 近体诗　　D. 乐府旧题
7. 将李白比作“清新庾开府，俊逸鲍参军”的人是(　　)。
   A. 王安石　　B. 杜甫　　C. 严羽　　D. 苏轼
8. 下列句子节奏划分不正确的是(　　)。
   A. 江流/天地外，山色/有无中　　B. 抽刀断水/水更流。举杯销愁/愁更愁
   C. 持/节云中，何日/遣冯唐　　D. 了却/君王天下事，赢得/生前身后名

(二)填空题

1. 杜甫：“昔年有狂客，号尔谪仙人。笔落惊风雨，________。”
2. 君失臣兮龙为鱼，________。
3. 海水直下万里深，________。
4. 李白，字太白，号________，经历坎坷，思想多元，________、________、________三种思想在他身上都有体现。________是支配他一生的主导思想。
5. 李白笔下的华夏山水气势磅礴，神奇秀丽，如《________》中“君不见黄河之水天上来，奔流到海不复回”，又如《望天门山》中“两岸青山相对出，________”。
6. 唐代诗人李白在《蜀道难》一诗中用“蜀道之难，________”这样的句子来渲染蜀道的雄伟、奇险和神秘。
7. 李白诗歌中常将________、________、________、________等手法综合运用，从而造成神奇异采、瑰丽动人的意境，这就是李白的浪漫主义诗作给人以豪迈奔放、飘逸若仙的韵致的原因所在。
8. 他的语言正如他的两句诗所说，“________、________”，当然，他的语言风格也是多样化的，时而瑰丽夸张，时而清丽自然，时而明朗、活泼、隽永。
9. 李白反权贵的精神在《________》一诗中得到最集中的表现。
10. ________，一水中分白鹭洲。

(三)整体感知

阅读李白的《登金陵凤凰台》，回答下面的问题。

登金陵凤凰台

凤凰台上凤凰游，凤去台空江自流。
吴宫花草埋幽径，晋代衣冠成古丘。
三山半落青天外，一水中分白鹭洲。
总为浮云能蔽日，长安不见使人愁。

(1) 李白登金陵凤凰台时，用崔灏的《黄鹤楼》一诗的韵律写下了《登金陵凤凰台》，还记得崔灏的原诗吗？从内容和形式两方面比较本诗与崔颢《登黄鹤楼》的异同，你更喜欢哪一首呢？

(2) 这首诗抒发了作者的什么样的思想感情？

(3) 请对颈联进行赏析。

(4) 尾联中李白的“愁”应如何理解？请结合诗句具体分析。

(四)简答题

近体诗兴起于哪代？它在哪四个方面有严格规定？

五、写作训练

苏轼《题西林壁》诗中有“横看成岭侧成峰，远近高低各不同”之句，写从不同角度观察庐山看到了不同景象。我们学习、工作、生活中是不是也有这样的情况呢？请就你的理解，可展开联想和想象，自选角度，自拟题目，写一篇文章。文体不限，不少于800字。

参考答案

二、1. 这是最能展示李白气质风度和创作个性的诗作。文如其人，在此诗中，作者或悲或喜，或歌或哭，或飞天揽月，或抽刀断水，敢于自我反思、自我否定、自我超越，一个活生生的真实的李白跃然纸上。这首诗中充满了浪漫主义精神。

2. “蓬莱文章建安骨”，点题入旨，壮语连珠感情曲线忽地上扬，凭借卓越的想象力打开一个新的境界。“俱怀逸兴壮思飞，欲上青天揽日月”，把喜悦推向极端，又猛然惊醒，回到现实，忧从中来，感情曲线骤然下沉。

3. 诗歌开篇“弃我去者，昨日之日不可留；乱我心者，今日之日多烦忧”，陡起壁立，直抒郁结。这破空而来的发端，重叠复沓的语言(既说“弃我去”，又说“不可留”；既说“乱我心”，又说“多烦忧”)以及一气鼓荡，长达十一字的句式，都如歌曲中的高低强弱，急缓转折，以强烈的节奏感冲击着读者的听觉。全诗发端，直抒流年之忧，形成急剧下沉的感情曲线。“抽刀断水水更流，借酒浇愁愁更愁”，感情忽地跌入痛苦的深渊，但将近极限，又顿然醒悟，再推出第四层：走出现实禁锢，做个不拘礼节束缚的古贤名士，泛舟于山水沧浪之间，感情曲线重新上扬。

4. 比喻。用“抽刀断水”比喻诗人极力想摆脱烦忧苦闷，而忧愁却无法排遣，“水更流”比喻愁绪的深长和绵绵不断。对偶。“抽刀断水”对“举杯销愁”，“水更流”对“愁更愁”，写出了诗人力图摆脱愁绪，反而加重了内心的痛苦。

5. 诗歌一开头就平地突起波澜，揭示出郁积已久的强烈精神苦闷；紧接着却完全撇开“烦忧”，放眼万里秋空，从“酣高楼”的豪兴到“揽明月”的壮举，扶摇直上九霄，然后却又从九霄跌入苦闷的深渊。直起直落，大开大合，没有任何承转过渡的痕迹。这种起落无端，断续无迹的结构，将诗人因理想与现实的矛盾而产生的急速变化的感情，表现得淋漓尽致。

6. 略

三、略

四、(一) 1. D　2. A　3. B　4. C　5. B　6. BD　7. B　8. C

(二) 1. 诗成泣鬼神

2. 权归臣兮鼠变虎

3. 谁人不言此离苦

4. 青莲居士　儒家　道家　游侠　功成身退

5. 将进酒　孤帆一片日边来

6. 难于上青天

7. 想象　夸张　比喻　拟人

8. 清水出芙蓉　天然去雕饰

9. 梦游天姥吟留别

10. 三山半落青天外

(三) (1) 略。重点比较以下几个方面：内容上的异同，结构上的异同，语言上的异同，表现手法上的异同，风格上的异同。

(2) 诗人忧国伤时的怀抱，既有对国家前途的担忧，又饱含个人命运的感伤，使人产生强烈的共鸣，旨意深远，意境阔大。

(3) “三山半落青天外，一水中分白鹭洲。”“三山”在金陵西南长江边上，三峰并列，南北相连。李白把三山半隐半现、若隐若现的景象写得恰到好处。“白鹭洲”，在金陵西长江中，把长江分割成两道，所以说“一水中分白鹭洲”。这两句诗气象壮丽，对仗工整，是难得的佳句。

(4) 李白写这首诗由怀古而引发怀君之思，加以感伤自己因遭小人谗言所害而被贬谪，登上凤凰台，望不见长安，一时触景伤情，“不见长安”触境生愁，意寓言外，饶有余味。(愁绪理解：一说皇帝被奸邪小人包围，诗人自己报国无门，心情沉痛，感叹自己被放逐，眼见天上浮云杳杳，不见长安，忧愁自己再也没有机会到长安。二说安史之乱，玄宗迁西蜀，太子即位灵武，唐室山河尚未收复，为长安城忧伤。)

(四) 唐代 句数、字数、平仄、押韵

五、略

杜甫诗三首

学习目的与要求

1. 通过学习，了解杜甫的生平和个性，学习杜甫诗歌的思想内容及艺术成就。

2. 赏析《丽人行》、《春日忆李白》、《漫兴九首》。

学习重点

杜甫诗歌的现实主义特征。

一、知识拓展

杜诗注本甚多，以仇氏注本(《杜诗详注》(清)仇兆鳌注，中华书局，1979 年)最为详尽。清代杜诗学繁盛，注本间出。此书以编年为序，因其问世较晚，故能吸收前人成果，订误补漏。所附各项资料，如传记、年谱、序跋、评论等，也收罗完备。不足是间或失于繁琐。另外，清人杨伦笺注《杜诗镜铨》(上海古籍出版社 1980 年)亦可备读。

杜甫，字子美，其先襄阳人，曾祖依艺为巩令，因居巩。甫天宝初应进士，不第。后献《三大礼赋》，明皇奇之，召试文章，授京兆府兵曹参军。安禄山陷京师，肃宗即位灵武，甫自贼中遁赴行在，拜左拾遗。以论救房琯，出为华州司功参军。关辅饥乱，寓居同州同谷县，身自负薪采梠，哺糒不给。久之，召补京兆府功曹，道阻不赴。严武镇成都，奏为参谋、检校工部员外郎，赐绯。武与甫世旧，待遇甚厚。乃于成都浣花里种竹植树，枕江结庐，纵酒啸歌其中。武卒，甫无所依，乃之东蜀就高适。既至而适卒。是岁，蜀帅相攻杀，蜀大扰。甫携家避乱荆楚，扁舟下峡，未维舟而江陵亦乱。乃溯沿湘流，游衡山，寓居耒阳。卒年五十九。元和中，归葬偃师首阳山，元稹志其墓。天宝间，甫与李白齐名，时称李杜。然元稹之言曰：“李白壮浪纵恣，摆去拘束，诚亦差肩子美矣。至若铺陈终始，排比声韵，大或千言，次犹数百，词气豪迈，而风调清深，属对律切，而脱弃凡近，则李尚不能历其藩翰，况堂奥乎。”白居易亦云：“杜诗贯穿古今，尽工尽善，殆过于李。”元、白之论如此。盖其出处劳佚，喜乐悲愤，好贤恶恶，一见之于诗。而又以忠君忧国、伤时念乱为本旨。读其诗可以知其世，故当时谓之“诗史”。旧集诗文共六十卷，今编诗十九卷。

(《旧唐书·杜甫传》)

二、拓展训练

1. 阅读《蜀相》，回答下列问题。

蜀　相

杜甫

丞相祠堂何处寻，锦官城外柏森森。
映阶碧草自春色，隔叶黄鹂空好音。
三顾频烦天下计，两朝开济老臣心。
出师未捷身先死，长使英雄泪满襟。

(1) 此诗的主旨是什么？

(2) 在艺术表现上采用了哪些方法？请作具体分析。

2. 阅读《秋兴八首》，做后面的分析题。

秋兴八首(其一)

杜甫

玉露凋伤枫树林，巫山巫峡气萧森。
江间波浪兼天涌，塞上风云接地阴。

丛菊两开他日泪，孤舟一系故园心。
寒衣处处催刀尺，白帝城高急暮砧。

(1) “江间波浪兼天涌，塞上风云接地阴”在写景上有什么特点?
(2) 这首诗是怎样运用循环往复的抒情方法的?
(3) 这首诗表达了诗人怎样的情感?
(4) 这首诗的写作特色是什么?

三、口语训练

如果要优化说话能力，就必须加强思路的训练。要害关锁思路训练法的取向是堵击型的。在谈判或论战中应该迅速识破问题的实质，抓住议题或辩题的核心，以全力堵截对手论证上的缺口，及时切断对手说理上的语脉，取得论辩主动权。比如下面一则幽默的对话：

父亲：“杰克，如果我的手脏得像你一样来吃饭，你会怎么说我？”

杰克：“我想出于礼貌，我应该什么也不说。”

这段话里父亲是责备杰克手脏，但他又露出缺口，使杰克得到了堵击的机会。谈判或论战双方存在着进攻和防守力量的强与弱。力量的强与弱又在形势的发展中常常发生变化。关键时刻，成功的运用了要害关锁法，能影响双方力量对比的发展趋势，甚至决定论战的胜败。

下面一段话里，二人的应对是否合适？有什么道理？

甲：我好像见过你，你贵姓？

乙：我姓我爸爸的姓。

甲：那你父亲姓什么？

乙：当然跟我祖父姓一样。

甲：你做什么工作？

乙：为国家工作。

甲：你家住哪里？

乙：祖国大地上。

甲：你家有几口人？

乙：和我家自行车一样多。

甲：那你家自行车有几辆？

乙：每人一辆。

(李元授主编《口才训练》)

四、课文内容强化训练

(一)不定项选择题

1. 杜甫是我国古典诗歌的集大成者，他的诗被誉为(　　)。
   A. 诗圣　　B. 诗仙　　C. 诗史　　D. 诗杰
2. 杜甫的诗形成了独特的风格，这种风格是(　　)。
   A. 婉转缠绵　　B. 豪放飘逸　　C. 朦胧晦涩　　D. 沉郁顿挫

3. 肃宗至德二年四月，杜甫自长安奔赴凤翔投奔肃宗，授左拾遗。世称（　）。
A. 杜之美　B. 杜陵　C. 杜拾遗　D. 杜浣花

4. 有“使寰区大定，海县清一 ”的大志的诗人是(　)。
A. 杜甫　B. 闻一多　C. 李白　D. 陆游

5. 唐朝最擅长写七律的诗人是(　)。
A. 王维　B. 杜甫　C. 李白　D. 张若虚

6. 杜甫诗歌创作的高峰时期是(　)。
A. 35～44 岁客居长安十年　B. 44～48 岁困守长安时期
C. 48～59 岁漂泊西南时期　D. 人生的最后一年

7. “笔落惊风雨，诗成泣鬼神”是杜甫写(　)的诗句。
A. 高适　B. 李白　C. 白居易　D. 李贺

8. 杜甫的《登岳阳楼》是属于(　)。
A. 近体诗　B. 古体诗　C. 律诗　D. 绝句

9. 杜甫善作律诗，其七律名篇有(　)等多首。
A.《丽人行》　B.《秋兴》　C.《闻官军收河南河北》
D.《登高》　E.《月夜》

(二) 填空题

1. ______的作品被誉为“诗史”，他是______诗人，诗风以______为主。

2. 白也诗无敌，______。清新庾开府，______。

3. 杜甫曾用两句诗形成鲜明对比，形象地概括了唐代乃至整个封建社会阶级对立的尖锐。这两句诗是：“______，______。”

4. “三吏”、“三别”是唐朝诗人______的代表作，这些诗反映了“______”给人民造成的巨大灾难，被称为“诗史”。

5. 杜甫早年创作的山水名作《望岳》中“______，一览众山小”透露出一股少年的英气；他的《______》则表现出一种忧国忧民的情感，其中的“______，乾坤日夜浮”是描写洞庭湖的名句。

6. 杜甫诗歌的语言______，艺术达到了炉火纯青的程度，精工、稳重、有力而神妙。他在语言上用功很深，“为人性癖耽佳句，语不惊人死不休”是他的真实写照。

7. 《丽人行》的描写对象是______。“丽人”泛指______，诗中主要指杨贵妃及其姊妹。

(三)整体感知

1. 阅读杜甫的律诗《春日忆李白》回答下列问题。

(1) 诗的颔联是如何表现李白“诗无敌”、“思不群”的？

(2) 颈联中“渭北”指杜甫所在的长安一带，“江东”指李白正在漫游的江浙一带地方。仔细品味，说说颈联是如何表现李杜二人的深厚感情的。

2. 阅读杜甫的《丽人行》回答下列问题。

(1) 这首诗的写作背景是什么？

(2) 这首诗表达了怎样的情感？

(3) 这首诗的艺术特色是什么？

(四)简答题

1. 杜甫对体裁的驾驭能力很强，他各体兼备，尤其擅长写律诗。律诗具有怎样的特点？

2. 绝句与律诗的最大区别是什么？律诗分为哪几联？ 哪两联对仗？

五、写作训练

以“感动”为题写一篇作文。

参考答案

二、1. (1)诗中高度概括和评价了诸葛亮一生的功业和盛德，抒写了诗人心仪蜀相已久的敬仰之情。对诸葛亮事业半途而废病死军中表示了无限的哀惋之情，同时也寄寓了诗人抱负不能实现的忧愤之情。(2)艺术上的特点：熔景、事、情于一炉，对仗工整，语言精警。

2. (1)“江间波浪兼天涌，塞上风云接地阴”，波浪汹涌，仿佛天也翻动；巫山风云，下及于地，似与地下阴气相接。前一句由下及上，后一句由上接下。波浪滔天，风云匝地，秋天萧森之气充塞于巫山巫峡之中。我们感到这两句形象有力，内容丰富，意境开阔。诗人不是简单地再现他的眼见耳闻，也不是简单地描摹江流湍急、塞上风云、三峡秋深的外貌特征，而是捕捉到它们内在的精神，赋予江水、风云某种性格。天上地下、江间关塞，到处是惊风骇浪，动荡不安，萧条阴晦，不见天日，形象地表现了诗人翻腾起伏的忧思和胸中的郁闷不平，也象征了国家局势的变易动乱。诗人既抓住了景物的特点，又把自己人生经验中最深刻的感情融汇进去，并用最生动、最有概括力的语言表现出来，使景物有了生命。

(2) 诗人从眼前菊花盛开的夔州神驰于“故园”，由对“故园”的神驰到听见白帝城的暮砧声，又由于游子赶制寒衣的暮砧声而怀念“故园”。正是通过“夔州→长安→夔州→长安”这种循环往复的抒情方式，深刻地表现了诗人身在夔州心向长安的深沉感情。循环往复方法的运用，有助于强化抒情的力量，加强抒情的表达效果。

(3) 这首诗通过对巫山巫峡的秋色秋声的形象描绘，烘托出阴沉萧森、动荡不安的环境气氛，令人感到秋色秋声扑面惊心，抒发了诗人忧国之情和孤独抑郁之感。

(4) 这首诗开门见山，抒情写景，波澜壮阔，感情强烈。诗意落实在“丛菊两开他日泪，孤舟一系故园心”两句上，下启第二、三首诗。

三、略

四、(一) 1. C　2. D　3. C　4. A　5. B　6. B　7. B　8. C　9. BCD

(二)1. 杜甫　现实主义　沉郁顿挫

2. 飘然思不群　俊逸鲍参军

3. 朱门酒肉臭　路有冻死骨

4. 杜甫　安史之乱

5. 会当凌绝顶　登岳阳楼　吴楚东南坼

6. 苍劲凝练

7. 杨国忠兄妹　贵族妇人

(三)1. (1) 在颔联中，诗人采用比况的手法，热情洋溢地赞美李白的诗像庾信那样清新，像鲍照那样俊逸，以此表现李白“诗无敌”、“思不群”。

(2) “渭北春天树”和“江东日暮云”都只是平实叙出，未作任何修饰描绘，似无奇特之处。细细品味，却表达出这样的意思：当作者在渭北思念江东的李白之时，也正是李白在江东思念渭北的作者之时；而作者遥望南天，惟见天边的云彩，李白翘首北国，惟见远处的树色，又自然见出两人的离别之恨，好像“春树”、“暮云”，也带着深重的离情。两句诗，牵连着双方同样的无限情思。语言看似平淡，却千锤百炼，内容丰富而情意深长，表现了诗人对祖国和亲人命运的深切关怀而又无从着力的苦恼心情。诗一开头就出语奇突，气概不凡，为下文作铺垫。

2. (1)《丽人行》是杜甫创制的一个乐府新题。唐玄宗晚期宠爱杨贵妃，杨氏兄弟姐妹因此显贵。贵妃从兄杨国忠于天宝十一年任右丞相。本篇作于天宝十二年春。

(2) 诗中描写的是一个春暖花开的时节，杨国忠兄妹在长安城南曲江游宴时的情景，讽刺了他们骄奢淫逸的丑行，也从侧面曲折地反映了唐玄宗的昏庸和时政的腐败，让读者从另一个角度看到了安史之乱前夕的社会现实。

(3) 《丽人行》的主题思想和倾向不是指点出来，而是从场面和情节中自然而然地流露出来的。从头到尾，诗人描写那些简短的场面和情节，都采取像《陌上桑》那样一些乐府民歌中所惯常用的正面咏叹方式，态度严肃认真，笔触精工细腻，着色鲜艳富丽、金碧辉煌，丝毫不露油腔滑调，也不作漫画式的刻画。但令人惊叹不已的是，诗人就是在这一本正经的咏叹中，出色地完成了诗歌揭露腐朽、鞭挞邪恶的神圣使命，获得了比一般轻松的讽刺更为强烈的艺术批判力量。

(四) 1.(1)字数、句数的要求。(2)偶句压韵。(3)平仄相对。(4)对仗。

2. 绝句是四句诗，律诗是八句诗。律诗分为首联、颔联、颈联、尾联。颔联和颈联对仗。

五、略

长 恨 歌

白居易

学习目的与要求

1. 通过学习，了解白居易的生平、思想，把握白居易诗歌的思想内容、艺术成就。

2. 赏析白居易的诗歌《长恨歌》。

学习重点

了解《长恨歌》及其在文学史上的影响。

一、知识拓展

这首诗作于唐宪宗元和元年(公元 806 年)，时作者 35 岁，任周至县尉。关于这首诗的写作缘起，据白居易的朋友陈鸿说，他与白居易、王质夫三人于元和元年十月到仙游寺游玩。偶然间谈到了唐明皇与杨贵妃的这段悲剧故事，大家都很感叹。于是王质夫就请白居

易写一首长诗，请陈鸿写一篇传记，二者相辅相承，以传后世。因为长诗的最后两句是“天长地久有时尽，此恨绵绵无绝期”，所以他们就称这首诗叫《长恨歌》，称那篇传叫《长恨传》。

《长恨歌》共分三大段，从“汉皇重色思倾国”至“惊破《霓裳羽衣曲》”为第一段，共 32 句，写唐明皇和杨贵妃的爱情生活、爱情效果，以及由此导致的荒政乱国和安史之乱的爆发。其中开头八句写杨贵妃的美貌和被唐明皇所求得。明是唐皇而诗中却说“汉皇”，这是唐朝人由写古题乐府留下来的习惯。从“春寒赐浴华清池”到“不重生男重生女”的 18 句，写杨贵妃的受宠和由此形成的杨氏家族的豪贵。“春宵苦短日高起，从此君王不早朝”，写唐明皇的迷恋声色，荒废政事。“承欢侍宴无闲暇，春从春游夜专夜。后宫佳丽三千人，三千宠爱在一身。”写杨贵妃被宠的程度，简直是形影不离。接着作者又用汉武帝宠爱陈阿娇，要为阿娇造一座金屋子的典故来比喻他们之间的关系。“姊妹兄弟皆列土，可怜光彩生门户。遂令天下父母心，不重生男重生女”。一人得道，鸡犬升天，杨贵妃一人受宠，杨氏族门立刻权势逼人。哥哥杨国忠当了宰相，几个姊妹都被封为大国夫人，争权斗富，不可一世。杜甫的《丽人行》就是写的这桩事。皇帝后妃也是人，也有情欲，这点与平民没有区别；但是皇帝手中有无上的权威，他的情欲往往和这种无上权威的运用密不可分。这就使他们的爱情效果与平民大不相同了。好色并不是了不起的罪过，但由好色而导致滥加封赏，使坏人窃弄权柄，紊乱朝纲，这就离亡国灭家不远了。所以我们评论帝王的爱情一定不要离开他们生活的具体内容及其社会效果。“骊宫高处入青云，仙乐风飘处处闻。缓歌慢舞凝丝竹，尽日君王看不足。”这四句又和前面的“从此君王不早朝”相呼应，进一步描写唐明皇的迷恋声色，荒政误国。唐朝统治者这种豪华奢侈的生活，是建立在残酷地掠夺劳动人民，使劳动人民陷于极度贫困的基础之上的。杜甫在《自京赴奉先咏怀五百字》中描写了一段唐明皇与杨贵妃在骊山上的享乐生活后，接着说：“彤庭所分帛，本自寒女出。鞭挞其夫家，聚敛贡城阙。”又说：“朱门酒肉臭，路有冻死骨。荣枯咫尺异，惆怅难再述。”正是因为统治集团如此昏庸腐朽，阶级矛盾又如此尖锐，所以当安禄山这个大野心家一旦发起叛乱，唐王朝这座炫人眼目的金字塔立刻就倾倒崩溃了。“渔阳鼙鼓动地来，惊破《霓裳羽衣曲》”，正是形象地说明了这一过程。安禄山发动叛乱在唐玄宗天宝十四载(公元 755 年)十一月。据说唐明皇曾亲自对《霓裳羽衣曲》进行过加工润色，并为之制作歌词。杨贵妃进宫后，善为此舞。

从“九重城阙烟尘生”到“魂魄不曾来入梦”为第二段，共 42 句，写马嵬驿兵变，杨贵妃被杀，以及从此以后唐明皇对杨贵妃的朝思暮想，深情不移。其中开头 10 句讲马嵬驿兵变。千乘万骑西南行：指唐明皇等离长安往四川逃跑，事在天宝十五载(公元 756 年)六月。西出都门百余里，其地即马嵬驿，在今陕西兴平西。当时乱兵先杀了杨国忠及杨贵妃的两个姊妹，又逼着唐明皇将杨贵妃赐死。“黄埃散漫风萧索”以下 8 句写唐明皇在前往成都的路上以及在成都的日子里对杨贵妃的思念。峨嵋山：在今四川峨嵋县西南，不在由陕西入四川的路上，这里是诗人为强调川陕间山路艰难而漫加堆砌。李白《蜀道难》中有所谓“西当太白有鸟道，可以横绝峨嵋巅”同此。“天旋地转回龙驭”以下四句写唐军收复长安后，唐明皇由成都回京再次经过马嵬驿时的见今思昔，对景伤情。天旋地转：指形势变化，唐军收复两京。事在唐肃宗至德二载(公元 757 年)九月、十月。不见玉颜空死处，只有空坟，而尸体不见了。从此故事增入神话色彩，当时有种传说，说杨贵妃已经

“尸解”成仙而去。“君臣相顾泪沾衣”以下 20 句写唐明皇回京后的见物思人，悲不欲生。大明宫是当时的皇帝唐肃宗居住的地方。已经退位的唐明皇回京后先后曾被安置在太极宫和兴庆宫居住。梨园弟子指昔日曾经侍奉过唐明皇的宫廷歌舞班子，据说唐明皇曾亲自教过他们排练。椒房指后妃居住的宫室，以花椒和泥涂壁，一取其香，二取其多子。以上两句分承唐明皇与杨贵妃，是说昔日曾经侍应过他们的人现在都已经老了。以上层层铺陈，说明唐明皇无时无刻不在思念，无物无景不在勾起他对杨贵妃的怀恋。(节选自韩兆崎《白居易〈长恨歌〉赏析》，中广网，2004-04-28)

二、拓展训练

阅读下面这首诗，然后回答问题。

约　客

赵师秀

黄梅时节家家雨，青草池塘处处蛙。
有约不来过夜半，闲敲棋子落灯花。

1. “闲敲棋子”与“落灯花”是两处成功的细节描写，请你选择其中一处作简要赏析。
2. 这首诗运用了怎样的表现手法？表述了作者怎样的思想感情？

三、口语训练

在《长恨歌》中，白居易对杨贵妃持什么样的态度呢？请你搜集资料与同学展开讨论。

四、课文内容强化训练

(一)填空题

1. “今日听君歌一曲”，“君”指________。
2. 白居易，字________，晚号________，新乐府运动主要倡导人，主张“________，________”。
3. 白居易《赋得古原草送别》是一首咏物送别之作。“________，________”是其中的名句。
4. 《长恨歌》就是歌“长恨”。“长恨”是诗歌的________，诗人通过笔下诗化的故事，一层一层地展示给读者，让人们自己去感受。
5. 白居易根据________的爱情悲剧所创作的长篇叙事诗，与陈鸿的传奇小说《长恨歌传》互相映衬，各具特色。
6. 在天愿作比翼鸟，________。
7. 天长地久有时尽，________。
8. ________，六宫粉黛无颜色。
9. 玉容寂寞泪阑干，________。
10. 《长恨歌》是一首________诗，被誉为古代长篇歌行中的绝唱。

(二) 整体感知

1. 这首诗的写作背景是什么？

2. 表现李、杨悲剧故事的整个过程大致可分几段？
3. 对《长恨歌》主题的看法有哪些？
4. 这首诗的艺术特色是什么？
5. “上穷碧落下黄泉”中的“碧落”指哪里？
6. “兄弟姐妹皆列土，可怜光彩生门户”指什么？
7. “渔阳鼙鼓动地来，惊破《霓裳羽衣曲》”所指何事？这样写有何深意？
8. 试分析李隆基、杨玉环的形象特征。
9. 《长恨歌》写景状物表现人物心理感受、景中蕴含抒情的诗句有哪些？
10. 《长恨歌》讥刺李、杨的诗句有哪些？

五、写作训练

阅读下面的文字，根据要求作文。

从前，有一个非常勤奋的青年，他很想在各个方面都比身边的人强。经过多年的艰苦努力，仍然没有长进，他非常苦恼，就跑去问亚里士多德。亚里士多德沉思了一会说：“能够摄取必要营养的人要比吃得很多的人更健康，同样地，真正的学者往往不是读了很多书的人，而是读了有用的书的人。”

读了上述材料，你有何感受或想法？请以“勤奋与选择”为话题写一篇文章。

参考答案

二、1. “闲敲棋子”：这是诗人久候朋友不来时自然而又无聊的下意识动作，从而淋漓尽致地表现了诗人孤独、焦躁而期望的心情。“落灯花”：为敲棋所致，但也委婉地表现了灯芯燃久，等待客人时间长的情形，诗人怅惘失意的形象也就跃然纸上了。

2. 对比手法。表现了诗人落寞失望的思想感情。

三、略

四 (一) 1. 白居易

2. 乐天　香山居士　文章合为时而著　诗歌合为事而作

3. 野火烧不尽　春风吹又生

4. 主题

5. 唐玄宗和杨贵妃

6. 在地愿为连理枝

7. 此恨绵绵无绝期

8. 回眸一笑百媚生

9. 梨花一枝春带雨

10. 长篇叙事

(二) 1. 创作背景：陈鸿在《长恨歌传》中交代过白居易写这首诗的背景，这年冬天，白居易与陈鸿、王质夫同游仙游寺，说起了当地流传已久的唐玄宗与杨贵妃悲欢离合的故事，大家都为之唏嘘不已，王质夫举着一杯酒来到白居易面前，说：“这种旷世之事，如果没有文笔出众的人来记录、润色，就会随着时间的流逝而磨灭，从世上消失。你深谙作诗之道，情感丰富，你试着为这个故事写一首诗，如何？”白居易于是写下了《长恨

歌》。白居易的《长恨歌》与陈鸿的《长恨歌传》是有机的整体。《长恨歌传》云：“乐天因为《长恨歌》，意者不但感其事，亦欲惩尤物，窒乱阶，垂于将来者也。”这句话明确地表述了《长恨歌》的创作指导思想。

2. 表现李、杨悲剧故事的整个过程大致可分四段：第一部分写李、杨会合的经过及李对杨的无比宠幸；第二部分写因变乱爆发贵妃殒命，玄宗伤痛不已；第三部分写李重归长安后对杨的无限思念；第四部分写道士找到杨贵妃及杨对李的忠贞不渝之情。最后两句点明 “长恨”题旨。

3. 对《长恨歌》主题的看法：对《长恨歌》的主题思想，主要有三种不同的说法。一是讽谕说，认为长诗主要是讽刺唐明皇和杨贵妃的荒淫误国。二是爱情说，认为长诗主要是表现唐明皇和杨贵妃生死与共、忠贞不渝的爱情。三是双重主题说，认为长诗既表现李杨爱情，又包含讥讽。其实《长恨歌》中李杨形象并非等于历史上的李隆基与杨玉环，这是白居易的艺术创造。从诗中看，前半略有讥刺讽谕，但全诗是对李杨爱情的歌颂，对李杨爱情悲剧的同情。

4. 艺术特点：完整的故事性和哀婉的抒情性相结合。

5. “上穷碧落下黄泉”中的“碧落”指天上。

6. “兄弟姐妹皆列土，可怜光彩生门户”：杨贵妃受宠，一家人封官进爵，封有虢国夫人、韩国夫人、秦国夫人，杨国忠为丞相。

7. “渔阳鼙鼓动地来，惊破《霓裳羽衣曲》”：安禄山、史思明起兵叛唐，安史之乱起，唐明皇、杨贵妃不能再在华清宫轻歌曼舞尽情享乐了，正是因为他们的荒淫导致了安史之乱，安史之乱又打破了他们的享乐，互为因果。

8. 李隆基、杨玉环的形象：李隆基早先沉迷逸乐，晚年对杨玉环苦苦相思；长诗着重描写杨玉环的美丽身姿和登临仙境后仍对李隆基忠贞不渝。

9. 《长恨歌》写景状物表现人物心理感受、景中蕴含抒情的诗句有“行宫见月伤心色，夜雨闻铃肠断声”；“芙蓉如面柳如眉，对此如何不泪垂”；“蜀江水碧蜀山青，圣主朝朝暮暮情”；“迟迟钟鼓初长夜，耿耿星河欲曙天”；“鸳鸯瓦冷霜华重，翡翠衾寒谁与共”。

10. 《长恨歌》讥刺李、杨的诗句有“春宵苦短日高起，从此君王不早朝”；“姊妹兄弟皆列土，可怜光彩生门户。遂令天下父母心，不重生男重生女”；“汉皇重色思倾国，御宇多年求不得”；“缓歌慢舞凝丝竹，尽日君王看不足。渔阳鼙鼓动地来，惊破霓裳羽衣曲”。

五、略

李凭箜篌引

李贺

学习目的与要求

1. 通过学习了解李贺的生平、思想，把握李贺诗歌的思想内容、艺术成就。

2. 赏析李贺诗歌《李凭箜篌引》。

学习重点

了解《李凭箜篌引》的艺术特色。

一、知识拓展

穿云裂石　移人泣鬼

——《琵琶行》、《李凭箜篌引》中的音乐描写比较谈

在我国文学史上，诗歌和音乐虽是紧密相连的，但音乐作为声音的艺术，发于器，入于耳，来无影，去无踪，很难进行描摹刻画，而中唐诗坛上出现的《琵琶行》与《李凭箜篌引》却以前所未有的高超艺术和出神入化的描写创设了神奇的音乐境界，堪称千古绝唱。

白居易的《琵琶行》是一首叙事诗，诗中叙述一位琵琶女晚年沦落的遭遇，也表达了诗人“谪居卧病”中的凄凉心境。诗的第二段摹写琵琶女演奏《霓裳》和《六幺》，运用比喻写乐曲的抑扬顿挫，出神入化，使读者如见其人，如闻其声；而李贺的《李凭箜篌引》借助奇特的想象将抽象的音乐转化为物象，高度赞扬了李凭演奏箜篌的卓越技艺。

《琵琶行》与《李凭箜篌引》一同被人称道的是在描绘音乐时那透纸传出、贯人双耳的一连串的精妙的比喻。

《琵琶行》用现实生活中人们具体可感的声音，比拟各种不同的难以捉摸的音响，把抽象无形的乐音，刻画成有形可感的实体，使读者仿佛听到了那或轻或重，或快或慢，或激越昂扬，或低回呜咽的应接不暇的乐音，如以“急雨”比乐声的粗重沉闷，以“私语”比其幽细圆润，以“珠落玉盘”喻其清脆悦耳，以“鸟语”、“泉流”喻其婉转流利，以“银瓶破”、“水浆迸”、“铁骑突”、“刀枪鸣”形容其高亢雄壮，等等。听了这一系列巧妙的比喻的乐音，就像听了一支完整的乐曲：先从轻徐悠扬开始，仿佛从沉思中唤起记忆，接着轻快流畅，表现愉悦的情调，马上又逐渐缓慢，转入幽细以至听不见，似悲恸抽泣；然后，乐曲转为高亢嘹亮，让人联想到金戈铁马的战场，气吞万里如虎的气势，结尾是戛然而止，意味深长，给人留下了艺术想象的空间。怎能不叫人沉浸在美妙的音乐境界里!《李凭箜篌引》也用了不少比喻，使诉诸听觉的有声无形的东西，产生了具体生动的实感。如写声音清脆悦耳，像昆山美玉破碎；写声音婉转动人，像凤凰放开歌喉鸣唱；乐曲悲凉凄恻，叫芙蓉哭泣流泪；乐曲活泼欢快，叫香兰喜笑颜开。作者以感官的通感来互为比喻，以视觉喻听觉，使音乐变得更为绚丽多彩，既有声，又有形有色。同时，作者注意到用以设比的意象，都能给人们一种特殊的美感，它们的形象，使人喜爱，它们所发出的声音，自然也易令人神往。这就不仅调动了读者的听觉和视觉，而且激发了读者的联想和想象。

与春天相对的秋天，在人们的眼中往往充满枯黄、悲凉、萧瑟或哀伤，无独有偶的是，《琵琶行》与《李凭箜篌引》二诗同写秋，笔锋所至，曲声悠悠，心声凄凄，句句相扣，段段入情，都借助音乐表现了怀才不遇的悲凉心境。官居翰林的白居易，因直言敢谏，触怒皇帝，被贬江州司马。他空怀才学，徒抱理想，不为朝廷所用，失望悲愤的心情可以想象，惟有以诗抒发感慨。在《琵琶行》中，写琵琶女弹奏是“弦弦掩抑声声思，似诉平生不得志”，“别有幽愁暗恨生，此时无声胜有声”，写自己是“我闻琵琶已叹息，又闻此语重唧唧”，不由得在心里呐喊“同是天涯沦落人，相逢何必曾相识”！相同的经历使他伤感万分：“座中泣下谁最多，江州司马青衫湿。”而李贺出身于一个没落的皇室后裔的家庭，少年时才能出众，以远大自期，但由于避父晋肃讳，不能应进士试，只做了一个职掌祭祀的九品小官奉礼郎，因此他的心情是十分悲愤的，也曾写过一系列诗篇发泄自己怀才不遇的愤懑与牢骚。在《李凭箜篌引》中，他正是用非现实的幻想和富于象征性的语言来表现其哀愤孤激之思：写长安城，变得冷气森森，南天门，惊起紫皇天帝；天穹上，补天石破，秋雨淅沥，神山中，神女捧琴，讨教绝技；幽涧里，老鱼瘦蛟，跳波起舞；月宫前，吴刚倚树，彻夜不眠……全篇着力刻画的这个怪诞凄恻的意境，是和李贺“自伤不遇”的凄凉心境和谐一致的。

当然，如果我们把这两首诗进行深入的比较分析，会发现白居易和李贺在创作风格上其实各有自己鲜明的特色，两文虽然都描写了音乐，但区别很大。下面简要从五个方面加以比较。

在创作方法的采用上，白居易是新乐府运动的倡导者，明确提出了“文章合为时而著，歌诗合为事而作”的创作原则，强调诗歌要反映民生疾苦。《琵琶行》正是遵循了这些现实主义创作主张而写成的。它按照生活的本来面貌，客观描写歌女动作、音调变化、演奏场景、当时环境。在音乐表现上，它也用生活中常见的形象来比喻、描写，如实地再现琵琶乐声的无比美妙。此外，作者还善于选择和运用语言的声音，用“嘈嘈”、“切切”等拟声词直接模拟音乐，更增加了诗歌语言的音乐感。而《李凭箜篌引》用的却是浪漫主义的方法。李贺继承了楚辞九歌、南朝乐府的传统，并受到李白浪漫主义精神的直接启发，因而诗中多用想象和夸张，从长安城外到长安城内，从地下到天上，作者纵横驰骋，毫无阻碍，他笔下乐声的力量，不仅穿云裂石，而且可驱神使鬼，这样神奇的想象和大胆的夸张，真使人惊心动魄。

在表现手法的选择上，《琵琶行》主要用正面描写，写琵琶女弹奏前试弦调音是“转轴拨弦”，弹奏时是“低眉信手续续弹”，弹奏中指法为“拢”、“捻”、“抹”、“挑”，将结束时指法为“收拨”、“画”。写乐曲旋律变化是由舒徐流畅到逐渐沉咽，由间歇停顿到激越雄壮，最后是戛然而止。虽然段末也用“东船西舫悄无言，惟见江心秋月白”来点染当时的环境气氛，描写听者如梦初醒的意态，从而烘托出琵琶声的妙绝入神，但总体上说侧面描写的成分较少。而《李凭箜篌引》主要用侧面描写，通过幻想境界的反响，烘托出了箜篌奇异变幻的声音。天空流云为之停步聆听，湘妃素女为之愁啼哀思；天上紫皇为之扣动心弦，山上神妪为之大大折服；仙人吴刚为之通宵不眠，月宫玉兔为之如狂似痴。如此的音乐演奏效果，怎能不叫人叹服李凭弹奏技艺的高超和箜篌曲调的不同凡响。

在结构顺序的安排上，《琵琶行》就全诗而言，依次写江边闻琵琶、江心听琵琶、听诉身世苦、共鸣感慨多，结构严谨；就音乐描写而言，先写琵琶女调弦动作，然后分两个阶段写她的演奏内容，最后写乐曲收束，层次分明。《李凭箜篌引》先渲染乐声产生的艺术效果，用的是“先声夺人”的笔法，再点明李凭在弹奏，只用两句直接描写声音，却着重刻画奇异怪诞的艺术境界，通过客观环境的反响来反衬李凭技术的高妙，意象繁密跳脱。《旧唐书》说李贺“其文思体势，如崇岩峭壁，万仞崛起”，形象地点出了李贺诗作结构上的“怪”。

在表现内容的侧重上，《琵琶行》主要是突出表现琵琶女这个人物形象，对音乐的精妙描写只是为表现琵琶女服务。因而作者对琵琶乐声的描绘，处处紧扣琵琶女复杂的内心

感情："弦弦掩抑声声思"，是叙述她"平生不得志"的无限哀怨；"大弦嘈嘈如急雨，小弦切切如私语"，是展现她起伏的心潮汹涌澎湃，而"银瓶乍破水浆迸，铁骑突出刀枪鸣"，是感情又一次的大爆发，最后，"四弦一声如裂帛"，戛然而止的琴声，表现了琵琶女悲愤欲绝，五脏俱裂的内心。再加上琵琶女自叙悲惨的遭遇身世，怎能不引发诗人"同是天涯沦落人，相逢何必曾相识"的感慨！这样，不仅暗示了诗的主题，而且升华了诗的内容。《李凭箜篌引》中则基本上忽视了弹奏者和听者，只用"李凭中国弹箜篌"一句作描写、介绍，主要突出弹奏者的弹奏技艺，描摹乐曲的艺术效果。

在表达效果上。清人方扶南有一段评论："白香山《江上琵琶》……李长吉《李凭箜篌》皆摹写声音……李足以泣鬼，白足以移人。""移人"、"泣鬼"，正可看作这两首诗不同表达效果的形象概括。《琵琶行》触景生情，因事起意。它用生动贴切的比喻描绘琵琶声，用简洁清晰的景物烘托气氛，而这一切又都围绕着人，围绕着人的情感来写，使眼前景、耳中声、心头景三者结合，浑然一体，声情并茂，情景交融，收到了强烈的艺术效果。歌女再次弹奏时，作者把更复杂的环境气氛和人物情态压缩在四句诗中："凄凄不似向前声，满座重闻皆掩泣。座中泣下谁最多？江州司马青衫湿。"描写音乐，能与人物情感融汇在一起，因此《琵琶行》以抒发委婉真切的情感著称，确实能移人性情。《李凭箜篌引》通过描绘李凭箜篌所创造的离奇幽怪的艺术境界，赞美李凭的高超技巧，也曲折地流露出作者怀才不遇的悲凉心境。写湘妃素女闻声泣下，在早已滴满清泪的斑竹上又洒下点点泪斑，连善于鼓瑟的素女也惆怅万端，黯然伤情；乐声不仅感动了山上的神妪，而且使仙人吴刚难以入眠……如果说《琵琶行》中作者的感受，我们也许有过类似的体验，而李贺的《李凭箜篌引》则需要我们随作者一起去想象。有人说这首诗的描写"幽若神鬼，顽若异类"，一语中的地指出了它的特点，即以描绘幽冷怪诞的意境取胜，可以算得上是惊天地，泣鬼神。

总之，白居易的《琵琶行》与李贺的《李凭箜篌引》二诗虽同写音乐，却各有千秋，令人叹为观止，不愧为中唐诗坛上的两朵奇葩。(印文权，《教师文集》，中华语文网)

二、拓展训练

阅读下面这首诗，然后回答问题。

听颖师弹琴

韩愈

昵昵儿女语，恩怨相尔汝。
划然变轩昂，勇士赴敌场。
浮云柳絮无根蒂，天地阔远随飞扬。
喧啾百鸟群，忽见孤凤凰。
跻攀分寸不可上，失势一落千丈强。
嗟余有两耳，未省听丝篁。
自闻颖师弹，起坐在一旁。
推手遽止之，湿衣泪滂滂。
颖师尔诚能，无以冰炭置我肠！

1. 赏析“浮云柳絮无根蒂，天地阔远随飞扬”两句诗的意境。

2. 联系教材中李贺的《李凭箜篌引》，比较两首诗在诗歌风格上有何不同？

三、口语训练

饱含激情朗诵《李凭箜篌引》和白居易的《琵琶行》。

四、课文内容强化训练

(一) 填空题

1. 李贺年少时代就有才名，可惜仕途坎坷，怀才不遇，一生抑郁，于是形成了______的诗风，故被称为“______”。其作品继承前代积极浪漫主义传统，驰骋想象，运用传说，熔铸词彩，创造出一种新奇瑰丽的境界，形成了自己独特的风格。

2. 《李凭箜篌引》与白居易《______》、韩愈《听颖师弹琴》同为唐诗中描摹音乐的名篇。引是一种古代______，篇幅较长。音节、格律一般比较自由，形式有五言、七言、杂言。

3. 诗的起句开门见山，“______”写箜篌构造精良，借以衬托演奏者技艺的高超，写物亦即写人，收到一箭双雕的功效。

4. “______”句是以声写声，着重表现乐声的起伏多变；“______”句则是以形写声，刻意渲染乐声的优美动听。

(二) 整体感知

1. 具体分析此诗在哪几个方面体现了李贺诗歌的风格特点？

2. 试分析诗中具有浪漫主义色彩的想象。

3. 试述李贺诗歌的浪漫主义特色。

五、写作训练

请你学习《李凭箜篌引》和白居易的《琵琶行》的写作方法，描写你听的一首歌或一首乐曲。

参考答案

二、1. 写琴声由刚转柔，呈起伏回荡之姿，此时，天朗气清，风和日丽，远处浮动着几片白云，近处摇曳着几丝柳絮，它们飘浮不定，若有若无，难于捉摸，把飘忽多变的乐声转化为绘神绘色的视觉形象，准确地表现了乐曲蕴含的昂扬奋进的情境。

2. 韩愈的诗前十句写琴声，后八句写诗人听乐的感受，至于琴声引发了怎样的人生体验，并未直言，因而此诗风格悲怆含蓄；李诗纯为描摹音乐，没有诗人的情感寄托，风格凄寒冷艳、浪漫瑰丽。

三、略

四、(一) 1. 凄艳诡谲　诗鬼

2. 琵琶行　诗歌体裁

3. 吴丝蜀桐张高秋

4. 昆山玉碎凤凰叫　芙蓉泣露香兰笑

(二) 1. 这首诗的最大特点是想象奇特，形象鲜明，充满浪漫主义色彩。诗人致力于把自己对于箜篌声的抽象感觉、感情与思想借助联想转化成具体的物象，使之可见可感。

2. 在描绘李凭弹奏箜篌的乐声给人们的感受、描绘乐声艺术效果时，诗人李贺没有按一般的思维轨迹去叙述，而是驰骋自己大胆的幻想和丰富的联想，通过营造神奇变幻、令人应接不暇的艺术境界来表现乐声。

在这里我们可以看到，诗人李贺如同一位神奇的魔术师，他驱使着大自然的静物、动物，调动了神话传说中众多的神人的形象，来写出乐声强烈感人的艺术效果，表现了李凭弹奏箜篌的高超艺术，这其中有天空中的白云、湫湫的秋雨，潭中的老鱼、瘦蛟，神话传说中的湘娥、素女，紫皇、神妪，吴刚、玉兔等。李凭弹箜篌的乐声连没有感觉的静物、无知的动物都为之感动，连高踞仙界的神仙们也被乐声紧扣心弦。这样，抽象的、难以捉摸的乐声以及它奇妙的艺术效果，形象而具体地呈现在读者面前，使读者沉浸在奇异的艺术境界之中，引起丰富的幻想。

3. 李贺有高度的艺术才华，而心理又极度压抑；李贺的诗追求刻意的苦吟和创新，但他的诗不但是奇丽，而且是诡奇以至怪诞，为浪漫主义又增加了新色彩。其具体表现有三：一是构思奇特，想象奇特，往往超出常人的智力和自然时空的局限，充满神秘色彩。二是意象奇特，选材奇特，往往不取常情常景，而取光怪陆离以至荒诞不经的意象。如“昆山玉碎凤凰叫，芙蓉泣露香兰笑”，“凤凰叫”已很奇特，再配之以“昆山玉碎”则奇上加奇，接着又以“芙蓉泣露香兰笑”来形容不同的声音效果更是出人意料。李贺在选择意象时还经常撷取阴森幽怖、鬼气拂拂的画面。因而诗中常出现怨鬼愁吟、山魅食祭、萤丘荒冢等形象。三是语言修辞奇特，经常选择感情强烈或生新拗折的字眼，使用比较特殊的修辞方法，如通感。如喜用“啼”、“泣”、“腥”、“酸”、“冷”、“鬼”、“死”、“血”等字，使诗歌充满幽冷哀伤的色彩。

五、略

隋　　宫

李商隐

学习目的与要求

1. 通过学习，了解李商隐的生平和个性，学习李商隐诗歌的思想内容及艺术成就。
2. 赏析《隋宫》。

学习重点

李商隐诗歌的特点。

一、知识拓展

李商隐无题诗研析(节选)

张平

李商隐，唐代诗人，原籍怀州河内(今河南沁阳)，自祖父起迁居郑州荥阳(今属河南)。自称与皇室同宗，但高、曾祖以下几代都只做到县令县尉、州郡僚佐一类下级官员。正是

所谓的“宗绪衰微，簪缨殆歇”(《祭处士房叔父文》)、“四海无可归之地，九族无可倚之亲”(《祭裴氏姐文》)的处境。

认识令狐楚是李商隐一生中最重要的事件之一，他后来的生活状态在很大程度上与此有关。他青年时期得到令狐楚的赏识，并有机会随其学习“四六文”，从而自然而然地成其幕僚。令狐楚帮助他进入了士大夫的社会阶层，却也无意中使他都一辈子没能摆脱党争的旋涡，辗转漂浮于各幕府间，几乎靠山山倒、依水水尽，潦倒大半生。

李商隐的无题诗具有以下特点：

第一，婉曲见意的表现形式。

就诗歌风格的独特性而言，如果说李贺的特点是瑰奇，杜牧是俊爽，温庭筠是绮密，那么李商隐就是深婉，他与其他任何诗人相比都不逊色。赞赏李商隐诗歌和批评他的人，所针对的都是他鲜明的个人风格。后世许多诗人模仿李商隐的风格，但没有一位被认可。前人说他“总因不肯吐一平直之语，幽咽迷离，或彼或此，忽断忽续，所谓善于埋没意绪者”，分析是很中肯的。婉曲见意的表现形式，同“深情绵邈”的内涵相结合，做到“寄托深而措辞婉”，这就是李商隐诗歌的基本风格。

当然，刻意求深求曲，也会带来晦涩费解的弊病。诗人的一部分作品迷离恍惚，旨意难明，有的甚至成为千古揭不破的“诗谜”，导致妄为比附、影射的索隐风气，他是不能辞其咎的。

许多人倾向于将《锦瑟》、《碧城三首》、《玉山》等诗与无题诗相提并论，认为它们在写法和意境上有相似的地方，都是通过隐晦的笔触表现一种微妙复杂的感情。事实上，正是这种一言难尽的情形，使得无题诗吸引了众多的研究者，都试图对这些诗的真正含义作出解释。然而没有一个人的注解能够令人信服地阐明诗中的含义。但诗人刻意追求诗美，这是显而易见且无可争议的。其开创的专事爱情的无题诗达到了凄艳、伤感的美学高度，包蕴着感人深挚的美学生命力。

第二，凄艳的感伤情调。

感伤情调是中国文学作品情感抒发的一大传统，李商隐所处的晚唐时代，社会的衰落，民生的寥落，国家的动荡，使得人们对于外界的关注内转到对个体心灵的审视和体味。因此，社会现实造就了李商隐诗作的忧郁哀婉的感伤之美。

诗人用精丽的语言形式来表达感伤之情，将两情情境作为审美视角：或忧叹离怀之意，或哀婉异地之思，或缠绵两情之悦，往往于无望中带有执著、于迷惘中凝结清晰，似暗淡而不低迷，似茫然而愈固执。诗人心灵细腻，多愁善感。其以《无题》为代表的爱情诗，多传达的是一种没有确定性和目标指向的、扑朔迷离的特殊爱情生活感受。在这其中，诗人或融入人生体验，或注入自身幻想，或虚无，或泛化，“已是寂寥金烬暗，断无消息石榴红”(《无题》)，将感伤的情绪倾于朦胧瑰丽诗境，融多方感触于沉博绝丽之中，形成凄艳之美。

较之宋后诗人愈来愈多地追求诗作中的理念和趣味，李商隐则更喜欢、也更擅长于用独到的目光去审度人情、世情、时情，抒写自身的感怀情绪，展示出诗人独特的个性魅力。李商隐的《无题》诗多以“相思”为题材，描写男女主人公对爱情的向往与追求、渺落失望而带有浓厚的悲剧色彩，表现出了各种复杂思想情绪。单就一些具体的诗篇来说，《无题二首》中的“凤尾香罗薄几重；重帏深下莫愁堂”道出了少女相思时的期待、自伤

的心情；《无题》(照梁初有情)中的少女因爱情的失意而心中有怨恨之情；《无题》(八岁偷照镜)写出了姿容美丽、德行高洁的少女愿望难成的苦闷之情，诗人借用忧愁的调子感叹个人的沦落，伤感人生的失意；《无题二首》(昨夜星辰昨夜风)中诗人嗟叹爱情今昔相隔，表达出诗人苦闷的衷肠，《无题》(相见时难别亦难)写暮春时节的痛苦离别，表达了悠远而又执著的凄楚思念，融入诗人理想难成的人生感悟……

就李商隐个人来说，其自小几经离丧，饱受人生困苦，深感世态炎凉，情感细腻脆弱。受党争的影响，诗人“一生襟抱未曾开”、“古来才命两相妨”的不幸给诗人以毕生的怨恨；没落的时世，衰败的家世，仕途的多舛，爱情的失意，别人的误解，妻子的早逝，都加重了他的心理负担，使得他只能用忧郁感伤的笔调，来叹惋时运的衰落、身世的飘零：身世、家世、佛道，从各个方面促成了诗人的性格与心态。他所秉赋的才情，他的悲剧和无助，也使他心灵多感，感情丰富，国事家事，春去秋来，人情世态及与朋友、与异性的交往，均能引起他如潮的感情活动，“痍信生多感，杨朱死有情”(《送千牛李将军》)，“多感”、“有情”及所带的伤感色彩，在其创作中也很突出。心灵的创伤、生活的磨难、痛苦的经历，浓缩在一首首诗中，委婉曲折地道出了一个幽咽凄迷的内心世界，一幅哀感顽艳的心灵图景，为悲剧时代唱出了一曲曲凄清动人的挽歌。李商隐《无题》的创作给后人以极大影响。他开创了晚唐诗歌创作的新境界。一方面对心灵世界作出了亘古未有的深入拓展。其无题诗摆脱了以满足感官欲望为特征的庸俗情调，以其“深情绵邈”把这一诗境推向了高峰。他的独特贡献在于他对心灵世界层次的丰富，并对情感变化的复杂与奥妙，作出了细腻展示。另一方面，他开拓了全面的艺术表现领域，非逻辑的跳跃意象组合，朦胧情思与朦胧境界的创造，把诗境虚化，“归于跟无形无质心理意绪更易结合的浑融，成为唐诗中达于深层次的一种新境界。再者，对感伤情绪作出了形象概括，其诗情感细腻深沉，削弱了诗歌的特定时代性，反映了不同时代的普遍心声，突出了情的时代跨越性。同时将情绪升华，沟通古今，执著追求，使无题诗具有不朽的艺术感染力。

凡此种种，李商隐的无题诗，多抒发爱情的不幸，表现爱情生活中的离别与阻隔，期待与失望，执著与缠绵，苦闷与悲愤，处处宣泄的是感伤的主导情感，正如余恕诚在《唐诗风貌》中所言，“他的无题诗几乎篇篇都在书写其不幸”。

现在亦有人认为无题诗有着鲜明的佛道意趣，体现了诗人对生命、感性的执著，在于对有求皆苦、无常幻灭的表达；而感伤情调与佛道意趣的相互融入又加深了无题诗的朦胧美与悲剧美，因此体味伤感情调与佛道意趣是无题诗解读的重要途径。正如冯浩在《玉溪生诗集笺注》中对前人关于无题诗的笺注工作的总结所言：“自来解无题诸诗者，或谓其皆属寓言，或谓其尽赋本事。各持偏见，互持莫决。余细读全集，乃至实有寄托者多，直做艳情者少，夹在不分，令人迷乱耳。”诸家观点大不同———后人已无从确知当时引动诗人灵思的种种情怀，“此情可待成追忆，只是当时已惘然”，但这并不影响我们对其诗歌的喜爱和想象；而这也正是李商隐无题诗的魅力所在吧。(原载：《文学教育》，2010(2))

二、拓展训练

阅读下面这首诗，然后回答问题。

安定城楼

李商隐

迢递高城百尺楼，绿杨枝外尽汀洲。
贾生年少虚垂涕，王粲春来更远游。
永忆江湖归白发，欲回天地入扁舟。
不知腐鼠成滋味，猜意鹓雏竟未休。

1. 这是李商隐的哪类作品？

2. 作品主旨是什么？

3. 作品中运用典故表示功成身退的诗句是什么？

4. “贾生年少虚垂涕，王粲春来更远游”运用了什么典故，表达了什么样的心情？

5. “永忆江湖归白发，欲回天地入扁舟”的用典及含义是什么？

6. “不知腐鼠成滋味，猜意鹓雏竟未休”所用典故出于何书，诗人用它表达什么意思？

三、口语训练

尝试配乐朗诵李商隐的诗歌。

四、课文内容强化训练

(一)填空题

1. 李商隐，晚唐著名诗人，字_______，号_______，又号樊南生，有《樊南文集》。

2. 李商隐擅长骈文写作，诗作文学价值也很高，他和杜牧合称“_______”，与温庭筠合称为“_______”。

3. 因诗文与同时期的段成式、温庭筠风格相近，且三人都在家族里排行第十六，故并称为“_______”。

4. 李商隐诗作多为忧心国运、借古讽今的_______和缠绵深挚的_______，构思缜密，好用_______手法，博采典故，韵调和谐，形成了缜密婉丽、旨趣深微、意境朦胧的艺术风格。

5. 李商隐的近体诗，尤以_______、绝句见长。

6. 李商隐的无题诗，采用《离骚》托比兴于美人香草的手法，批判朝政，表达理想，深厚沉浑得杜甫诗神髓，绮丽的想象、用语则直接得益于李贺。如果说李贺的诗偏于想象，则李商隐的诗重于_______。李商隐的诗于宋初十分流行，“西昆体”仿效义山诗的_______，后成为西昆诗派，但只是机械地学到了堆砌辞藻，而不能得义山诗的神髓。

(二)整体感知

1. “于今腐草无萤火，终古垂杨有暮鸦”如何理解？

2. 《隋宫》的艺术特色有哪些？

3. 这首诗的主旨是什么？

4. 简述李商隐诗歌的艺术特色。

五、写作训练

尝试写作一首爱情诗歌。

参考答案

二、1. 这是一首登临述怀之作，即咏怀诗。

2. 作品主旨：抒发诗人有志用世、功成身退的意愿却怀才不遇、抱负成虚的哀伤，真实地反映了诗人怀抱利器却寄人篱下、无所作为的痛苦心情。

3. 作品中所用典故表示功成身退的诗句是“欲回天地入扁舟”。

4. (1)以贾谊为国事而流泪但不被朝廷重用，表达自己满腹经纶而应试不中。(2)以王粲避乱至荆州失意作《登楼赋》，表达自己寄居岳父王茂元泾州幕中的郁郁不得志。

5. (1)典出春秋时范蠡功成辞官乘扁舟泛五湖。(2)含义是自己干一番扭转乾坤的大事业，然后泛舟归隐。

6. (1)典故出自《庄子》。(2)表达无意区区利禄，但自己高尚的情操却不为世俗理解。

三、略

四、(一) 1. 义山　玉溪生

2. 小李杜　温李

3. 三十六体

4. 咏史诗　爱情诗　隐喻

5. 七言律诗

6. 象征　用典

(二)1. 古人认为萤火虫是从腐草中化生出来的。史书载，隋炀帝夜晚出游，事先命人大量搜集萤火虫，到时放出，光照山谷，为此还专门建了个“放萤院”。如今，当年的隋宫已经成为废墟，虽有腐草，却见不到萤光。这不仅是说隋宫已化为灰烬，一片荒凉，也是在讽刺隋炀帝奢靡昏庸，搜刮无度，以致萤火虫都绝了迹！诗人把“萤火”和“腐草”联系在一起，今“无”，暗示昔“有”，不仅形成鲜明的对比，而且留给读者充分的想象空间，意蕴深长。

2. 这首诗妙在虚处着笔，善于对比也是这首诗的高妙之处。婉转讥讽是本诗的特点。全诗用典之多也是罕见的。

3. 这首诗以强烈的语气讽刺隋炀帝贪图享乐、荒淫误国，名为怀古，实为警世。

4. (1)李商隐的诗歌构思缜密，情致深蕴，无不透露出自己的真情实感，但同时又较少采用直抒胸臆的方式，如其名作《锦瑟》、《夜雨寄北》。(2)长于用典、精工贴切。李商隐是唐代诗人中用典最多的一个，也是运用得极为精彩的一个。如其《安定城楼》一诗，八句中连用四个典故，多而切合事情，精妙绝伦。(3)锤炼字词，工于造语。如“集鸟翻鱼艇，残虹拂马鞍”，一个“翻”，一个“拂”，写尽了水禽飞舞嬉戏、残虹行空如彩的景象。此外，如其“春心莫共花争发，一寸相思一寸灰”，“刘郎已恨蓬山远，更隔蓬山一万重”等都是传世名句，精美典雅，曲尽唱叹之妙。

五、略

沈　　园

陆游

学习目的与要求

1. 通过学习，了解陆游的生平和个性，陆游诗歌的思想内容及艺术成就。
2. 赏析《沈园》。

学习重点

陆游诗歌的现实主义特征。

一、知识拓展

孙丹林在央视《百家讲坛》说“陆游”

陆游是南宋垂光百世、照耀简册的诗人，他那热情豪放、沉郁顿挫的诗篇，千百年来家弦户诵，久传不衰。陆游字务观，号放翁，浙江绍兴人。陆游生活的时代，正是北宋灭亡、南宋初建的动荡时代，尽管陆游在仕途中“七上八下”屡任官职屡被罢黜，但他始终没有改变抗金复国主张，是一位可歌可泣的爱国主义诗人。

翻看历史，对陆游出身、仕途、爱情以及人品的评价，却不乏瑕疵之处。锦州市知名学者孙丹林老师于 6 月 12 日—6 月 15 日再次走上央视《百家讲坛》说“陆游”，用新的视角再次诠释陆游富有传奇色彩的一生。而且，本文所载的大部分文字，是孙丹林在《百家讲坛》中没有来得及叙论的内容。

从陆游诗风看陆游其人

“陆游情结”是孙丹林老师在 11 岁时看父亲导演的话剧《钗头凤》时结下的，他 14 岁便开始浏览《剑南诗稿》，而且随着年龄的增长，尤其是从事教育工作后，翻阅史料的增多，对陆游就越发痴迷，欲罢不能，从中孙丹林也悟出了许多不同于其他研究者的看法和见解。学术界对陆游地位的评价有失公平，孙丹林老师对此愤愤不平。论陆游诗作的产量之大是尽人皆知——《剑南诗稿》中现存有九千三百多首诗；论尚武精神及文韬武略，陆游也不在辛弃疾之下，而且，历史上一直有陆游“刺虎”之说，陆游自己在南郑时期的诗篇中也曾记载。只是陆游生不逢时，空有一番抗金报国之志，却没有机会到战场去实现他“上马击狂胡”的宏愿，但这并不代表陆游没有军事才能。

对于陆游的诗风，孙丹林老师说他是一位颇有人文情怀的诗人。清代著名文艺评论家赵翼对陆游诗取材之广泛给予了恰如其分的评价：“一草一木，一鱼一鸟，无不裁剪入诗”。陆游的诗词既有描述边塞、军旅生活的，也有描述田园生活的，既有游历名山大川之作，又有描述花鸟鱼虫、山川林木的。陆游早年师从江西诗派的曾几，江西诗派的诗风虽整齐严谨，但咬文嚼字、刻板，不够圆熟，十分讲究字句的出处和来历。后来，陆游博览群诗，广采众长，终于摆脱了江西诗派的束缚，综合了各家流派的优点，独创出富有个性的“陆游诗风”，即既有屈原、李白诗风的豪放，又有杜甫的顿挫，还有柳永的婉约、清丽。

孙丹林老师从陆游的诗稿中还指出陆游是一位十分热爱生活、具有生活情趣的人。比如，陆游喜欢烹饪，是一位美食家。蜀中有哪些美食他如数家珍，还会制作，这一点是鲜为人知的。另外，陆游嗜书如命，他的书房名为“书巢”，确实是实至名归，《宋人逸事

汇编》中说，他的饮食住行都离不开书。床上、床下都堆积起高高的书籍，如槁枝堆起的鸟巢。每当朋友来访时，相隔咫尺，也要在“书巢”中左右迂回才能与陆游碰面，主客相视大笑。

陆游祖上精通医术，他也常常为老百姓看病。老百姓为感谢他，给孩子取名字的时候，往往都附带陆姓，这在陆游的诗中也有记载。(文/李晓林，锦州晚报，2006-06-26)

二、拓展训练

阅读下面的诗歌，然后回答问题。

回　旋　舞

保尔·福尔(法国)

假如全世界的少女都肯携起手来，
她们可以在大海周围跳一个回旋舞。
假如全世界的男孩都肯做水手，
他们可以用他们的船在水上造成一座美丽的桥。
那时人们便可以绕着全世界跳一个回旋舞，
假如全世界的男孩都肯携起手来。

一　代　人

顾城

黑夜给了我黑色的眼睛
我却用它寻找光明

1.《回旋舞》中少男少女拉起手来围着大海跳舞是否有某种象征意义？
2.《一代人》中用什么方法成功地将诗和哲学统一了起来？

三、口语训练

1. 朗诵《炉中煤》这首诗。

炉　中　煤

——眷念祖国的情绪

郭沫若

啊，我年青的女郎！
我不辜负你的殷勤，
你也不要辜负了我的思量。
我为我心爱的人儿
燃到了这般模样！

啊，我年青的女郎！
你该知道了我的前身？
你该不嫌我黑奴卤莽？
要我这黑奴的胸中，
才有火一样的心肠。

啊，我年青的女郎！
我想我的前身
原本是有用的栋梁，
我活埋在地底多年，
到今朝总得重见天光。

啊，我年青的女郎！
我自从重见天光，
我常常思念我的故乡，
我为我心爱的人儿
燃到了这般模样！

2. 说说诗人为什么把新生的祖国比作“年轻的女郎”？

四、课文内容强化训练

(一)填空题

1. 陆游字务观，号_______，汉族，越州山阴(今浙江绍兴)人。南宋爱国诗人，著有《_______》、《渭南文集》等数十个文集存世，自言“六十年间万首诗”，今尚存九千三百余首，是我国现有存诗最多的诗人。

2. 陆游二十岁时与唐琬(也作唐婉)结婚，后被其母强行拆散。这种感情伤痛终其一生，_______、《沈园》等名作即是为此。

3. 在陆游三个时期的诗中，始终贯串着炽热的_______精神，中年入蜀以后表现尤为明显，不仅在同时代的诗人中显得很突出，在中国文学史上也是罕见的。

4. 陆游的诗可谓_______，无论是古体、律诗、绝句都有出色之作，其中尤以_______写得又多又好。

5. 除七律外，陆游在诗歌创作上的成就当推_______。陆游的诗虽然呈现着多彩多姿的风格，但从总的创作倾向看，还是以_______为主。他继承了屈原等前代诗人忧国忧民的优良传统，并立足于自己的时代而作了出色的发挥。

6. 陆游一生力主北伐，虽然屡受主和派排挤打击，但是他的爱国之情至死不渝，与尤袤、_______、范成大并称“_______”。死前曾作《_______》一绝：“死去元知万事空，但悲不见九州同。王师北定中原日，家祭无忘告乃翁”，是最能表现陆游创作精神的代表作。

7. 陆游的许多诗篇抒写了抗金杀敌的豪情和对敌人、卖国贼的仇恨，风格_______雄奇奔放，_______，洋溢着强烈的爱国主义激情，在思想上、艺术上取得了卓越的成就，在生前即有“_______”之称，不仅成为南宋一代诗坛领袖，而且在中国文学史上享有崇高地位。

(二) 整体感知

1. 《沈园》二首是如何借景言情来表达对往事的感伤的？

2. 《沈园》是如何运用反衬笔法来表达诗人对爱情的忠贞不渝的？

五、写作训练

以煤的燃烧自己，照亮别人、温暖别人为思路，发挥联想，写一篇叙述、议论、抒情相结合的散文。题目自拟。

参考答案

二、1. 这首诗以“回旋舞”为主要意象，这是从法国民间舞蹈“回旋舞”的表演形式中摄取诗意，生发开来的。作为抒情诗人，保尔·福尔特别歌唱爱情和人类的友爱。全世界的少男少女都携起手来，团结起来，没有肤色、种族、国别的差别，大家共跳一个回旋舞，世界不就充满了爱吗？诗人唱出的全世界人民和睦团结的颂歌，表达了诗人美好的理想和乐观的情调。

2. “黑”是扼杀光明的结果，黑夜便是光的坟墓，是一种令人窒息的特定时代象征。然而“黑色的眼睛”却无疑是黑夜的叛逆，它的黑色是黑夜“给”的，是黑夜阻断光明的结果。此外眼睛的黑并不象征着背弃光明，反倒是渴求光明的象征。黑色既然对光不反射也就具备了对光全盘吸收的特性，黑色的眼睛正是这种随时准备吸收光明的“一代人”的眼睛。换一个角度看，黑色的眼睛也凝聚着批判精神，它以黑对黑，对黑夜的庞大淫威报以深沉的否定。相对色彩缤纷的光明世界来说，黑色是一个终极，它与光明构成了对立。然而物极必反，从黑夜中叛逆出来的黑色眼睛，对于光明的接受力是绝对超过任何色彩的眼睛的，也就是说，由特定的黑色时代中走来的“一代人”，他们伟大的觉醒是其他“无缘”于“黑夜”的人们所难以企及的。

三、略

四、(一)1. 放翁　剑南诗稿

2.《钗头凤》

3. 爱国主义精神

4. 各体兼备　七律

5. 绝句　现实主义

6. 杨万里　南宋四大诗人　示儿

7. 沉郁悲壮　小李白

(二) 整体感知(略)

五、略

偶　　然

徐志摩

学习目的与要求

通过诵读体会徐志摩诗歌的特点。

学习重点

1. 品味诗的意境。
2. 体会结构上的特点。

一、知识拓展

徐志摩的诗歌创作(节选)

——对“美”的追求

徐志摩是中国现代诗坛上一位有较大影响的诗人，尽管他的创作生涯很短暂，但是他却给我们留下了不少感情真挚、语言清新、意境优美的诗篇。那些“从性灵暖处来的诗句”，征服了无数读者。诗人英年早逝，如其《猛虎集》中的《黄鹏》诗所言:“化一朵彩云，它飞了，不见了，没了。”然而他的诗却恰如朱自清先生所评价的那样，是“跳着、溅着、不舍昼夜的一道生命水”，有着经久不衰的艺术价值。这些价值来自哪里？来自诗人的真性真情，来自诗歌的生命和美妙。

胡适评价徐志摩诗的一个“美”字，可以说把徐诗的特点作了最为精到的概括。我们说徐志摩的诗具有永恒的魅力，也确实是诗歌自身的生命和美妙。“美”是其中的精髓，“美”是诗人追求的目标，他的诗体现了他的这一追求。

第一，意境美。

中国传统文艺理论品评诗歌是讲究“意境”的，所谓炼句不如炼字，炼字不如炼意，“诗贵意境”等说法，就是讲意境的重要性。那什么是“意境”？所谓“意”是指作者的主观情思，“境”是指客观情物，这两者的相互统一，相互交融的情景，便是“意境”。一首有意境的诗，往往能达到情景交融的境地，不仅能使读者有身临其境的感觉，还可以体会到作者当时对客观外界事物的感受。徐志摩便是这样一位善于创造意境的诗人，他的许多诗都具有“可闻不可见，可睹不可取”的意境之美。如《车眺》中:“我不能不赞美/这向晚的五月天/环抱着云和树/那些玲珑的水田。/白云穿掠着晴空/像仙岛上的白燕/晚霞正照着它们/白羽镶上了金边/背着轻快的晚凉/牛，放了工，呆着做梦/孩童们在一边蹲/想上牛背，美，逞英雄/在绵密的树荫下，有流水，有白石的桥/桥洞下早来了黑夜，/流水里有星在闪耀。/绿是豆畦，阴是桑树林，/幽郁是溪水旁的草丛，/静是这黄昏时的田景/但你听，草虫们的飞动/月亮在黄昏里上妆/太阳心慌的向天边跑/他怕见她，他怕她见，——怕她见笑一脸的红糟!”诗中所创造的意境是那么优美而恬静，清新而安逸。作者主观的情思与客观的景象交融一体，相得益彰，我们看到在这清新飘逸的情调中，饱含着诗人对自然美景的喜悦和欢畅之情。又如《月下雷峰影片》，这首诗创造了一个神秘而又梦幻的境界。诗中写到黑云、白云、明月以及美丽的塔影，诗人想象自己划着一只无遮的小艇荡漾在波光鳞鳞的湖面上。这样的意境使人犹如在梦幻之中，令人回味无穷。其他如《雪花的快乐》、《再别康桥》、《沪杭车中》等诗都具有“诗情画意”的特点和独特隽永的意境。这些意境正是诗人美妙的情思和美妙的景色二者融而为一才创造出来的。

第二，意象美。

诗人在进行意境创造的同时，又刻意追求，创造了不胜枚举的新颖而美妙的意象。这些把“形象和意趣相结合的”意象使得作品蕴藉含蓄、意味深长，恰如其分地表达了诗人无以言传的感受与领悟，展示了诗人“瞬间呈现的理智与感情的复杂经验”。如《沙扬娜拉——赠日本女郎》:“最是那一低头的温柔，像一朵水莲花不胜凉风的娇羞/道一声珍重，道一声珍重，哪一声珍重里有甜蜜的忧愁——沙扬娜拉!”寥寥数笔，将日本少女在送客时的那种娇羞神态，千种风情，清晰地展现到了人们的眼前。尤其是那“一低头的温

柔”，“像一朵水莲花不胜凉风的娇羞”的意象描绘，更是将别离时的情形，写得出神入化，美不胜收！人间离别的忧愁，在诗人这个美轮美奂的意象描绘下也有了一丝“甜蜜”。又如《她睡着了》诗人采用“白莲”、“碧螺烟”这样的意象来描摹少女睡着的景象，写得清丽而雅致。这样的诗歌意象的苦心经营和刻意追求的诗篇，在徐志摩的诗中比比皆是。如《黄鹂》、《海韵》、《望月》等诗篇，都有经过诗人心灵孕育的带着诗人意趣的意象。在诗人的笔下，即使是浮光掠影地写景，或者是生活中转瞬即逝的画面，诗人都浸透着感情，饱含着诗意。这些奇特而新颖的意象的营造，诗人往往通过使用比喻和象征手法而得到。如《沙扬娜拉》是借风中水莲的姿态，比喻日本少女与朋友道别时的那一低头的温柔和娇羞；《雪花的快乐》诗人则自比“雪花”，表达追求自由的愿望。而《为要寻一个明星》那“明星”就是光明、理想的象征。在他的诗里，不管是比喻性的意象，还是象征性的意象，诗人都充分显示了他不凡的艺术才华。

第三，音乐美。

徐志摩的诗还注重音乐美，他认为“诗的真妙处不在他的字义里，却在他的不可捉摸的音节里”，并在《读雪莱诗后》一文中谈到“诗人的高超，在诗里似乎每一个字都是有灵魂的，在那里跳跃着；许多字合起来，就如同一个绝大的音乐会，很和谐的奏着音乐。”他的《诗刊放假》一文同样说到：“正如一个人身的秘密是它的血脉的流通，一首诗的秘密也就是它的内含的音节的匀整与流动。”他的诗体现了诗歌音乐美的特色，具有较强的节奏感，富有韵律。如《海韵》，诗人有意识地追求节奏的匀整和韵律的优美和谐。诗人在每一小节的开头反复地运用“女郎，单身的女郎”，“女郎，散发的女郎”，“女郎，胆大的女郎”，“女郎，在哪里，女郎”这些诗句；而在诗的每一小节的中间则重复使用“女郎，回家吧，女郎”这一句；诗的每一小节的结尾采用“徘徊，徘徊”，“高吟，低哦”，“婆婆，婆婆”，“蹉跎，磋跎”等诗句，回环、迭句的运用，使得整首诗节奏鲜明、韵律和谐、优美动人，极具音乐性。又如《再别康桥》，诗节内每行大致有三至四个节拍，二、四两行押韵，但不一韵到底，而是换节改韵，首尾两节复沓回环，具有一种抒情小调似的旋律，与全诗轻柔情感相适应，很好地烘托了诗人依依惜别的深情。再如《偶然》：“我是天空的一片云，偶尔投影在你的波心——/你不必惊异/更无须欢喜——/在转瞬间消灭了踪影/你我相逢在黑夜的海上/你有你的，我有我的，方向/你记得也好，最好你忘掉/在这交会时互放的光亮!”第一节中一、二、五行“云”、“心”、“影”同韵，“异”、“喜”同韵，第二节中一、二、五行“上”、“向”、“亮”同韵，三、四行“好”、“掉”同韵，整首诗韵味十足，节拍清楚有力，具有强烈的节奏感和旋律美。

当然，徐志摩诗歌的美不仅仅是这三个方面，他作为“新月派”的代表人物和闻一多一样除了注重上面提到的三美之一的“音乐美”，他也致力于新格律诗的“绘画美”、“建筑美”。这些美并不是孤立存在的，而是融于他所有诗歌之中，在我们读它们的时候当细细体会。

纵观徐志摩的诗歌，是“爱”与“美”的交响曲，他那轻灵飘逸，“柔美流丽”的诗句，是诗人化为“痴鸟”的绝唱。他“悄悄的”走了，“不带走一片云彩”，但他的诗歌将具有永恒的生命，穿越时间，穿越空间。

(节选自邹珊颜，《徐志摩的诗歌创作》，河北理工学院学报，2004(1))

二、拓展训练

阅读诗歌，分析回答问题。

我用残损的手掌

戴望舒

我用残损的手掌
摸索这广大的土地；
这一角已经变成灰烬，
那一角只是血和泥；
这一片湖该是我家乡，
(春天，堤上繁花如锦障，嫩柳枝折断有奇异的芬芳，)
我触到荇藻和水的微凉；
这长白山的雪峰冷到彻骨，
这黄河的水夹泥砂在指间滑出；
江南的水田，你当年新生的禾草
是那么细，那么软……现在只有蓬蒿；
岭南的荔枝花寂寞地憔悴，
尽那边，我蘸着南海没有渔船的苦水……
无形的手掌掠过无限的江山，
手指沾了血和灰，手掌沾了阴暗，
只有那辽远的一角依然完整，
温暖，明朗，坚固而蓬勃生春。
在那上面，我用残损的手掌轻抚，
像恋人的柔发，婴孩手中乳，
我把全部力量运在手掌，
贴在上面，寄与爱和一切希望，
因为只有那里是太阳，是春，
将驱逐阴暗，带来苏生，
因为只有那里我们不象牲口一样活，
蝼蚁一样死……那里，永恒的中国！

注：本诗选自《灾难的岁月》，写成于1942年7月。

1. 该诗的主题是什么？
2. 这首诗的写作特色是什么？
3. 这首诗在语言上有什么特点？

三、口语训练

1. 饱含激情朗诵《我用残损的手掌》这首诗。
2. 谈谈作者是怎样在诗中表现他对灾难的祖国的一片深情的。

四、课文内容强化训练

1. 徐志摩，现代________、________家，浙江________人。1921 年赴英国________大学留学。期间深受西方教育的熏陶及欧美________和________诗人的影响。1923 年参与发起并成立了________社，并创办了________杂志。

2. 在艺术创作方面，徐志摩的人生观体现为一种单纯的信仰，就是三个词：________、________、________。他一生的历史，就是追求这单纯信仰的实现的过程。徐志摩最大的诗歌理想是：________。

3. 徐志摩的诗集有________、________、________、________等。

五、写作训练

在中华民族漫长的历史中，我们的祖国灾难深重，历经磨难，华夏儿女为祖国的振兴和强大而前仆后继，不屈不挠。今天的祖国以东方巨人的姿态屹立于世人面前。“5.12”四川汶川大地震使巴蜀儿女遭受了前所未有的巨大的生命财产损失。但是，在灾难面前，“汶川不哭”，“四川不哭”，因为他们知道，他们身后有万众一心，众志成城，抗震救灾，我们同在的强大的祖国。

请你以《我们身后有强大的祖国》为题，写一篇歌颂全国上下，齐心协力，抗震救灾的文章。

参考答案

二、1. 诗人以“残损的手掌”抚过祖国大地的形象化思绪，在想象中再现了他的家乡、长白山、黄河、江南、岭南以及他没有亲身体验过的解放区的景象，以“手掌”的感觉展示了他内心情感的变化。诗人先是凄楚忧愤，转而热切期盼，对解放区寄予了民族复兴的希望。

2. 在艺术手法上，这首诗并不回避直接抒发和对事物进行直接评价的陈述方法，但思想情感的表达，主要还是通过形象的构成来实现。运用幻觉和虚拟是创作这首诗的主要手法。

3. 积极的、暖色调的词语如：新生、辽远、温暖、明亮、坚固、蓬勃、永恒……消极的、冷色调的词语如：残损、冷、彻骨、寂寞、憔悴、阴暗……　诗人之所以用这些词语，是为了更好地表达诗人内心深处的爱与恨。

三、略

四、1. 诗人　散文　海宁　剑桥　浪漫主义　唯美派　新月　《新月》

2. 爱　自由　美　回到生命本体中去

3. 《志摩的诗》　《翡冷翠的一夜》　《猛虎集》　《云游》

五、略

等你，在雨中

余光中

学习目的与要求

诗歌赏析、反复诵读、品味意境。

学习重点

欣赏作者在诗中创设的“等你”的意境。

一、知识拓展

余光中的诗及影响

对于诗歌创作，余光中反对因循守旧，但又主张吸收古典，借鉴传统。他说“我们的最终目的是中国化的现代诗”。精深的外文功底和多年来对西方文艺的熟悉以及深厚的中国传统文化的积淀，使余光中的诗歌有“中西合璧”的韵味。在台湾早期的诗歌论战和 20 世纪 70 年代中期的乡土文学论战中，余光中的诗论和作品都相当强烈地显示了主张西化，无视读者和脱离现实的倾向。20 世纪 80 年代后，他开始认识到自己民族居住的地方对创作的重要性，把诗笔“伸回那块大陆”，写了许多动情的乡愁诗，对乡土文学的态度也由反对变为亲切。

从诗歌艺术上看，他的作品风格并不统一，诗风因题材而异。表达意志和理想的诗，壮阔铿锵，而描写乡愁和爱情的作品，细腻而柔绵。著有诗集《舟子的悲歌》、《蓝色的羽毛》、《钟乳石》、《万圣节》、《白玉苦瓜》等十余种。

余光中的诗作情通古今，意贯中西。在回归传统时他并不抛弃“现代”，他寻求的是一种有深厚传统背景的“现代”，或者说是一种受过“现代”洗礼的“古典”。余光中以其渊博的古典文学知识，用奇特的神来之笔，写出了爱情诗的美丽、深情。《等你，在雨中》是其诗作中传诵最广的一首。

二、拓展训练

阅读诗歌，回答问题。

山　民

韩东

小时候，他问父亲
“山那边是什么”
父亲说“是山”
“那边的那边呢”
“山，还是山”
他不做声了，看着远处
山第一次使他这样疲倦

他想，这辈子是走不出这里的群山了
海是有的，但十分遥远
他只能活几十年
所以没有等他走到那里
就已死在半路了
死在山中
他觉得应该带着老婆一起上路

老婆会给他生个儿子
到他死的时候
儿子就长大了
儿子也会有老婆
儿子也会有儿子
儿子的儿子也还会有儿子
他不再想了
儿子也使他很疲倦

他只是遗憾
他的祖先没有像他一样想过
不然，见到大海的该是他了

提示：《山民》借一个山民的口吻，叙述了一个寓言故事："人"不安分于"山"，总是向往着"海"，表达了人们意欲冲破传统禁锢的强烈愿望。

说说《山民》表达了作者怎样的思想感情和强烈愿望。

三、口语训练

1. 品读余光中《等你　在雨中》。请你谈谈在这首诗中作者创造了怎样的"等你"的意境，这意境的特点是什么。
2. 你认为这首诗什么地方写得好？你是怎样理解的？
3. 朗诵余光中的《乡愁四韵》，说说这首诗在结构上有什么特点。
4. 以班为单位召开《我喜爱的一首诗》诗歌朗诵会。

四、课文内容强化训练

余光中，1928 年生于南京。台湾_______代诗人。他的创作涉及多个方面，有诗歌、_______、_______、_______，并称之为自己写作的"_______"。一首《乡愁》震撼了所有炎黄子孙，使他赢得了"_______"誉称。

五、写作训练

余光中的《乡愁四韵》表现了海外赤子对故土的思念和不变的乡愁情怀。2008 年 5 月，国民党主席吴伯雄率国民党代表团来大陆访问，对海峡两岸关系的发展起了积极的推动作用。

请你以《海峡两岸一家人》为题作文，畅想海峡两岸未来的发展前景。

参考答案

二、略　　三、略
四、当　散文　评论　翻译　"四度空间"　"乡愁诗人"
五、略

无怨的青春

席慕蓉

学习目的与要求

品味诗歌，理解“我”的思想感情及变化。

学习重点

意境、意象的品读。

一、知识拓展

言为心声——赏析席慕蓉的《一棵开花的树》

王继东

很偶然地看到了席慕蓉(也作席慕容)的这首诗，于是便很感性地喜欢上了它，为它的虚空的绝望的唯美而震惊而倾心，为它的真挚的深情的执著而震撼而痛心。不过那时只是“少年不识愁滋味，为赋新词强说愁”地认为自己很懂，懂诗更懂诗人。事过境迁，再次浅吟品味，却多了一份沧桑的共鸣，心悸的熟悉。

“如何让你遇见我/在我最美丽的时刻”很直率很自然的倾吐，却是我最真切的渴求，最热烈的企盼，最勇敢的冲动，最浓郁的真情。“杨意不逢抚凌云而自惜，钟期既遇奏流水以何惭”是王勃文人式的知己观——无知己时的孤芳自赏、自慰自励，逢知己时的欣喜若狂、倾心倾力。不过他的豁达而坦然的心态又隐含着另一丝意味，一种有着“天生我材必有用”的李白的豪放与自信，但却是“怀才不遇”的文人式的自慰自勉。所以我想，虽然他能安心“抚凌云”，但坚信他更渴望更愿意“奏流水”！一生能遇到一知己已属不易。所以早有古人“花开堪折只须折，莫待无花空折枝”的谆谆告诫：所以便有代表那个年代人心声的诗人席慕蓉“如何让你遇见我/在我最美丽的时刻”的呼唤与祈求：所以也有现在唱遍大街小巷的田震大胆而心酸且略带责备的自白“山上的野花为谁开又为谁败，静静地等待是否有人采摘……别让它在等待中老去枯萎……”美丽是瞬间的，是不能等待流逝的，而在美丽的时刻碰到心仪而又懂自己的人实是难事。“试问茫茫人海中，谁是知己”的感慨因情相同而存古今，时至今日倍加汹涌澎湃，也许这也是文学的魅力所在——时空能隔离，感动却永远相通。“为这我已在佛前/求了五百年”，看来“五百年”的不仅仅是时间，更是我艰辛而不懈的努力，可以想见其过程的漫长，其毅力的坚韧，其信念的坚定。要不，是不会有后来“开满了花”的“美丽”的。一个人的蜕变不只是客观时间的流逝和积淀，更多的是自己主观的前进与奋斗。所以才有“士别三日当刮目相看”和“终年不变”的区别。不过，有一个能使自己想“美丽”并且为之而努力的对象，亦是件很庆幸的事。所以我算是幸运的，其间的辛苦也是值得的，所以“求它让我们结一段尘缘”的要求也是合情合理、理所当然的。

有人认为席诗表达的爱情观过于保守传统，缺乏女性自主意识，而我却是从另一个角度演绎她的情感她的诗的。我看到的更多的是保守表面下主动争取的她：我创造种种条件只为了让你遇见最美丽的我，即使你无视地走过，失落之余更多的是坦然。其实心动只是

瞬间，永远爱或恨一个人是不可能的，又何必单恋一枝花呢！这种爱情观不是更自主更大胆吗？即使她的含蓄保守也只是因为她明白情感是件很复杂的事，不是一方一相情愿主动追求就能拥有的，只有双方感动的节拍一致吻合时才会绽放出最美的爱情之花！

所以我喜欢席慕蓉，更喜欢她的这首诗：平凡的文字下面隐藏着一颗热烈多情的心！

二、拓展阅读

赏析下面这首诗歌。

青 年 曲

徐志摩

泣与笑，恋与愿与恩怨，
难得的青年，倏忽的青年，
前面有座铁打的城垣，青年，
你进了城垣，永别了春光！
永别了青年，恋与愿与恩怨！

妙乐与酒与玫瑰，不久住人间，
青年，彩虹不常在天边，
梦里的颜色，不能永保鲜妍，
你须珍重，青年，你有限的脉搏，
休教幻景似的消散了你的青年！

三、口语训练

1. 朗读《致橡树》和《青年曲》，仔细体会作者表达的观点和抒发的情感。
2. 说说《致橡树》和《青年曲》各表达了怎样的观点和看法。
3. 召开主题班会，围绕青年人这个话题，畅所欲言，谈谈你的想法。

四、课文内容强化训练

1. 新诗是指“五四”以来用_______写的诗的总称。从内容上可以分为_______、_______，以及_______、_______等。

2. 诗词作品欣赏是通过语言来把握诗的形象，领会形象所蕴涵的精神内涵，欣赏的具体过程大致可分为_______、_______、_______。

3. 欣赏诗词主要从以下几方面着手：①欣赏诗词的_______、_______和_______。②欣赏诗词的_______、_______和_______。③欣赏诗词的_______。

4. 席幕蓉在她的创作中，始终将_______、_______和_______作为她歌唱的主旋律。并将它们巧妙构思艺术地凝聚于诗行里。在创作手法上，她的诗灵活地运用了_______、_______、_______等现代派常用手法，同时也运用了不少的传统技巧。

五、写作训练

爱情是永恒的主题之一。结合席慕蓉、舒婷的爱情观，徐志摩对青年希望和劝导，请你以《我们正年轻》为题作文，可以是以叙为主，叙议结合的动人的爱情故事，也可以议论为主谈谈你对大学生恋爱现象的观点、看法。要求主题鲜明，观点正确，思想积极、健康、向上。

参考答案

二、在徐志摩的诗作里有相当一部分属咏景抒情的，像《青年曲》这种带有明显劝解教导意味的似为少数。虽为劝解，读来却能感受到他一贯的诗风：清新自然，毫无说教。语句亦有心长郑重之意，令人感慨，娓娓道来，却引人深思。诗歌告示的是人所皆知又非常沉重的道理：要珍重青春，莫教光阴虚度于灯红酒绿的幻梦里！在寓教于理诗中，本篇亦属佳作吧！

三、略

四 1. 白话　抒情诗　叙事诗　科学诗　儿童诗

2. 感觉　感染　感触

3. 意境　意象　意蕴　音乐美　结构美　语言美　风格

4. 爱情　人情　乡情　隐喻　象征　暗示

回　答

北岛

学习目的与要求

1. 了解什么是朦胧诗，并赏析其中的代表作，体会北岛诗歌的代表意义。

2. 掌握诗人独特的冷抒情的方式，学习他的诗歌创作技巧，体会其中的人本主义和英雄主义精神。

学习重点

1. 朦胧诗的创作特点及北岛诗歌的创作特点。

2. 品味朦胧诗的意象的象征性及隐喻、对比和蒙太奇的表现手法。

一、知识拓展

朦胧诗派

从 1980 年开始，诗坛出现了一个新的诗派，被称为“朦胧派”。以舒婷、顾城、北岛等为先驱者的一群青年诗人，从 1979 年起，先后大量发表了一种新风格的诗。这种诗，有三四十年没有出现在中国的文学报刊上了。最初，他们的诗还仿佛是在继承现代派或后现代派的传统，但很快地他们开拓了新的疆域，走得更远，自成一个王国。朦胧派诗人无疑是一群对光明世界有着强烈渴求的使者，他们善于通过一系列琐碎的意象来含蓄地表达出对社会阴暗面的不满与鄙弃，开拓了现代意象诗的新天地、新空间。“文革”后朦胧诗派的代表人物有北岛、舒婷、顾城、杨炼等人。

朦胧诗无疑是中国当代汉语诗歌史上最值得关注也绕不过去的重要课题，它的重要性还在于它开启了诗歌的多个方向，启迪了当代汉语诗歌的多种可能性，它的源头性的意义还有待进一步挖掘。对于当代汉语诗歌来说，朦胧诗始终是一个强大的存在，一座含金量罕见、挖掘不尽的宝库。一般认为，朦胧诗是自 1978 年北岛等主编的《今天》杂志开始的。当时活跃于《今天》杂志的诗人包括后来大名鼎鼎的舒婷、顾城、杨炼、江河、梁小斌、芒克等。他们受西方现代主义诗歌影响，借鉴一些西方现代派的表现手法，表达自己的感受、情绪与思考。他们所创作出来的诗歌，与当时诗坛盛行的现实主义或浪漫主义诗歌风格呈现截然不同的面貌。这些诗歌后来被统称为“朦胧诗”。

朦胧诗这一概念，事实上自产生之日起就争议不断。它来自评论家章明的一篇评论的题目《令人气闷的“朦胧”》，章明认为这些诗歌受西方现代主义诗歌的不好的影响，过于追求个人化的意象与词汇，含义有时显得晦涩，整体意境显示某种荒诞而诡异的色彩，有时还呈现某种灰暗低沉的情绪。其实这一概括并不足以涵盖后来所说的朦胧诗的全部，而且文章里面涉及的诗人也没有一个是后来被公认为朦胧诗的代表性人物。但有趣的是，“朦胧诗”这一简单化的命名后来却成为约定俗成的名词。不过，在另外一些支持朦胧诗的评论家那里，朦胧诗代表一种新的“崛起”，当时有三篇非常有影响的诗歌评论，后来被称为“三个崛起”，即北京大学教授谢冕先生的《在新的崛起面前》、福建师范大学的孙绍振先生的《新的美学原则的崛起》和当时还是吉林大学中文系学生的徐敬亚的《崛起的诗群》，这三位评论家正好老中青齐备，他们的这三篇评论，概括和总结了朦胧诗的一些特点，肯定了朦胧诗的作用和成就，可以说为朦胧诗起到了鸣锣开道的作用。

朦胧诗的历史功绩及艺术成就是无法忽视的。当代汉语诗歌最具实质性影响的努力有三次，即朦胧诗、口语化努力、叙事性的强调。其中，朦胧诗的出现使中国的新诗传统在滞缓几十年之后再次与世界接轨，并逐渐同步。它最大的贡献是唤醒了一种现代意识。一种新诗现代化的意识。确实，由于朦胧诗人大多经历了“文革”导致的精神危机，出现了类似西方“上帝死了”之后的现代主义背景，因此，朦胧诗人迅速被西方现代主义诗歌所吸引并产生了强烈的共鸣，也因此使中国当代汉语诗歌向前跳跃了好几步，并逐步与西方现代主义诗歌走到了同一条起跑线上。

即使现在读起来，不少朦胧诗人的诗作仍深具魅力，比如北岛的“在没有英雄的年代里/我只想做一个人”(《宣告》)，“卑鄙是卑鄙者的通行证/高尚是高尚者的墓志铭”(《回答》)，顾城的“黑夜给了我黑色的眼睛/我却用它寻找光明”(《一代人》)、杨炼的“高原如猛虎，焚烧于激流暴跳的万物的海滨”、“或许召唤只有一声——/最嘹亮的，恰恰是寂静”(《诺日朗》)、舒婷的“与其在悬崖上展览千年/不如在爱人肩头痛哭一晚”(《神女峰》)，等等，当年称得上传诵一时，在当时思想解放、人性开放的启蒙思潮和时代背景下领风气之先，自然好评如潮，如今读来虽然已无当初震撼，但还是惊奇，有些甚至可以说经受了时间的考验，但也有些诗作，不乏概念化、简单化甚至口号化的痕迹。

二、拓展训练

阅读泰戈尔的诗作，回答问题。

金　色　花

泰戈尔

假如我变了一朵金色花，只是为了好玩，长在那棵树的高枝上，笑哈哈地在风中摇摆，又在新生的树叶上跳舞，妈妈，你会认识我么？

你要是叫道：“孩子，你在哪里呀？”我暗暗地在那里匿笑，却一声儿不响。我要悄悄地开放花瓣儿，看着你工作。

当你沐浴后，湿发披在两肩，穿过金色花的林荫，走到你做祷告的小庭院时，你会嗅到这花的香气，却不知道这香气是从我身上来的。

当你吃过中饭，坐在窗前读《罗摩衍那》，那棵树的阴影落在你的头发与膝上时，我便要投我的小小的影子在你的书页上，正投在你所读的地方。

但是你会猜得出这就是你的小孩子的小影子么？

当你黄昏时拿了灯到牛棚里去，我便要突然地再落到地上来，又成了你的孩子，求你讲个故事给我听。

“你到哪里去了，你这坏孩子？”

“我不告诉你，妈妈。”这就是你同我那时所要说的话了。

1. 这首诗的主题是什么？
2. 诗人精心描绘了哪两幅图像？
3. 母亲一句“你到哪里去了，你这坏孩子？”是在训斥孩子吗？

三、口语训练

作者的宿命意识贯穿了整首诗歌。“我来到这个世界上……为了……”，一个“为了”，说明了“我来到这个世界上”的原因。而这个原因，是“我来到这个世界上”之前就已经注定了的。他是命定的宣读者。隐隐地透露出了作者强烈的使命感和历史责任感。试谈谈你的看法。

四、课文内容强化训练

(一)单项选择题

1. 中国现代诗歌自 1917 年开始，当时提出了“诗体大解放”，倡导不拘格律、不拘平仄、不拘长短的(　　)。

A. 胡适之体　　B. 郭沫若体　　C. 刘半农体　　D. 俞平伯体

2. 郭沫若的诗歌为新诗奠定了浪漫主义的基础，他的(　　)作品是新诗真正取代旧诗的标志。

A. 《凤凰涅槃》 B. 《女神》　　C. 《红烛》　　D. 《死水》

3. 在新诗的创作中，湖畔诗社的主力诗人有(　　)。

A. 汪静之　　B. 胡适　　C. 闻一多　　D. 胡风

4. 20 世纪 60 年代出现了两位优秀的政治抒情诗人是(　　)。

A. 李季　郭小川　　B. 郭小川　贺敬之

C. 贺敬之　闻捷　　D. 李季　臧克家

5. 20 世纪 70 年代末，一批青年诗人的诗通常表现出一种晦涩、不同于寻常的复杂情绪，人们称为(　　)。

A. 新民歌　　B. 象征诗　　C. 朦胧诗　　D. 格律诗

6. 20 世纪 80 年代中后期，诗坛又出现了自称为“第三代诗人”的一种诗歌潮流是(　　)。

A. 现代派　　B. 七月派　　C. 象征派　　D. 繁星体

7. “冰川纪过去了”，“好望角发现了”，喻示的含义是(　　)。

A. 这个世界已经经历过巨大的变革、阵痛，一个旧时代曾被庄严地宣告死亡

B. 诗人以一种理性的声音，开始对世俗世界审判、否定和挑战

C. 是对人类生存世界的黑暗体验并由此产生质疑

D. 对人类与世界的未来新的转机充满信心和期望

8. “我——不——相——信！”对这句话分析不正确的一项是(　　)。

A. “我”作为抒情主体，对一切习以为常的规则表示质疑

B. “我”是一代人中最清醒和坚定的灵魂：如果一个民族的历史，真的能重新开始，就让有的苦难只存留在“我”的心中

C. 这个傲岸的“我”在对这个不义的世界与历史宣战之后，毅然表达了愿以个体的自我来承担属于全部人的一切

D. 喻示着以辉煌的表象掩盖了一个时代真正的黑暗

9. 对“海洋的决堤”、“陆地的上升”理解不正确的是(　　)。

A. 是以自然界恢宏阔大的沧桑变迁，喻示人类历史的涅槃和新生

B. 显示着人类生存世界诡异和不公正

C. 它提醒一代人注意到自己应有的独立自主的“自我意识”

D. 如果一个民族的再生，需要一代人的伤痛作为代价，这一切就由我们来承担吧

10. 这首诗的主旨是(　　)。

A. 北岛企图在一个封闭的逻辑空间内构建一个完整、自足的“自我”形象，并依靠与外部世界的对立关系来强化这一形象的独立性

B. 通过作品建立一个自己的世界，这是一个真诚而独特的世界，正直的世界，正义和人性的世界

C. 人们一般把它解读为是与已逝的一个历史时代彻底告别的“宣告书”，反映了整整一代青年觉醒的心声，对那个变异的社会以冷峻、决绝的批判、否定和反抗

D. 以理性和人性为准绳，重新确定人的世界，恢复人的本性

(二) 填空题

1. 朦胧诗自《今天》杂志始，当时被誉为代表性诗人的是后来被称为“朦胧诗五人”的北岛、________、________、________、________。

2. 北岛诗歌代表作________更是被称作“以孤篇压倒当代”，人们一般把它解读为是与已逝的一个历史时代彻底告别的“宣告书”，反映了整整一代青年觉醒的心声。

3. 北岛原名________，笔名石默、艾珊等。其现代主义色彩的新诗歌形式受到青年读者的欢迎，被称为________的代表诗人。

4. 北岛的________被认为是中国第一首公开发表的朦胧诗。

5. 诗作在《回答》抒情结构和意象的选用上，具有“北岛特色”：________的抒情结构。

6. 北岛写出了充满激愤唾弃和理想追寻的响亮诗句——“________，高尚是高尚者的墓志铭。”

(三) 整体感知

1. 这首诗中写了一连串的“不相信”，那么诗人相信什么？结尾一句用“那是未来人们凝视的眼睛”指代什么？

2. 北岛诗中用了大量的意象，在《回答》中，“卑鄙是卑鄙者的通行证/高尚是高尚者的墓志铭。”这里“通行证”和“墓志铭”是结构平行、对称的两个意象，请再举出一些北岛诗歌中所用意象的例子。

3. 在《走吧》这首诗中反复出现“走吧”的作用是什么？

4. 如何理解结尾“红罂粟”这个意象？

5. 《回答》这首诗的写作特色是什么？

五、写作训练

练习写一首朦胧诗，要求主题鲜明，所用意象恰当，能准确表达主题。

参考答案

二、1. 诗歌以丰富的联想和想象，讴歌了孩子金子般的童心，表现了孩子天真烂漫的天性和顽皮无邪的童稚、童真、童趣。

2. 第一幅，母子逗乐图。诗人假想自己变成了一朵美丽的金色花，长在“高枝上”，“笑哈哈地在风中摇摆”，“在新生的树叶上跳舞”，当妈妈呼喊时，“我”不回答，却有意与妈妈逗乐，“暗暗在那里匿笑”，“一声不响”。写得多美啊，诗人对母子情深、母爱醉人、童真可人的温馨家庭的天伦之乐只粗描几笔，就似一幅凝重的油画清丽迷人地展现在读者面前。然后，诗人笔锋一转，深入一步，浓墨重彩地描绘了一幅慈母生活图，展示母亲迷人的风彩。

3. 一个“坏”字十分精彩，贬词褒用。这哪里是在骂孩子，这里诗人将嗔怪、担忧、焦虑、假愠之情融为一体，真是情韵悠长啊！而一句“我不告诉你，妈妈。”却把孩子的顽皮、淘气、天真、机灵表现得淋漓尽致，出神入化。

三、略

四、(一)　1～5 ABABC　6～10 AADBC

(二) 1. 舒婷　顾城　江河　杨炼

2. 《回答》

3. 赵振开　“朦胧诗”

4. 《回答》

5. “审视—怀疑—否定—挑战”

6. 卑鄙是卑鄙者的通行证

(三)1. 诗人不相信现实，他相信的是未来。结尾一句指的是未来的希望。

2. 如“冰川纪/好望角”、“冰凌/死海”、“苦水/峰顶”等。

3. “走吧”以单纯的动作表现了执著的追求，起着鼓舞人心的作用。

4. “红罂粟” 象征着有毒的东西，对人们充满着诱惑。

5. 诗作在抒情结构和意象的选用上，具有“北岛特色”：“审视—怀疑—否定—挑战”的抒情结构，以及“天空”、“海洋”、“陆地的上升”和“让所有的苦水都注入我心中”等意象的拼贴与组合，追求陌生化和距离感，使用密集的意象群和飘忽不定的语义转换，从而产生“朦胧”的诗意和充满弹性与张力的结构。这与同为朦胧诗人的舒婷诗作中对于“星星”、“风铃草”、“鸢尾花”等意象的选用和诗意表达上的婉转、抒情和感伤相比，显得冷峻、势不两立和剑拔弩张。

五、略

祖国(或以梦为马)

海子

学习目的与要求

1. 正确认识诗人崭新的思考方式和情感特征，学会欣赏海子诗歌的独特性。
2. 了解这首诗中所使用的意象表达的深刻内涵。

学习重点

诗人崭新的思考方式和情感特征。

一、知识拓展

海子的诗与海子的死——阅读海子的零散记忆

海子自尽于 1989 年 3 月 26 日，距今整整 20 年了。当时我正在读研究生，那一年我关注过诗人之死吗？想到这里我常常会变得疑惑起来。

但 20 世纪 90 年代初，海子的诗与海子的死却确确实实进入了我的视野。那时候我已从山东的那座大城回到山西那座小城，80 年代的青春狂热中还残留着一个读诗的尾巴。也许是在一次与朋友的通信中，我们谈到了海子。朋友告诉我，有一本《海子、骆一禾作品集》已经出版，但因编者自费出书，不得不把邮购信息广为散发，以弥补落下的经济亏空。得此消息，我立刻就决定邮购一本。不久，书寄来了，扉页上写着几行小字:“赵勇评正/周俊/九一年十一月二十三日/金陵”。周俊是此书的编者之一，他们不但费尽千辛万苦推出了这本作品集，还得把它推销出去；不但要推销，书上还要签字留名。这种一丝不苟一下子就让我感动起来。

就在那段时间里，我读了海子的诗，也顺便读了读骆一禾的诗。平心而论，海子的长诗并没有让我太有感觉，但许多短诗小令却实在写得不错，我也记住了其中的一些诗句。比如《答复》中的“当我痛苦地站在你的面前/你不能说我一无所有/你不能说我两手空空”，《四姐妹》中的“荒凉的山冈上站着四姐妹/所有的风只向她们吹/所有的日子都为她们破碎”，这些诗句中充满着一种令人绝望的美。《日记》的开头写道，“姐姐，今夜我在德令哈，夜色笼罩/姐姐，我今夜只有戈壁”，一下子就把人带到清冷的意境之中。读诗的前一年，我正好路过德令哈，德令哈已不是一个空洞的地理概念；一年多后，张楚的《姐姐》唱响于大街小巷，姐姐既成为意象，也成为男儿的倾诉对象。在对德令哈的怀想中，在那一声

“噢姐姐/我想回家”的凄厉与悲凉中，海子的《日记》也让我读出了更多滋味。

但是后来，很可能我讲到过海子的死，却没有专门讲过海子的诗。整个 90 年代，我都在讲写作课，讲到文体写作部分时，诗歌写作是一定要讲一讲的。这倒不是因为诗歌有多好讲，而是想借此温习一遍我那个已经消逝的诗与青春的记忆。1993 年，顾城杀妻后自杀，我像许多人一样被那个从异国他乡传来的消息惊得目瞪口呆，于是以顾城为例谈诗人之死就成为一次课的内容。那次课上，我把加缪的那个著名论断 (真正严重的哲学问题只有一个，那就是自杀)置于开头，然后开始列举中外诗人、作家的自杀现象。我想把海子、顾城的自杀推向一个形而上的思考平台。我分析着海子与顾城的死，也缅怀着他们的诗。

海子又一次向我走来是在 2003 年。那一年我们正在编写一套高中语文教材，如何解读选入课本的《面朝大海，春暖花开》就成为我们讨论的内容之一。大概就是那个时候，我读到了刘大生的一篇文章:《病句走大运——从海子的自杀说起》。作者自称当年与海子同学四年，在他眼中，查海生(海子本名)只是一个调皮的、喜欢抢别人军帽的 “冬子”(《闪闪的红星》中的主人公)，却没想到若干年后会成为大名鼎鼎的海子。海子去世十年后，他读了海子的一本诗集，结果让他大失所望。他说，这本诗集“从头到尾逻辑混乱，语言拉杂，病句连篇”；他还说：“一个人既能‘喂马、劈柴’，又能‘周游世界’，既‘田园’又‘洋派’，既‘古典’又‘现代’，当然很潇洒、很幸福。但是，这一切为什么要‘从明天起’呢？如果明天就能做到这一切，说明今天已经是一个幸福无比的人了，不必等到明天，等到明天再去做幸福的人，说明主人翁并不会体验幸福、享受幸福。”记得读到这里时就把我笑翻了。我的基本判断是这位老兄确实不懂诗，偏要把现代诗歌读成形式逻辑，可不就拧巴了嘛。

从此之后，海子又时不时地成了我课堂上的一个例子。只是我谈到查海生时，必定要提一下刘大生；或者是因为刘大生，我才讲到了查海生。也以自杀结束生命的美国女诗人西尔维娅·普拉斯 (Sylvia Plath，1932-1963 年)说过：“死是一门艺术，诗人的死实际等于诗人的再生。”这句话是很适合于海子的，但我却由此也会想到刘大生的那篇评论。刘先生本来可能是想把海子的诗批倒斗臭的，但它却不但没有死掉，反而在我和一些读者的心目中复活了。这实在是一件有趣的事情。 (来源：太原日报，2009-09-04)

二、拓展训练

阅读舒婷的诗歌，回答后面的问题。

致 橡 树

舒婷

我如果爱你——
绝不像攀援的凌霄花
借你的高枝炫耀自己；
我如果爱你——
绝不学痴情的鸟儿
为绿荫重复单调的歌曲；
也不止像泉源
长年送来清凉的慰藉；

也不止像险峰
增加你的高度，
衬托你的威仪。
甚至日光。
甚至春雨。
不，这些都还不够！
我必须是你近旁的一株木棉，
作为树的形象和你站在一起。
根，紧握在地下
叶，相触在云里。
每阵风过
我们都互相致意，
但没有人
听懂我们的言语。
你有你的铜枝铁干
像刀、像剑，
也像戟；
我有我红硕的花朵
像沉重的叹息，
又像英勇的火炬。
我们分担寒潮、风雷、霹雳；
我们共享雾霭、流岚、虹霓。
仿佛永远分离，
却又终身相依。
这才是伟大的爱情，
坚贞就在这里：
爱——不仅爱你伟岸的身躯，
也爱你坚持的位置，足下的土地。

1. 诗人借木棉树表达的爱情观是什么?
2. 诗的开头，用一系列否定性比喻批判了哪些观念?
3. 在诗人眼里，男性和女性都应具备怎样的思想意志?

三、口语训练

诗歌朗读(一)

一个句子必须要有语调，在书面语中有标点符号。语调训练主要有四个方面——升降、停顿、轻重、快慢。

升降即句调。有四种：平直调、高升调、降抑调、曲折调。

停顿是生理和表情达意的需要。分为：语法停顿、强调停顿。

重音分为语法重音和强调重音，句子重音和词重音。

快慢指语速的快慢，根据内容决定。

朗读练习——《祖国》，提高朗读水平，增强学习诗词的兴趣。

四、课文内容强化训练

(一)填空题

1. 在中国当代诗坛，海子常常被评价为“________”和“我们祖国给世界文学奉献的一位具有世界眼光的诗人”。

2. ________是海子诗歌的代表作。

3. 海子的诗集有________、________、________等。

4. 朦胧诗人迅速被西方现代主义诗歌所吸引并产生了强烈的共鸣，也因此使中国当代诗歌向前跳跃了好几步，并逐步与西方现代主义诗歌走到了同一条起跑线上，所以它最大的贡献是唤醒了一种________意识。

5. 海子创作的优秀抒情短诗是继“朦胧诗”之后独特而又诗艺出众的作品，兼具________、可诵性和________风格，在当时极为罕见。

(二) 整体感知

1. 谈谈《祖国》这首诗的主题。

2. 《祖国》的内容涵盖哪几个层面？

五、写作训练

联系现实谈一谈今天的人们还需要海子的诗吗？要求有自己的真实看法，能够引用资料加以证明。

参考答案

二、1. 诗人假托木棉，通过木棉对橡树的独白，表达现代女性全新的爱情理念。诗人冲破传统，突破了爱的世界中只提倡为对方奉献、牺牲的藩篱，明确表达了女性不能只是充当陪衬的态度。

2. 诗的开头，用一系列否定性比喻，批判了世俗的爱情观念。虽然诗人并不完全反对为相爱的人的“高度”和“威仪”作铺垫，甚至也默认了女性应该奉献自己的“日光”和“春雨”，但是，诗人坚决反对女性像凌霄花一样，“借你的高枝炫耀自己”，或者像痴情的鸟儿，在对方冷漠的绿荫下“重复单调的歌曲”。在诗人眼里，女性充当“春雨”，充当“日光”无可非议，但这决不是爱情的真谛。

3. 在诗人眼里，男性必须有男子汉的阳刚，“像刀、像剑”；女性要有女性的柔韧，像“红硕的鲜花，沉重的叹息”，又像“英勇的火炬”。为了共同的理想和事业，爱的双方须同甘共苦，一起分担“风雷”，共享“虹霓”，甚至生死相依。

三、略

四、(一)1. 一个诗歌时代的象征

2.《面朝大海，春暖花开》

3.《土地》《海子的诗》《海子诗全编》

4. 现代

5. 抒情性　先锋性

(二) 1. 这首诗体现了海子对光明的执著追求，几乎囊括了海子诗歌中所有重要的思想。

2. 此诗内含有三个层面。第一层面(前两节)写诗人的基本立场。诗人是追求远大宏伟目标的，“我要做远方的忠诚的儿子”，“和所有以梦为马的诗人一样”，海子不怕生活在压抑、误解的世界。海子认为诗是一次伟大的提升和救赎，它背负地狱而又高高在上，它要保持理想气质和自由尊严，要抵制精神的下滑。在实现灵魂救赎的同时，诗人亦完成了个体生命的升华：“我借此火得度一生的茫茫黑夜”。第二层面(第三、四节)是写诗人对语言的认识。诗人是对作为“存在之家的语言”(海德格尔语)深度沉思的人。海子写出了他对祖国文化深深的眷恋和自觉的归属感，但在一个被“文化失败感”笼罩的中国知识界，要重新激活昔日的传统是格外艰难的，它不仅对诗人的理解力、创造力构成考验，对其信心和意志亦构成考验。它是一种主动寻求的困境，并企图在困境中生还。第三层面(第五～九节)是写诗人的伟大抱负以及对苦难命运的预感。

致　大　海

普希金(俄)

学习目的与要求

欣赏普希金的诗歌，了解诗人的写作风格。

学习重点

诗人的写作手法及表达的思想感情。

一、知识拓展

假如生活欺骗了你

普希金

假如生活欺骗了你，
不要悲伤，不要心急！
忧郁的日子里需要镇静：
相信吧，快乐的日子将会来临。
心儿永远向往着未来，
现在却常是忧郁；
一切都是瞬息，
一切都将会过去，
而那过去了的，
就会成为亲切的回忆。

该诗写于 1825 年，正是诗人流放南俄敖德萨同当地总督发生冲突后，被押送到其父亲的领地米哈伊洛夫斯科耶村幽禁期间所作。这首诗歌是以赠诗的形式写在他的邻居奥希泊娃的女儿叶甫勃拉克西亚·尼古拉耶夫娜·伏里夫纪念册上的。从 1824 年 8 月至 1826 年 9 月，对于普希金来说，这是一段极为孤独寂寞的生活。面对 12 月党人起义前后剧烈动荡的社会风云，普希金不仅同火热的斗争相隔绝，而且与众多亲密无间的挚友亲朋相分离。幸亏夜晚，有终生挚爱的奶妈相陪伴，讲故事为他消愁解闷；白天，到集市上去，与纯朴的农人为友，和他们谈话，听他们唱歌。孤寂之中，除了读书、写作，邻近庄园奥西波娃一家也给诗人愁闷的幽禁生活带来了一片温馨和慰藉。这首诗就是为奥西波娃 15 岁的女儿姬姬所写的，题写在她的纪念册上。

普希金自言，要“用诗歌唤起人们善良的感情”，别林斯基也曾说过：“普希金天性是可亲可爱的人，他是诚心诚意愿意向每一个他觉得是‘人’的人伸手的……他内心有着许多赤子似的和善、温良和柔顺的成分。”因而“在普希金的任何感情中永远有一些特别高贵的、温和的、柔情的、馥郁的、优雅的东西。”《假如生活欺骗了你》这首诗就典型地体现了这种思想特征。该诗以一个假设句破题，劈头就是一个“假如”，此时 26 岁的普希金，面对的是一个纯真的女孩，他宛如一位饱经风霜而又无比温厚的长者，仿佛生怕碰伤这棵稚嫩的幼苗，于是从未来着笔，使用一种带有预言的口吻叮咛、勉励涉世未深的少女，如果出现这种偶然……实际上，这个对于无知的对话者所作的带有推测性假定意义的假说，正是变幻莫测的人生中的一种必然现象，即生活中不可能没有悲伤、烦恼，但是你要克制、忍耐，因为还有一个“欢乐的日子”就要来临。这欢乐是针对悲伤而言的，不是现在时，而是属于未来的。紧跟其后，在第二个诗节中，诗人进一步指出，这未来，并非现实生活中，漫漫长夜之后，遥远的明天，而是心灵生活中的未来，这就引出了下面的富有深刻哲理的诗句：“转眼间一切都会过去，/而过去了的，将会变得可亲。”显然，在这里，诗人并未一般地开出常人司空见惯的用时间医治心灵创伤的这帖药方，而是要人面向内心世界，放眼于未来，实行一种自我精神调节法，究其实，这是一种情绪的转换，它可以是在一瞬之间完成，这就是要用希望去救治现实的痛苦。这同现代心理医生的看法可以说是不谋而合，然而，普希金毕竟不是心理学家，而是诗人。他进一步指出，痛苦一旦过去，人就会更加成熟，对于成熟的人来说，这过去了的，即便是痛苦，也会成为人生的一段标志，而令人感到无比亲切。保持对生活的信心，即使在逆境之中，不要陷入绝望而不能自拔，正所谓苍茫人世，短暂人生，期冀美好，追忆亦美好矣，这不正是离群索居的寂寥生涯中，诗人悟出的深刻生活哲理吗？这里没有一丝一毫宿命论的蛛丝马迹，真诚、善良、乐观向上的人生态度，加上亲切自然而又热情深沉的语调，诗歌朴素、流畅，言简意深，耐人回味。

与普希金早期引吭高歌赞颂自由，嬉笑怒骂，讽刺权贵，批判专制的抒情诗不同，这首小诗，明显表现出诗人后期抒情诗创作趋向含蓄、富于哲理的特点。用普希金自己的话说：“从 1825 年开始，他走上了‘现实的诗人’的道路。”这首诗即是一个佐证。

二、拓展训练

阅读诗歌，回答后面的问题。

爱

依迪丝·索德格朗

我天空般淡蓝的灵魂
被我留在海边的悬崖上，

我赤裸着走向你，
如同一个女人，
我坐在你的桌旁饮酒，
吸进玫瑰的芬芳。
你定想我很美丽，
宛若梦中的情景。
我忘却了一切，
忘却了童年和故乡，
我只知道我是你抚爱下的囚徒。
你微笑着递给我一面镜子，
让我在里面寻找自己，
我看见我的肩膀正化为齑粉，
我苍弱的美貌正在凋零。
哦，快搂紧我，我别无他求。

1.《当你老了》和《爱》对爱的不同认识是什么？

2. 索得格朗对爱的矛盾立场是怎样的？

3. “你”为什么要递给我一面镜子，让我在里面“寻找”自己？“我”看见了什么呢？

三、口语训练

诗歌朗读(二)

诗歌的特点是内容凝练，想象丰富，感情充沛，节奏鲜明，韵律和谐，语言精练。

朗读者必须把握诗歌中强烈的感情和丰富的想象，自觉地安排抒发感情的节奏，同诗人一起展开丰富的想象，表现艺术形象，抒发激情。

诗歌概括性强，具有较大的跳跃性。行与行，节与节，往往在内容上有跳跃，朗读时要用诗中内在的感情把上下文联系起来，用语调、表情把前后沟通起来，一气呵成。

诗歌语言节奏性强，要读出节拍——音步，要读出韵脚，使得朗读富有音乐感。

四、课文内容强化训练

(一)选择题

1. 约公元前 9 世纪出现了荷马史诗，这是西方文学史中最早的重要作品，包括《伊利亚特》和(　　)。

A.《摩诃婆罗多》　B.《变形记》　C.《奥德赛》　D.《罗摩衍那》

2. 下列(　　)作品是世界最宏大的史诗，被称为“世界第一长诗”，比荷马史诗的总和还长 8 倍。

A.《吉尔加美什》　B.《罗摩衍那》　C.《摩诃婆罗多》D.《爱情诗》

3. 古罗马奥古斯都时期三大诗人是(　　)。

A. 维吉尔、贺拉斯、奥维德　B. 维吉尔、卢克莱修、蚁垤

C. 贺拉斯、奥维德、卢克莱修　D. 奥维德、拉封丹、但丁

4. 下列作品是城市文学的代表作的是(　　)。

A.《破晓歌》　B.《罗兰之歌》　C.《诗简》　D.《列那狐的故事》

5. 英国文艺复兴时期诗歌创作的代表人物是“英国诗歌之父”(　　)。

A. 彼特拉克　B. 乔叟　C. 斯宾塞　D. 莎士比亚

6. 英国资产阶级革命文学的代表弥尔顿在他的长诗《失乐园》中塑造了一个坚强不屈的资产阶级革命者形象是(　　)。

A. 亚当　B. 撒旦　C. 女王　D. 伊利亚特

7. 被称为“俄罗斯诗歌的太阳”的是浪漫主义诗人(　　)。

A. 奥涅金　B. 普希金　C. 莱蒙托夫　D. 海涅

(二) 填空题

1. 外国文学包括________。亚非古代文学包括________、________古印度文学和古希伯来文学等。

2. 世界上出现的第一部史诗是古代巴比伦史诗________，这部史诗是大约公元前 19 世纪古巴比伦人用________刻写在泥板上的。

3. 维吉尔一生写过三部作品，分别是________、________、________。

4. 中世纪文学主要包括________、________、________、________四类。

5 文艺复兴时期被称为“中世纪的最后一位诗人，也是新时代的最初一位诗人”的是________。

6. 法国的七星诗社中________是法国第一个近代抒情诗人，在 16 世纪的欧洲有很高的声望。

7. 恩格斯称德国诗人________为“天才的诗人”，海涅称之为“世界的一面镜子”。

8. 20 世纪文学主要包括________、________。

9. 前苏联社会主义诗歌的奠基人是________，代表作品是________。

10. 印度近代文学史上具有里程碑意义的作家是________，代表作是________，使他获得了诺贝尔文学奖。

11. 普希金是俄国著名的________、________、________，被誉为“________”。其诗歌代表作品有________、________、________等。

(三)整体感知

1.《致大海》这首诗表达了普希金的什么精神？

2. 这首诗在写作手法上有什么特点？

五、写作训练

叶芝的《当你老了》与歌曲《最浪漫的事》的歌词在内容与写作手法方面有什么异同，谈谈对这首歌的理解。

当 你 老 了

袁可嘉译

当你老了，头白了，睡意昏沉，
炉火旁打盹，请取下这部诗歌，

慢慢读，回想你过去眼神的柔和，
回想它们昔日浓重的阴影；

多少人爱你青春欢畅的时辰，
爱慕你的美丽，假意或真心，
只有一个人爱你那朝圣者的灵魂，
爱你衰老了的脸上痛苦的皱纹；

垂下头来，在红光闪耀的炉子旁，
凄然地轻轻诉说那爱情的消逝，
在头顶的山上它缓缓踱着步子，
在一群星星中间隐藏着脸庞。

——1893

参考答案

二、1．叶芝“当你老了”这个以时间为命题的题目，表现的却是终生不渝的爱情，而索德格朗却以“爱”的名义，来表现对时间的永恒性和摧毁性的畏惧。

2．索得格朗对爱情既渴望又排斥，因为现实中它往往束缚灵魂，对灵魂的独立既维护又怀疑，它虚无(“我的灵魂不会讲故事，不懂道理，我的灵魂只会苦笑，扭紧它的双手；我的灵魂不会记忆和防御，我的灵魂不会考虑或赞许”)，对女人的身份既认同又不认同，它固然值得骄傲，“和褐色的土地如此亲密”，却又被套上了太多枷锁甚至亵渎。

3．“我看见我的肩膀正化为齑粉”——这是一个电光火石、惊心动魄的句子，“我”看见的不是自己的美貌，爱的欢乐，而是时间碾过万事万物，将一切燃烧殆尽的痕迹。在热恋中的人竟然会在镜子中看见黄沙白骨的幻象，这正是这首诗的震撼力之所在。诗人纯以白描的手法轻轻带出，而背景又是温馨得无以复加的爱情画面，这种“背面敷粉”的写法让人无法不感到像被雷轰电击，与叶芝“最后我大喊着，颤抖着，不停地晃动，全身被光穿透了啊”的惨号相比都毫不逊色。 这样鹜泣猿鸣的句子，与索德格朗 18 岁即患上结核病、在疗养院度过短暂一生、饱受战争和饥饿的威胁不无关系。诗人正由于自感生命短暂，时日无多，才写出这样惨恻的句子。 所以最后的“快搂紧我，我别无他求”，并不是爱的絮语，而是在时间面前一种无助的哀求。这句话本身的意义隐去了，我们只看见诗人那一双在时间面前无处遁形，惊恐万状的眼睛。

三、略

四、(一) 1～5 CCADB　6～7 BB

(二) 1.西方文学和亚非文学　古埃及文学　古巴比伦文学

2. 《吉尔加美什》　楔形文字

3. 《牧歌》《农事诗》《埃涅阿斯纪》

4. 教会文学　骑士文学　英雄史诗　城市文学

5. 但丁　6. 龙沙　7. 歌德　8. 现实主义文学　现代主义文学

9. 马雅可夫斯基　《列宁》

10. 泰戈尔　《吉檀迦利》

11. 诗人　文学家　小说家　俄国文学之父《致大海》《自由颂》《致恰达耶夫》

(三) 1. 这是一首反抗暴政、反对独裁、追求光明、讴歌自由的政治抒情诗。

2. 诗人以大海为知音，以自由为旨归，以倾诉为形式，多角度多侧面描绘自己追求自由的心路历程。感情凝重深沉而富于变化，格调雄浑奔放而激动人心。

五、略

第二单元　词

词的欣赏与写作

学习目的与要求

1. 掌握词的特点，学习词的创作方法。

2. 了解词的发展脉络和词的两种艺术风格。

3. 学会词的鉴赏。

学习重点

掌握词的两种艺术风格，学会词的鉴赏。

一、课文内容强化训练

(一) 随着词调的不断发展和丰富，词牌也越来越多。仔细观察，会发现很多词牌中嵌有动物、植物、花果、颜色、地名等名称，虽然词的曲调内容跟它们关系不大甚至毫无关联，但感觉便于联想和理解。下面请试着选择。

嵌有动物名的词牌

1．_______归来　2．_______天　3．_______桥仙　4．_______恋花　5．_______栖梧　6．摸_______儿　7．水_______吟

A. 鹧鸪　B. 凤　C. 燕　D. 蝶　E. 鱼　F. 龙　G. 鹊

嵌有植物名的词牌

1．_______枝　2．采_______子　3．一剪_______4．　章台_______　5．_______花慢　6．_______枝香

A. 桂　B. 木兰　C. 柳　D. 梅　E. 杨柳　F. 桑

嵌有颜色名的词牌

1．______缕　2．_____玉案　3．满江_______　4．_______楼吟　5．______缕曲　6．点_______唇

A. 绛　B. 金　C. 红　D. 青　E. 黄金　F. 翠

嵌有地名的词牌

1．忆_______　2．_______春　3．_______慢　4．_______一片云　5．八声_______　6．_______子

A. 江城　B. 江南　C. 巫山　D. 扬州　E. 甘州　F. 沁园

(二) 数字入词作为一种手法，被宋代词人运用得十分娴熟，让人在欣赏吟诵之余，也尽情感受着数字的妙用。下面请根据词的内容填上你认为最准确的数字。

1．重湖叠山献清嘉，有_______秋桂子，十里荷花。　(柳永《望海潮》)

2．_______里风鹏正举，风休住，蓬舟吹取三山去。　(李清照《渔家傲》)

3．　三十功名尘与土，_______里路云和月。　(岳飞《满江红》)

4．烟柳画桥，风帘翠幕，参差________人家。（柳永《望海潮》）
5．三杯________盏淡酒，怎敌他晚来风急。（李清照《声声慢》）
6．但愿人长久，________共婵娟。（苏轼《水调歌头》）
7．心似双丝网，中有________结。（张先《千秋岁》）
8．________柔肠，盈盈粉泪。（欧阳修《踏莎行》）
9．花自飘零水自流，________种相思，两处闲愁。（李清照《一剪梅》）
10．________年生死两茫茫，不思量，自难忘。（苏轼《江城子》）

(三)古代文人除名、字外，多喜欢按自己的趣味取个号，宋代词人亦然。宋代词人的号中，取“××居士”的特别多，请在下面的选项中选择配对。

1．苏洵　　A．淮海居士
2．苏轼　　B．老泉居士
3．秦观　　C．后山居士
4．周邦彦　　D．石湖居士
5．李清照　　E．东坡居士
6．陈师道　　F．易安居士
7．刘克庄　　G．清真居士
8．范成大　　H．后村居士

(四)“诗庄词媚”历来被认为是诗词的分界，宋代婉约词更能见出词的柔婉的风格。“愁”是婉约词中常见的抒情主题，其中有许多直接点“愁”的名句，请试着填空。

1．____________，一川烟草，满城风絮，梅子黄时雨。（贺铸《青玉案》）
2．只恐双溪舴艋舟，____________。（李清照《武陵春》）
3．这次第，________________。（李清照《声声慢》）
4．争知我，倚栏杆处，__________。（柳永《八声甘州》）
5．自在飞花轻似梦，____________。（秦观《浣溪沙》）
6．__________，几年离索。错错错。（陆游《钗头凤》）
7．爱上层楼，爱上层楼，____________。（辛弃疾《丑奴儿》）
8．____________，山深闻鹧鸪。（辛弃疾《菩萨蛮》）

(五)填空题

1．词是由诗发展而来的，唐五代时称为曲子词，后来在发展的过程中又出现了一些别名，如________、________、________、________等。

2．宋初文坛领袖欧阳修，是宋代古文运动的倡导者，他的诗风清丽自然，但其词却风格迥异：情调冷艳幽香，风格委婉缠绵。欧词的名句有：__________；__________；__________。

3．婉约派词人以柳永、李清照为代表。“才子词人”柳永是北宋第一个大量描写中下层人民生活和都市生活的词人，其词语言通俗，艺术性强，宋元时期流传最广，相传当时“凡有井水饮处，即能歌柳词”。柳词抒情感人至深，名句随处拈来，如“衣带渐宽终不悔，为伊消得人憔悴”。还有“__________”；“__________”等。同时，柳永也是铺写都市生活的高手，名句不少，如他叙写杭州名词《望海潮》中的“__________，__________，__________”；“有三秋桂子，十里荷花”等。

李清照是中国历史上控制妇女思想，扼杀妇女才能的封建礼教时代中盛开的一朵“女儿花”。她的词深受时代和家庭变故的影响，读来令人唏嘘感慨。其中，抒写相思之苦的句子有：“花自飘零水自流，______，__________。”“才下眉头，__________。”“莫道不销魂，____________，_____________。”

4. 宋代豪放派词人以苏轼、辛弃疾为代表，世称“苏辛”。

苏轼作词，甩开婉约的包袱，引来天风海雨，一洗绮罗香泽，极大地开拓了词的境界，开启了豪放的词风。苏轼的豪放词，表现了大丈夫建功立业、踌躇满志的胸襟，口为之诵，豪迈之气顿生。比如，“大江东去，_________，___________；乱石穿空，____________，_____________。”“会挽雕弓如满月，_____________，_____________。”“一点浩然气，_________________”等。

辛稼轩词同为豪放派，但其词中更透露出浓浓的爱国情怀，表现了驰骋疆场，为国杀敌的豪情壮志。著名的句子有“醉里挑灯看剑，___________；马作的卢飞快，___________；想当年，金戈铁马，___________”等。

5. 爱国诗词是南宋文学中一道独特的风景。大量的作品或表现国破家亡的辛酸，或表达收复中原的斗志，或倾吐理想未圆的苦闷，显现出满腔忠勇的爱国主义精神，读来慷慨激昂、苍凉悲壮。其中以岳飞、陆游、辛弃疾、文天祥为这一时期的代表。他们的爱国词句，你能写出来吗？请试一试。

岳飞《满江红》：“__________，__________，潇潇雨歇。待从头，__________。”

陆游《诉衷肠》：“胡未灭，鬓先秋，__________。此生谁料，__________，__________。”

辛弃疾《破阵子》：“醉里挑灯看剑，_____________。”

《永遇乐》：“想当年，_________________，_________________。”

《南乡子》：“千古兴亡多少事，_________，_________________。”

6. 一切景语皆情语。在宋代词人的笔下：同样是描绘春天的景色，不同的人，由于生活环境、人生际遇和情绪的差异，其笔下的吟春诗词中透露出的情感迥然不同。

如写春天的热闹，春意浓烈，我们可以吟诵宋祁的词句：“__________，_____________。”

如表现春愁、春怨，我们可以低吟：“________________，________________，帘幕无重数。”“___________，_______________。”“落花人独立，________________”等词句。

如表现惜春、残春之情，我们可以吟咏出“______________，_______________。”“____________，______________。”“泪眼问花花不语，乱红正过秋千去”等句子。

如通过借写春景表达物是人非的感慨，我们可联想起姜夔词中“________，________”等名句。

在宋代词人的笔下，秋天的景物被他们一一写尽，但表现的似乎只有一种情感，那就是清冷、孤寂、残破、凄凉。这样的句子我们随口就能吟咏出来。

写黄叶：“____。”

写黄花：“____。”

写霜风：“____。”

写梧桐：“____。”

写暮雨：“__________________________________。”

写夕阳：“__________________________________。”

7. 古典诗词往往讲究借景抒情，托物言志，其中的“景”、“物”便是人们常说的“意象”。古诗词中的意象，一般有相对固定的寓意，鉴赏诗词的时候，如能对其中意象的寓意有所了解，就可以较准确地领会诗词的主旨。阅读、鉴赏宋词更是如此。如：

梅：寓孤独、寂寞、孤芳自赏、高洁伟岸。名句有：____________。

蝉：寓伤离别。名句有：______________________。

秋千：寓少女的青春。名句有：__________________________________。

月亮：寓思乡、思亲，人生的圆满或缺憾。名句有：__________________。

酒：寓欢悦得意或愁苦失意。名句有：__________________________。

梧桐：寓凄凉悲伤之意。名句有：_________________________________。

杜鹃：寓哀怨凄凉或思归的情思。名句有：_________________________。

雨： 寓孤冷、愁绪。名句有：________________________________。

江水：寓时光的流逝，风貌的短暂，愁苦的绵长。名句有：______________________。

杨柳：寓离别和愁绪。名句有：____________________________________。

8. 宋词对后世的影响深远，毛泽东的词就深受宋词的影响。请将下面的宋词填充完整。

(1) 《忆秦娥·娄山关》中“雄关漫道真如铁，而今迈步从头越”一句中“从头”即重新开始之义，此词沿出岳飞《满江红》名句：“____________________________________。”

(2) 《沁园春·雪》中“数风流人物，还看今朝”中“风流人物”即英俊潇洒、才俊杰出的人物。此词沿原苏轼《念奴娇·赤壁怀古》中名句“______________________________。”

(3) 《卜算子·咏梅》反陆游词的意境而咏之，巧妙地把陆游词中对梅花不幸遭遇的倾诉和孤芳自赏的表露，化为对她达观坚定的描述和高贵纯洁的赞颂。

陆游词对“梅”的描述是：“____。”

毛泽东词对梅的描述是：“风雨送春归，飞雪迎春到，已是悬崖百丈冰，犹有花枝俏。俏也不争春，只把春来报，待到山花烂漫时，她在丛中笑。”

二、写作训练

谈谈你对词的认识，如何欣赏词。

参考答案

一、(一)嵌有动物名的词牌 1～5 CAGDB　　6～7 EF

嵌有植物名的词牌 1～5 EFDCB　　6. A

嵌有颜色名的词牌 1～5 EDCFB　　6. A

嵌有地名的词牌 1～5 BFDCE　　6. A

(二) 1. 三　　2. 九万　　3. 八千　　4. 十万　　5. 两　　6. 千里　　7. 千千　　8. 寸寸　　9. 一　　10. 十

(三) 1～5 BEAGF　6～8 CHD

(四) 1. 试问闲愁都几许？　　2. 载不动，许多愁　　3. 怎一个愁字了得　　4. 正

恁凝愁 5. 边丝雨细如愁 6.一怀愁绪 7. 为赋新词强说愁 8.江晚正愁余

(五)1.诗余 长短句 乐府 乐章

2. 离愁渐远渐无穷，迢迢不断如春水——《踏莎行》 寸寸柔肠，盈盈粉泪，楼高莫近危栏倚。——《踏莎行》 庭院深深深几许，杨柳堆烟，帘幕无重数。——《蝶恋花》泪眼问花花不语，乱红飞过秋千去。——《蝶恋花》

3. 多情自古伤离别，更那堪，冷落清秋节。执手相看泪眼，竟无语凝噎 想佳人，妆楼颙望，误几回，天际识归舟 烟柳画桥，风帘翠幕，参差十万人家 一种相思，两处闲愁 却上心头 帘卷西风，人比黄花瘦

4. 浪淘尽 千古风流人物 惊涛拍岸 卷起千堆雪 西北望 射天狼 千里快哉风 梦回吹角连营 弓如霹雳弦惊 气吞万里如虎

5. 怒发冲冠 凭栏处 收拾旧山河，朝天阙 泪空流 心在天山 身老沧州 梦回吹角连营 金戈铁马 气吞万里如虎 悠悠 不尽长江滚滚流

6. 绿杨烟外晓寒轻 红杏枝头春意闹 庭院深深深几许 杨柳堆烟 可堪孤馆闭春寒 杜鹃声里斜阳暮 微雨燕双飞 无可奈何花落去 似曾相识燕归来 更能消几番风雨 匆匆春又归去 过春风十里 尽荠麦青青

(写黄叶)碧云天，黄叶地，秋色随波，波上寒烟翠

(写黄花)满地黄花堆积、憔悴损，如今有谁堪折

(写霜风)渐霜风凄紧，关河冷落，残照当楼

(写梧桐)梧桐更兼细雨，到黄昏，点点滴滴

(写暮雨)对潇潇暮雨洒江天，一番洗清秋

(写夕阳)斜阳外，寒鸦数点，流水绕孤村

7. (梅)“无意苦争春，一任群芳妒，零落成泥碾作尘，只有香如故”

(蝉)“寒蝉凄切，对长亭晚，骤雨初歇”

(秋千)“泪眼问花花不语，乱红飞过秋千去”；墙里秋千墙外道，墙外行人，墙里佳人笑

(月亮)“明月几时有，把酒问青天”；“人生如梦，一樽还酹江月”；“料得年年肠断处，明月夜，短松岗”；“当时明月在，曾照彩云归”

(酒)“今宵酒醒何处，杨柳岸，晓风残月”；“人生如梦，一樽还酹江月”；“明月几时有，把酒问青天”；“昨夜雨疏风骤，浓睡不消残酒”；“酒酣胸胆尚开张，鬓微霜，又何妨？”

(梧桐)“缺月挂疏桐，漏断人初静”；“梧桐更兼细雨，到黄昏，点点滴滴”；“梧桐叶上三更雨，叶叶声声是别离”

(杜鹃)“可堪孤馆闭春寒，杜鹃声里斜阳暮”；“子规夜半犹啼血，不信东风唤不回”

(雨)“自在飞花轻似梦，无边丝雨细如愁”；“对潇潇暮雨洒江天，一番洗清秋”；“帘外雨潺潺，秋意阑珊”

(江水)“流水落花春去也，天上人间”；“离愁渐远渐无穷，迢迢不断如春水”；“郁孤台下清江水，中间多少行人泪”

(杨柳)“今宵酒醒何处，杨柳岸，晓风残月”；“试问闲愁都几许，一川烟草，满城风絮，梅子黄时雨，庭院深深深几许？杨柳堆烟，帘幕无重数”

8. (1)待从头，收拾旧山河，朝天阙 (2)大江东去，浪淘尽，千古风流人物 (3)驿外

断桥边，寂寞开无主。已是黄昏独自愁，更著风和雨。无意苦争春，一任群芳妒。零落成泥碾作尘，只有香如故

二、略

李煜词二首

学习目的与要求

1. 了解李煜的创作风格和他在文学史上的地位。
2. 学习李煜词纯真而厚重，语浅而味长的特点。

学习重点

欣赏李煜词内容和艺术上的抒情特色。

一、知识拓展

《全宋词》收作者一千三百多人，作品两万余首。词最初指的是歌词，即可以配合音乐歌唱的诗，又称为曲子、曲子词、乐府、诗余、长短句、乐章、琴趣等。词有许多调子，每个调子有一个名称，称作词牌。词分小令、中调和长调，长调又称慢词。58 字以内的为小令，59～90 字为中调，91 字以上为长调。

宋词分为婉约派和豪放派。婉约是指文辞的柔美简约，以阴柔之美为审美特征的，内容上多写爱情、婚姻和家庭，也涉及羁旅行役、恋土怀乡等。其抒情注重细腻入微、委婉含蓄。而豪放则是指风格豪迈、无所拘束，以阳刚之美为审美特征的，内容上多涉及人生、社会的重大主题，如理想抱负、民族盛衰、国家兴亡和民生疾苦等。其抒情多慷慨激昂、乐观进取。

(一) 婉约词派

北宋晏殊、晏几道、张先、欧阳修、柳永、李清照等人是婉约派代表词人。张先善于写“影”，被誉之为“张三影”。晏几道和其父晏殊合称“二晏”。贺铸有“贺梅子”的雅号。李清照提出词“别是一家”的观点。南宋婉约词人主要有姜夔、吴文英、王沂孙、周密、张炎等。婉约词多写自己的生活和体验，维持“词为艳科”的传统。

(二) 豪放词派

苏轼词的题材突破词为“艳科”的狭隘范围，用词来表现田园风情、山水景物、人生志趣、怀古感今以及咏物记事，“以诗为词”，开创了豪放派。南宋张元干、张孝祥、辛弃疾、陈亮、刘过等人，延续了苏词的方向，他们以豪放之词抒发爱国情怀，慷慨悲凉，波澜起伏，境界开阔。

二、拓展训练

分析诗词并回答问题。

浪 淘 沙[1]

(南唐)李煜

帘外雨潺潺[2]，春意阑珊[3]，罗衾不耐五更寒[4]。梦里不知身是客[5]，一晌贪欢[6]。

独自莫凭栏，无限江山，别时容易见时难。流水落花春去也，天上人间。

【注释】[1]此词原为唐教坊曲，又名《浪淘沙令》、《卖花声》等。唐人多用七言绝句入曲，南唐李煜始演为长短句，双调，54 字(宋人有稍作增减者)，平韵，此调又由柳永、周邦彦演为长调《浪淘沙慢》，是别格。[2]潺潺：形容雨声。[3]阑珊：衰残，一作“将阑”。[4]罗衾(音亲)：绸被子。不耐：受不了，一作“不暖”。[5]身是客：指被拘汴京，形同囚徒。[6]一晌(音赏)：一会儿，片刻。贪欢：指贪恋梦境中的欢乐。

1. 这首词的上片采用哪种手法，有什么好处？
2. 李煜词的抒情特色是什么？

三、口语训练

选读李煜两首词，分析其情感特色。

四、课文内容强化训练

(一) 选择题

1. 北宋前期开豪放词之先河的作家是(　　)。
   A. 晏殊　　B. 欧阳修　　C. 张先　　D. 范仲淹
2. 第一位以诗人兼词人并以填词闻名的作家是(　　)。
   A. 温庭筠　　B. 柳永　　C. 陈子昂　　D. 李煜
3. 在唐五代词人中格调最高，最令人瞩目的是(　　)。
   A. 李煜　　B. 李璟　　C. 辛弃疾　　D. 李清照
4. 人们称其词集婉约派之大成的北宋作家是(　　)。
   A. 柳永　　B. 秦观　　C. 周邦彦　　D. 李清照
5. 太平兴国三年七夕是李煜四十二岁生日，他因写下了一首词而被赐死，那首词是(　　)。
   A. 《相见欢》　　B. 《乌夜啼》　　C. 《虞美人》　　D. 《江城子》
6. 分析“月如钩，寂寞梧桐深院锁清秋”不正确的是(　　)。
   A. 这两句描景，写后主所处的凄凉环境。
   B. 凄凉的景物中，蕴涵着深深的愁恨，景中有情，情溢景外。
   C. 处在这样秋色深锁的梧桐深院中，一般人也都会产生凄寒孤寂之感，何况是由君主沦为囚徒的李后主呢？
   D. 此句将人生失意的无限怅恨寄寓在对暮春残景的描绘中。
7. “胭脂泪，相留醉，几时重”采用了的修辞手法是(　　)。
   A. 比喻　　B. 夸张　　C. 拟人　　D. 白描

(二) 填空题

1. 诗词家借助鲜明生动的艺术形象来表现离愁时，或写愁之深，如李白《远别离》：“海水直下万里深，谁人不言此离苦”；或写愁之长，如李白《秋浦歌》：“白发三千丈，________”；或写愁之重，如李清照《武陵春》：“只恐双溪舴艋舟，________”；或写愁之多，如秦观《千秋岁》：“春去也，________”。而李煜的________则写出了愁之味。

2. 李煜(937—978 年)，初名从嘉，字重光，号钟隐，中主第六子，继李璟为君，世称

_______，是南唐最末一个皇帝。南唐被北宋灭亡，李煜肉袒出降，被押送到汴京，封"_______"。

3. 李煜前期词作风格_______，还不脱"花间"习气；后期词作_______，已为苏辛所谓的"_______"派埋下了伏笔，为词史上承前启后的大宗师。

4. 李煜的词直抒胸臆，纯任自然，多采用_______手法来表达复杂矛盾的心情。

5. 李煜以一首首泣尽以血的绝唱，使亡国之君成为千古词坛的"南面王"，清沈雄《古今词话》称："_______，话到沧桑语始工"。

(三)整体感知

1. 这两首词的主旨分别是什么?

2. "别是一般滋味在心头"，其心中的滋味该是什么样呢？

3. "林花谢了春红"，一开始从林花着笔，但绝不只是写林花，为什么这么说?

4. "自是人生长恨水长东"表达了作者什么情感？

五、写作训练

模仿《相见欢》的平仄和韵律，创作一首词。

参考答案

二、1. 此词上片用倒叙手法：帘外雨，五更寒，是梦后事；忘却身份，一晌贪欢，是梦中事。潺潺春雨和阵阵春寒，惊醒残梦，使抒情主人公回到了真实人生的凄凉景况中来。梦中梦后，实际上是今昔之比。

2. 善于从生活实感出发，抒写自己人生经历中的真切感受，自然明净，含蓄深沉。

三、略

四、(一) 1～7　DAAACDC

(二) 1. 缘愁似个长　载不动许多愁　飞红万点愁如海　剪不断，理还乱，是离愁

2. 南唐后主或李后主　违命侯　3. 绮丽柔靡　凄凉悲壮，意境深远　豪放

4. 白描　　5. 国家不幸诗家幸

(三) 1. 第一首词《相见欢》所表现的则应当是他离乡去国的锥心怆痛。第二首词《乌夜啼》所表现的是对人生无常、世事多变、年华易逝的无可奈何的种种复杂情绪，这种情绪远远超出了自己的"身世之戚"，有着更普遍、更广泛的内容，好像包容了人类所有的悲哀。

2. "别是"，就是不同于一般，这是由君主变为囚徒的特殊滋味。这种滋味，凡人未能尝试，只有自家领略。其为酸甜，抑或苦辣？其为烦恼，抑或悔恨？自己亲身尝过，尚且说不出，则他人岂可道哉？此所谓"无声胜有声"，此种无言之哀，更胜于痛哭流涕之哀。

3. 林花是春天最美好的事物，春红是春天最美丽的颜色。这样美好的事物、美好的颜色，突然间竟自"谢了"，多么令人惋惜感叹。不仅林花是如此，自然界一切有生命的事物也是如此，社会人事也莫不如此。此所谓"一物一事，引而申之，触类多通。"这林花的形象中，深深寄托着亡国的悲伤。

4. "人生长恨"似乎不仅仅是抒写一己的失意情怀，而涵盖了整个人类所共有的生命

的缺憾，是一种融汇和浓缩了无数痛苦的人生体验的浩叹。

五、略

柳永词二首

学习目的与要求

1. 了解作者的生平及其词的创作风格。
2. 了解柳永词在宋词史上的开创性意义。
3. 掌握该词的主题和艺术特色。

学习重点

掌握该词的主题和艺术特色，进一步了解作者的创作风格。

一、知识拓展

柳永词作的优缺点

历代评家对柳永的褒贬不一，整体来说，柳永的短处也正是他的长处。除了他风格与艺术上的特点之外，在此另外举了两项具有双向性的优缺点。

第一，优点是运用当时口语，相当平易近人，但缺点是过于俚俗。

“尚白描”是他的艺术特色，“凡有井水饮处，即能歌柳词”，便说明了他的词平易近人，受市井百姓欢迎的现象。但正因如此，使他的词为文人雅士所不耻，如《历代诗馀》引孙敦立云：“耆卿词虽极工，然多杂以鄙语。”在此，我们要知道，虽然他不用典故与华丽的字面，感情的表达却很真挚，而看似俚俗浅直而无余味的作品，反过来说，其实正是一种艺术上的胜境。

第二，优点是有真实情感的表现，但缺点是也有靡靡之音的描绘。

在“男欢女爱”一类词作的描写中，虽然他把真实的情感用毫不做作的方式，真实而完整地表现出来，但是由于有些词作是应邀之作，所以难免有靡靡之音的描写，他的作品醇酒美人占大多数，有的几近于猥亵；而有些作品还有着轻率下笔、不够蕴藉的毛病。历代评论家多对此大加抨击，如周济介《存斋论词杂著》曾说：“耆卿乐府多，故恶滥可笑者多；使能珍重下笔，则北宋高手也”，刘熙载之《艺概》也提到：“惟绮罗芗泽之态，所在多有，故觉风期未上耳也。”

柳永在词上的成就

柳永是一个专业的词人，倚声填词是他毕生精力之所注，虽然柳永在官场上的地位低微，但在词史上却是一个杰出的人物，他把词的发展向前推了一大步。

第一，凡有井水饮处，即能歌柳词。

柳永的词通俗易懂，易于风行，造成了词的流行；平民百姓的喜爱，带动了文人雅士的注意；既有文人雅士的注意，词就由俚俗缓缓变为高雅，词的推广与流行便势在必行。因此，柳永在推动词的流行上，自是功不可没。

第二，大量创作长调慢词。

在柳永之前，没有人专力于长调的创作，直到柳永，才以全副的心神去创作慢词，不仅引起许多词家的注意，而且慢词的创作也蔚然成风。慢词扩大了词的容量和丰富的表现力，能把小令难以表达的复杂内容曲折尽致地表达出来，而这也是为大家普遍接受进而很快成为词的主流的原因。

第三，创作了许多慢词的新调。

在许多慢词中，柳永并不以旧有的词牌而满足。柳永看待俗曲，并不一味地接受而已，他知道这类曲词藏着丰富的灵感和泉源，并不只是遵循的一套规律而已。在他的《乐章集》中，共收了一百二十多种曲调，其中与现存敦煌词曲相同者只有 16 首，而即使是相同的 16 首中，也只有 3 首用到了敦煌词曲的韵式，可见柳永不遵循旧有，敢于采择俗曲，推陈出新的开放精神。而他运用自己的音乐才华，为这些慢词作新声，也使词这种本就为唱而作的调子，更进一步得到扩展。

第四，扩大了词的境界。

柳词中的男欢女爱之作占大部分，但他毕竟也带来了许多新的内容和题材，像是表现都市的繁华、山川的壮丽、羁旅的愁思、怀古的叹喟、对劳动生活的描述以及对官场争逐的厌弃，使词都呈现出较为宽阔的画面和较为深刻的情感。这些题材并非没有出现在前人的文学作品中，但是在词中，柳永却是大量融入了各种体裁。可以说，柳永在词的内容上，并不依旧有的风气，而进行多样性、多元化的展现，这就让他在词境上有所突破，令人倍感词境的扩大。

二、拓展训练

阅读柳永的《少年游》，回答问题。

少　年　游

柳永

参差烟树霸陵桥，风物尽前朝。衰杨古柳，几经攀折，憔悴楚宫腰。夕阳闲淡秋光老，离思满蘅皋。一曲《阳关》，断肠声尽，独自凭栏桡。

(1) “夕阳闲淡秋光老”中的“闲淡”是什么意思？

(2) “离思满蘅皋”用了什么修辞手法？表达了什么意思？

(3) 请简要分析，这首词是怎样以“哀景写哀情”的？

三、口语训练

试比较李煜词和柳永词的内容和创作风格。

四、课文内容强化训练

(一)选择题

1. 北宋第一个专力写词的婉约派代表词人是(　　)。

　A. 秦观　　B. 苏轼　　C. 柳永　　D. 辛弃疾

2. 北宋大量制作慢词的是(　　)。

　A. 柳永　　B. 李清照　　C. 宋祁　　D. 晏殊

3．柳永的诗集名为(　　)。

A.《花间集》　B.《尊前集》　C.《乐章集》　D.《漱玉集》

4. 柳永《八声甘州》中，开始转换角度，从“对面写起”的词句是(　　)。

A. 渐霜风凄紧　B. 惟有长江水　C. 叹年来踪迹　D. 想佳人、妆楼颙望

5．人们称其词集婉约派之大成的北宋作家是(　　)。

A. 柳永　B. 秦观　C. 周邦彦　D. 李清照

6．柳永的词虽然一直很受欢迎，但却不为士大夫所看重，甚至为他们所不耻，因为在他们看来柳永的词很是俚俗。苏轼也对柳永持贬斥态度，但是柳永有一首词却受到苏轼的推崇，以为“高处不减唐人”，这首词是(　　)。

A.《八声甘州》　B.《望海潮》　C.《雨霖铃》　D.《满江红》

(二) 填空题

1. 柳永 (987—1053 年)，原名_______，字耆卿，福建人。柳永生活在北宋仁宗时期，早年曾热衷功名，但仕途坎坷，屡试不第，于是失意无聊，常浪游于汴京、苏杭等地，出入歌楼妓馆，与歌妓交往颇多，曾四处飘泊，饱尝羁旅滋味。世称_______或_______。柳永是我国文学史上第一个专力写词的作家，也是_______派词人的代表。

2．柳永是北宋第一个_______的作家。他大量制作_______，精通_______，以_______见长，是北宋_______代表词人。

(三)整体感知

1. 柳永的《八声甘州》如何寄情于景？

2．柳永的《望海潮》表达了怎样的思想感情？

五、写作训练

模仿柳永的《八声甘州》，结合自己的生活，创作一首词。

参考答案

二、(1) 惨淡。

(2) 比喻；形容离愁之多，无所不在。

(3) 本词用霸陵桥暮色，衰杨古柳，夕阳残照，《阳关》之曲等一系列物象和情境，传达了词人的悲愁和离愁之情。

三、略

四、(一) 1～6　CACDAA

(二) 1. 三变　柳七　柳屯田　婉约　　2. 专力写词　慢词　音律　铺叙　婉约派

(三) 略

五、略

苏轼词二首

学习目的与要求

学习苏轼词作，体会其风格。

学习重点

1. 体会词人的风格和特色。
2. 学会赏析词的意义、意境和写作手法。

一、知识拓展

苏东坡的多样词风

苏东坡不忮不求，随时随地吟诗作赋，批评臧否，纯然表达心之所感。他的作品中，流露出他的本性，亦庄亦谐，生动有力。他感受敏锐，思想透彻，写作优美，作为勇敢，绝不为本身利益而动摇，也不因俗见而改变。他是北宋诗文革新运动的重要成员，其诗能不受成规束缚，形成“以文为诗”、“以才学为诗”富有理趣的“东坡体”；其词突破了传统词的题材限制，扩大了词境，他以诗为词，开创了宋词的新时代，不愧为宋代文学发展到顶峰时期的一位伟大作家。

苏东坡是词史上一个词派的开创者，是一个新的历史阶段的揭幕人。苏词内容充实，风格多样，故为当世学人所崇尚；北宋之后，苏词对南北两方均有影响：在北方，《东坡乐府》盛行于中州，著名词人蔡松年、吴激、元好问《中州集》所搜集的词作，几乎都以苏词为依归；在南宋，叶梦得、陈与义、张孝祥、辛弃疾等，他们的爱国词成为南宋词坛的主流，直至元与南宋灭亡，苏词一直滋养和影响着后世的词人。

苏东坡词的多样化风格

苏轼“以诗为词”，使词成为一种独立的抒情诗体，变歌者之词为士大夫之词，侧重表现作者的精神面貌和审美情趣，这是对词的一大解放。苏轼一生经历坎坷，思想复杂，感情丰富，故其词作内容广泛，风格多样：豪爽旷放者有之，婉约蕴藉者有之，清秀淡逸者有之，古雅峭拔者有之，清丽回转者有之，绮丽绝艳者有之。既不能以“豪放”一词囊括，也不能用“婉约”一语标称，就风格而言，苏词是又能豪放，又能婉约，两种风格非但不相互排斥，而且是刚柔相济，即苏轼自谓的“刚健含婀娜”。后人认为苏词风格豪放，目之为豪放之宗，主要指的是其能以雄放之笔遣辞驰骋，意境超脱，扩大了词境，打破了词的“法度”常规，并非专指气势豪迈、气象恢弘、笔力刚健。毫无疑问，这也确实是他的一种风格，《江城子·密州出猎》、《念奴娇·赤壁怀古》是其代表。“大江东去，浪淘尽，千古风流人物”，读来的确豪气逼人；但苏轼同样有不少言情咏物之作，《水龙吟·次韵章质夫杨花词》、《蝶恋花·春景》是其代表。“枝上柳绵吹又少，天涯何处无芳草”，读来确也婀娜委婉。苏词风格多姿多彩，确具大家风范。

苏东坡的魅力人格和多样化词风相辅相成

苏东坡的一生，是本性自然流露的一生，其人品与词风相辅相成，相映成趣，正是文如其人，词风天然，他是中国文学史上风华绝代的旷世奇才。

被贬黄州是苏轼思想的重要转折点，前期以儒家思想为主，后期又参入了大量的佛、道思想，外儒内佛。儒家的入世精神与佛道化解人生苦难的虚幻意识互补，使他的人生观未发展到对社会人生的厌恶和伤感，他在以佛老庄禅超物我、齐生死的虚无思想化解人生忧患的同时，亦含有一种儒家士大夫在恶劣社会政治环境中追求道德人格完善的意味。他那种谈笑与生死之际的旷达情怀，历经磨难而始终乐观向上的精神，任性逍遥、随缘自适的生活态度，正是这三种思想合力的结果。他援佛道入儒，又始终保持正直士大夫的人品气节；儒家道德人格的浩然正气，支撑着佛老的静达旷放，成就其虚静高洁的心态和淡泊超拔的性格，使其一生具有坦荡坚贞的品格、随缘自适的心态和风流潇洒的气度。

正是因为苏东坡有这样的人格特点，他的词形成了多样化的风格，其间的关系是相辅相成，相映成趣的。

二、拓展训练

阅读苏轼的《水调歌头》，完成下面习题。

水 调 歌 头

苏轼

（丙辰[1]中秋，欢饮达旦[2]。大醉，作此篇。兼怀子由[3]。）

明月几时有？把酒问青天，不知天上宫阙[4]，今夕是何年。我欲乘风归去，又恐琼楼玉宇[5]，高处不胜寒。起舞弄清景，何似在人间！

转朱阁，低绮户[6]，照无眠。不应有恨，何事长向别时圆？人有悲欢离合，月有阴晴圆缺，此事古难全。但愿人长久，千里共婵娟[7]。

【注释】 [1]丙辰：宋神宗熙宁九年(1076 年)。[2]达旦：一直到天亮。[3]子由：即苏辙，字子由，苏轼的弟弟。[4]宫阙：宫殿。[5]琼楼玉宇：宇，房檐。传说是神仙居住的地方。[6]绮(qǐ)户：雕花的门窗。[7]婵娟：指月中嫦娥，这里指代月亮。

1. 这首词中，诗人以__________为题材来表达自己复杂的情怀。
2. 解释下列词中的词语。

(1) 把(　　)　　(2) 不胜(　　)　　(3) 何似(　　)　　(4) 何事(　　)

3. 解释上阕中“起舞弄清影，何似在人间！”
4. 解释下阕中“但愿人长久，千里共婵娟。”
5. 简要评析这首词运用的艺术手法和风格。

三、口语训练

以苏轼的《前赤壁赋》中的主客问答分别为正、反双方，进行辩论赛。

四、课文内容强化训练

1. 下列作品中，开宋代豪放词先河的是(　　)。

A.《桂枝香》(登临送目)　　B.《踏莎行》(候馆梅残)

C.《雨霖铃》(寒蝉凄切)　　D.《渔家傲》(塞下秋来风景异)

2. 苏轼一生作词，以(　　)所作数量最多，占其全部词作的四分之一。

A. 杭州　B. 黄州　C. 惠州　D. 儋州

3. 被称为“花间鼻祖”的词人是(　　)。

A. 欧阳炯　B. 温庭筠　C. 孙光宪　D. 韦庄

4. 北宋前期继承南唐词风的词人主要有晏殊和(　　)。

A. 欧阳修　B. 柳永　C. 张先　D. 范仲淹

5. 苏轼是宋代文学艺术创作成就最为全面的一位作家，他擅长的有(　　)。

A. 散文　B. 书法　C. 诗词　D. 绘画　E. 戏剧

6. 苏轼《定风波》中用双关手法的词句有(　　)。

A. 莫听穿林打叶声　B. 回首向来萧瑟处　C. 谁怕

D. 一蓑烟雨任平生　E. 山头斜照却相迎

7. 《水龙吟　似花还似非花》中用拟人手法的是(　　)。

A. 春色三分　B. 梦随风万里，寻郎去处

C. 点点是离人泪　D. 晓来雨过，遗踪何在

8. 苏轼《水调歌头》(明月几时有)中表现作者出世思想与入世思想矛盾的语句是(　　)。

A. 转朱阁，低绮户，照无眠　B. 我欲乘风归去，又恐琼楼玉宇，高处不胜寒

C. 不应有恨，何事长向别时圆　D. 月有阴晴圆缺

9. 苏轼在《念奴娇·赤壁怀古》中提到了“羽扇纶巾，谈笑间，樯橹灰飞烟灭”，其中“羽扇纶巾”形容的历史人物是(　　)。

A. 诸葛亮　B. 周瑜　C. 孙权　D. 关羽

五、写作训练

试以《定风波》的词牌填词一首。

参考答案

二、

1. 中秋佳节对远方不能团聚的弟弟的怀念。

2. (1)拿着。(2)受不住。(3)哪里赶得上。(4)为什么。

3. 这是经过比较得出的结论，所以放弃了升到月宫去的想法，而在月影中翩翩起舞，让清朗的身影伴随着自己的舞姿而闪动。

4. 只希望人人年年平安，虽然远隔千里也能共享这美好的月光。

5. 全词以“月”贯穿始终，展开丰富的想象，表现了复杂的情怀，胸襟开阔，风格豪迈。

三、略

四、1. D　2. B　3. B　4. A　5. ABCD　6. ACD　7. BC　8. B　9. B

五、略

鹊　桥　仙

秦观

学习目的与要求

1. 体会秦观婉约的词风。
2. 欣赏秦观鹊桥仙词的情致理趣。

学习重点

把握秦观词婉约清丽的艺术风格。

一、知识拓展

婉约之宗——秦观词的主要风格

秦观，与黄庭坚、晁补之、张耒合称“苏门四学士”，其词作的基调与苏轼的截然不同。秦观词可分为前后两个时期。前期词，多表现男女恋情、伤春悲秋之作，表现出对纯洁真挚爱情的向往，缠绵悱恻，凄婉悲凉。后期词，主要抒写贬谪流放的痛苦心绪，情调更为凄楚，愈来愈趋于低沉哀伤。秦观词的内容相对狭窄，但较有抒情深度，而且带有十分鲜明的惆怅感伤的个性色彩。他尤其擅长把男女之间的思恋怀想同个人的坎坷际遇结合在一起来写，“将身世之感，打并入艳情”(周济《宋四家词选》)，这是秦观对传统情词的一大开拓。

秦观一向被称为“婉约之宗”，其词也被认为是最能体现当行本色的“词人之词”，颇能代表婉约词风的典型特征。他的令词受花间、南唐词家的影响，慢词受柳永的影响，但又能融数家于一体，卓然自成一格。秦观词总的特色是情韵兼胜与意辞相称，即情感深挚，韵味含蓄，意境凄婉，语言淡雅，音律和谐。具体论来，其艺术特色表现如下：第一，擅长营造凄迷感伤的意境，尤善于通过黯淡销魂的外在之景来烘托渲染忧郁怅惘的内在之情，委婉含蓄，韵味无穷。第二，善于捕捉所描写对象的突出特点，并以细腻而深刻的笔致构成鲜明的形象，能够揭示没有被别人揭示过的事物美，艺术形象富有独创性。第三，善于运用精美而平易的语言，秦观词的语言典雅工致而又清新自然，由锤炼而得又不失本色风范，极富艺术表现力，达到了“语尽而意不尽，意尽而情不尽”的艺术效果。秦观直接影响了稍后的婉约大家周邦彦和李清照，在婉约派的发展过程中起到了重要作用。

二、拓展训练

1. 对秦观《鹊桥仙》赏析不恰当的一项是(　　)。

   A. 词人借助牛郎织女的传说故事，讴歌了真挚不渝的纯洁爱情，表现了词人高尚的爱情观。

   B. “纤云弄巧”句形象描绘出织女的美丽与才智。“飞”字写出牛郎奔赴约会的迫切心情。

   C. 上片写牛郎织女相会，下片写两人相离。结句把爱情升华到一个崇高的思想境界，从而赋予这个古老传说新的意义。

D. 全词采用了情景交融的手法，一反牛郎织女的悲惋故事，翻新立意，因而格调高拔，意境清新优美。

2. 下列词语中，没有错别字的一组是(　　)。

A. 丘峦崩摧　　迷花倚石　　烟涛微茫　　青冥浩荡

B. 轻拢慢捻　　天亚海角　　幽咽泉流　　司马青衫

C. 夜幕深垂　　阡陌交通　　变换莫浊　　妇孺皆知

D. 四顾萧条　　仓慌北顾　　骤雨初歇　　樯橹烟灭

3. 比较秦观《鹊桥仙》与下面这首词，分析不当的一项是(　　)。

鹊桥仙·七夕

范成大

双星良辰，耕慵织懒，应被群仙相妒。娟娟月姊眉颦，更无奈风姨吹雨。相逢草草，争如休见，重搅别离心绪，新欢不抵旧愁多，倒添了新愁归去。

A. “纤云弄巧，飞星传恨”的笔法是寄情于景。

B. 鹊桥仙是词牌名，最初文人写词时词牌名与立意(内容)有关，是用来吟咏有关“牛郎织女”爱情的词。

C. 秦观《鹊桥仙》上、下阕末二句，范词下阕末二句均以议论入词。

D. 秦词写的是天上仙侣爱情，范词写的是人间儿女之情。

4. 阅读下面这首词，完成有关问题。

________·登多景楼

陈亮

危楼还望，叹此意，今古几人曾会？鬼设神施，浑认作，天限南疆北界。________。六朝何事，只成门户私计？因笑王谢诸人，登高怀远，也学英雄涕。________。正好长驱，不须反顾，寻取中流誓。小儿破贼，势成宁问强对！

【注释】陈亮，南宋杰出的思想家，辛弃疾的密友。

(1) 本词的词牌是________。

(2) 原词上、下阕空缺处应选的内容是：上阕________；下阕________。

甲：凭却江山，管不到，河洛腥膻无际

乙：一水横陈，连岗三面，做出争雄势

(3) 词中“因笑王谢诸人”与刘禹锡《乌衣巷》诗中“旧时王谢堂前燕”的王谢所指相同吗？

三、口语训练

讨论分析：比较秦观和李清照的词风有何异同。

四、课文内容强化训练

(一) 判断题

1. “两情若是久长时，又岂在朝朝暮暮”出自柳永《鹊桥仙》(纤云弄巧)。　(　　)

2. 秦观《鹊桥仙》(纤云弄巧)题材取自牛郎、织女的民间传说故事。（　）
3. 秦观是苏轼的得意门生，是“苏门四学士”之一。（　）
4. 秦观是苏轼的得意门生，是苏轼之后重要的豪放派词人。（　）
5. 历来人们多以“情韵兼胜”、“语工而入律”评价秦观的词。（　）
6. “柔情似水，佳期如梦，忍顾鹊桥归路”两个精妙的比喻写尽牛郎、织女的相见之欢和离别之苦。（　）
7. 秦观《鹊桥仙》(纤云弄巧)这首词主要表达了作者理想的爱情观。（　）
8. 秦观虽出自苏门，但其词却另辟蹊径，自成一家，被后世公认为婉约派的代表作家。（　）
9. 哀怨感伤、柔媚清丽是秦观词最突出的特色。（　）
10. “两情若是久长时，又岂在朝朝暮暮！”为柳永千古传诵的名句。（　）

(二) 选择题

1. 秦观《鹊桥仙》(纤云弄巧)中着力抒写的思想主题是(　　)。
   A. 诚挚不渝的爱情　　B. 伤春惜时的感伤
   C. 仕途失意的愤懑　　D. 旷达潇洒的情怀
2. 《淮海居士长短句》的作者是(　　)。
   A. 晏殊　　B. 李清照　　C. 秦观　　D. 苏轼
3. 在宋代即有“今代词手”之誉的词人是(　　)。
   A. 柳永　　B. 李清照　　C. 秦观　　D.苏轼
4. “苏门四学士”指黄庭坚、晁补之、张耒和(　　)。
   A. 晏殊　　B. 晏几道　　C. 周邦彦　　D. 秦观
5. “金风玉露一相逢，便胜却人间无数”出自(　　)。
   A. 晏殊的《鹊踏枝》　　B. 秦观的《鹊桥仙》
   C. 柳永的《凤栖梧》　　D. 李煜的《浪淘沙》
6. 《鹊桥仙》(纤云弄巧)的作者是(　　)。
   A. 李煜　　B. 秦观　　C. 苏轼　　D. 辛弃疾
7. 下列描述属于秦观词特色的是(　　)。
   A. 情韵兼胜　　B. 哀怨感伤　　C. 柔媚清丽　　D. 旷达俊朗
8. 下列有关秦观的说法正确的有(　　)。
   A. 其词以爱情题材为最多
   B. 他是苏轼的得意门生，是“苏门四学士”之一
   C. 他是宋诗的代表作家之一，又是宋词豪放派的开拓者
   D. 他诗文均有成就，而尤长于词
9. 秦观在词史上的成就主要有(　　)。
   A. 融汇了小令和慢词的长处　　B. 其婉约清丽的词风最能体现词的当行本色
   C. 使婉约词退出历史舞台　　D. 对后世词人产生了明显的影响

(三) 整体感知

1. 简述秦观的婉约词风。
2. 简要分析《鹊桥仙》(纤云弄巧)的爱情观。

3. 简要分析《鹊桥仙》(纤云弄巧)利用传说故事的表现手法。

五、写作训练

试以《鹊桥仙》的词牌填词一首。

参考答案

二、1. D 2.A 3.D

4 (1) 念奴娇 (2) 乙 甲 (3) 相同，运用典故

三、略

四(一) 1. × 2. √ 3. √ 4. √ 5. × 6. √ 7. √ 8. √ 9. √ 10.×

(二) 1. A 2. A 3. C 4. D 5. A 6. B 7. ABC 8. ABD 9. ABD

(三) 1. 秦观词融汇小令和慢词的长处，文字工巧精细，音韵谐美，缘情婉转，历来词誉甚高，有“情韵兼胜”、“语工而入律”之评，其哀怨感伤、柔媚清丽的词风，最能体现词的当行本色，被后世公认为婉约派的代表作家。

2. 作者在词中巧妙地利用牛郎、织女悲欢离合的故事，热情歌颂了诚挚不渝的爱情。“金风玉露一相逢，便胜却人间无数”，“两情若是长久时，又岂在朝朝暮暮！”这金石般的警句揭示了爱情的真谛，即“两情”、“久长”。只要两人有了坚贞不渝的爱情，即使是在天各一方，见难别易，爱情也会与日俱增，历久弥深，远远胜过只追求朝夕不离的庸俗情爱。

3. 此词借写牛郎、织女这个人所共知的传说故事来表达自己的理想爱情观，构思极为巧妙，表达极为自然。字面上，处处写天上，句句写牛郎、织女，而实际上句句写人间之真情，于传统题材中翻出新意，主题健康，格调爽朗，余味不尽，成为七夕诗词中久传不衰的佳作。

五、略

扬　州　慢

姜夔

学习目的与要求

1. 理解和体会姜夔词作的特点。
2. 理解该词的主题思想。

学习重点

体会该词化用杜牧诗句的作用。

一、知识拓展

姜夔(约 1155—约 1221) 南宋词人、诗人，字尧章，人称白石道人，饶州鄱阳(今属江西)人。自幼随父宦居汉阳，成年后曾出游扬州，旅食江淮，来往湘、鄂等地。三十多岁时，在长沙结识诗人萧德藻，萧氏很赏识姜夔的文才，便把侄女嫁给了他。随后姜夔依萧

德藻寓居湖州(今属浙江)，卜居弁山白石洞下。

经萧德藻介绍，姜夔袖诗谒见杨万里，杨称其“于文无所不工”，并介绍他拜会范成大。姜夔自此同一些名重一时的诗人结成翰墨交谊，不断往来于湖州、杭州、苏州、金陵、合肥等地。绍熙二年(1191 年)，他冒雪赴苏州石湖别墅访范成大，应约写成《暗香》、《疏影》两首传世名作。

姜夔四十岁左右与世家贵胄张鉴结识交好。此后他长期寓居杭州，浪游浙东、无锡诸处，主要依靠张鉴资助。姜夔后来回忆说：“十年相处，情甚骨肉。”姜夔多才多艺，诗词而外，还擅长书法，精通音律。他怀有用世之志，但困踬场屋，不能一展其才。曾于庆元三年(1197 年)向朝廷上《大乐议》、《琴瑟考古图》，建议整理国乐，未得重视。其后两年，又上《圣宋铙歌鼓吹》，获诏免解参加礼部进士考试，未中。嘉泰年间辛弃疾被当局起用筹措北伐，姜夔写词表示激励，两个唱酬甚欢，姜夔词作深得辛氏赞赏。姜夔虽文名籍籍，却终身沉沦，晚年朋辈凋零，生活益加凄苦，死后竟不能殡殓，赖有友人张罗，才把他葬于钱塘门外。

姜夔生活在宋金对峙、南北妥协时期。南宋王朝忘怀国耻，一味歌舞湖山。在这种政治气候下，姜夔一生过着湖海飘零、寄人篱下的生活。他既未沦入底层，更广泛地接触社会，也缺乏奋力匡时济世的雄心，于是不免在“酒祓清愁，花消英气”中消磨年华，因而他的创作视野较狭。不过，姜夔布衣终身，为人狷洁清高，“襟怀洒落如晋宋间人”(陈郁《藏一话腴》)。他的作品不傍他人门户的气韵，当和这种身世个性和修养有关。

姜夔著有《白石道人诗集》、《白石道人歌曲》，有《四部丛刊》本，《白石诗说》(《白石道人诗说》)附刻集后。《续书谱》有《丛书集成》本、《绛帖平》有《四库全书》本。今人夏承焘有校辑《白石诗词集》、《姜白石词编年笺校》，集中存诗一百八十余首，词八十多首。

二、作品的风格特点

姜夔词有的咏叹时事，如《扬州慢》反映金兵侵扰后江淮一带的荒凉，《永遇乐》(云隔迷楼)激励爱国志士澄清中原；有的作品感念旧游、描写旅况，如《玲珑四犯》、《探春慢》真切地反映了作者的襟怀落寞、身世凄苦；有的作品眷怀恋人，如《长亭怨慢》、《踏莎行》，写得执著庄重，一往情深；有的作品托物寄情，如《暗香》、《疏影》。这两首咏梅词托喻君国，感叹今昔，时而旧日豪情一气流走，时而对梅忆旧情意深长。张惠言认为这两首词“以二帝之愤发之”。姜夔词在一定程度上反映了南宋偏安、中原残破的时代课题，但这类作品不太多。其余多是吟咏湖山、感喟身世、追怀旧游、眷念情遇之作。

前人对姜夔在词史上的地位评价甚高，誉为“如盛唐之有李杜”(陈锐《褒碧斋词话》)，“文中之有昌黎(韩愈)”(《词林纪事》引许昂霄语)，“词中之圣”(《七家词选》)，或有偏爱之处。张炎用“清空”二字概括白石词格，说“如野云孤飞，去留无迹”(《词源》)。姜夔词风神潇洒，意度高远，仿佛有一种冷香逸气，令人挹之无尽；色泽素淡幽远，简洁醇雅，能给人以隐秀清虚之感；笔力疏峻跌宕，言情体物，善用健笔隽句，造成刚劲峭拔之风；讲究律度，多自制曲，格高韵响，谐婉动听，他有 17 首词自注工尺旁谱，是研究宋代词乐的珍贵资料。郭麟《灵芬馆词话》说他“一洗华靡，独标清绮，如

瘦石孤花，清笙幽磬”，颇能道出白石词的独特个性。姜夔写作态度严谨，注重艺术琢练，其词风很受南宋晚期的骚雅派和清代浙派词人推崇。

三、拓展训练

阅读以下两首词，完成后面习题。

点绛唇　丁未冬过吴松作[1]

姜夔

燕雁无心，太湖西畔随云去。数峰清苦。商略黄昏雨。第四桥边[2]，拟共天随[3]住。今何许。凭栏怀古。残柳参差舞。

【注释】 [1]吴松：即今吴县，属江苏省，晚唐隐逸诗人陆龟蒙生前隐居之地。[2]第四桥：即甘泉桥，在吴江城外，以泉品居第四得名。[3]天随，天随子，唐代诗人陆龟蒙号。陆龟蒙，苏州人，居松江甫里。辛文房《唐才子传》谓其时放扁舟，备书籍、茶社、笔床、钓具等，优游于太湖之上。

1. “燕雁无心，太湖西畔随云去”写燕雁之远去，旨在表明什么？

2. 试分析“今何许。凭栏怀古。残柳参差舞。”一句的意境。

3. 陈廷焯《白雨斋词话》评述此词“无穷哀感，都在虚处”，即哀感通过景物写出，试结合词句评析。

永遇乐 次稼轩北固楼词韵

云隔迷楼[1]，苔封很石[2]，人向何处？数骑秋烟，一篙寒汐，千古空来去。使君心在，苍崖绿嶂，苦被北门留住。有尊中酒差可饮[3]，大旗尽绣熊虎。前身诸葛，来游此地，数语便酬三顾。楼外冥冥，江皋隐隐，认得征西路。中原生聚，神京耆老，南望长淮金鼓。问当时依依种柳[4]，至今在否？

【注释】 [1]迷楼：在扬州，与京口北固亭隔江相望，是隋炀帝巡幸江都时所建。[2]很石：在北固山甘露寺，相传三国时刘备与孙权在其上共商破曹大计。[3]用典：东晋征西大将军桓温驻守京口时曾有“京口酒可饮，箕可使，兵可用”的豪言。[4]用典：东晋征西大将军桓温北伐时眼见早年手植之柳已长大，不禁感叹“树犹如此，人何以堪”。

4. 对该词有关加点词的解释正确的一项是(　　)。

①词韵：用原诗词的韵作诗词。②使：假使。③江皋：江边高地。④中原：指北方沦陷区。⑤神京：指当时南宋都城临安。⑥金鼓：借代南宋军队。

A. ①②③④　　B. ③④⑤⑥　　C. ①③④⑥　　D. ①②⑤⑥

5. 对该词词句分析不正确的一项是(　　)。

A. “数骑秋烟，一篙寒汐，千古空来去”与辛词“舞榭歌台，风流总被雨打风吹去”含意相同，均寓有英雄难觅，江山寂寞，时势消沉之感慨

B. “有尊中酒差可饮，大旗尽绣熊虎”一句是赞颂辛弃疾文武风流，豪气四溢，且麾下兵精将猛已做好了北伐准备

C. “前身诸葛，来游此地，数语便酬三顾”是把辛弃疾比作诸葛亮，认为北伐中原，惟辛弃疾可担大任

D. “问当时依依种柳，至今在否？”此句是感叹年华易逝，功业无成，北伐难以指望，与辛词相比略显消极

6. 对该词思想内容和表现手法的分析不恰当的一项是(　　)。

A. 该词与辛弃疾《永遇乐·京口北固亭怀古》一词用韵相同，都是“处”、“住”、“去”、“虎”、“顾”、“路”、“鼓”、“否”等字押韵

B. 该词与辛弃疾《永遇乐·京口北固亭怀古》一词均用典较多，且均表达出对南宋王朝的愤懑和对英雄业绩的向往

C. 该词着力塑造了一个作者所崇敬的当代英雄——辛弃疾的形象，并在这一英雄豪杰的形象里寄寓了作者自己的政治理想，即盼望北伐成功，国家统一

D. 该词是刻意学辛词的作品，但颇有变化。既摆脱了婉约派之低沉绮丽，亦无豪放派之悲壮雄奇，独显空灵悠远隽雅之致

四、口语训练

朗读姜夔诗歌，试比较姜夔和苏轼的词风有何异同。

五、课文内容强化训练

(一) 填空题

1. 姜夔，字_____，自号____，饶州鄱阳(今江西波阳)人，南宋著名词人、音乐家，著有_______。

2. 北宋时期使词具有较多社会内容的是号称“慢词”圣手的__________，因做过屯田员外郎，所以世称__________；开拓题材领域，突破音律束缚，创立豪放词风的是__________；南宋初期豪放派的领袖是__________；词风力求典雅，代表格律词派的作家是__________。

3. “淮左名都，竹西佳处”，写了昔日____________；而“过春风十里，尽荠麦青青”，则写出_______，运用了________手法，抒发了词人__________之情。

(二) 用斜线在应停顿的地方作出标记

1. 过春风十里，尽荠麦青青
2. 自胡马窥江去后
3. 纵豆蔻词工，青楼梦好
4. 二十四桥仍在，波心荡、冷月无声

(三) 整体感知

1. 《扬州慢》化用杜牧诗句有何作用 ？

2. 《永遇乐·京口北固亭怀古》和《扬州慢》都写到金兵入侵的历史背景，两人的感情有何异同?

六、写作训练

试以《永遇乐》的词牌填词一首。

参考答案

三、1. 暗喻自己漂泊江湖之感。随云而无心，则喻示自己纯任天然之意。

2. 这几句怀古伤今，今世如何？只有衰残柳枝当风舞。柳本纤弱，哪堪又残，故其舞也参差不齐，然而仍舞。“舞”字执著有力，苍凉之中，无限悲壮。此一自然意象，实为南宋衰世之象征。

3. 此词通过眼前之景来抒发身世之感、家国之悲。上片写燕雁随了流云，沿着太湖西畔悠悠飞去。湖上数峰清寂愁苦，黄昏时分正酝酿着一番秋雨，饱含自己漂泊江湖之意。到结尾处又用衰残柳枝当风舞象征南宋之衰世，苍凉之中，无限悲壮。

4. C　5. D　6. B

四、略

五、(一)1. 尧章　白石道人　《白石道人词集》

2. 柳永　柳屯田　苏轼　辛弃疾　姜夔

3. 扬州的繁盛　昔日繁华长街，如今呈现出一片荒凉景象　盛衰对比　对国事的痛惜伤感

(二) 1. 过/春风十里，尽/荠麦青青　2. 自/胡马窥江去后　3. 纵/豆蔻词工，青楼梦好　4. 二十四桥/仍在，波心/荡、冷月/无声

(三) 1. 杜牧诗让人想起昔日扬州繁盛的情景。而今的扬州却是如此萧条，寂寞冷清，两者形成鲜明对比，抚今思昔，有力地表达了作者对扬州昔盛今衰的感伤。

2. 都表达了真挚的爱国之情，但辛弃疾表现得昂扬激愤，姜夔则显得低沉哀伤。

六、略

李清照词二首

学习目的与要求

1. 通过阅读诗词，体会词人的思想感情变化。
2. 了解词人前后期的不同词风。

学习重点

1. 理解李清照词的语言“人工天巧”的特色和“清新素雅”的审美境界。
2. 体会词人细微婉约的词风。

一、知识拓展

卓绝千古清照词

徽宗崇宁元年(1102 年)，赵挺之升为宰相，排元祐党人最力。李清照的父亲李格非曾籍元佑党，当时遂因此罢官。那时李清照处境极难，故此她上赵挺之的诗有云：“何况人间父子情！”这两个儿女亲家，因为政见不同，不能顾全平日交情。李清照结婚后两年，赵明诚亦出任。但自从李格非罢官事后，夫妇更以学术与文学为重了。

在李清照结婚之初，北宋已濒临危亡的边缘。钦宗靖康元年(1126 年)金兵攻下汴京，徽、钦二帝被俘之后，朝廷南迁，北宋灭亡，赵明诚时在山东做官。第二年金兵陷山东，他俩不得不把历代收集的金石书画抛弃一大部分，夫妇南逃到建康(南京)。

不久，高宗委派赵明诚做湖州(今浙江吴兴)太守。可是，从山东流亡到南京，沿途的风霜劳顿，赵明诚的健康受到很大的损害，湖州太守还未到任他就病倒了。后赵明诚为了哭奔母丧，旧病复发，建炎三年(1129 年)赵明诚病死于南京，那时李清照 47 岁。在旧时代的环境中，丈夫几乎就是女子一生的全部，一旦死去了丈夫，可说完全孤弱无依了。

在兵荒马乱中李清照逃难到台州(今浙江临海县)找她的弟弟敕局删定官李迒，从此姊弟二人相依为命地生活在一起。由于亲人的死别，收集的金石在逃乱中依次失去，河山变色，使她有着满腔悲愤的心情。51 岁时李清照作《金石录后序》，详述乱前的幸福生活，及乱离中颠沛奔波之苦。她晚年流浪江南，死时年岁不可考，大约七十多岁。

李清照的作品和她丰富跌宕的生平际遇是分不开的。她生逢国变，家破人亡，颠沛流离，受尽人间残酷的折磨，也曾受过改嫁的争论。靖康之变将她的生活划分为美满幸福与流离困苦前后两个不同的时期。尤其是后期的作品，反映了她在流亡生活中所经历的悲酸凄苦，对死去丈夫的怀念和对故乡沦陷的感慨。

李清照前期的词比较真实地反映了她的闺中生活和思想感情，题材集中于写自然风光和离别相思。如《如梦令》二首，活泼秀丽，语新意隽。《凤凰台上忆吹箫》、《一剪梅》、《醉花阴》等词，通过描绘孤独的生活和抒发相思之情，表达了对丈夫的深厚感情，宛转曲折，清俊疏朗。《蝶恋花》、《晚止昌乐馆寄姊妹》写对女伴们的留恋，感情也极其真挚。她的词虽多是描写寂寞的生活，抒发忧郁的感情，但从中往往可以看到她对大自然的热爱，也坦率地表露出她对美好爱情生活的追求。这出自一个女作家之手，比起“花间派”代言体的闺怨词来要有价值得多。

李清照著有《漱玉词》，在早年还写过一篇《词论》，提出词“别是一家”的说法，是宋代的重要词论，也成为她词创作的理论依据。李清照词的风格以婉约为主，屹然为一大宗，人称“婉约词宗”。沈谦《填词杂说》将李清照与李后主并提说：“男中李后主，女中李易安，极是当行本色。”

易安词在群花争艳的宋代词苑中，独树一帜，自名一家，人称“易安体”。“易安体”之称始于宋人。侯寘《眼儿媚》调下题曰：“效易安体”。辛弃疾《丑奴儿近》调下题曰：“博山道中效易安体”。词作自成一体，表明已形成鲜明的个性风神。

(一) 倾掳真挚情

真情是词之骨，词之言情，贵得其真。李清照之前，婉约词人多以男性写艳情幽怀，李清照则是以女性本位写自我爱情悲欢和亲历的家国巨变而获得空前成功的第一人。其前期的恋情词，如《一剪梅》、《凤凰台上忆吹箫》等，满怀至情，连篇痴语，自然率真最能体现女性纯诚细腻的灵性，这是男性作家代人立言的恋情词所无法比拟的。

其后期写愁的伤乱词，如《武陵春》、《声声慢》、《永遇乐》、《人孤雁儿》等篇，字字血泪，声声呜咽，一派凄楚，动魄惊心，这“载不动”的“许多愁”，止不住的“千行泪”，“凄凄惨惨”的情怀，无地倾诉的“万千心事”，全是发自肺腑的心声，来不得半点雕琢矫饰。这些融和着家国之变、时代沧桑的悲慨之曲，来自情挚意浓的词人，植根于真实生活感受，是李清照坎坷生涯、悲剧人生、灾难时代的映现。

(二) 熔炼家常语

《漱玉词》的语言有与众不同的鲜明个性。柳永是把词引向市井的开拓者，他用语通俗明畅，然好为俳体，偶涉蝶默，周邦彦变俚为雅，措词精工，施采丽密。李清照遣词造语，自出机杼，创造了以自然率真为主要特色的文学语言。所谓“以浅俗之语，发清新之思”(彭孙通《金粟词话》)。这种语言对于北宋末期华贵典雅的词风无疑是一种冲击。如“生怕离怀别苦，多少事，欲说还休”(《凤凰台上忆吹箫》)。仿佛毫不经意，冲口而出，但仔细体味，却含意多层，十分精细。亲人远别，千言万语无从说起；分手已定，重重心事，说又何用；离恨别苦，难以启口的内心隐秘，刺人衷肠，宁可自我承受，不愿再增加行者负担。

这重重思绪，微妙心态，全用家常语道出而含蕴绵绵不尽，如“甚霎儿晴，霎儿雨，霎儿风”，“守著窗儿，独自怎生得黑？”信手拈来，便增添了许多新鲜生动的情味。漱玉词的口语化、通俗化，并不走向淡乎寡味、松散无力，因为它是在口语基础上匠心独运、提炼加工的结果。故而落笔精警雅隽，语工意新，如“雪清玉瘦”、“浓烟暗雨”、“被翻红浪”、“柳眼梅腮”、“红稀香少”、“云阶月地”云云，平易清新，精妙传神，正是“看似寻常最奇崛，成如容易却艰辛”。

(三) 善用白描法

《漱玉词》不重故实，不过多化用前人诗文，而长于以白描手法创造动人的意境。易安的白描与柳永的“细密妥溜”、美成的富艳典重不同，而是“冲口出常言，境界动心魄”。如《醉花阴》写离思凝重：“帘卷西风，人比黄花瘦。”《永遇乐》写孤寂失落：“不如向帘儿底下，听人笑语。”均以直白之语，写深浓之情，有场景，有人物，有映衬。阶前花下心系伊人，刻骨相思的形象，闭关帘底，孤苦伶仃，将无穷悲伤一己吞咽的心态，呈现眼前，栩栩纸背，令人一睹难忘。

《漱玉词》的白描，具有浑成、含蓄、宛曲的特点，因而毫无浅易平直之迹。《行香子》煞拍：“甚霎儿晴，霎儿雨，霎儿风！”虽系以口语描述天象，不免使人联想起人间风云变幻、爱河如许风波，其深层意蕴是领略不尽的。

(四) 讲求韵律美

李清照论词很重视声律，所谓歌词分五音六律、清浊轻重，她的创作实践了自己的理论。这是由词作为一种乐诗特质决定的。漱玉词讲究声情，喜用双声叠韵，选词注重声韵美。夏承秦曾举其《声声慢》为例，其中用舌声 15 字，齿声 42 字，尤其是末几句，“二十字里齿声交加重迭，这应是有意用啮齿叮咛的口吻，写自己忧郁惝恍的心情，不但读来明白如话，听来也有明显的声调美，充分表现乐章的特色”(《李清照词的艺术特色》)。张端义《贵耳集》称赏“守著窗儿，独自怎生得黑”曰：“‘黑’字不许第二人押。”

《声声慢》首句连下 14 个叠字，历代词家异口同声赞为千古绝调。张端义谓：“此乃公孙大娘舞剑手，本朝非无能词之士，未曾有一下十四叠字者。”徐釚《词苑丛谈》谓其音响之美，“真似大珠小珠落玉盘也”。李清照善以寻常语度入音律，平淡入调殊难，奇妙而谐律，更是出神入化。以是万树《词律》云：“其用字奇横而不妨音律，故卓绝千古。”

二、拓展训练

阅读李清照词，完成下列习题。

一 剪 梅

李清照

红藕香残玉簟秋。 轻解罗裳，独上兰舟。云中谁寄锦书来？雁字回时，月满西楼。花自飘零水自流。一种相思，两处闲愁。此情无计可消除，才下眉头，却上心头。

1．对李清照《一剪梅》的赏析不恰当的一项是(　　)。

A. 首句以“秋”字领起：“红藕香残”，荷花谢了，这是室外之秋；“玉簟秋”，枕卧的席子感到了秋凉，这是室内之秋。在这秋的氛围中，“独上兰舟”，更进一步突出了词人的形单影只的孤寂之感。

B. 秋凉，孤寂，使词人更迫切地盼望与亲人的团聚。于是她把视线投向“云中”，投向排成“一”字或“人”字的大雁，希望能够替她传递“锦书”，使丈夫早些回来，表达了词人殷切的思念之情。

C. 下阕“花自飘零水自流”一句，兼提落花、流水两端，与上阕“红藕香残”、“独上兰舟”呼应，感伤在夫妻分离中年华的消逝。然后说，这种离愁是双方都要承受的，这种离愁也是无法排遣的。

D. 这首词结尾三句，“眉头”与“心头”相对，“愁”由外露到潜入内心深处，看似消除了，实则更为深重了；“才下”与“却上”相对，突出了这种感情“潜入”所造成心理上的起伏有多么急剧。

声 声 慢

李清照

寻寻觅觅，冷冷清清，凄凄惨惨戚戚。乍暖还寒时候，最难将息。三杯两盏淡酒，怎敌他，晚来风急。雁过也，正伤心，却是旧时相识。

满地黄花堆积，憔悴损，如今有谁堪摘？守着窗儿，独自怎生得黑？梧桐更兼细雨，到黄昏、点点滴滴。这次第，怎一个愁字了得？

2．对李清照《声声慢》一词的思想内容和写作方法理解不正确的一项是(　　)。

A. 前三句用一连串叠词，写出一种由愁惨而凄厉的氛围，是词人血和泪的吞吐，也是向苍天的悲惨呼告，是词人后期凄凉悲惨生活的真实写照。

B. 上阕从一个人寻觅无着，写到酒难浇愁；风送雁声，反而增加思乡的惆怅，最后“雁过也”三句在内容上承上，在结构上启下，自然地把抬头仰望过渡到低头俯视。

C. “梧桐更兼细雨”两句写桐叶簌簌，秋雨滴滴，像鬼语戚戚、幽灵啜泣，这就更加令人难堪了。这里是从正面渲染作者的悲苦心情。

D. 最后用一个“愁”字来概括，具有画龙点睛的作用。全词用象征手法，把国破家亡的身世寓于景物描写之中，表现了词作者忧国忧民的心理。

3．在《声声慢》中，作者借以抒写家破人亡之痛的主要景物是(　　)。

A. 晚风　　B. 黄花　　C. 梧桐细雨　　D. 过雁

4．李清照《声声慢》中，抒写昔盛今衰、身世变迁之感的词句是(　　)。

A. 三杯两盏淡酒，怎敌他，晚来风急

B. 雁过也，正伤心，却是旧时相识

C. 满地黄花堆积，憔悴损，如今有谁堪摘

D. 梧桐更兼细雨，到黄昏，点点滴滴

5. 李清照《声声慢》中，用以渲染愁情的景物依次是(　　)。

A. 气候—晚风—过雁—黄花—梧桐细雨

B. 晚风—气候—过雁—黄花—梧桐细雨

C. 过雁—黄花—梧桐细雨—晚风—气候

D. 气候—晚风—黄花—过雁—梧桐细雨

三、口语训练

朗诵李清照诗词。

四、课文内容强化训练

1. 下列“居士”中的女作家是(　　)。

A. 六一居士　　B. 东坡居士　　C. 易安居士　　D. 香山居士

2. 下列词曲作品中写到落花的有(　　)。

A. 李煜《虞美人》(春花秋月何时了)　　B. 李清照《声声慢》(寻寻觅觅)

C. 辛弃疾《摸鱼儿》(更能消、几番风雨)　　D. 马致远《天净沙·秋思》

3. 李清照《声声慢》词中用以渲染愁情的景物属于(　　)。

A. 严冬景物　　B. 暮春景物　　C. 残秋景物　　D. 初秋景物

4. 在《永遇乐》(落日熔金)中，抒写昔盛今衰、身世变迁之感的词句是(　　)。

A. 如今憔悴，风鬟雾鬓　　B. 人在何处

C. 怕见夜间出去　　D. 落日融金，暮云合璧

5. 李清照《永遇乐》(落日熔金)中，隐含家破人亡之痛的词句是(　　)。

A. 来相召，香车宝马，谢他酒朋诗侣　　B. 记得偏重三五

C. 如今憔悴，风鬟雾鬓　　D. 不如向帘儿底下，听人笑语

五、写作训练

以《倾听》为题，写一篇不少于八百字的作文。除不得写成诗歌外，其他文体不限。

参考答案

二、1～5 BDBCA

三、略

四、1. C　2. BC　3. C　4. AC　5. CD

五、略

辛弃疾词二首

学习目的与要求

了解作者在词中所表达的“功业未就”的抑郁心情。

学习重点

1. 掌握《摸鱼儿》中所运用的比兴手法的作用。

2. 了解词人在词中以典型动作表现英雄无用武之地的悲愤心情。

一、知识拓展

辛弃疾的生平与创作

辛弃疾有许多与陆游相似之处：他始终把洗雪国耻、收复失地作为自己的毕生事业，并在自己的文学创作中写出了时代的期望和失望、民族的热情与愤慨。但辛弃疾也有许多与陆游不同的地方：他作为一个具有实干才能的政治家，曾经获得相当高的地位，他对抗金事业的追求，不像陆游那样主要出于一腔热情；作为一个英雄豪杰式的人物，他的个性要比陆游来得强烈，他的思想也不像陆游那样“纯正”；他的理想，不仅反映了民族的共同心愿，而且反映了一个英雄之士渴望在历史大舞台上自我完成的志向；因此，在文学创作方面，他不像陆游喜欢写作诗歌尤其是格式严整的七律，而是把全部精力投入词这一更宜于表达激荡多变的情绪的体裁。

(一) 辛弃疾的生平与创作

辛弃疾(1140—1207 年)字幼安，号稼轩，历城(今山东济南)人。他比陆游小 15 岁，出生时北方久已沦陷于女真人之手。他的祖父辛赞虽在金国任职，却一直希望有机会“投衅而起，以纾君父所不共戴天之愤”，并常常带着辛弃疾“登高望远，指画山河”(《美芹十论》)，同时，辛弃疾也不断亲眼目睹汉人在女真人统治下所受的屈辱与痛苦，这一切使他在青少年时代就立下了恢复中原、报国雪耻的志向；而另一方面，正由于辛弃疾是在金人统治下的北方长大的，他也较少受到使人一味循规蹈矩的传统文化教育，在他身上，有一种燕赵奇士的侠义之气。

绍兴三十一年(1161 年)，金主完颜亮大举南侵，在其后方的汉族人民由于不堪金人严苛的压榨，奋起反抗。22 岁的辛弃疾也聚集了两千人，参加由耿京领导的一支声势浩大的起义军，并担任掌书记。当金人内部矛盾爆发，完颜亮在前线为部下所杀，金军向北撤退时，辛弃疾于绍兴三十二年(1162 年)奉命南下与南宋朝廷联络。在他完成使命归来的途中，听到耿京被叛徒张安国所杀、义军溃散的消息，便率领五十多人袭击敌营，把叛徒擒拿带回建康，交给南宋朝廷处决。辛弃疾惊人的勇敢和果断，使他名重一时，“壮声英概，懦士为之兴起，圣天子一见三叹息”(洪迈《稼轩记》)。宋高宗便任命他为江阴签判，他从此开始了在南宋的仕宦生涯，这时他才 23 岁。

辛弃疾初来南方，对朝廷的怯懦和畏缩并不了解，加上宋高宗赵构曾赞许过他的英勇行为，不久后即位的宋孝宗也一度表现出想要恢复失地、报仇雪耻的锐气，所以在他南宋任职的前一时期中，曾热情洋溢地写了不少有关抗金北伐的建议，像著名的《美芹十论》、《九议》等。尽管这些建议书在当时深受人们称赞，广为传诵，但已经不愿意再打仗的朝廷却反应冷淡，只是对辛弃疾在建议书中所表现出的实际才干很感兴趣，于是先后把他派到江西、湖北、湖南等地担任转运使、安抚使一类重要的地方官职，去治理荒政、整顿治安。这显然与辛弃疾的理想大相径庭，虽然他干得很出色，但由于深感岁月流逝、人生短暂而壮志难酬，内心却越来越感到压抑和痛苦。

现实对辛弃疾是严酷的。他虽有出色的才干，他的豪迈倔强的性格和执著北伐的热

情，却使他难以在畏缩而圆滑、又嫉贤妒能的官场上立足。他也意识到自己“刚拙自信，年来不为众人所容”(《论盗贼札子》)，所以早已做好了归隐的准备，并在江西上饶的带湖畔修建了园榭，以便离职后定居。果然，淳熙八年(1181年)冬，辛弃疾42岁时，因受到弹劾而被免职，归居上饶。此后20年间，他除了有两年一度出任福建提点刑狱和安抚使外，大部分时间都在乡闲居。

正是因为他经历了许多世事沧桑，积蓄了太多太深的苦闷，深知人生的无奈，才“欲说还休”。他只能在恬静的田园乡村中为自己的感情寻找寄寓，抚慰饱受创伤的心灵，这是一个英雄人物在一个平庸苟且的社会中的不得已的选择。理解这一点，才能明白辛弃疾写这一类词时真正的心态。

(二)辛词的艺术创造

宋词在苏轼手中开创出一种豪放阔大、高旷开朗的风格，却一直没有得到强有力的继承发展。直至南渡之初张元干、张孝祥、叶梦得、朱敦儒等人以抗金雪耻为主题的词，才较多继承了苏轼的词风，起到一种承前启后的作用。但他们的这一类词作，主要是在特殊的时代背景下为内心激情所支配的结果，而没有成为有意识的艺术追求，也没有更大幅度地向其他题材拓展，所以成就不是很高。到辛弃疾出现在词坛上，他不仅延续了苏词的方向，写出许多具有雄放阔大的气势的作品，而且以其蔑视一切陈规的豪杰气概，和丰富的学识、过人的才华，在词的领域中进行极富于个人特色的创造，在推进苏词风格的同时也突破了苏词的范围，开拓了词的更为广阔的天地。

辛词和苏词都是以境界阔大、感情豪爽开朗著称的，但不同的是：苏轼常以旷达的胸襟与超越的时空观来体验人生，常表现出哲理式的感悟，并以这种参透人生的感悟使情感从冲动归于深沉的平静，而辛弃疾总是以炽热的感情与崇高的理想来拥抱人生，更多地表现出英雄的豪情与英雄的悲愤。因此，主观情感的浓烈、主观理念的执著，构成了辛词的一大特色。他的词，如“将军百战身名裂。向河梁、回头万里，故人长绝。易水萧萧西风冷，满座衣冠似雪。正壮士、悲歌未彻”(《贺新郎》)，“夜半狂歌悲风起，听铮铮、阵马檐间铁。南共北，正分裂”(《贺新郎》)，乃至“恨之极，恨极销磨不得。苌弘事、人道后来，其血三年化为碧”(《兰陵王》)，都是激愤不能自已的悲怨心声，如“天风海雨”，以极强烈的力度震撼着读者的心灵。辛弃疾也信奉老庄，在词中作旷达语，但他并不能把冲动的感情由此化为平静，而是从低沉甚至绝望的方向上宣泄内心的悲愤，如“元龙老矣，不妨高卧，冰壶凉簟。千古兴亡，百年悲笑，一时登览”(《水龙吟》)，“甚矣吾衰矣。怅平生、交游零落，只今余几。白发空垂三千丈，一笑人间万事”(《贺新郎》)，“身世酒杯中，万事皆空。古来三五个英雄，雨打风吹何处是，汉殿秦宫”(《浪淘沙》)，这些表面看来似旷达又似颓废的句子，却更使人感受到他心中极高期望破灭成为绝望时无法销磨的痛苦。

他的英雄的豪壮与绝望交织扭结，大起大落，反差强烈，更形成瀑布般的冲击力量。如《破阵子·为陈同甫赋壮词以寄》，从开头起，一路写想象中练兵、杀敌的场景与气氛，痛快淋漓，雄壮无比。但在“了却君王天下事，赢得生前身后名”之后，突然接上末句“可怜白发生”，点出那一切都是徒然的梦想，事实是白发无情，壮志成空，犹如一瓢冰水泼在猛火上，令人不由得惊栗震动。

在意象的使用上，辛弃疾也自有特点。他一般很少采用传统词作中常见的兰柳花草及

红粉佳人为点缀；与所要表达的悲凉雄壮的情感基调相吻合，在他的笔下所描绘的自然景物，多有一种奔腾耸峙、不可一世的气派。如“峡束苍江对起，过危楼、欲飞还敛”(《水龙吟》)，“谁信天峰飞堕地，傍湖千丈开青壁”(《满江红》)；他所采摭的历史人物，也多属于奇伟英豪、宕放不羁，或慷慨悲凉的类型，如“射虎山横一骑，裂石响惊弦”的李广(《八声甘州》)，“金戈铁马，气吞万里如虎”的刘裕(《永遇乐》)，“年少万兜鍪，坐断东南战未休”的孙权(《南乡子》)等。这种自然和历史素材的选用，都与词中的感情力量成为恰好的配合，令人为之感奋。

所以，同属于豪放雄阔的风格，苏轼词较偏于潇洒疏朗、旷达超迈，而辛词则给人以慷慨悲歌、激情飞扬之感。

二、拓展训练

阅读下面两首词，分析并回答1～3题。

青　玉　案

辛弃疾

东风夜放花千树，更吹落，星如雨。宝马雕车香满路。凤箫声动，玉壶光转，一夜鱼龙舞。

蛾儿雪柳黄金缕，笑语盈盈暗香去。众里寻他千百度，蓦然回首，那人却在，灯火阑珊处。

【注释】蛾儿、雪柳，都是妇女的头饰。

1. 这首词描写的是我国哪一个传统节日？
2. 全词主要运用了哪种表现手法？表达了作者怎样的感情？

清　平　乐

辛弃疾

茅檐低小，溪上青青草。醉里吴音相媚好，白发谁家翁媪。

大儿锄豆溪东，中儿正织鸡笼；最喜小儿无赖，溪头卧剥莲蓬。

3. “溪头卧剥莲蓬”中“卧”一向有“一字千金”之誉(一字用得恰到好处，给全句或全词增辉)，你同意此说吗?为什么?

三、口语训练

朗诵辛弃疾诗词。

四、课文内容强化训练

1. 下列词作中，涉及司马相如典故的是(　　)。

A. 苏轼《念奴娇》(大江东去)　　B. 陈亮《水调歌头》(不见南师久)

C. 辛弃疾《永遇乐》(千古江山)　　D. 辛弃疾《摸鱼儿》(更能消几番风雨)

2. “后村词与放翁、稼轩尤鼎三足”(冯煦《宋六十一家词选例言》)其中“放翁”、“稼轩”各指(　　)词人。

A. 陆游、李清照　　B. 陆游、辛弃疾

C. 辛弃疾、苏轼　　D. 辛弃疾、陆游

3. 辛弃疾《水龙吟》(楚天千里清秋)中，表达知音难觅情怀的语句是(　　)。

A. 休说鲈鱼堪脍，尽西风、季鹰归未

B. 怕应羞见，刘郎才气

C. 可惜流年，忧愁风雨，树犹如此

D. 倩何人唤取红巾翠袖，揾英雄泪

4. 辛弃疾《摸鱼儿》(更能消几番风雨)的风格特点是(　　)。

A. 刚健豪放　B. 优美婉约　C. 寓柔于刚　D. 寓刚于柔

5. 辛弃疾《摸鱼儿》词中所写暮春景象的象征意义是(　　)。

A. 失宠的美人　B. 垂暮的英雄　C. 危难的国势　D. 流逝的年华

6. 辛弃疾《水龙吟》“可惜流年，忧愁风雨，树犹如此”所表述的思想情怀是(　　)。

A. 山河破碎，有家难归　　B. 时光易逝，年华虚度

C. 不谋私利，国事为重　　D. 知音难觅，孤独寂寞

7. 下列诗词作家中，身体力行，坚持抗金，力主收复失地，其作品表现了爱国思想的有(　　)。

A. 苏轼　B. 李清照　C. 陆游　D. 柳永　E. 辛弃疾

8. 辛弃疾《摸鱼儿》下片的主要抒情方法是(　　)。

A. 借景抒情　B. 借典故抒情　C. 借叙事抒情　D. 直抒胸臆

9. 辛弃疾《水龙吟》中紧接“楚天千里清秋，水随天去秋无际”的词句是(　　)。

A. 落日楼头，断鸿声里，江南游子

B. 休说鲈鱼堪脍，尽西风、季鹰归未

C. 遥岑远目，献愁供恨，玉簪螺髻

D. 把吴钩看了，栏杆拍遍，无人会，登临意

10. 宋代第一个专业词人是(　　)。

A. 李煜　B. 柳永　C. 李清照　D. 辛弃疾

五、写作训练

以《一次难忘的经历》为题，写一篇不少于七百字的记叙文。

参考答案

二、1. 元宵节(或“上元节”、“灯节”、“元夜”、“元夕”)

2. 以元夜的繁华热闹反衬“那人”的孤寂。表达作者耐得冷落寂寞、不趋流俗、保持志士操守的高洁品性。

3. “卧”字确实使用最妙，把小儿躺在溪边剥莲蓬吃的天真、活泼、顽皮的劲儿和盘托出，跃然纸上，从而使人物形象鲜明，意境耐人寻味。

三、略

四、1. A　2. B　3. D　4. D　5. C　6. B　7. CE　8. CB　9. C　10. B

五、略

纳兰性德词二首

学习目的与要求

1. 了解作者的身世经历和生活时代。
2. 掌握词的内容，体会词的意境。
3. 领会词中作者流露的思想感情。

学习重点

1. 掌握词的内容，体会词的意境。
2. 领会词中作者流露的思想感情。

一、知识拓展

纳兰性德(1655－1685)，满族人，字容若，号楞伽山人，是清代最为著名的词人之一。他的诗词不但在清代词坛享有很高的声誉，就是在整个中国文学史上，“纳兰词”在词坛也占有光采夺目的一席之地。他生活于满汉融合的时期，其贵族家庭之兴衰具有关联于王朝国事的典型性。他虽侍从帝王，却向往平淡的经历。这一特殊的生活环境与背景，加之他个人的超逸才华，使其诗词的创作呈现独特的个性特征和鲜明的艺术风格。流传至今的“人生若只如初见，何事秋风悲画扇？等闲变却故人心，却道故人心易变……”这一富于意境的佳作，是其众多的代表作之一。

二、拓展训练

阅读文章，分析并回答1～3题。

忆　江　南

纳兰容若

江南好，城阙沿嵯峨。故物陵前唯石马，遗踪陌上有铜驼。玉树夜深歌。

【注释】：嵯峨(cuó　é)：高峻。

1. 下列对这首词的内容或手法的理解，不正确的一项是(　　)。
   A. 江南好，南京城门两边的望楼依旧那么巍峨
   B. 词的第二句使用了倒装句式，并形成了对仗
   C. 只有石马和铜驼的存留还能带给人一丝惊喜
   D. 夜深人静，仿佛仍听到当年《玉树后庭花》的歌声
2. 词中的“尚”和“唯”字，表达了作者怎样的思想感情？
3. 这首词与刘禹锡《石头城》(山转故国周遭在，潮打空城寂寞回。淮水东边旧时月，夜深还过女墙来)一诗主旨相同，手法有异。请结合这两个作品的具体诗句，从主旨或手法中任选其一，进行解说。

三、口语训练

古往今来，许多文人墨客都在自己的作品中道出了浓浓的思乡情。乡愁，是游子心中难

解的结；故乡，是游子心头永恒的家。你还知道哪些相关的诗词？课下搜集并背诵。

四、课文内容强化训练

纳兰性德词情真意切，显现着一种_______，一种_______。他和_______、_______被称之为清代“词家三绝”。在他生前，刻印本出现后就产生过“家家争唱”的轰动效应。在他身后，纳兰被誉为“_______”、“_______”。他的令词成就斐然，是五代李煜、北宋晏几道以来的一位名作家。其词作“_______”(郑振铎语)，思想深沉，风格清新，抒情状物不落窠臼、别开生面。

五、写作训练

以《乡愁》为题，写一篇抒情散文。

参考答案

二、1. C

2. 这两个字都体现了物是人非的感慨，表达了作者对历史的兴衰更替的凭吊。

3. 主旨：都是对兴替的凭吊。手法：《忆江南》相对更含蓄隐晦一些。具体结合诗句进行讲解，意思对即可。

三、略

四、华贵的悲哀　优美的感伤　朱彝尊　陈维嵩　满清第一词人　第一学人　缠绵清婉　为当代冠

五、略

毛泽东词二首

学习目的与要求

1. 了解这两首词的创作背景。
2. 重点掌握这两首词的艺术特色。

学习重点

1. 赏析词作《水调歌头　重上井冈山》。
2. 掌握这首词的艺术特色。

一、知识拓展

毛泽东诗词的艺术风格

毛泽东诗词雄绝千古，风清骨峻，遍体光华，在中国历史上是没有任何一个诗人能与匹敌的。它是一个无产阶级领袖在革命过程中的抒情言志和“唤起工农千百万”的启示与鼓动，是在一种全新的历史条件下为了实现旋转乾坤的使命而将传统的阳刚的风格加以改造和扩充使其具有全新的时代素质的璀璨的结晶。这一独特结晶的独特的艺术风格，全面而集中地表述在老诗人柳亚子先生的两句诗评里：“推翻历史三千载，自铸雄奇瑰丽

词。”雄奇瑰丽，就是对毛泽东诗词风格的总体概括。其中的每一个字，都代表着一个特定的美学侧面。

“雄”指诗词内涵的宏大、威武、强劲有力。具体而言，就是气象壮阔，气魄宏大，气概豪雄，气志勇毅。这种由内气和外气凝聚而成的“饮真茹强”，“由道返气”的强大型美学风貌，其气象有如“荒荒油云，寥寥长风”那样壮阔恢宏，具有几何学与力学方面的显赫性；其气势有如“巫峡千寻，行云走风”那样发扬蹈后，一往无前；其气魄有如“天风浪浪，海山苍苍”那样威武雄壮，包容万物；其气概有如“行神如空，行气如虹”那样寥廓无垠，穿越千古；其气志有如“壮士拂剑”，“大道日往”那样至大至刚，崇高浩盛。

毛泽东诗词中的“雄”的特色，是显而易见的。“鲲鹏展翅九万里”，“北国风光，千里冰封，万里雪飘”，其气象之雄可见一斑。“粪土当年万户侯”，“已是悬崖百丈冰，犹有花枝俏”，其气概之雄，可窥一孔。“国际悲歌歌一曲，狂飙为我从天落”，“太平世界，环球同此凉热”，其气魄之雄，跃然纸上。“数风流人物，还看今朝”，“不到长城非好汉”，“敢教日月换新天”，其气志之雄，于此可见。有此豪雄的气志必然生发此种豪雄的气魄与气概，然后才能感应外界豪雄的事物，生发出豪雄的气象。外在的气象与内在的气概、气魄、气志在文本中的融贯所形成的精神强势和相应的语言强势，就是诗词的气势。气势的构成风格并直接地、集中地体现风格的决定性因素。“文以气为主”。气势雄，则风格自雄。气势健，则风格自健。“其得于阳与刚之美者，则其文如霆，如电，如长风之出谷，如崇山峻岭，如决大川，如奔骐骥。”(姚鼐)这就是毛泽东的诗词所以具有如此强大的美学震撼力的重要原由。

“奇”，就是出人意料，与众不同，变化莫测，以异制胜。“奇”是相对于“正”而言的，是对定式的突破，对传统的创新，对客观世界的独见。“奇”属于超常思维的范畴，以科学性、进击性和创新性为主要特点。体现在诗词中，开始往往因为志趣、思路、意象的突兀异常而使心悦诚服。毛泽东诗词内涵雄与奇两大特色，是相辅相成，相得益彰的。二者互为前提，又互为因果，双向辐照，辗转强化。但二者的侧重面又各不相同，如果说，“雄”是大勇的表现，那么“奇”就是大智的表现了。“凡战者，只正合，只奇胜。故善出奇者，无穷如天地，不竭如江海。”

毛泽东诗词的全新质和全新型的阳刚之美，决不是“乏彩”的鹰鹫，而是“藻耀而高翔”的凤凰，因为这种“骨劲气猛”、“翰飞戾天”的雄奇内力，是以绚丽多彩的美的语言形式表现出来的。这种语言形式的基本特色，就是“瑰丽”。所谓“瑰”，是美得不同寻常，奇珍异彩，光华夺目。班固《西都赋》：“因瑰材而究奇，抗应龙之虹梁”。张衡《东京赋》：“瑰异谲诡，灿烂炳焕。”“瑰”就是由语言手段的新颖性所产生的一种发皇耳目的美学效应。“丽”就是指“附而不离”、“著而不去”的契合性和密附性。《易·离》：“日月丽乎天，百谷丽乎土。”唯“附”方能“密”，唯“密”方能状物无隙，坚实难移。概而言之，“丽”是指一种由语言手段的深刻性所产生的沁人心脾的美学效应。毛泽东诗词内容的“雄”与“奇”，就是以这种语言手段的新颖性、深刻性所熔铸造而成的“瑰”与“丽”的“遍体光华”的形态作为载体的。

二、拓展训练

(一)朗读下面一首流行歌曲的词和一段文言文，然后按要求完成后面的练习。

霸王别姬

【甲】

我站在烈烈风中
恨不能荡尽绵绵心痛
望苍天四方云动
剑在手
问天下谁是英雄
人世间有<u>百媚千红</u>
我却独爱<u>你那一种</u>
伤心处别时路有谁不同
多少年恩爱匆匆葬送
我心中你最重
悲欢共
生死同
你用柔情刻骨
换我豪情天纵
我心中你最重
我的泪向天冲
来世也当称雄
归去斜阳正浓

【乙】

项王军壁垓下，兵少食尽，汉军及诸侯兵围之数重。夜闻汉军四面皆楚歌，项王乃大惊曰："汉皆已得楚乎？是何楚人之多也！"项王则夜起，饮帐中。有美人名虞，常幸从；骏马名骓，常骑之。于是项王乃悲歌慷慨，自为诗曰："力拔山兮气盖世，时不利兮骓不逝。骓不逝兮可奈何，虞兮虞兮奈若何！"歌数阕，美人和之。项王泣数下，左右皆泣，莫能仰视。

(节选自《史记·项羽本纪》)

1. 【甲】题为"霸王别姬"，其中的"霸王"、"姬"就是【乙】中所说的_______和_______；【乙】主要叙述了_______这个史实。

2. 【甲】词的韵脚是_______。

3. 【甲】中画横线处"百媚千红"是代指_______，"你那一种"具体指_______。

4. 【甲】中主要运用了_______和_______的表达方式，【乙】中主要运用了_______和_______的表达方式；二文都可以说是"慷慨悲歌"，但"悲"的特点略有不同：【甲】是悲_______(一个字)，【乙】是悲_______(一个字)。

(二)阅读下面有关"梅"的三首诗词，回答问题。

卜算子·咏梅

陆游

驿外断桥边，寂寞开无主。已是黄昏独自愁，更著风和雨。　无意苦争春，一任群芳妒。零落成泥碾作尘，只有香如故。

山园小梅

林逋

众芳摇落独暄妍，占尽风情向小园。疏影和谐水清浅，暗香浮动月黄昏。霜禽欲下先偷眼，粉蝶如知合断魂。幸有微吟可相狎，不须檀板共金樽。

卜算子·咏梅

毛泽东

风雨送春归，飞雪迎春到，已是悬崖百丈冰，犹有花枝俏。　俏也不争春，只把春来报。待到山花烂漫时，她在丛中笑。

1. 对毛泽东的这首词，解说全对的一组是(　　)。

(1) 《卜算子》是题目，《咏梅》是副题。

(2) 此词两段，前段叫前(上)阕，后段叫后(下)阕。

(3) 第1、3、5、7句不押韵，2、4、6、8句句末押韵，押同一个韵。

(4) 1、2句对仗，5、6句也对仗。

(5) 全词没有对仗的句子。

A. (1)(2)　　B. (2)(3)　　C. (3)(5)　　D. (1)(4)

2. 试分析三首诗词所表现的思想感情有什么不同。

3. 毛泽东在词中用了象征手法，“送春”、“迎春”、“报春”象征________；“山花烂漫”象征__________；“她在丛中笑”象征_________。

三、口语训练

毛泽东诗词朗诵练习。

四、课文内容强化训练

1. 下列文学常识说法有误的一项是(　　)。

A. 词又称诗余、长短句，约开始于南朝，定形于晚唐，盛行于宋朝。

B. 按照词的风格，词人可以分为两大派别，一派是以苏东坡、辛弃疾为代表的豪放派；一派是以柳永、姜夔为代表的婉约派。

C. 《沁园春·长沙》中，“沁园春”为词牌，“长沙”为词题。

D. 因为词的句子长短不一，因此不再讲究格律，比较自由。

2. 下列语句朗读节奏错误的一项是(　　)。

A. 看/万山/红遍，层林尽染　　B. 问/苍茫/大地，谁主/沉浮

C. 忆往昔/峥嵘/岁月稠　　D. 恰/同学/少年，风华正茂

3. 下面诗句重读标注不正确的是(　　)。

A. 恰同学少年　　B. 看万山红遍，层林尽染

C. 到中流击水，浪遏飞舟　　D. 粪土当年万户侯

五、写作训练

选择一首自己喜欢的词，写一篇词的赏析。

参考答案

二、(一)1. 项王　美人虞姬　垓下之围　　2. ong

3. 各具特色的众多美女　虞姬的独特风采和个性

4. 描写　抒情　记叙　描写　壮　哀

(二)1. B

2. 林逋以梅自喻，表现出作者品格高尚、不染俗尘的生活情趣，也流露出一种“孤芳自赏”的情绪。陆游在这首词中，用梅花来象征自己崇高的气节和孤高的品质，表现出一

种不畏严寒、傲然屹立的斗争精神。毛泽东在这首词中，是“读陆游咏梅词，反其意而用之”，以梅花象征无产阶级革命家的高尚品格，塑造共产主义者的光辉形象。

3. 革命者的革命实践　革命事业的成功　无产阶级革命家无私的品格和博大的胸怀。

三、略

四、1～3 DCC

五、略

第三单元　散文常识与欣赏

散文的欣赏与写作

学习目的与要求

1. 掌握的散文特点，学习散文的创作方法。
2. 了解散文的发展脉络。
3. 学会鉴赏散文。

学习重点

从文学史的角度欣赏散文并学习鉴赏散文。

一、拓展训练

阅读下面的文言文，完成文后习题。

永州韦使君新堂记

柳宗元

将为穹谷、嵁岩[1]、渊池于郊邑之中，则必辇山石，沟涧壑，陵绝险阻，疲极人力，乃可以有为也。而求天作地生[2]之状，咸无得焉。逸其人，因其地，全其天，昔之所难，今于是乎在。

永州实惟九疑之麓，其始度土[3]者，环山为城。有石焉，翳于奥草；有泉焉，伏于土涂。蛇虺之所蟠，狸鼠之所游，茂树恶木，嘉葩毒卉，乱杂而争植，号为秽墟。

韦公之来既逾月，理甚无事，望其地，且异之，始命芟其芜，行其涂，积之丘如，蠲之浏如[4]。既焚既酾，奇势迭出，清浊辨质，美恶异位。视其植，则清秀敷舒，视其蓄，则溶漾纡馀[5]。怪石森然，周于四隅，或列或跪，或立或仆，窍穴逶邃，堆阜突怒。乃作栋宇，以为观游。凡其物类，无不合影辅势，效伎于堂庑之下。外之连山高原，林麓之崖，间厕[6]隐显；迩延野绿，远混天碧，咸会于谯门之内。

已乃延客入观，继以宴娱，或赞且贺曰："见公之作，知公之志。公之因土而得胜，岂不欲因俗以成化？公之择恶而取美，岂不欲除残而佑仁？公之蠲浊而流清，岂不欲废贪而立廉？公之居高以望远，岂不欲家抚而户晓？"夫然，则是堂也，岂独草木、土石、水泉之适欤？山原、林麓之观欤？将使继公之理者，视其细，知其大也。

宗元请志诸石，措诸壁，编以为二千石楷法。

【注】 [1]嵁岩：峭壁。[2]天作地生：天地间自然形成。[2]度土：治理水流，修筑城邑的工程。[4]蠲之浏如：蠲(juān)，除却污秽；浏如，水很清的样子。[5]溶漾纡馀：溶漾，水面宽广而微波；纡馀，曲折环绕。[6]间厕：夹杂在一起。

1．对下列句子中加点的词解释不正确的一项是(　　)。

A. 则必辇山石，沟涧壑，陵绝险阻　　　　　　辇：用车子运

B. 视其植，则清秀敷舒　　　　　　　　　　植：树木

C. 怪石森然，周于四隅　　　　　　　　　　周：堆积

D. 公之因土而得胜，岂不欲因俗以成化　　　胜：优美的景致

2. 下列各组句子中，加点词的意义和用法都相同的一组(　　)。

A. 有石焉，翳于奥草　　　　　　　　　　夫圣人者，不凝滞于物

B. 韦公之来既逾月，理甚无事　　　　　　何功之有哉

C. 公之择恶而取美，岂不欲除残而佑仁　　余亦悔其随之而不得极夫游之乐也

D. 乃作栋宇，以为观游　　　　　　　　　以其乃华山之阳名之也

3. 下列对原文有关内容的概括和分析，不正确的一项是(　　)。

A. 首段先发名胜难得与休养民力的议论，对韦使君“逸其人，因其地，全其天”的做法表示首肯和推崇，为后面的描述和议论作铺垫

B. 文章绘景状物，各具特点，精确传神，以表现永州自然山水之美与人文景观之佳为主，通过韦公邀请宾客观赏，举行宴会娱乐，表达了韦公等欣赏永州山水风光的无比惬意之情

C. 第二段写永州的自然环境，为韦使君的登场和新堂的落成蓄势，与贤太守的浚理和新堂的华美形成鲜明对比

D. 第四段连用六个反问句，层层深入，既肯定了韦使君的政绩，且对贤太守提出了进一步的要求，勉励他们致力于“因俗而成化”、“除残而佑仁”、“废贪而立廉”、“家抚而户晓”

4. 作者在本文中所要表达的观点是什么？

战国策目录序

曾巩

刘向所定《战国策》三十三篇，《崇文总目》称第十一篇者阙。臣访之士大夫家，始尽得其书，正其误谬，而疑其不可考者，然后《战国策》三十三篇复完。

叙曰：向叙此书，言“周之先，明教化，修法度，所以大治；及其后，谋诈用，而仁义之路塞，所以大乱”；其说既美矣。卒以谓“此书战国之谋士，度时君之所能行，不得不然”；则可谓惑于流俗，而不笃于自信者也。

夫孔、孟之时，去周之初已数百岁，其旧法已亡，旧俗已熄久矣；二子乃独明先王之道，以谓不可改者，岂将强天下之主后世之所不可为哉？亦将因其所遇之时，所遭之变，而为当世之法，使不失乎先王之意而已。

二帝、三王之治，其变固殊，其法固异，而其为国家天下之意，本末先后，未尝不同也。二子之道如是而已。盖法者，所以适变也，不必尽同；道者，所以立本也，不可不一；此理之不易者也。故二子者守此，岂好为异论哉？能勿苟而已矣。可谓不惑于流俗而笃于自信者也。

战国之游士则不然。不知道之可信，而乐于说之易合。其设心，注意，偷为一切之计而已。故论诈之便而讳其败，言战之善而蔽其患。其相率而为之者，莫不有利焉，而不胜其害也；有得焉，而不胜其失也。卒至苏秦、商鞅、孙膑、吴起、李斯之徒，以亡其身；

而诸侯及秦用之者，亦灭其国。其为世之大祸明矣；而俗犹莫之寤也。惟先王之道，因时适变，为法不同，而考之无疵，用之无弊。故古之圣贤，未有以此而易彼也。

或曰：“邪说之害正也，宜放而绝之。此书之不泯，其可乎？”对曰：“君子之禁邪说也，固将明其说于天下，使当世之人皆知其说之不可从，然后以禁，则齐；使后世之人皆知其说之不可为，然后以戒，则明；岂必灭其籍哉？放而绝之，莫善于是。是以孟子之书，有为神农之言者，有为墨子之言者，皆着而非之。至此书之作，则上继春秋，下至楚之起，二百四十五年之间，载其行事，固不可得而废也。”

此书有高诱注者二十一篇，或曰三十二篇，《崇文总目》存者八篇，今存者十篇云。

5. 对下列句子中加点词语的解释，不正确的一项是(　　)。

A.《崇文总目》称第十一篇者阙　　　　阙：损伤

B. 岂将强天下之主以后世之所不可为哉　　　　强：强迫

C. 偷为一切之计而已　　　　偷：苟且

D. 然后以禁，则齐　　　　齐：一致

6. 下列各组句子中，加点词的意义和用法相同的一项是(　　)。

A. 二子乃独明先王之道　　　　以其乃华山之阳名之也

B. 亦将因其所遇之时、所遭之变而为当世之法　　因宾客至蔺相如门谢罪

C. 盖法者所以适变也，不必尽同　　　　师者，所以传道受业解惑也

D. 则此书之不泯，其可乎　　　　而余亦悔其随之而不得极夫游之乐也

7. 下列各组句子中能分别表明作者“崇先王之道”、“抑谋诈之术”观点的一组是(　　)。

A. ①故二子者守此，岂好为异论哉？　②及其后，谋诈用，而仁义之路塞，所以大乱

B. ①道者所以立本也，不可不一。　②故论作之便而讳其败，言战之善而蔽其患

C. ①是以孟子之书，有为神农之言者，有为墨子之言者，皆著而非之。　②其相率而为之者，莫不有利焉，而不胜其害也。

D. ①惟先王之道，因时适变，为法不同，而考之无疵，用之无弊。　②而诸侯及秦用之者亦灭其国。

8. 下列对原文有关内容的理解和分析，不正确的一项是(　　)。

A. 从第二段可以看出，刘向认识到 “谋诈”之害，但是他又为战国时的谋士们开脱，认为在当时形势下，他们不能不那么做。而作者不同意刘向的后一观点

B. 第三段以孔孟为例，有力地否定了刘向“不得不然”的观点。孔孟与策士们生活于相同的年代，却能阐明先王治国之道，看来并不是非用“谋诈”之术不可

C. 作者认为《战国策》宣扬“谋诈”之术，而邪说会危害正道，所以应该把它废弃禁绝；但考虑到它的史料非常丰富，又认为不能毁掉

D. 作者尽管与刘向意见相左，但依然能客观地肯定刘向的长处，遣词十分委婉，充分表现了对前代学者的尊重

9. 把下列句子翻译成现代汉语。

(1)“能勿苟而已矣。可谓不惑乎流俗而笃于自信者也。”

(2)“其为世之大祸明矣；而俗犹莫之寤也。”

(3)“放而绝之，莫善于是。”

二、散文知识强化训练

(一)选择题

1. “一门三父子，都是大文豪，诗赋传千古，峨眉共比高”这“三父子”指的是(　　)。

A. 曹操、曹丕、曹植　　B. 苏洵、苏轼、苏辙

C. 班彪、班固、班超　　D. 杜甫、杜牧、杜荀鹤

2. 下列有关文学常识的表述错误的一项是(　　)。

A. 记录孟子言行的儒家著作《孟子》，常于从容谈论之间引喻取比，意思精到，“揠苗助长”的故事尤为生动，广为后人传诵。

B.《韩非子》为先秦法家的代表著作，书中保存了不少寓言故事作为论证材料，形象生动，趣味浓厚，如“守株待兔”、“滥竽充数”、“刻舟求剑”等都有深刻的教育意义。

C. 我国地理学名著《山海经》，因其保存了大量远古神话传说，被誉为中国古代神话的渊源。这些神话又可以看作古代小说的萌芽，故又被称为“古今志怪之祖”和“小说之祖”。

D.《淮南子》为杂家著作，其中保存的上古神话传说，在一定程度上反映了古代社会的面貌和人民群众的愿望，如《女娲补天》显示了古代劳动人民改造自然的斗争和理想。

3. 下列有关文学常识的表述正确的一项是(　　)。

A.《论语》是儒家经典著作之一，主要记述孔子的言行，内容涉及哲学、政治、伦理、道德、文学、教育等各个方面，是了解儒家学说最直接、最宝贵的资料

B. 记录墨子及其弟子言行的《墨子》一书，由墨子的弟子整理而成。墨子宣传“非攻”与“兼爱”，其学说与孔子的儒学在战国时期影响极大，与儒学并称为“显学”

C. 道家经典《老子》由老子所著，以其“言道德之意”，所以又称“道德经”。老子，姓李名耳，为道家创始人

D. 道家学派的另一著作《庄子》，是庄周所著，其文语汇丰富，多用寓言，想象丰富，形成一种汪洋恣肆，富有浪漫主义色彩的独特风格。鲁迅先生说：“其文则汪洋辟阖，仪态万方，晚周诸子之作，莫能先也。”

4. 下列文学常识的表述不正确的一项是(　　)。

A. 辞赋是词和赋的统称。“辞”产生于战国时的楚国，也叫“楚辞”，以屈原的《离骚》为代表，又称“骚体”。“赋”的名称则最早见于战国后期荀况的《赋篇》，到汉代形成特定体制

B. 骈文是一种和散文相对的文体，起源于汉末，形成于魏晋，盛行于南北朝，它的最大特点是讲究对仗，即所谓“骈偶”

C. 古文又称古体文，是唐人对唐以前的文体的称呼。中唐时韩愈、柳宗元等发起的古文运动，实际上是一种先秦两汉散文的回归

D. 笔记体散文，属于古文中的杂记一类，因随笔所记，体制短小，形式活泼，故名笔记文。它特色各异，如刘义庆的《世说新语》重品评人物，沈括的《梦溪笔谈》重经世致用等

5. 最初的文学样式是(　　)。

A. 神话传说　　B. 诗歌　　C. 散文　　D. 小说

6. “鲧禹治水”的故事出自(　　)。

A.《山海经》　　B.《淮南子》　　C.《列子》　　D.《庄子》

7. 我国第一部叙事写人的伟大历史巨著是(　　)。

A. 《春秋》　　B.《左传》　　C.《战国策》　　D.《史记》

8. 最早写作赋体作品并以赋名篇的是(　　)

A. 荀子　　B. 贾谊　　C. 枚乘　　D. 班固

9. 《史记》的体例是(　　)。

A. 政治史　　B. 编年史　　C. 国别史　　D. 纪传体通史

10. 清中叶最著名的一个散文流派是(　　)。

A. 阳湖派　　B. 桐城派　　C. 鸳鸯蝴蝶派　　D. 骈文派

11. 下列有关古代散文的知识，解说正确的一项是(　　)。

A. 先秦诸子散文以说理为主，主要的作品有《论语》、《孟子》、《荀子》、《庄子》、《墨子》、《韩非子》等，史传散文以记言、记事为主，主要作品有《尚书》、《春秋》、《左传》、《战国策》、《史记》等

B. 汉代散文分为史传文、政论文、赋三类，《资治通鉴》是汉代史传文的代表作，贾谊、晁错、王充是汉代政论文的代表作家，宋玉的《高唐赋》、《神女赋》、《登徒子好色赋》，枚乘的《七发》，司马相如的《子虚赋》、《上林赋》，扬雄的《甘泉》、《羽猎》，班固的《两都赋》、张衡的《二京赋》、左思的《三都赋》等都是汉代著名的赋文

C. 唐朝的韩愈、柳宗元反对六朝以来的骈俪文，提倡写先秦两汉文体的散文，并称之为“古文”；宋代的欧阳修提倡学习韩愈的散文，他和苏轼相继领导了宋代的古文运动

D. 刘基、宋濂、张岱是明初著名的散文作家，由方苞开创、姚鼐等继承发展的“桐城派”是清代著名的散文流派

(二)填空题

1. 柳宗元字子厚，是唐代著名的散文家、诗人，祖籍河东(今山西永济)，世称_______。因官终柳州刺史，又称_______。他提出的“_______”的文学主张，对当时的“_______”起了重要的指导作用。

2. 历史散文从体例上分，主要有编年体、国别体和纪传体，著名的“四史”《史记》、《汉书》、《后汉书》、《三国志》均为_______体。

3. _______诗是相对近体诗而言的，有以《诗经》为代表的四言古诗，以《古诗十九首》为代表的五言古诗，以及杂言古诗。乐府诗中称为“曲”、“辞”、“歌”、“行”

等，都是_______诗。

4．“满纸荒唐言，一把辛酸泪。都云作者痴，谁解其中味”是清代作家_______对《_______》创作甘苦的自我感叹。

5．我们常把“_______”新文化运动作为我国古典文学和现代文学的分水岭，鲁迅是我国现代文学奠基人，被称为我国现代文学三大巨匠的是鲁迅、_______和_______。

6．由西汉_______编订的《战国策》是记载春秋战国时期谋士的斗争及谋略的一部历史散文。

7．现代文学史上著名的文学家_______的代表作有：诗集《女神》、历史剧《屈原》等。

8．“四书”指《论语》、《孟子》、《_______》、《_______》，“五经”指《诗》、《书》、《_______》、《易》、《_______》。

9．“_______”是我国现代第一个文学社团，是个现代主义的文学流派。

10．世界文学画廊中四大吝啬鬼是_______、葛朗台、阿巴公和_______。

11. 我国古典文学的形式多种多样，主要有诗歌、散文、戏曲、小说等。诗歌又包括_______、_______、_______等。散文有叙事、记游、说理、抒情等类别。戏曲是从_______代以来发展成熟的，有杂剧(北曲)、南曲等。小说既有文言小说，也有白话小说。

(三)整体感知

1. 试归纳散文的主要特点。

2. 依据目前文坛其表现形式、表现手段和传播媒介的不同状况，可以将散文分成哪几类？

3. 依据表达方式和内容的不同，可以将散文分成哪些种类？

4. 就你所知，目前网络散文有哪些文本表现形式？网络散文的高度自由化写作表现在哪些方面？你是如何看待这种高度自由化写作的？

5. 你是怎样理解散文创作理论中的“意象”与“意境”的 ？据你所知，利用现代传媒技术创设散文意境的手段有哪些？

6. 目前，文学创作界出现了小说诗意化、散文化，而散文则具象化、细节化的现象。你如何看待这两种文体的“亲近”现象？

7. 就你所了解的电视散文，谈谈其文本构成及艺术特征。

三、写作训练

阅读下面一篇散文，写一段赏析文字。

一 片 叶 子

东山魁夷(日本)

我凝望着庭院的树木。不，是观赏着生长在枝桠上的一片叶。此刻这片美丽的绿叶承受着夏日的阳光，闪烁着晶莹的光。我忆起这片叶子还是小小的嫩芽第一次跳入我眼帘时的情景。那是在去年的初冬时分。现在生长着叶子的地方，那时上面附着一片枯萎的茶色叶子。后来它离开枝桠飘落了下来。就在这个地方，当时还是幼小而坚实的嫩芽带着娇嫩的生命诞生了。

尽管经历了寒风呼啸、雪花纷扬的日子，可它还是默默地等待着春天的到来，逐渐在

体内积蓄起一种充实的力量。一天早晨，细雨停息，我看见星星点点的珍珠落满了枝头，发出晶莹的光。原来却是一株株幼芽上聚满了的雨点。我感到嫩芽丰满起来，春天已经临近了。

春天终于来到了，呈现一派萌芽时的喜悦。但是，飘落在地的那片叶，如今已经腐朽，还原于故土了。

沐浴着初夏的阳光，它长成了一片明亮剔透的嫩叶。这季节令人感到生命的充实，同时嫩叶也容易被虫子侵害。幸好平安地迎来了夏天，如今正与伙伴们竞相争茂，绿油油的一片。

我也知晓它的未来。进人盛夏，叶荫下梨蜩骚然，不停地鸣叫。但台风过后，又会变成茅蜩、寒蝉的略带凄凉的歌声。气候转凉，就听不见蝉鸣了。这回，从根部响起了虫儿的合唱，悄然平添了秋夜的兴致。

它的绿色不知不觉间竟变成了疲惫的色调。不久呈黄色，又变成茶色，耷拉在冷雨之中。一天夜里，风将挡雨板刮得戛戛作响。翌日早晨，枝头上再也看不见它的身影了。只是，我将会发现在其原来的位置上又冒出了小小的嫩芽。当新芽萌生的时候，躺在地上的它就回归故土了。

这就是大自然，不仅是它，而且是地球上一切有生命的东西的命运。一片叶的凋零，绝不是无意义的，它与整株树的生是密切相关的。一片叶有其诞生和衰亡，它使人看到四季不断流转，万物生生不息。

一个人的死，也与整个人类的生相关。毫无疑问，谁也不喜欢死，但是因此应想到的是要珍惜自然给予自己的生，同时也要珍重他人的生。生命终结之时，回归大地，这就是幸福的。与其说这是我观察庭院树木的一片叶子所悟到的真谛，莫如说是一片叶子对我静静地述说生死轮回的要诀吧。

参考答案

一、1. C　2. A　3. B

4. 全文写出了永州山水之美，但作者要表达的重点在于赞美新刺史和新堂时发表自己的政治见解，希望新刺史做到因俗成化，除残佑仁，废贪立廉，抚慰百姓。

5. A　6. C　7. D　8. C

9. (1)(孔子、孟子)能够不苟且随便罢了。这就可以说是不受流行习俗迷惑，而对自己的见解有坚定的信念。(2)他们给后代造成的大祸已经很清楚了，可是一般俗人还执迷不悟。(3)废弃并禁绝邪说(的办法)，没有比这更好的。

二、(一)1～10 BBCCB　ADADB　11 C

(二)1. 柳河东　柳柳州　文以明道　古文运动　2. 纪传　3. 古体　古体　4. 曹雪芹　红楼梦　5. 五四　郭沫若　茅盾　6. 刘向　7. 郭沫若　8. 大学　中庸　礼，春秋　9. 文学研究会　10. 夏洛克　泼留希金　11. 诗　词　散曲　元

(三)略

三、略

为　政

《论语》

学习目的与要求

1. 通过学习，了解先秦诸子派别，掌握《论语》的思想内容和基本表现手法。
2. 理解孔子“为政以德”的思想。
3. 能将一般文言文翻译成现代汉语。

学习重点

1. 掌握文言词语的解释。
2. 掌握孔子的思想核心。

一、知识拓展

诸子百家是春秋战国时代出现的众多思想学派，包括儒、道、阴阳、法、名、墨、纵横、杂、农、小说等家，学术史上称为“诸子百家”，这是我国古代思想文化的伟大时期。儒家代表人物有孔子、孟子、荀子，代表作品有《论语》、《孟子》、《荀子》。

孔子(前 551—前 479)名丘，字仲尼，春秋时鲁国人，我国古代伟大的思想家、教育家，儒家学派的创始人。《论语》是一部语录体散文集，是研究孔子学说及整个儒家思想的一部主要著作。孔子思想的核心是 “仁”，政治上提倡“仁者爱人”、“克己复礼”，教育上主张“有教无类”、“因材施教”等 。

孟子，战国中期邹国人，是孔子之孙孔伋的再传弟子。孔子之后儒家学派的主要代表，伟大的思想家、教育家、散文家、政治家。孟子继承和发展了孔子的德治思想，发展为“仁政”学说，成为其政治思想的核心。性善论是孟子学说理论的出发点，他认为应以“人”为中心，主张“仁政”、“王道”。《孟子》记载了孟子的言行，是一部对话体著作，笔带锋芒，常用夸张、比喻和寓言故事增强说服力，是先秦极富特色的散文专集。

荀子，战国时期赵国人，著名思想家、文学家、政治家，儒家重要代表人物之一，对儒家思想有所发展，提倡性恶论，常用于与孟子的性善论比较，对重整儒家典籍也有相当的贡献。荀子的思想偏向经验以及人事方面，是从社会脉络方面出发，重视社会秩序，反对神秘主义的思想，重视人为的努力，发展了古代唯物主义传统。孔子中心思想为“仁”，孟子中心思想为“义”，荀子继二人后提出“礼”，重视社会上人们行为的规范，主张发展经济和礼治法治相结合。《荀子》的文章论题鲜明，结构严谨，说理透彻，有很强的逻辑性；语言丰富多彩，善于比喻，排比偶句很多，有其特有的风格，对后世说理文章有一定影响。

二、拓展训练

阅读下文，分析回答问题

君子慎其处

孔子曰：“吾死之后，则商也日益，赐也日损[1]。”曾子[2]曰：“何谓也[3]？”子曰：

“商也好与贤己者[4]处，赐也好说[5]不若己者。不知其子，视[6]其父；不知其人，视其友；不知其君，视其使；不知其地，视其草木。故曰：与善人居，如入芝兰之室[7]，久而不闻其香，即与之化[8]矣。与不善人居，如入鲍鱼之肆[9]，久而不闻其臭，亦与之化矣。丹之所藏者赤，漆之所藏者黑。是以君子必慎其所与处者焉[10]。”（《孔子家语·六本》）

【注释】[1]商：孔子弟子。姓卜，名商，字子夏。也：语助词，表示停顿。下同。益：进益，长进。赐：孔子弟子。姓端木，名赐，字子贡。损：减损。[3]曾子：孔子弟子。名参，字子舆。[3]也：句末语气词，表示疑问。[4]贤己者：比自己贤良的人。[5]说：谈论。[6]视：看，比照。[7]芝兰：芷和兰，都是香草。芝兰之室，后用以比喻贤士居所，也指助人从善的环境。[8]化：融和。[9]鲍鱼之肆：卖咸鱼的店铺。后来用以比喻恶人的居所或小人聚集之地。[10]焉：语气词，用在句尾，表示停顿。

1. 分析“是以君子必慎其所与处者焉”的含义。
2. 孔子为什么会认为子夏会一天天进步，而子贡会一天天退步呢？
3. 孔子是如何教给我们由已知来推断未知的方法？你认为有没有道理？

孔 子 马 逸

《吕氏春秋》

孔子行道而息[1]，马逸[2]，食人之稼，野人[3]取其马。子贡请往说之[4]。毕辞[5]，野人不听。有鄙人[6]始事孔子者，曰：“请往说之。”因谓野人曰：“子不耕于东海，吾不耕于西海也。吾马何得不食子之禾？”野人大说，相谓曰：“说皆如此其辩[7]也。独如向[8]之人？”解马而与之。

【注释】[1]息：休息。[2]逸：狂奔。[3]野人：居于田野的人，指农夫。[4]子贡：孔子的学生，姓端木，名赐，字子贡，卫国人，擅长辞令。说(shuì):劝说，说服。[5]毕辞：话都说完了。[6]鄙人：指边远地区的人。[7]辩：明白。[8]独：岂，哪里。向：刚才。

4. 下列各句中加点的“而”与例句中的“而”用法相同的一项是(　　)。
   例句：解马而与之
   A. 泉香而酒洌　B. 然则何时而乐耶　C. 而吾以捕蛇独存　D. 乃记之而去
5. 翻译下列句子。
   (1) 有鄙人始事孔子者，曰：“请往说之”。
   (2) 吾马何得不食子之禾。
6. 下列对文章的理解和分析错误的一项是(　　)。
   A. 孔子在路上休息时马吃了人家的庄稼，农夫将马捉住
   B. 子贡自告奋勇地去要马但到底也没有说服农夫
   C. 孔子的仆人因刚开始跟随孔子而想表现自己就抢先去说服农夫
   D. 文章虽短却说明了说话的方式方法要适合情境、对象的道理
7. 这个故事告诉我们什么道理？

三、口语训练

如何抓住演讲的关键

演讲是一种面对面的交流，千万不可把演讲看作是背诵文章，思想内容清晰、有文采固然重要，但对于抓住听众的耳朵，使他们用全部感觉器官来感知你的思想感情才是关

键。如何做到这一点呢？这就要求演讲者不要局限于一定的形式，要具有积极的心态应对任何场合，闻一多先生在《最后一次演讲》中历数特务的卑劣行径之后，突然语调一变，以第二人称怒吼“今天，这里有没有特务？你站出来！是好汉的站出来！你出来讲，凭什么要杀害李公朴先生？！”这种针对情况临场发挥的效果是非常明显的，使特务震惊，使听众亢奋，极大调动了听众的积极性。打破形式有时还可以扭转不利因素。美国一位有名的演说家，一次在竞选州长时发表演说，一位听众故意发难大叫“你这个混蛋！”这位演说家立刻回答“这位先生，请你小心一点！你正在骂我最喜爱的人”，这是一种不露声色的文雅而幽默的回击，困境之中达到了巧妙自救。

请做演讲练习《我心中的大学生活》，可采用上台下台互动一问一答的表达方式，要求调动大家的情感共鸣，场面气氛热烈，畅所欲言。

四、课文内容强化训练

(一)选择题

1. 孔子学说的基本核心是(　　)。

A. “仁”和“礼”　B. “克己复礼”　C. “非攻”　D. “无为”

2. 《论语》在语言上的突出特点，是它大量吸收和运用了(　　)。

A. 寓言　B. 故事　C. 口语虚词　D. 比喻

3. 孟子哲学思想的中心是(　　)。

A. “性善”　B. “仁政”　C. “民为贵”　D. “尚贤”

4. 孔子对道德修养提出了很高要求的语句是(　　)。

A. 不患人之不己知，患不知人也　B. 三人行，必有我师焉

C. 学而不思则罔，思而不学则殆　D. 默而识之，学而不厌，诲人不倦

5. 在我国文学创作史上，最早以“赋”命名的一位作家是(　　)。

A. 墨子　B. 荀子　C. 韩非子　D. 庄子

6. 成语“分崩离析”、“祸起萧墙”、“既来之，则安之”均出自(　　)。

A.《季氏将伐颛臾》　B.《阳货欲见孔子》

C.《楚狂接舆》　D.《天时地利人和》

7. “不患寡而患不均，不患贫而患不安”一句出自(　　)。

A.《孟子》　B.《韩非子》　C.《论语》　D.《庄子》

8. 《论语》一书的编撰者是(　　)。

A. 孔子　B. 孟子

C. 孔子的弟子　D. 孔子的弟子和再传弟子

9. 先秦时期最能代表儒家思想的语录体散文集是(　　)。

A.《庄子》　B.《论语》　C.《孟子》　D.《战国策》

10. “逝者如斯”一语出自(　　)。

A.《醉翁亭记》　B.《前赤壁赋》　C.《论语・子罕》　D.《孟子》

11. 下列句子中词语运用不正确的一项是(　　)。

A. 又要编杂志，又要跑发行，老李整天忙得不亦乐乎。

B. 王明的几次考试成绩都不理想，老师指出他基础不牢固，教导他学习应该常温故知新。

C. 骄傲自满是求知的大敌，学而不厌才是学习的正确态度。

D. 武斌同学学习成绩一直遥遥领先，这归功于他经常向老师和同学请教，己所不欲，勿施于人，勤奋好学。

12. 下列句中加点的“为”字不读 wéi 音的一组是(　　)。

①为政以德　　②何以伐为　　③后世必为子孙忧

④君子疾夫舍曰“欲之”而必为之辞　　⑤不足为外人道也　　⑥而求也为之聚敛而附益之

A. ①②③　　B. ①②⑤　　C. ④⑤⑥　　D. ②③④

(二)填空题

1.《论语》是记录_______的一部书，是_______家经典著作之一，是由_______收集整理而成。孔子，名_______，字_______，_______时期鲁国人，我国古代伟大的_______、_______。晚年致力于教育，是第一个把教育普及到平民的人，还整理《诗》、《书》，并把鲁国史官所记_______加以删修，成为我国第一部编年体历史著作_______。

2. “四书五经”中的“四书”指：_______，“五经”指：_______。

3. 生活中用来教育人们要谦虚，不要狂妄、不懂装懂时，我们常引用《论语》中孔子的话：“_______，_______，_______。”

4. 揭示儒家所倡导的待人接物的处世之道的句子是：“____________。”

5. 孔子认为“兴趣是最好的老师”的句子是：“____________________________。”

6. 在中外教育史上，第一个倡导启发式教学的是孔子。他给后人留下了“启发式”、“举一反三”的教育教学经验的句子是：“______________________________。”

(三)词语句子释难

1. 理解下列词语与现代意义的区别。

(1)众星拱北　(2)三十而立　(3)见义勇为　(4) 既来之，则安之　(5)分崩离析　(6)鸣鼓攻之　(7)祸起萧墙

2. 翻译下列句子。

(1)子曰：“为政以德，譬如北辰，居其所而众星共之。”

(2)子曰：“诗三百，一言以蔽之，曰：思无邪。”

(3)子曰：“道之以政，齐之以刑，民免而无耻，道之以德，齐之以礼，有耻且格。”

(4)子曰：“吾十有五而志于学，三十而立，四十而不惑，五十而知天命，六十而耳顺，七十而从心所欲不逾矩。”

(5)子曰：“君子周而不比，小人比而不周。”

(6)子曰：“人而无信，不知其可也。大车无輗，小车无軏，其何以行之哉？”

(7)子曰：“非其鬼而祭之；谄也。见义不为，无勇也。”

(四)整体感知

1. 宋开国丞相赵普曾说：“半部《论语》治天下。”你是怎样理解这句话的？

2. 在“温故而知新，可以为师矣”中“温故”与“知新”二者之间是什么关系？

3. 结合课文，说说孔子提出为政者的基本素质是什么。

4. “己所不欲，勿施于人”是儒家的待人接物之道，意思是自己不愿意的，不要强加给别人。你认为应该怎样看待这句话？请写一段话阐述自己的观点。

5. “君子食无求饱，居无求安”中“君子”的含义是什么？根据自己的生活经验，试理解现实生活中的“君子”是一个什么样的形象。

五、写作训练

1．古代儒家主张以德治国，现代社会更强调以法治国。治国以“德”为重还是以“法”为重？结合本课内容，写一篇不少于600字的文章谈谈对这个问题的看法。

2．《论语》深深地影响了我们的生活，其中所蕴含的丰富哲理启迪着我们的心灵，它告诉了我们如何为人处世，修身养性。有人说过：“人做好了，世界也就做好了。”让我们从自身做起，完善自我，让这个世界更加和谐。以“千里之行，始于足下”为题写一篇文章，要求：必须写成议论文，不少于800字，字迹工整，卷面整洁。

参考答案

二、1～3 略　4. D

5. (1)有个刚跟孔子做事的仆人请求说让他去劝说农夫。(2)我的马怎么能不吃你的庄稼呢？(意思对即可)

6. C

7. 本文所讲道理是讲话也是一门技巧，只有抓住对方的思想，讲道理，才能说服别人接受自己的意见。

三、略

四、(一)1～10 ACAAB　ACDBC　11～12 DC

(二)1.孔子及其弟子言行　儒　孔子弟子及其再传弟子　丘　仲尼　春秋　思想家　教育家　《春秋》　2.《论语》、《大学》、《中庸》、《孟子》　《诗经》、《尚书》、《礼记》、《易经》、《春秋》　3.知之为知之　不知为不知　是知也　4.己所不欲，勿施于人　5.知之者不如好之者，好之者不如乐之者　6.不愤不启，不悱不发，举一隅不以三隅反，则不复也

(三)1. (1) 众星拱北：天上众星拱卫北辰。旧指有德的国君在位，得到天下臣民的拥戴。拱，环线在周围保卫着，拱，古作共。北，北辰，北极星。

(2) 三十而立：30 岁的人应该能依靠自己的本领独立承担自己应承受的责任，并已经确定自己的人生目标与发展方向。

(3) 见义勇为: 原句是“见义不为，无勇也。”即见到应该挺身而出的事情，却袖手旁观，就是怯懦。现在指看到正义的事，就勇敢地去做。

(4) 既来之，则安之：把远人招来之后，又要使他们安定下来。“来”、“安”都是使动用法。“之”指代上文的“远人”。现在指：既然已经来了，就应该安下心来。“之”虚化，起补充音节作用。

(5) 分崩离析：指当时鲁国不统一，已被季孙、孟孙、叔孙三家分割。孔子哀叹国家

的没落。分崩，破裂。离析，散开。后用以形容国家或集团分裂瓦解，不可收拾。

(6) 大动干戈：发动战争。干戈，泛指武器，比喻战争。现在多比喻兴师动众或大张声势地做事。

(7) 祸起萧墙：指祸患起于内部。后用以指内部出乱子。也指家庭成员中自起矛盾造成祸患。

2. 略

(四)1. 这句话的意思是说精通了半部《论语》就可以治理天下。这句话道出了《论语》在修身、治国方面的作用。

2. “温故”与“知新”并非并列的两件事，关键在于“知新”，这就需要独立思考。如果只“温故”而不独立思考，必然达不到独立思考，必然达不到“知新”的目的。

3. 孔子提出的“为政以德”的政治主张，以“仁”为理论基础，以“礼”为上下制约机制，以“人才”为实现途径的政治思想体系。

4. 略　　5. 略

五、略

山　　木

《庄子》

学习目的与要求

1. 学习本文用设喻说明哲理的写法。
2. 体会“哲理与形象结合”的特点。
3. 充分了解庄子虚己、无为的处事之道。
4. 分了解庄子宣扬的相对主义的认识论。
5. 掌握本文揭示的道理以及这种道理在客观上的意义，结合作品分析作者是如何把抽象的哲理转化成具体的形象的。

学习重点

1. 在熟读的基础上掌握文中的重点词语和句式。
2. 结合本文寓意进一步了解庄子的思想。

一、知识拓展

《庄子》

庄子(约公元前 369 年—约前 286 年)，名周，战国时哲学家、散文家，宋国蒙人，曾任蒙漆园吏，但不久辞去。《史记》上说，“楚威王闻庄周贤，使使厚币迎之，许以为相”，可庄周并未接受，“宁游戏污渎之中自快，无为有国者所羁”，终身不仕。

《庄子》，道家经典之一，共 33 篇，其中内篇 7 篇，外篇 15 篇，杂篇 11 篇。一般认为，内篇是庄周自著，外篇、杂篇是庄周的门徒所著。《庄子》一书，风格独特，它把深奥玄妙的哲理与生动具体的想象融于一炉；想象丰富，构思奇特，语言丰富，善于对事物进行极细致、生动的描绘，书中的寓言很多。鲁迅先生曾称赞他的文章说“汪洋辟阖，仪态万方”。

庄子的思想是指：第一，主张“天道无为”的思想；第二，持有相对主义的认识论；第三，主张无条件的精神自由。从庄子的整个思想体系和政治观点来看，庄子无疑是代表没落奴隶主阶级的哲学家。由于社会的根本变化，庄子的地位无法维持，这就决定他对现实极端不满，他既不满现实，又无法反抗它，就不得不走隐居遁世的道路。他是一个悲观绝望的厌世主义者，觉得“人生天地之间，若白驹之过隙，忽然而已”，所以妻死则“箕踞鼓盆而歌。”庄子的处世态度就是玩世不恭，随俗浮沉。他常说“无用之用”才是“大用”。这一切都充分表现了一个没落阶级的思想观点。不过，庄子的放荡不羁，蔑视礼法和权贵，以及对统治者不合作的态度，在特定的历史时期曾起过一定的积极作用。他还认为圣知仁义只是供统治者利用的工具，这些都是极为深刻的见解。庄周一生贫困，身居陋巷，常向人借粮，自织草鞋，穿粗布衣和破鞋子，甘愿闲居独处。他继承并发扬了老子的思想，和老子同是道家学派的代表人物，世称老庄。

二、拓展训练

阅读下文，分析回答问题。

庄子行于山中，见大木枝叶盛茂，伐木者止其旁而不取也。问其故，曰：“无所可用。”庄子曰：“此木以不材得终其天年。”夫子出于山，舍于故人之家。故人喜，命竖子(侍僮)杀雁(鹅)而烹之。竖子请曰：“其一能鸣，其一不能鸣，请奚杀？”主人曰：“杀不能鸣者。”明日，弟子问于庄子曰：“昨日山中之木，以不材得终其天年，今主人之雁，以不材死；先生将何处？”庄子笑曰：“周(庄子自称)将处乎材与不材之间。材与不材之间，似之而非也，故未免乎累。若夫乘(驾驭)道德而浮游则不然，无誉无訾(毁议)，一龙一蛇，与时俱化，而无肯专为。一上一下(指进退)，以和为量(标准)，浮游乎万物之祖(原始状态)。物物(以外物为物)而不物于物，则胡可得而累邪！此神农、黄帝之法则也。若夫万物之情，人伦之传，则不然。合则离，成则毁。廉则挫，尊则议(非议)，有为则亏，贤则谋，不肖则欺，胡可得而必乎哉！悲夫！弟子志之，其唯道德之乡(回归)乎！”

1. 这里谈的是如何处事，是有才好，还是无才好，庄子主张无为，逻辑的结论当然是无才好，但是，庄子是如何自圆其说的？

2. 翻译并指出下面这句话说明了什么哲理。

“若夫万物之情，人伦之传，则不然。合则离，成则毁，廉则挫，尊则议(非议)，有为则亏，贤则谋，不肖则欺，胡可得而必乎哉！”

3. 既然事物是相对的，那么怎么做才能保全自己？

三、口语训练

心理素质训练

要学会运用生理调节和心理暗示法进行心理调控，克服口语交际中胆怯、自卑等心理障碍，做到从容、自然、顺畅、得体的讲说。所谓生理调节法就是用深呼吸等方法调节紧张心理。所谓心理暗示法就是说话者自己给自己的暗示，要充满自信，告诉自己：“我会比别人强”，“我已做好充分准备”，“我坚信不移”。

读下面一段话，谈谈你对撒切尔夫人的印象，看看自信在“铁腕女人”身上产生了怎样的力量。

传奇作家雨果·杨格这样描述连续三次大选获胜的英国前首相撒切尔夫人：“她理解成功的人，而不理解失败者；理解领袖人物而不理解追随者；理解精英人物，而不理解普通大众。她尤其不愿理解那些不喜欢或不屑与她为伍的人，她也不理解其他人为什么会怨天尤人，悲观失望。信念不仅存在于她的头脑之中，而且也溶进了她的骨髓。用她的话说‘小小的退却也是致命的。’她集坚如磐石的信念，强烈的义务感，精细的判断力于一身，她冷静、从容、自信、敢于面对一切。”

练习：由听众扮演提问者，采用反问、逼问、诘问等提问方式不断向说话者“进攻”。

四、课文内容强化训练

(一)选择题

1. 我国先秦时期的散文分为历史散文和诸子散文，下列属于诸子散文的是(　　)。
   A.《春秋》、《吕氏春秋、《国语》　　B.《论语》、《吕氏春秋》、《庄子》
   C.《墨子》、《战国策》、《左传》　　D.《韩非子》、《春秋》、《庄子》
2. 诸子散文中成就最高的作品是(　　)。
   A.《论语》　B.《孟子》　C.《庄子》　D.《荀子》
3. 在中国哲学史上，第一个系统论述了人性的是(　　)。
   A. 孔子　B. 孟子　C. 庄子　D. 老子
4. 先秦唯物主义哲学集大成者是(　　)。
   A. 孔子　B. 孟子　C. 庄子　D. 荀子
5. 不属《汉书•艺文志》所列“九流十家”的是(　　)。
   A. 阴阳家　B. 杂家　C. 纵横家　D. 兵家
6. 《庄子》一书共有(　　)。
   A. 31 篇　B. 32 篇　C. 33 篇　D. 35 篇
7. 寓言故事“触蛮之争” 见于(　　)。
   A.《墨子》　B.《列子》　C.《韩非子》　D.《庄子》
8. 同属道家学派的是(　　)。
   A. 孔子和孟子　B. 荀子和韩非子　C. 李斯和李密　D. 老子和庄子
9. 保存寓言最多的作品是(　　)。
   A.《庄子》　B.《列子》　C.《荀子》　D.《吕氏春秋》
10. 鲁迅誉之为“晚周诸子之作莫能先也”的著作是(　　)。
   A.《庄子》　B.《孟子》　C.《荀子》　D.《韩非子》
11. 政治上主张“无为而治”的是(　　)。
   A. 孔子　B. 孟子　C. 庄子　D. 韩非子
12. 著名论断 “白马非马”是(　　)提出的。
   A. 列子　B. 公孙龙　C. 晏子　D. 孟子

(二)填空题

1. 庄子是老子之后道家的主要代表，后世把他和老子并称为“老庄”。《庄子》是道

家的代表作之一，亦称_______。代表庄周“_______”的主张。他承认事物的相对性，但又否认_______。他激烈批判“_______”的黑暗现实。庄子的文章构思奇特，想象丰富，行文汪洋恣肆，并多采用_______形式，善用_______，富有浪漫色彩。

2.《山木》是《庄子》中的一篇，它主要探讨了庄子的处世哲学是_______。

3.《庄子》在哲学和文学上都有较高价值，鲁迅先生曾说他的作品“汪洋辟阖，仪态万方，晚周诸子之作，_______”。后人在思想、文学风格、文章体制、写作技巧上受《庄子》影响的有很多，如阮籍、_______、_______、_______等。

4. “庄子游于雕陵之樊”一则，描写了一个由蝉、螳螂、异鹊、庄周、虞人组成的厉害得失的连环圈，无奈地提出“_______”的认识判断，这也是成语“_______”的由来。

(三)整体感知

1. 孔子故事是否真实？其作用是什么？
2. 庄子直接以自己的贫穷来讽刺君王，这与当时劝谏的主流不一样，你如何看待？
3. 当人们无路可走的时候，会有什么选择呢？庄子告诉我们什么？
4. 谈谈《山木》的文学性与哲理性。
5. 庄子对后世的影响是什么？

五、写作训练

结合当今社会的特点，谈谈庄子给予我们的启示。要求有理有据，条理清晰。

参考答案

二、1. 庄子采取圆滑的“才与不才之间”的态度，又说这种“才与不才之间”也只是形似于道，这样就把漏洞堵上了。

2. 至于说到万物的情感，人类的传统习惯，就不是这样。有聚合就有分离，有成功就有毁灭；方正清廉就会遭受挫折，尊贵显达就要受到非议，有作为就会有亏损，贤能的就要遭到谋算，没有本事就受到欺侮，怎么可以偏执于一方呢！哲理：事物是相对的。

3. 一个人倘能听任外物、处世无心而自由自在地遨游于世，谁能够伤害他！庄子继承老子的辩证哲学思想，认为人们只要熟悉事物的演变过程，认识事物演变的因果联系，掌握与利用“道德”，就可以找到事物演变的“中和”度量，即平衡点，从而进退自如，达到趋利避害的目的。庄子所谓“道德之乡”，就是现代哲学所谓的“自由王国”。

三、略

四、(一)1～10BCBDD　CDDAA　11～12CB

(二)1.《南华经》　无为而治　客观事物的差别　窃钩者诛，窃国者为侯。诸侯之门，而仁义存焉　寓言　譬喻　2. 役使外物而不被外物所役使，浮游于“万物之祖”和“道德之乡”。即处于材与不材之间　3. 莫能先也　陶渊明、苏轼、辛弃疾、李白、曹雪芹等(举三人即可)　4. 物固相累，二类相召　螳螂捕蝉，黄雀在后

(三)略

五、略

大学之道

《大学》

学习目的与要求

1. 了解《大学》的宗旨。
2. 掌握“明明德”、“亲民”、“止于至善”三大纲领的内涵。
3. 正确看待个人修养与社会治乱的关系。

学习重点

理解“明明德”、“亲民”、“止于至善”三大纲领的内涵。

一、知识拓展

《大学》

《大学》是儒家经典《四书》之一，《大学》原是《礼记》第 42 篇，本文的撰成约在战国末期至西汉之间，作者是谁尚未定论，一说是曾子所作，一说是孔门七十子后学者所作。在南宋前从未单独刊印过。自唐代韩愈、李翱维护道统，开始推崇《大学》与《中庸》。北宋时司马光编撰《大学广义》，是为大学独立成书之始。程颢、程颐又编撰《大学》原文章节成《大学定本》。南宋时朱熹编撰《大学章句》，并与《论语》、《孟子》、《中庸》合编为《四书》。按照朱熹的看法，《大学》是孔子及其门徒留下来的遗书，是儒学的入门读物。因此，朱熹把它列为“四书”之首。朱熹是在二程改编的基础上继续加工、编排，分为“经”、“传”，朱熹认为其中“经”是曾参记述孔子的话。“传”是曾参门人记述曾参的话，但无明确根据。

《大学》着重阐述了个人道德修养与社会治乱的关系，以“明明德”、“亲民”、“止于至善”为修养的目标。又提出实现天下大治的八个步骤，即 “格物”、“致知”、“诚意”、“正心”、“修身”、“齐家”、“治国”、“平天下”。其中每一个都以前一个为先决条件，而“修身”是其中最根本的、具有决定意义的一步，前四个是“修身”的方法途径，后三个是“修身”的必然效果。从天子到庶人“皆以修身为本”，每个社会成员特别是统治者道德修养的好坏决定着社会的治乱。它明确肯定道德在社会生活中的作用。宋明理学把总括封建纲常的“理”或 “知” 看作天地万物的主宰，是对这一观点的继承和发展。《大学》和《中庸》一样提倡“慎独”，主张在无人监督的情况下诚心诚意地恪守道德规范。《大学》反对统治者贪得无厌，不择手段地聚敛财货，提出“德者本也，财者末也”，“财聚则民散，财散则民聚”，“货悖而入者，亦悖而出”，这些论点具有一定的进步意义。

二、拓展训练

阅读下面文章，分析回答问题

大学之道，在明明德，在亲民，在止于至善。知止而后有定；定而后能静；静而后能安；安而后能虑；虑而后能得。物有本末，事有终始。知所先后，则近道矣。古之欲明明德于天下者，先治其国；欲治其国者，先齐其家；欲齐其家者，先修其身；欲修其身者，

先正其心；欲正其心者，先诚其意；欲诚其意者，先致其知；致知在格物。物格而后知至；知至而后意诚；意诚而后心正；心正而后身修；身修而后家齐；家齐而后国治；国治而后天下平。自天子以至于庶人，壹是皆以修身为本。其本乱而末治者，否矣。其所厚者薄，而其所薄者厚，未之有也！此谓知本，此谓知之至也。

1. 翻译这段文字并进行分析。

2. “知止而后有定；定而后能静；静而后能安；安而后能虑；虑而后能得”，为什么要先“定”后“静”？为什么坚定了志向就能心不动了呢？

3. “物格而后知至；知至而后意诚；意诚而后心正；心正而后身修；身修而后家齐；家齐而后国治；国治而后天下平。”为什么要先格物致知才诚意正心呢？

三、口语训练

读书要“三到”

凡读书……须要读得字字响亮，不可误一字，不可少一字，不可多一字，不可倒一字，不可牵强暗记。而是要多诵遍数，自然上口，久远不忘。古人云：“读书千遍，其义自见”。谓读得熟，则不待解说，自晓其义。余尝谓，读书有三到，谓心到、眼到、口到。心不在此，则眼不看仔细，心眼既不专一，却只漫浪诵读，决不能记，记亦不能久也。三到之法，心到最急。心既到矣，眼口岂不到乎？ (选自《训古斋规》)

古人对读书早已有心得，要想读得好，就要做到心到、眼到、口到。把文字材料用有声语言表达出来这是一种带有再创造性的艺术活动。它要求朗读者在对文字材料充分理解的基础上，运用一定的技巧把文字材料中蕴涵的情、景、理、事充分还原，具有转述性、知识性、质朴性、严肃性。朗读时要做到准确、自然、清晰、含情。朗读下面文章，体会朗读的技巧。

风　赋

宋玉

楚襄王游于兰台之宫，宋玉、景差侍。

有风飒然而至，王乃披襟而当之，曰：“快哉此风！寡人所与庶人共者邪？”宋玉对曰：“此独大王之风耳，庶人安得而共之？”

王曰：“夫风者，天地之气，溥畅而至，不择贵贱高下而加焉。今子独以为寡人之风，岂有说乎？”宋玉对曰：“臣闻于师，枳句来巢，空穴来风。其所托者然，则风气殊焉。”

王曰：“夫风始安生哉？”宋玉对曰：“夫风生于地，起于青苹之末；侵淫溪谷，盛怒于土囊之口；缘泰山之阿，舞于松柏之下。飘忽淜滂，激扬熛怒，耾耾雷声，回穴错迕，蹶石伐木，梢杀林莽。至其将衰也，被丽披离，冲孔动楗，眴焕粲烂，离散转移。故其清凉雄风，则飘举升降，乘凌高城，入于深宫。邸华叶而振气，徘徊于桂椒之间，翱翔于激水之上，将击芙蓉之精，猎蕙草，离秦蘅，概新夷，被荑杨，回穴冲陵，萧条众芳。然后倘佯中庭，北上玉堂，跻于罗帷，经于洞房，乃得为大王之风也。故其风中人，状直憯凄惏栗，清凉增欷，清清泠泠，愈病析酲，发明耳目，宁体便人。此所谓大王之雄风也。”

王曰：“善哉论事！夫庶人之风，岂可闻乎？”宋玉对曰：“夫庶人之风，塕然起于穷巷之间，堀堁扬尘，勃郁烦冤，冲孔袭门，动沙堁，吹死灰，骇溷浊，扬腐余，邪薄入

瓮牖，至于室庐。故其风中人，状直憞溷郁邑，殴温致湿，中心惨怛，生病造热，中唇为胗，得目为蔑，啗齰嗽获，死生不卒。此所谓庶人之雌风也。”

四、课文内容强化训练

(一)选择题

1. 下列是我国也是世界上最早的一部教育专著是(　　)。
   A. 中庸　　B. 礼记　　C. 论语　　D. 学记
2. 孔子的教育思想主要记载在(　　)。
   A. 中庸　　B. 礼记　　C. 论语　　D. 学记
3. 在中国古代社会中，被作为教学的基本教材和科举考试依据的是(　　)。
   A. 四书　　B. 五经　　C. 六艺　　D. 八股文
4. 义务教育的实施在(　　)之后。
   A. 第一次工业革命　　B. 第二次工业革命
   C. 第三次工业革命　　D. 第四次工业革命
5. “教育即生活”，“教育即生长”等命题的提出者是(　　)。
   A. 夸美纽斯　　B. 洛克　　C. 杜威　　D. 赫尔巴特
6. “教学相长”，“及时而教”等教育思想最早出自我国的(　　)。
   A. 中庸　　B. 大学　　C. 论语　　D. 学记
7. 提出“道而弗牵，强而弗抑，开而弗达”的著作是(　　)。
   A. 中庸　　B. 礼记　　C. 论语　　D. 学记
8. 提出“不愤不启，不悱不发”，重视启发教学的教育家是我国的(　　)。
   A. 孔子　　B. 孟子　　C. 荀子　　D. 朱熹
9. 主张“有教无类”的观点的人是(　　)。
   A. 孔子　　B. 孟子　　C. 荀子　　D. 朱熹
10. 提出“化民成俗，其必由学”的著作是(　　)。
   A. 中庸　　B. 礼记　　C. 论语　　D. 学记

(二)填空题

1. ________开启了制度化教育的新阶段。

2. 教育制度的发展经历了从前制度化教育，到制度化教育，再到______教育的过程。

3. 狭义的教育主要是指________教育。

4.《四书》包括________。它是由________编定的。朱熹所著的《四书章句集注》在元代以后，成为历代封建官学的法定教科书，也是________的共同必考内容。

5. 北宋初期六所最著名的书院是________、________应天府书院、嵩阳书院、石鼓书院、茅山书院。

6. 中国最早的学校称为________之学，其宗旨在于________。

7. 中国奴隶社会教育内容是________，六艺由六门课程组成：________。宋代以后，程朱理学成为国学，儒家经典被定为________。

8. 世界教育思想史上最早论述教育教学的专著是________，它总结了儒家的教育理论

和经验，提出________、“君子之教，喻也”、________等观点。

(三)整体感知

1. 文中提出的三纲八条目是什么？它们之间的关系是什么？
2. 20世纪以来，社会对学校教育的要求有哪些新变化？
3. 进入20世纪以后，世界教育有哪些特点？
4. 根据文中所示，治国安邦的方法是什么？
5. 如何做到修身养性？

五、写作训练

发散思维训练：查找资料回答问题。要求有理有据，有个人见解。

1. “我是谁”这个问题能否以一个确切的答案来回答？
2. 能否说“所有的权力都伴随以暴力”？
3. 什么是公众舆论能够承受的真理？
4. 能否将自由视为一种拒绝的权力？
5. 我们对现实的认识是否受科学知识的局限？
6. 感知能力是否可以来自教育？

参考答案

二、略　　三、略

四、(一) 1～10 DCAAC　DDAAD

(二) 1.近代学校系统　　2.非制度化　　3.学校教育　　4.《大学》、《中庸》、《论语》、《孟子》　朱熹　科举考试　　5.白鹿洞书院　岳麓书院　　6.庠序　明人伦　　7.六艺教育　礼、乐、射、御、书、数　《四书》、《五经》　　8.《学记》　化民成俗、其必由学，建国君民、教学为先　道而弗牵、强而弗抑、开而弗达

(三) 1.提出了明明德、亲民、止于至善三条纲领，又提出了格物、致知、诚意、正心、修身、齐家、治国、平天下八个条目。八个条目是实现三条纲领的途径。明明德是指弘扬光明正大的品德。新民是指让人们革旧图新。止于至善是指要达到最好的境界，指做事要分清主次，抓住根本。格物致知是指穷究事物的原理来获得知识。诚意就是“勿自欺”，不要“掩其不善而著其善”。正心就是端正自己的心思。修身就是加强自身修养，提高自身素质。齐家就是管理好自己的家庭、家族。治国平天下是谈治理国家首先要作表率；自己讨厌的，不加给别人；要得众、慎得、生财、举贤。“得众则得国，失众则失国”；“有德此有人，有人此有土，有土此有财”；见贤能举，举而能先。

2. ①要求加强学校教育与社会物质生产的直接联系。②要求教育向终身化的方向发展。③要求学校进一步面向未来，先行一步，为社会和人类的未来前景提供教育保障。④要求学校教育着重培养人的创造意识和实践能力。

3. 教育的终身化、全民化、民主化、多元化和教育技术的现代化。

4. 在于提倡和发扬正大光明的德行和德政，广泛地亲近民众和尊重民意，永无止境地追求至善至美，以至善至美为奋斗目标。

5.自己具有美德且把它彰显于世，即彰显人人本有，自身所具的光明德性，再推己及人，使人人都能去除污浊而自新，而且精益求精，做到最完善的地步并且保持不变。上到天子下到平民百姓，都应该以修身为本。现实意义：平常待人做事要多修德行，自己首先严于律己，并且发挥能力，工作做到最好，然后才可感化别人，影响别人，共同进步，共赢发展。

五、略

管晏列传

司马迁

学习目的与要求

1. 正确把握这篇文章的思想意义。
2. 体会把握司马迁人物传记虚实结合的特点。
3. 学习《史记》通俗、简洁精炼、富于感情的语言艺术。
4. 分析管仲从政取得成功的原因。
5. 了解司马迁为管仲列传的目的及课文所蕴藏的人才观对于今天的现实意义。
6. 培养同学情谊，懂得同学、朋友之间相处贵在真诚，互相理解。

学习重点

1. 了解司马迁为管仲列传的目的及课文所蕴藏的人才观对于今天的现实意义。
2. 培养同学情谊，懂得同学、朋友之间相处贵在真诚，互相理解。

一、知识拓展

司马迁(约前 145—约前 87 年)西汉伟大的史学家、文学家。字子长，左冯翊夏阳人。他爱憎分明、学识渊博、才华卓绝，“李陵事件”中因为仗义直言而触怒了汉武帝，被施以“腐刑”，个人身心遭受了巨大创伤。他由此看清了以汉武帝为代表的封建统治者丑恶自私的真实面目，从此以更加大胆、求实的唯物思想和高度历史观发愤创作《史记》。他把自己的满腔热情和愤怒融进每一篇传记中去，从而创作出了“史家之绝唱，无韵之离骚”的《史记》。

《史记》列“二十四史”之首，记载了从传说中的黄帝开始一直到汉武帝元狩元年(公元前 122 年)三千年左右的历史，作者司马迁以其“究天人之际，通古今之变，成一家之言”的史识，使《史记》成为中国历史上第一部纪传体通史，也是古代最著名的典籍之一，与后来的《汉书》、《后汉书》、《三国志》合称“前四史”。

《史记》全书包括十二本纪、三十世家、七十列传、十表、八书，共 130 篇，五十二万六千五百余字。《史记》对后世史学和文学的发展都产生了深远影响。其首创的纪传体编史方法为后来历代“正史”所传承。同时，《史记》还被认为是一部优秀的文学著作，在中国文学史上有重要地位。

司马迁自述写作《管晏列传》之缘由：“晏子俭矣，夷吾则奢，齐桓以霸，景公以治，作《管晏列传》第二。”指出虽然管仲的奢华与晏婴的节俭形成鲜明对比，但是二人

同为齐国杰的出政治家，管仲辅佐桓公成就霸业，勋业彪炳，晏婴协助景公成就治世，政绩显赫，一霸一治，泽被当代，垂范后世，二人虽隔百余年，但他们都是齐人，都是名相，又都为齐国作出了卓越的贡献，所以将二人合传写成《管晏列传》。

《史记》为中国文学建立了一批重要的人物原型。在后代的小说、戏剧中，所写的帝王、英雄、侠客、官吏等各种人物形象，有不少是从《史记》的人物形象演化出来的。

二、拓展训练

阅读下面的文章，分析回答问题。

豫让者，晋人也，故尝事范氏及中行氏，而无所知名，去而事智伯，智伯甚尊宠之。及智伯伐赵襄子，赵襄子与韩、魏合谋灭智伯，灭智伯之后而三分其地。豫让遁逃山中，曰："嗟乎！士为知己者死，女为说己者容。今智伯知我，我必为报仇而死，以报智伯，则吾魂魄不愧矣。"乃变名姓为刑人，入宫涂厕，中挟匕首，欲以刺襄子。襄子如厕，心动，执问涂厕之刑人，则豫让，内持刀兵，曰："欲为智伯报仇！"左右欲诛之。襄子曰："彼义人也，吾谨避之耳。且智伯亡无后，而其臣欲为报仇，此天下贤人也。"卒释去之。

居顷之，豫让又漆身为疠，吞炭为哑，使形状不可知，行乞于市。其妻不识也。行见其友，其友识之，曰："汝非豫让邪？"曰："我是也。"其友为泣曰："以子之才，委质而臣事襄子，襄子必近幸子。近幸子，乃为所欲，顾不易邪？何乃残身苦形，欲以求报襄子，不亦难乎！"豫让曰："既已委质臣事人，而求杀之，是怀二心以事其君也。且吾所为者极难耳！然所以为此者，<u>将以愧天下后世之为人臣怀二心以事其君者也。</u>"

既去，顷之，襄子当出，豫让伏于所当过之桥下。襄子至桥，马惊，襄子曰："此必是豫让也。"使人问之，果豫让也。于是襄子乃数豫让曰："子不尝事范、中行氏乎？智伯尽灭之，而子不为报仇，而反委质于智伯。智伯亦已死矣，而子独何以为之报仇之深也？"豫让曰："臣事范、中行氏皆众人遇我，我故众人报之。至于智伯，国士遇我，我故国士报之。"襄子喟然叹息而泣曰："嗟乎豫子！子之为智伯，名既成矣，而寡人赦子，亦已足矣。子其自为计，寡人不复释子！"使兵围之。豫让曰："臣闻明主不掩人之美，而忠臣有死名之义。<u>前君已宽赦臣，天下莫不称君之贤。</u>今日之事，臣固伏诛，然愿请君之衣而击之，焉以致报仇之意，则虽死不恨。非所敢望也，敢布腹心！"于是襄子大义之，乃使使持衣与豫让。豫让拔剑三跃而击之，曰："吾可以下报智伯矣！"遂伏剑自杀。(节选自《史记·刺客列传》)

1. 对下列句子中加线的词语的解释，不正确的一项是(　　)。

A. 女为说己者<u>容</u>　容：打扮　　B. 则虽死不<u>恨</u>　恨：仇恨。

C. 于是襄子乃<u>数</u>豫让曰　数：责备　　D. 子不<u>尝</u>事范、中行氏乎　尝：曾经

2. 下列各组句子中，加下划线的词的意义和用法不相同的一组是(　　)。

A. <u>而</u>事智伯　　化<u>而</u>为鸟，其名为鹏

B. 以报智伯，<u>则</u>吾魂魄不愧矣　　竭诚<u>则</u>为吴越为一体

C. 襄子<u>乃</u>数豫让曰　　要之死日，然后是非<u>乃</u>定

D. <u>且</u>吾所为者极难耳　　<u>且</u>公子纵轻胜

3. 下列各组句子中，全都直接表现豫让“忠义”的一组是(　　)。

①去而事智伯　②变名姓为刑人，入宫涂厕　③是怀二心以事其君也

④我故国士报之　⑤子之为智伯，名既成矣　⑥焉以致报仇之意，则虽死不恨

A. ①④⑤　B. ②③⑤　C. ①③⑥　D. ②④⑥

4. 下列对原文有关内容的叙述和分析，不正确的一项是(　　)。

A. 豫让曾先后臣事几个主子，智伯对他很宠信。在智伯被襄子灭掉后，豫让为报答知遇之恩一心为智伯报仇

B. 豫让改变姓名，到宫中充当“刑人”，清扫厕所，想在襄子入厕所时，趁其不备杀死他，结果被襄子识破

C. 豫让“漆身”、“吞炭”的目的是隐藏自己，方便报仇，但他的朋友却以为这样做不值得，劝他放弃报仇投靠襄子

D. 豫让为智伯报仇义无反顾，明知报仇之事难为却拼死为之，就连险遭他刺杀的襄子也深深赞叹他的忠义

5. 把文言文阅读材料中画横线的句子翻译成现代汉语。

(1)“将以愧天下后世之为人臣怀二心以事其君者也”。

(2)“前君已宽赦臣，天下莫不称君之贤”。

三、口语训练

口才并非天生就有，可以说，人们是天生就怕当众说话。美国人那么看重演说的作用，可是人们当众说话的时候仍然害怕，美国一家最权威的杂志《读者文摘》在全国搞了一次调查，调查题目是：你最害怕什么？杂志社编辑们认为，可能会是死亡，结果大大出乎意外，人们最怕的是当众说话，而死亡排在第6位。

今天，西方战略家找到了三件战无不胜的常规武器：第一，舌头；第二，电脑；第三，美元。今天这三样东西已被认为是人们赖以生存和竞争的三大战略常规武器。其中语言排在第一，可见人们对语言表达是如何看重。

在我国，春秋战国时代诞生了第一篇有文字记载的演讲稿《盘庚迁都》，那是研究、发展演讲的黄金时期，产生了很多纵横家、战略家。那时候，说客如云，他们谈政治论军事，《战国策》的编写人刘向认为这些人“一怒而诸侯惧，安居而天下息”。

美国著名作家马克·吐温说过，他站起来对众人说话时“嘴里好像被塞满了棉花，脉搏跳动象接力赛跑一样快。”许多著名人物，他们在从事演讲的时候，都是经过这一阶段，然后，才成为著名的演讲家。1918年，第一次世界大战期间，卓别林被邀请到华盛顿去作自由公债的募捐演讲，这是他第一次演讲，他跑步走上讲台，面对人山人海的听众，不停地说：“德国人已经到了你们的家门口，我们必须挡住他们，只要我们买自由公债，我们就可以挡住他们，记住了，每买一份公债，就可以救活一个士兵，一位母亲的儿子，我们就可以打赢这一仗。”可是，由于他太紧张，一边讲一边退，一不小心，从台上掉下来，这还不算，一把抓住站在身边的一位，两人一起栽倒在地上。

紧张已成为口语表达的主要障碍，初学演讲要学会表达我们自己的思想，尤其是在大庭广众之中表达我们自己的思想，首先我们必须练习，从心理上赶走这种心理障碍，从心理上战胜它、消除它。那么在练习说话的时候必须做到以下几点。第一，增强信心，消除

自卑。第二，旁若无人。郭沫若说：“演讲要目中无人才行，无论有多少群众在面前，他们都是准备让我们吃下去，只要把他们吃下去就行了。”这不是要我们在众人面前趾高气扬骄傲自满，而是增强自我心理，消除心理障碍。第三，忘掉自我。当众讲话的第一步之所以很难跨出去，主要是考虑自我太多，怕丢人，怕出丑。英国著名的作家萧伯纳，是伦敦最胆怯的人，他去求人们办事，常常在别人的门外徘徊半个多小时，才壮起胆子去敲人家的门，后来，他就去学习溜冰，大家知道，一个学溜冰的人一定要在溜冰场上摔很多跟斗，出很多洋相，他做到不怕在大庭广众之中出丑，且习以为常，终于成为闻名世界的大文豪、大演讲家。第四，要勤学苦练，敢于实践。古希腊著名演讲家德摩斯梯尼，年轻时发音不清，说话中气不足，讲话时爱耸肩。他最初演说很不成功，以至于被哄下台，他不气馁。为了克服中气不足的毛病，他一面攀登陡峭的山，一面不停地朗诵诗歌；为了克服耸肩，在他练习演讲的时候，在肩膀上挂两把宝剑，正对自己的两个肩膀，强迫自己改掉不良的动作；为了练习嗓音，他把鹅卵石含在嘴里，迎着呼啸的大风讲话；为了强迫自己安心在家练习，不外出，他叫人将自己剃成阴阳头。后来，他终于成为一位闻名于世的大演讲家。

场景模拟：每人当众大声说一句话，让人记忆犹新。

四、课文内容强化训练

(一)语言知识及运用

1. 下列句中加线词的解释不正确的一组是(　　)。

   A. 鲍叔终善遇之　对待　　　　B. 生我者父母，知我者鲍子也。了解

   C. 知我不遭时也　遭受　　　　D. 子孙世禄于齐　　享俸禄

2. 下列各句中加线的虚词意义和用法全都相同的一组是(　　)。

   A. 鲍叔知其贤　余亦悔其随之而不得极夫游之乐也

   B. 吾尝三仕三见逐于君　　乃设九宾礼于庭

   C. 吾尝为鲍叔谋事而更穷困　而公子亲枉车骑自迎嬴

   D. 公子纠死，管仲囚焉　　　　公辞焉

3. 下列句子中加线的词与例句中加线词用法相同的一句是(　　)。

   例句：公子怪之

   A. 鲍叔不以我为愚　　　　B. 知我不羞小节

   C. 召忽死之　　　　　　　D. 以身下之

4. 下面句子中分句间的关系相同的一项是(　　)。

①常欺鲍叔，鲍叔终善遇之　②鲍叔不以我为愚，知时有利不利也

③吾尝三战三走，鲍叔不以我为怯　④鲍叔既进管仲，以身下之

   A. ①②　　　B. ③④　　　C. ①③　　　D. ②④

5. 下列句中加线词的解释不正确的一组是(　　)。

   A. 管仲贫困，常欺鲍叔　欺负　　B. 鲍叔遂进管仲　举荐

   C. 一匡天下　匡正　　　　　　　D. 尝与鲍叔贾　做买卖

6. 下列句子中加线词语的意思跟现代汉语相同的一项是(　　)。

A. 不以为言　　　　　　　　　　B. 鲍叔不以我为不肖

C. 吾尝为鲍叔谋事而更穷困　　　D. 吾尝为鲍叔谋事而更穷困

7. 下面六句话分别分为四组，全都表现鲍叔“能知人”的一组是(　　)。

①鲍叔知其贤　　②管仲贫困，常欺鲍叔，鲍叔终善遇之

③鲍叔遂进管仲　④管仲既用，任政于齐

⑤多鲍叔能知人也　⑥鲍叔既进管仲，以身下之

A. ①②③　　B. ①③④　　C. ③④⑥　　D. ②③⑤

8. 下列对文意的叙述和分析有误的一项是(　　)。

A. 管仲家境贫困，常常欺骗鲍叔，做买卖常占便宜。鲍叔却一直很好地待他，不将这事声张出去，原因是鲍叔知道管仲没遇上好时运

B. 管仲被录用以后，在齐国掌理政事，齐桓公因此而称霸，多次会合诸侯，匡救天下，这都是鲍叔知贤、荐贤、让贤的结果，说鲍叔是最大的功臣一点都不为过

C. 在常人看来，管仲无德、无才又贪心，但鲍叔独具慧眼，他深信管仲做事不顺、当官不成，原因是缺乏磨炼、机遇不到，他坚信管仲是治国之才，时来运转，会发挥潜能

D. 本文虽选自《管晏列传》，但并没有把主要笔墨放在写管仲的个人功绩上，而是着重写管仲与鲍叔牙的交往，重点写鲍叔牙的高尚品德和行为，暗示没有鲍叔牙就没有管仲

9. 下列各组中全都有通假字的一组是(　　)。

A. ①直上载公子上坐　②右手揕其匈　③太史公仍父子相续纂其职　④公子与侯生决

B. ①夫人情莫不贪生恶死　②乃晨炊蓐事　③荆轲嘿而逃去　④北购于单于

C. ①尝与鲍叔贾　②人穷则反本　③下令如流水之原　④吾曩者目摄之

D. ①博闻强志，明于治乱　②厚币委质事楚　③被发行吟泽畔　④一篇之中三致志焉

10. 下面四项中句式与其他三项不同的一项是(　　)。

A. 明于治乱，娴于辞令　　　　B. 人又谁能以身之察察，受物之汶汶者乎

C. 太子及宾客知其事者　　　　D. 求人可使报秦者

11. 下列文学常识表述不正确的一项是(　　)。

A. 司马迁，字子长，西汉著名史学家、文学家和思想家。《史记》共 130 篇，52 万多字，包括“本纪”、“世家”、“列传”、“书”“表”五个部分，是我国第一部纪传体通史

B. 清代金圣叹评点《太史公自序》时说：“此篇，于《史记》为序，于太史公，便是自己的列传。”而作为序言，此篇放在《史记》的开篇位置

C. 屈原，名平，字原，战国时楚人，我国文学史上最早的浪漫主义大诗人，又是世界古代文化名人。他的作品，流传下来的有《离骚》、《九章》、《九歌》、《天问》等

D. 战国时代，齐国的孟尝君、魏国的信陵君、赵国的平原君、楚国的春申君都以养客著名，并称“战国四公子”或“战国四君子”

(二)整体感知

1. 从内容、感情、语言、传记写作几个角度赏析课文第二段(“管仲曰……知我者鲍子也”)。

2. 从这篇传记看，管仲从政取得成功的原因(主客观)有哪些？

3. 思考：你心目中的管仲是一个怎样的人？如果他是现代社会中的一个人他能算一个德才兼备的人吗？请谈谈你的看法。

4. 管晏合传的内在联系主要体现在哪些方面？

5. 第四自然段体现的管仲的治国思想是什么？

6. 司马迁引用管仲的话的作用是什么？

五、写作训练

写一篇随笔：“从管鲍之交谈交友”。

要求：立意要新，列举实例要具体生动，要做到小中见大，从个别具体的事例出发，能体现出一般规律，文章结构可多样化。

参考答案

二、1～4 BCDC

5．(1) 是借它来让天下那些身为人臣却怀有二心的人羞愧啊　(2)前面你已经宽恕了我，天下的人没有不称赞你的贤德的。

三、略

四、(一)1～5 CCBCA　6～10 BDAAA　11. B

(二)1. 从内容上看，是管仲对自己与鲍叔牙多年深交的回顾，从经商、谋事、出仕、作战、事君五个方面写鲍叔牙对自己的深知和理解，突出强调了鲍叔牙的大度和“知己”。从感情上看，“生我者父母，知我者鲍子也！”，管仲十分动情，饱含着对鲍叔牙的感激，洋溢着对真挚友情的礼赞。知己之人、知遇之情的难能可贵。从语言上看，连用五个句式相近的句子，组成一组排比，列叙自己在不同领域与鲍叔牙交往的事实，真切而又有层次感地展现了二人的友谊和感情，热情地赞美了自己的知心朋友，五个“知”字的重复出现，更加凸显鲍叔真为管仲之知音。从传记写作上看，司马迁用较多文字引述管仲的表白，一是对上段“鲍叔知其贤”、“鲍叔终善遇之”内容的具体印证，二是借以交代，管仲早期的坎坷生涯为其后来任政相齐时的“顺民心”、善于从实际情况出发处理问题打下了坚实的人生阅历基础。

2. 主观因素：有“上下相亲”、“顺民心”的施政指导思想，有“善因祸而为福，转败而为功”的施政才能。 客观因素：(1)朋友知己之情。《管仲列传》中所阐扬的“知己”主题，呈现在友朋相知。管鲍之交——表示知心朋友，形容自己与好朋友之间亲密无间、彼此信任的关系。(2)君臣知遇之恩。《管仲列传》中所阐扬的“知己”主题，呈现在君臣之间的遇合。风云际会——比喻有才能之士遭逢时会，也比喻君臣际遇。

3. 略

4. (1)两人分别从正反两方面贯注了知人善荐的思想。管仲因得到鲍叔推荐才帮助桓公成就霸业，晏婴因知人善荐而使齐国三世强大。(2)管晏二人都对齐国有显赫功绩。管仲使“齐桓以霸”，而晏婴让“景公以治”。(3)二人都让司马迁感慨万千。司马迁有满腹经纶，却因无人知荐而没世受辱，他希望有人知荐他，渴望自己能像管仲那样遇见鲍叔、晏婴一样的人物，施展自己的抱负。

5. “仓廪实而知礼节，衣食足而知荣辱”强调发展经济，说明管仲充分认识到了经济是政治教化的基础。“上服度则六亲固”强调统治者守法是国家团结安定的关键。“四维不张，国乃灭亡”强调思想道德教化对巩固统治的作用。以上两句体现了管仲的法制思想。“下令如流水之原，令顺民心”则强调国家法令政策要顺应民心，表现了管仲的民本思想。总体而论，管仲这段话体现了经济基础与上层建筑相互制约的辩证思想、民本思想和上层统治者应率先遵法的思想。管仲的思想在今天有很强的现实意义。当前我国正在加快发展社会经济，发展生产力，提高社会整体实力，让更多的人摆脱贫困，为社会主义建设打下坚实的物质基础，这是建设社会主义精神文明的前提。为保证社会主义经济建设和精神文明建设的顺利实施，我国制定了许多法律法规，而能否在全社会贯彻执行这些法律法规，领导干部是否以身作则、法律面前是否人人平等是问题的关键；否则，人民群众遵法守法有抵触情绪，法律法规得不到真正的贯彻执行，国家制定的一切规划目标就将化为泡影，整个社会主义国家的体制就将处于危险之中。而我们国家一切法规条令制定的根本目的，是为人民服务、为社会主义建设服务，也就是“以民为本”。

6. 一是为了烘托管仲大才不拘小节、大礼不辞小让的豁达气度，这段话起到了深入描写管仲性格才能的作用；二是赞美鲍叔不嫉妒贤才而知人善荐的优秀品质，突出知贤荐贤让贤这一中心思想。

五、略

与陈伯之书

丘迟

学习目的与要求

1. 理解本文的思想内容和写作特色。
2. 体会文辞委婉，娓娓动听的语言风格。
3. 掌握层层递进，酣畅淋漓的表现手法。
4. 学习刚柔相济，恩威并用，情理兼顾的风格。

学习重点

学习刚柔相济、恩威并用、情理兼顾的风格。

一、知识拓展

丘迟(464－508 年)，字希范，吴兴乌程(今属浙江湖州)人，齐梁间著名文人。初仕齐，官殿中郎，入梁后，武帝器重。官至永嘉太守。丘迟能诗，工骈文，辞采逸丽。钟嵘说：“丘诗点缀映媚，似落花依草”(《诗品》)。所作《与陈伯之书》，劝伯之自魏归梁，是当时骈文中的优秀之作。他父亲丘灵鞠曾经活跃于宋、齐的政坛与文坛，但作品

流传下来的甚少。丘迟早慧，八岁能文，为文坛前辈所赏识，曾经有一个传说，说是江郎才尽，他的才气都转移到丘迟身上去了："(江)淹为宣城太守时罢归，始泊禅林寺渚，夜梦一人自称张景阳，谓曰：'以前一匹锦相寄，今可见还。'淹探怀中得数尺与之，此人大恚曰：'那得割截都尽！'顾见丘迟谓曰：'余此数尺既无所用，以遗君。'自尔淹文章踬矣。"(《南史·江淹传》)与此相应的自然是丘迟的文章有了极其巨大的进步。明代张溥辑有《丘司空集》，收入《汉魏六朝百三家集》。

陈伯之是投降北魏的梁朝武将，对梁有功，也有罪。天监初，丘迟以记室身份随临川王萧宏北征，原为梁朝大将而投降北魏的陈伯之率兵相拒，丘迟受命作此书劝降。故文章从晓之以大义、动之以真情两个方面入手来劝降，文辞委婉，情深义明，切中要害。最后一段"暮春三月，江南草长，杂花生树，群莺乱飞"，用江南风物打动陈伯之的故国之思，情景交融，清新明丽，是历来为人传诵的名句。陈伯之接到这封劝降书后，立即率部八千人归降了梁朝。

二、拓展训练

阅读下面文章，分析回答问题。

李　斯　论

(清)姚鼐

苏子瞻谓李斯以荀卿之学乱天下，是不然。秦之乱天下之法，无待于李斯，斯亦未尝以其学事秦。

当秦之中叶，孝公即位，得商鞅任之。商鞅教孝公燔《诗》、《书》[1]，明法令，设告坐之过[2]，而禁游宦之民。因秦国地形便利，用其法，富强数世，兼并诸侯，迄至始皇。始皇之时，一用商鞅成法而已，虽李斯助之，言其便利，益成秦乱，然使李斯不言其便，始皇固自为之而不厌。何也？<u>秦之甘于刻薄而便于严法久矣</u>，其后世所习以为善者也。斯逆探始皇、二世之心，非是不足以中侈君张吾之宠。是以尽舍其师荀卿之学，而为商鞅之学；扫去三代先王仁政，而一切取自恣肆以为治，焚《诗》、《书》，禁学士，灭三代法而尚督责，斯非行其学也，趋时而已。设所遭值非始皇、二世，斯之术将不出于此，非为仁也，亦以趋时而已。

君子之仕也，进不隐贤；小人之仕也，无论所学识非也，即有学识甚当，见其君国行事，悖谬无义，疾首嚬蹙于私家之居，而矜夸导誉于朝廷之上，知其不义而劝为之者，<u>谓天下将谅我之无可奈何于吾君，而不吾罪也</u>；知其将丧国家而为之者，谓当吾身容可以免也。且夫小人虽明知世之将乱，而终不以易目前之富贵，而以富贵之谋，贻天下之乱，固有终身安享荣乐，祸遗后人，而彼宴然[3]无与者矣。嗟乎！秦未亡而斯先被五刑夷三族也，其天之诛恶人，亦有时而信也邪！

且夫人有为善而受教于人者矣，未闻为恶而必受教于人者也。荀卿述先王而颂言儒效，虽间有得失，而大体得治世之要。而苏氏以李斯之害天下罪及于卿，不亦远乎？行其学而害秦者，商鞅也；舍其学而害秦者，李斯也。商君禁游宦，而李斯谏逐客[4]，<u>其始之不同术也，而卒出于同者，岂其本志哉</u>！宋之世，王介甫以平生所学，建熙宁新法，其后章惇、曾布、张商英、蔡京之伦，曷尝学介甫之学耶？而以介甫之政促亡宋，与李斯事颇相类。夫世言法术之学足亡人国，固也。吾谓人臣善探其君之隐，一以委曲变化从世好者，其为人尤可畏哉！尤可畏哉！

【注释】[1]燔(fán 凡)《诗》、《书》：烧掉《诗经》、《尚书》等书籍，以统一思想。[2]告坐之过：藏奸不告之罪及连坐之罪。《史记·商君列传》："令民为什伍，而相收司连坐。不告奸者腰斩，告奸者与斩敌首同赏。"[3]宴然：安闲的样子。[4]谏逐客：秦始皇曾发布逐客令，驱逐六国来到秦国做官的人，李斯写了著名的《谏逐客书》，提出了反对意见。

1. 对下列句子中加线的词语的解释，不正确的一项是(　　)。

A. 非是不足以中侈君张吾之宠　　中：符合

B. 灭三代法而尚督责　　尚：崇尚

C. 知其不义而劝为之者　　劝：鼓励

D. 而终不以易目前之富贵　　易：交换

2. 下列各组句子中，加线词的意义和用法相同的一组是(　　)。

A. 因秦国地形便利　　不如因普遇之

B. 设所遭值非始皇、二世　　非其身之所种则不食

C. 且夫小人虽明知世之将乱　　臣死且不避，卮酒安足辞

D. 不亦远乎　　王之好乐甚，则齐国其庶几乎

3. 下列各句中对文章的阐述，不正确的一项是(　　)。

A. 苏轼认为李斯以荀卿之学辅佐秦朝行暴政，致使天下大乱，作者则认为李斯是完全舍弃了荀子的学说，李斯的做法只不过是追随时势罢了

B. 作者由论李斯事秦进而泛论人臣事君的问题，强调为臣者对于国君的"悖谬无义"之政，不应为自身的富贵而阿附甚至助长之

C. 此文主旨在于指出秦行暴政是君王自身的原因，作者所论的不可"趋时"，"中侈君张吾之宠"的道理，在今天仍有借鉴意义

D. 文章开门见山，摆出苏轼的观点，然后通过对秦国发展历史的分析，驳斥了苏说的谬论，提出了自己的见解。论证严密，逐层深入，是一篇典范的史论

4. 把文言文阅读材料中画横线的句子翻译成现代汉语。

(1)"秦之甘于刻薄而便于严法久矣"。

(2)"谓天下将谅我之无可奈何于吾君，而不吾罪也"。

(3)"其始之不同术也，而卒出于同者，岂其本志哉！"

5. 作者所论封建社会的为臣之道是什么？

三、口语训练

例一

死 海 不 死

在亚洲西部，巴勒斯坦和约旦交界处，有一个死海。远远望去，波涛此起彼伏，无边无际，但是，谁想到，如此浩浩荡荡的海水中竟没有鱼虾，水草，甚至连海边也寸草不生。这大概是死海得名的原因。

然而，令人惊叹的是，人们在这无鱼无草的海水里，能够自由游泳，即使是不会游泳的人，也总是浮在水面上，不用担心会被淹死。真是死海不死。传说公元 2000 年前，罗马统帅迪都进兵耶路撒冷，进攻到死海边，他下令处死俘虏来的奴隶。奴隶们被投入海里，

并没有被淹死，却被波浪送回岸边。迪都勃然大怒，坚持下令将俘虏扔进海里，但是奴隶们依旧安然无恙。迪都大惊，以为奴隶们受神保佑，淹不死，只好下令将他们全部释放。

那么，死海海水的威力为什么这样大？因为海水的咸度很大，据统计，死海海水含有多种矿物质，有 135.46 亿吨氯化钠，有 63.7 亿吨氯化钙，有 20 亿吨氯化钾，另外还有溴、锶等。把各种盐类加在一起，占死海全部海水 23%～25%。这样就使水的比重大于人体的比重，无怪乎人一到海里就自然漂起来沉不下去。

怎样形成的？请听一个古老的传说。远古时候，这儿原是一片大陆。村里的男子们有一种恶习，先知鲁特要他们改邪归正，但是他们拒绝改正。上帝决定惩罚他们，便暗中告诉鲁特，叫他带着家眷在某年某月某日离开村庄，并且告诫他离开以后，不管身后发生多么重大事故，都不准回头去看。鲁特按照规定的时间离开了村庄，走了没有多远，他的妻子因为好奇，偷偷地回过头望了一眼。转瞬间，好端端的村庄已经塌陷，出现在她眼前的是一片汪洋大海，这就是死海。她因为违背上帝的告诫，马上变成了石头。虽然经过多少世纪的风雨，她仍然立在死海附近的山坡上，扭头日日夜夜望着死海。上帝惩罚那些执迷不悟的人们：让他们既没有水喝，也没有淡水种庄稼。这些当然是神话，是人们无法认识死海形成过程的一种猜测。其实，死海是一个咸水湖，它的形成是自然变化的结果。

听说训练：

1. 请复述两个传说。

2. 请写出文中出现的几个数字。

例二

有一次，出身于贵族家庭的前苏联第一任外交部长莫洛托夫去参加国际会议，英国一位工党议员挑衅性地对他说："先生，你出身贵族，我出生是工人，咱俩到底谁更能代表无产阶级的利益？"莫洛托夫站起来，指着自己的胸部平静地说："咱俩都成了叛徒。"全场掌声雷动。

听说回答：

3. 英国议员的论点是什么？论据是什么？

4. 莫洛托夫是如何反驳的？

四、课文内容强化训练

(一)选择题

1. 下列加线词语意思不完全相同的一项是(　　)。

   A. 见故国之旗鼓　　每见壁间题字

   B. 杂花生树，群莺乱飞　　见巨蛇围如碗，摆扑丛树中

   C. 廉公之思赵将　　学而不思则罔

   D. 人之情也　　故少之日，得学之功十五

2. 文中的"将军"指代(　　)。

   A. 廉颇　　B. 吴起　　C. 陈伯之　　D. 丘迟

3. 《与陈伯之书》中，说陈伯之当前的处境是(　　)。

   A. 闻鸣镝而股战，对穹庐以屈膝

   B. 松柏不翦，亲戚安居，高台未倾，爱妾尚在

C. 鱼游于沸鼎之中，燕巢于飞幕之上

D. 将军勇冠三军，才为出世，弃燕雀之小志，慕鸿鹄以高翔

4. 下列有关骈体文叙述错误的是(　　)。

A. “骈文”、“骈丽文”的名称，是在唐代以后才有的。因其常用四字、六字句，故也称“四六文”或“骈四俪六”

B. 骈体一般是用平行的两句话两两相对，其基本要求是实词对实词，虚词对虚词，句法结构互相对称

C. 产生于魏晋时代，在六朝广为流行，代表作家有徐陵、庾信、陶渊明

D. 骈体文是中国特有的一种文体，是从古代文学中的一种修辞手法逐渐发展形成的

(二)填空题

1. 中国的散文从汉代到六朝，出现了“文”、“笔”的对立。所谓“文”，就是专尚辞藻华丽，受_______约束的骈文。所谓“笔”，就是专以达意明快为主，不受_______约束的散文。“文”“笔”分裂后，_______就成为和散文相对举的一种文体。中唐古文运动以后，稍告衰落。在_______两代成为绝响。

2. 两马并驾为_______，两人并列叫_______。_______就是两两相对，因为古代的对仗是两两相对的，所以骈偶又叫“_______”。

3. 骈体文在_______方面要讲究节奏，对仗字数不同，节奏也不同。现以五字句为例：骈体文五字句的节奏，和五言诗的节奏不同；五言诗的节奏一般是_______，而骈体文五字句的节奏一般是_______。

4. 骈体文在用词方面，讲究_______，用典又叫“稽古”，是引用的一种，它主要是引用古代的故事或诗文来表情达意，容易引起联想，使文章变得_______。还讲究_______，就是用华丽的词藻来修饰，追求形式上的整齐。

5. 文中描写景物的句子是“_______”。“廉公之思赵将，吴子之泣西河”的作用是：_______。

(三)整体感知

1. 作者是如何做到层层深入，把陈伯之可能会有的对立情绪和各种顾虑统统打消的？

2. 文章后面的写景的作用是什么？

3. 本文的艺术特色是什么？

五、写作训练

“要学会感恩和宽恕，感恩是生命中婀娜的线条，铭记别人的赐与会使生命变得厚实而绚丽，宽恕是森林中的一缕阳光，叶缝中透过的温暖会融化最寒冷的冰，化成水，成为滋润生命的养料。”(《2009 年高考作文备考策略》，华禹教育网，2008-10-20)请以《幸福之花，开在感恩枝头》为题写一篇文章。

参考答案

二、1～3 DBC

4. (1)秦国尝到(用)苛政(对人)的甜头并且认为严刑竣法是有利的已经很久了。(2)他认

为天下人将会谅解我对于我的国君的无可奈何(或没有办法)，而不怪罪我。(3)他们开始策略不同，而最终达到相同的目标，难道是李斯的本意吗？

5. 善探其君之隐，一以委曲变化从世好者，其为人尤可畏哉！

三、略

四、(一) 1～4 CCCC

(二) 1. 字句和声律　字句和声律　骈文　元明　2. 骈　偶　骈偶　对仗　3. 语音　二三式　二一二　4. 用典　典雅、含蓄　藻饰　5. 暮春三月，江南草长，杂花生树，群莺乱飞　想以廉颇吴起的事例来劝说陈伯之投降。(廉公之思赵将：战国时赵国名将廉颇，屡立战功，后受同僚忌恨，不得已出亡到魏国，还时常想回去为赵国出力。吴子之泣西河：战国时魏国名将吴起，本来任西河(现在陕西合阳一带)太守，魏武侯听信谗言，把他召回。吴起临行时，望着西河哭泣说：我走之后，西河必定要被秦国夺去。后来果然如此。)

(三) 1.书信开头先不指斥对方，而盛赞其往日在齐梁换代之际，追随梁武帝之明治英武，以求得心理上感情上的接近，然后笔锋陡然一转，从民族意识出发，斥责他投降异族的行为，气势逼人而来。这以后，文章又历数梁朝对陈伯之家室的礼遇，以及北魏形势的危险，说明利害关系。而后挡开一笔，写下一段极富抒情色彩的文字(暮春……)，以优美的文字写出江南的怡人风光，激发对方的故国之思，可谓神来之笔。结末一节在委婉的语气中暗蕴威胁之意，也是煞费苦心。

2. 江南普通景色，明丽优美，令人神往，意在打动陈将军的乡国之思。陈伯之不过是历史上的匆匆过客，梁魏的对立也早已成为历史的陈迹，唯有思乡的情结可以超越政治超越时空而具有永恒的意义。

3. 第一，刚柔相济，恩威并用，情理兼顾。第二，文辞委婉，娓娓动听，感染力强。第三，层层递进，酣畅淋漓，说服力强。

五、略

进　学　解

韩愈

学习目的与要求

1. 掌握文章的重点词、句，并积累本文中的成语。

2. 学习本文反话正说，巧于避忌，机智得体的表达技巧。

3. 了解并体会韩愈论说类散文“语言精美凝练，纵横恣肆，气势雄浑，善用修辞”的特点。

4. 理解“业精于勤荒于嬉，行成于思毁于随”的观点对我们做人与学习的借鉴意义。

学习重点

学习本文反话正说、巧于避忌、机智得体的表达技巧。

一、知识拓展

韩愈(768—824 年)，字退之，唐朝文学家，哲学家，河南河阳(今河南孟县)人。自谓郡望昌黎，世称韩昌黎。唐代古文运动的倡导者，宋代苏轼称他“文起八代之衰”，明人推他为唐宋八大家之首，与柳宗元并称“韩柳”，有人将他与杜甫并提，有“杜诗韩文”之称。有“文章巨公”和“百代文宗”之名，著有《韩昌黎集》40 卷，《外集》10 卷。

韩愈在政治上主张天下统一，反对藩镇割据。

文艺创作理论上他认为道(即仁义)是目的和内容，文是手段和形式，强调文以载道，文道合一，以道为主。倡导古文运动。他们反对过分追求形式的骈文，提倡散文，强调文章内容的重要性。提出“不平则鸣”的论点，他认为作者对现实的不平情绪是深化作品思想的原因。提倡学习先秦两汉古文，并博取庄周、屈原、司马迁、司马相如、扬雄诸家作品。主张学古要在继承的基础上创新，坚持“词必己出”、“陈言务去”。重视作家的道德修养，提出养气论，“气盛则言之短长与声之高下者皆宜”(《答李翊书》)。在作品风格方面，他强调“奇”，以奇诡为善。韩愈是唐代重要诗人，他的诗力求险怪新奇，雄浑而重气势。在艺术上有“以文为诗”的特点，别开生面，用韵险怪，开创了“说理诗派”的诗风。对后世亦有不小的影响。

二、拓展训练

阅读下面文章，分析回答问题。

贺进士王参元失火书

柳宗元

得杨八书，知足下遇火灾，家无余储。仆始闻而骇，中而疑，终乃大喜，盖将吊而更以贺也。道远言略，犹未能穷知其状。若果荡焉泯焉，而悉无有，乃吾所以尤贺者也。

<u>足下勤奉养，乐朝夕，惟恬安无事是望也。</u>今乃有焚炀赫烈[1]之虞，以震骇左右[2]，而脂膏滫瀡[3]之具，或以不给，吾是以始而骇也。

凡人之言皆曰：“盈虚倚伏，去来之不可常。”或将大有为焉，乃始厄困震悸，于是有水火之孽，有群小之愠，劳苦变动，而后能光明，古之人皆然，斯道辽阔诞漫[4]，虽圣人不能以是必信，是以中而疑也。

以足下读古人书，为文章，善小学，其为多能若是，而进不能出群士之上，以取显贵者，盖无他焉。京城人多言足下家有积货，士有好廉名者，皆畏忌不敢道足下之善，独自得之，心蓄之，衔忍而不出诸口，以公道之难明，而世之多嫌也。一出口，则嗤嗤者以为得重赂。

仆自贞元十五年，见足下之文章，蓄之者盖六七年，未尝言；是仆私一身而负公道久矣，非特负足下也。及为御史、尚书郎，自以幸为天子近臣，得奋其舌，思以发明足下之郁塞；然时称道于行列，犹有顾视而窃笑者。仆良恨修己之不亮[5]，素誉之不立，而为世嫌之所加，常与孟几道言而痛之。<u>乃今幸为天火之所涤荡，凡众之疑虑，举为灰埃。</u>黔其庐，赭其垣，以示其无有；而足下之才能，乃可以显白而不污；<u>其实出矣，是祝融回禄之相吾子也。</u>则仆与几道十年之相知，不若兹火一夕之为足下誉也。宥而彰之，使夫蓄于心者，咸得开其喙；发策决科者，授予而不栗。虽欲如向之蓄缩[6]受侮，其可得乎！于兹吾有望于尔，是以终乃大喜也。

古者列国有灾，同位者相吊。许不吊灾，君子恶之。今吾之所陈若是，有以异乎古，故将吊而更以贺也。颜曾之养，其为乐也大矣，又何阙焉！

足下前要仆文章古书，极不忘，候得数十篇并往耳。吴二十一武陵来，言足下为“醉赋”及“对问”，大善，可寄一本。仆近亦好作文，与在京都时颇异，思与足下辈言之，桎梏甚固，未可得也。因人南来，致书访死生，不悉。宗元白。(选自《古文观止》)

【注释】 [1]焚炀赫烈：大火烧得很猛烈。[2]左右：本指仆役，这里指王参元。[3]脂膏滫瀡：脂膏，即脂肪；滫瀡，即米汤。[4]诞漫：荒诞。[5]“亮”通“谅”，诚实，信实。[6]蓄缩：本指工作消极，此指畏忌人言。

1. 下列句中加线词语的解释，不正确的一项是(　　)。

A. 有群小之愠　　愠：怨恨　　B. 举为灰埃　　举：全部

C. 宥而彰之　　彰：明显　　D. 斯道辽阔诞漫　　道：道理

2. 下列句中加线虚词的意义和用法都相同的一项是(　　)。

A. ①因人南来，致书访死生　　②然后践华为城，因河为池

B. ①或将大有为焉　　②一羽之不举，为不用力焉

C. ①虽圣人不能以是必信　　②赵王岂以一璧之故欺秦哉？

D. ①今吾之所陈若是，有以异乎古　　②叫嚣乎东西，隳突乎南北

3. 下列各句对文章的阐述不正确的一项是(　　)。

A. 《贺进士王参元失火书》名为书信，实际是一篇议论文。作者借王参元失火之事，反映了“公道之难明，而世之多嫌也”这一发人深思的现象

B. 在这封书信中，柳宗元借祝贺王参元家失火，赞扬了王参元的人品才能，抨击了小人当道、积毁销骨、社会积弊丛生的现实，揭示了制度扼杀人才这一严峻的社会问题

C. 柳宗元祝贺的其实并不是王参元家失火，而是祝贺王参元可以因失火而得以施展才华，他的“贺”就是“吊”，是对王参元的宽慰和祝福

D. 柳宗元作为唐代古文运动的主将，强调文章要有思想，为社会服务。他的《捕蛇者说》就是典型的例子。而《贺》文除此之外，还渗透了“祸福相倚”等中国传统的哲学思想

4. 把文中划横线的句子翻译成现代汉语。

(1)“足下勤奉养，乐朝夕，惟恬安无事是望也。”

(2)“乃今幸为天火之所涤荡，凡众之疑虑，举为灰埃。”

(3)“其实出矣，是祝融回禄之相吾子也。”

三、口语训练

口语交际的原则(一)

口语交际是成功经营的捷径，口语交际是愉快生活的润滑剂，口语交际是增长知识的重要途径，口语交际是展现自我的理想渠道，口语交际还是增长知识，提高修养的重要途径。在生活中，我们认为，人才未必有口才，有口才一定是人才。在大庭广众之中，条理清楚、逻辑分明地表达自己的观点，让人信服，让人动情，让社会、领导、同事发现自

己，可以充分体现自身价值。所以在社会的大环境中学会为人处世，正确处理人与人之间的关系，应注意口语交际能力的培养，口语交际应遵循的原则如下。

1. 愉快原则。人们交际说话的目的在于深入人生，改善人生，追求快乐的人生，快乐来自于需求的被满足。

(1) 赞赏与鼓励。人生如同比赛，渴望有人喝彩，希望自身价值被别人认同。传说有两位猎人，每人打到两只野兔回家，第一位的妻子说道："你只打到了两只吗？"这位猎人心中很不高兴："你以为很容易打到吗？"第二天他故意空手回家，让妻子知道打猎是不容易的事情。第二个猎人的情况恰好相反，他妻子看见他带回两只野兔，就非常惊喜地说："你今天居然打到了两只兔子吗？"第二位猎人心中非常高兴："两只算得了什么？"第二天他打到 4 只。马克·吐温说："一句美妙的赞语可以使我多活两个月，一句赞美的话能当我十天的口粮。"

(2) 移情换位原则。老子曰："圣人无常心，以天下人之心为心。""善人者不善人之师，不善人者善人之资。"鬼谷子认为，要想知道对方，就需要用揣情摩意。姜子牙说："以天下之目视，则无不见也。以天下之耳听，则无不闻也；以天下之心虑，则无不知也。"具有大智慧的人，不用自己的心去思考，而是用别人的心去思考，这样就知道别人在想什么。只有学会移情换位以后，就不会对别人过于牢骚、抱怨，自己觉得不愉快的时候就会大大减少。

(3) 维护对方面子原则。面子，就是在他人面前得到尊重、肯定的一种感受，是一种自我价值保护。交际时要注意维护交际对象的体面、情面、身份、荣誉。在公众面前让对方的自我价值得到肯定。在世界各民族中，人们对一些事物或现象都有忌讳。我们在使用时一定要注意这些词语的运用。最突出的是关于"死亡"，人们总是采用种种说法来婉言指代。在汉语中如逝世、捐躯、永别、送命、作古、去世等说法，这成为一种带普遍性的习惯。

(4) 真正对人感兴趣原则。我们要主动关心别人、帮助别人，这样生活才会更加美好。

口语练习：赞美你的朋友(三分钟)。

模拟讨论：如何文明销售夜壶？

四、课文内容强化训练

(一)句子分析

1. 业精于勤，荒于嬉，行成于思，毁于随。
2. 占小善者率以录，名一艺者无不庸。
3. 盖有幸而获选，孰云多而不扬。
4. 诸生业患不能精，无患有司之不明，行患不能成，无患有司之不公。
5. 贪多务得，细大不捐。
6. 补苴罅漏，张皇幽眇。
7. 上规姚姒，浑浑无涯；周诰、殷盘，佶屈聱牙；春秋谨严，左氏浮夸；易奇而法，诗正而葩；下逮庄骚，太史所录；子云相如，同工异曲。先生之于文，可谓闳其中而肆其外矣！
8. 学虽勤而不繇其统，言虽多而不要其中；文虽奇而不济于用；行虽修而不显于众。

(二)成语积累

解释下列成语。

1. 细大不捐 2. 焚膏继晷 3. 力挽狂澜 4. 含英咀华 5. 佶屈聱牙 6. 异曲同工 7. 跋前踬后 8. 动辄得咎 9. 钩玄提要 10. 各得其所 11. 兼收并蓄

(三)整体感知

1. “进学解”的含义是什么?

2. 作者举荀、孟两个例子有什么作用?

3. 韩愈批评学生在认识上的不足之处是什么?

4. 本文采用了哪些表达技巧?

五、写作训练

1. 韩愈认为学业发展、品行修炼成败的主要原因是什么?对我们修业进德有何现实意义?

2. 当学业遭遇挫折时,总有人把责任推给客观因素,结合本文谈谈你的看法。

参考答案

二、1~3 CBB

4. (1)您一向辛勤地奉养(双亲),让他们每天愉快地生活(早晚问安让他们快乐),只希望全家平安无事。(2)可现在幸好(您)被天火烧光了,所有人们的猜忌疑虑,完全变为灰尘。(3)您的真相(真实才能)显露了。这是火神菩萨保佑(帮助)您啦!

三、略

四、(一)略

(二)1. 细大不捐:小的大的都不抛弃。形容所有东西都兼收并蓄。

2. 焚膏继晷:点上油灯,接续日光。形容勤奋地工作或学习。

3. 力挽狂澜:比喻尽力挽回危险的局势。

4. 含英咀华:嘴里含着花朵,品味花的芬芳。比喻品味、体会诗文中的精华。

5. 佶屈聱牙:佶屈,曲折;聱牙,不顺口。形容文句艰涩,读起来不上口。

6. 异曲同工:曲调虽异,演奏得却同样精妙。比喻不同人的辞章或言论同样精彩,或做法虽不同而效果却一样。

7. 跋前踬后:本指狼向前进就踩住了自己的颈肉,向后退又会被自己的尾巴绊倒。比喻进退两难。

8. 动辄得咎:动不动就受到指责或责难。

9. 钩玄提要:探取精微,摘出纲要。抓住精神实质,提出主要内容(或观点)。

10. 各得其所:各自得到自己想要的安置。

11. 兼收并蓄:内容不同、性质相反的东西都吸收进来。

(三)1. 全文假托先生劝学、生徒质问、先生再予解答,故名《进学解》;实际上是感叹不遇、自抒愤懑之作。

2. 极力褒扬孟子、荀子在儒家思想发展中的巨大贡献,并极力渲染他们的不遇于世。

表面上是为古人抱不平，实际上是以孟、荀自况，以儒家的卫道者自居，宣扬自己远继儒家道统的功绩，并委婉含蓄地抒发自己不见信于有司的愤郁不平之情。

3. 不考虑自身情况，而单纯地纠缠于俸禄多少，官位高低；盲目指责有司之行。

4. 对比：借学生的口，排比手法来夸耀自己的才能；用自己的话，排比手法来贬抑自己。排比句法来加强气势：上规姚姒，浑浑无涯……易奇而法，诗正而葩。比喻：木匠的筑室，医师的用药，实际是比喻，用来比宰相的用人。含蓄，反话正说：诸生业患不能精，无患有司之明；行患不能成，无患有司之不公。投闲置散，乃分之宜。方今圣贤相逢，治具毕张，拔去凶邪，登崇俊良。

五、略

朋　党　论

欧阳修

学习目的与要求

1. 理解文章中的重点词语和句子。
2. 理解作者对朋党的独到见解以及这一观点的历史意义和现实意义。
3. 体会文章语言的特点及其表达效果。

学习重点

1. 理解作者对朋党的独到见解以及这一观点的历史意义和现实意义。
2. 学习文章层层对比、事理结合、深入浅出、以理服人的论证方法。

一、知识拓展

欧阳修(1007—1072 年)，字永叔，号醉翁，晚年自号“六一居士”。北宋政治家、文学家，唐宋古文八大家之一。谥号文忠，世称欧阳文忠公，吉安永丰(今属江西)人(自称庐陵人)，其于政治和文学方面都主张革新，既是范仲淹庆历新政的支持者，也是北宋诗文革新运动的领导者。又喜奖掖后进，苏轼父子及曾巩、王安石皆出其门下。创作实绩亦灿然可观，诗、词、散文均为一时之冠。散文说理畅达，抒情委婉；诗风与散文近似，重气势而能流畅自然；其词深婉清丽，承袭南唐余风。

他在文学观点上师承韩愈，主张明道致用。强调道对文的决定作用，以“道”为内容，为本质，以“文”为形式，为工具。他取韩愈“文从字顺”的精神，大力提倡简而有法和流畅自然的文风，反对浮靡雕琢和怪僻晦涩。他不仅能够从实际出发，提出平实的散文理论，而且又以造诣很高的创作实绩，起了示范作用。苏轼评其文说：“论大道似韩愈，论本似陆贽，纪事似司马迁，诗赋似李白”。他的散文大都内容充实，气势旺盛，深入浅出，精炼流畅，叙事说理，娓娓动听，抒情写景，引人入胜，寓奇于平，一新文坛面目。著述有《欧阳文忠公全集》、《欧阳文忠公集》。

本文是欧阳修于庆历四年(1044 年)写给仁宗皇帝的一封奏章。当时，革新派范仲淹、杜衍等提出了一系列改革主张，成为历史上有名的“庆历新政”。以夏竦、吕夷简为首的保守派被弹劾罢职后，不甘心其政治上的失败，广造舆论，竭力攻击、诽谤范仲淹等引用朋党。其陷害忠贤的险恶用心，深为欧阳修所洞察。在《论杜衍范仲淹等罢政事状》中，欧阳修一针见血地指出："欲广陷良善，不过指为朋党"，"去一善人，而众善人尚在"，"唯指以为党则可一时尽逐"。为驳斥保守派的攻击，辨朋党之诬，欧阳修写了这篇《朋党论》。

二、拓展训练

阅读下面文章，分析回答问题。

丰乐亭记(节选)

修(即欧阳修自称)既治滁(即滁州)之明年，夏，始饮滁水而甘。问诸滁人，得于州南百步之近。其上丰山，耸然而特立；下则幽谷，窈然而深藏；中有清泉，滃然而仰出。俯仰左右，顾而乐之。于是疏泉凿石，辟地以为亭，而与滁人往游其间。

修之来此(指滁州)，乐其地僻而事简，又爱其俗之安闲。既得斯泉于山谷之间，乃日与滁人仰而望山，俯而听泉。掇幽芳而荫乔木，风霜冰雪，刻露清秀，四时三景，无不可爱。又幸其民乐其岁物之丰成，而喜与予游也。因为本其山川，道其风俗之美，使民知所以安此丰年之乐者，幸生无事之时也。

1. "记"是一种文体，以叙事写景为主。试概括第一段大意。

2. 解释下列句子中的词语。

①下则幽谷　　则(　　)　　②顾而乐之　　乐(　　)

③掇幽芳而荫乔木　　荫(　　)　　④于是疏泉凿石　　疏(　　)

3. 本文写景有其顺序。第一段和第二段写景各主要是以什么顺序来写的？

4. 下列句子译文不正确的一项是(　　)。

A. 俯仰左右，顾而乐之：看看左右，四面一瞧，我便爱上了这地方

B. 乐其地僻而事简：喜爱这地方偏僻而公务少

C. 掇幽芳而荫乔木：(春天)采摘幽香的花草，(夏天)在高大的树下歇阴乘凉

D. 风霜冰雪，刻露清秀：(秋冬的)风霜冰雪，使山显露出峭峻清秀的姿容

5. 欧阳修在几篇文章都流露出"与民同乐"的思想。请你从文中找出能体现"与民同乐"思想的句子来。

三、口语训练

口语交际的原则(二)

2. 合作原则

(1) 不争论原则。生活中，多数时候我们都生活在平凡的日子里，我们平凡地工作，平凡地生活，我们寻求平凡的快乐。我们为金庸武侠小说好还是古龙的武侠小说好而争论，我们为琼瑶的小说值不值得读以及对我们的帮助有多大而争论，我们为三毛的死是否有意义而争论，当你旁征博引，气壮如牛，最终在大庭广众中把对方驳得体无完肤，口不能言，以为自己胜利了，但是，你却失去了朋友。你让他在大庭广众中出丑，他人内心深处并不认为自己不对，他只感到自己失去了面子。这时你就失去了朋友，你已经输了。如果你在大庭广众之中辩论失败，那么你就失去了面子，你也是输家。

1961 年 6 月，英国退役陆军元帅蒙哥马利访问中国时有这样一个小故事：一次在河南洛阳参观，他好奇地走进一家剧院，剧院正在上演豫剧《穆桂英挂帅》。当他了解该剧的剧情后，连连摇头，说：“这个戏不好，怎么能让女人当元帅？”于是，他和中方陪同人员发生了一个小小的争论。开始时，中方陪同人员解释说：“这是中国的民间传奇故事，人们很爱看。”蒙哥马利立即断言：“爱看女人当元帅的男人不是真正的男人，爱看女人当元帅的女人也不是真正的女人。”中方陪同人员不服气地说：“我们主张男女平等，男同志能办到的事，女同志也能办到。中国红军里就有很多女战士，现在的解放军里还有位女少将呢!”蒙哥马利毫不退让：“我一向对红军、解放军很敬佩，但不知道解放军里还有一位女少将。如果真的是这样，会有损解放军声誉的。”中方陪同人员反驳说：“英国女王也是女的。按照英国的政治体制，女王是英国的国家元首和全国武装部队的总司令，这会不会有损英国军队的声誉呢？”蒙哥马利突然语塞，无话可说了。周总理听说后，批评了工作人员，指出我们的目的是求同存异，不必要求观点完全一致，这为以后的国际交往提供了借鉴。

(2) 避免指责原则。人都有强烈的自我价值保护倾向，人们对那些威胁自我价值的人有强烈的排斥情绪，那些威胁自我价值的人是通过对过去事实的否定，从而否定交际对象的价值，让交际对象恐惧、焦虑。反过来，交际对象再指责威胁自我价值的人，冤冤相报，恶性循环。

楚庄王有一匹爱马，给它穿有刺绣的衣服，养在装修高档的房子里，喂它吃枣脯，后来因肥胖症而死。楚庄王让群臣为马发丧，要以大夫规格内棺外椁而葬之。一匹死马享受了朝臣的待遇，这对大臣们是一个刺激，便纷纷提出异议。楚庄王下令道：“有敢再议葬马者，处以死罪。”优孟听说后，跑进大殿，一进殿门，便仰天大哭，楚庄王十分吃惊，忙问何故，优孟说：“死掉的马是大王心爱之物，堂堂楚国无所不有，而今只以大夫之礼葬之，太薄情了，我请求大王以人君之礼葬之。”楚庄王听后，一时无言以对，只好打消以大夫之礼葬马的打算。

(3) 真诚地倾听别人的谈话，就是对于别人的称赞。人际交往离不开交谈。交谈是建立、拓宽和改善人际关系的基础，是促进人际感情进一步融洽的润滑剂，社交聚会，工作应聘面谈，谈访朋友等都是通过交谈进行的。交谈是听与谈的有机配合，在这一过程中，听比谈更加重要，每个人喜欢自己的话有人听，特别是认真、耐心、仔细地听，这证明自身的价值得到他人的承认，受到了他人的尊重。当然，你的思绪和情感要伴随着对方的节奏和情感起伏波动，根据对方的反映流露出喜怒哀乐，他眉飞色扬，你也喜笑颜开，使谈话气氛融洽和谐，不至于产生“对牛弹琴”的遗憾。反之，不善于听别人的谈话，只顾自己滔滔不绝的演说，甚至不给别人说话机会，至少能损伤他人的自尊，让他在面子上难看，这样会淡化交际的气氛，很难在彼此之间建立融洽的关系。所以要记住听话八个字：第一，听清；第二，听记；第三，听辩；第四，听懂。

(4) 主动参与交际。首先要接纳他人，对他人感兴趣，做口语交际的始动者。“爱人者人恒爱之；敬人者人恒敬之。”人们不会无缘无故地对他人产生爱与恨的情感，他只对那些关注他、帮助他、接纳他、尊重他的人以友好的报答。

口语练习：

1．阿凡提和皇帝一起洗澡，皇帝问阿凡提：“任我这模样到市场上当奴隶卖，能值几个元宝？”阿凡提回答：“最多值 10 个。”皇帝火了，骂道：“胡说！不提别的，光是我身上的这条绣花围巾就值 10 个元宝了。”阿凡提指着围巾说：“我说值 10 个元宝的，就是指这个东西啊！” 在这个故事里，阿凡提所要表达的意思虽然没有直接说出，但言外之意却不言自明。请说一说阿凡提这样做的后果是什么？

2．根据你的经验说说什么样的语言和行为会导致对方的不悦？

四、课文内容强化训练

(一)文学常识填空题

(1) 欧阳修，字永叔，号________，自称“________”。北宋诗文革新运动领袖，“唐宋八大家”之一。

(2) 本文通篇采用______法进行论证。______和______的对比，是贯穿全文的轴心。

(3) 欧阳修的散文名篇有________、________、________(举三个)。

(二)整体感知

1. 讨论：君子之朋与小人之朋有什么区别？

2. 分析下面这段话并回答问题。

《书》曰：“纣有臣亿万，惟亿万心；周有臣三千，惟一心。”纣之时，亿万人各异心，可谓不为朋矣，然纣以亡国。周武王之臣三千人为一大朋，而周用以兴。

(1) 这段话用什么作对比？

(2) 纣亡的关键不在朋而在什么？

(3) 引用《书》之语，目的何在？

3. 为什么说小人无朋？

4. 文章中间三段的论证角度有什么不同？

5. 朋党从什么时间就有的？真的朋党和小人的朋党对国家有什么样的意义？在论证的过程中用了什么手法？

五、写作训练

阅读分析下面一则寓言，按要求作文。

越国有个单身汉，用芦苇和茅草盖起了房子，耕种田地养活自己。他家的老鼠很猖獗，日夜打闹，啃咬东西。单身汉十分恼火。有一天他喝醉了酒，看到老鼠成群地窜来窜去，一怒之下拿起火把茅屋点燃，老鼠终于被消灭了，但房子也烧毁了，酒醒之后，单身汉无家可归，十分后悔。

根据这则寓言的寓意，联系社会生活的实际，写一篇议论文，题目自拟，八百字左右。

参考答案

二、1. 写丰乐亭周围美景及丰乐亭建造情况。

2. ①是，为。②喜欢。③乘凉，歇阴。④疏通。

3. 第一段按空间转换的顺序来写的，下→下→中；第二段是以时间顺序为主或以春夏秋冬的顺序来写。

4. A　　5. “而与滁人往游其间”，“乃日与滁人……俯而听泉”“又其民乐其岁物之丰成，而喜与予游也”

三、略

四、(一) (1)醉翁　六一居士　　(2) 对比　君子之朋　小人之朋　(3)《朋党论》《醉翁亭记》　《秋声赋》。

(二) 1. (1)君子是真朋，小人是伪朋。从本质上说明小人无朋。这一点远远超出了一般的朋党之说。这一段是在前一段基础上的深入剖析。由于小人之朋是从利出发的，所以只能是暂时的，只能是假的；而君子之朋出于对道的共同追求，所以必然能“终始如一”，所以是真的。 (2)欧阳修指出了道和利，是区分两者的关键所在。并且在此基础上进一步指出：小人是以利相互勾结，相互利用，利益相同则相结为党，见“利”则相互反目，“利”尽则分道扬镳；而君子是以“道”相互联结，同道则同德，同德则同心，道永远不变，则君子之党永远同心。

2. (1) 以商纣的少朋和武王的多朋比，少朋却灭亡，多朋却兴起，这就证明了朋党不是造成国家灭亡的原因。

(2) 纣使人人异心，以利相互勾结，相互利用，利益相同则相结为党，见“利”则相互反目，“利”尽则分道扬镳。

(3)《尚书》是儒家经典之一，代表正统的统治思想，其宣扬的周武王是儒家所推崇的古代圣贤之主，这样引用，说理充分，让人信服。

3. 由于小人之朋是从利出发的，所以只能是暂时的，只能是假的，相互利用，利益相同则相结为党，见“利”则相互反目，“利”尽则分道扬镳。

4. 中间三段分别从讲道理、摆事实、人君的态度三方面回应开头，从理论到事实到现实依次推进，主旨突出，结构严谨。

5. 朋党之说，自古有之。文章先列举尧时退小人之朋而用君子之朋天下大治的例子，然后列举舜用君子之朋而天下也大治的例子，这些是正面举例；接着列举纣因无朋而亡国、周武王因得君子之朋而国兴的事例，这是正反对举；最后再举东汉桓、灵时的党锢之祸以及晚唐昭宣帝时朱全忠杀害名士的事实，这是引用反面事实。作者或正，或反，或正反对比，反复论证，论证极为有力(对比论证，举例论证)。

五、略

留　侯　论

苏轼

学习目的与要求

1. 理解作者“忍小忿而就大谋”的观点及其独到新颖之处。

2. 分析文章以“忍”字贯串全篇，层层议论，逐步深化的说理思路。

3. 体会苏轼史论汪洋恣肆、雄辩有力的特色。

学习重点

1. 在学习本文立意新颖的基础上，训练逆向思维。

2. 学习本文正反对比、主次分明的写作特色。

一、知识拓展

苏轼(1037—1101 年)，字子瞻，号东坡居士，眉州眉山(今四川眉山县)人，他才气横溢，文学成就很大，是历史上著名的散文家、诗人、词人、书法家，继欧阳修为北宋文坛领袖。唐宋八大家之一，欧苏并称；诗苏黄(庭坚)并称；词苏辛(弃疾)并称；书法颜(真卿)、柳(公权)、欧(阳询)、苏并称，北宋则是苏、黄(庭坚)、米(芾)、蔡(襄)并称。他对绘画音乐也擅长，是中国历史上少有的多才多艺的人物。他一生仕途坎坷，儒、释、道学说兼具，入世出世思想随其遭际不同，运用和发挥得相当和谐。

苏轼的文学观点和欧阳修一脉相承，但更强调文学的独创性、表现力和艺术价值。他认为作文应达到“如行云流水，初无定质，但常行于所当行，常止于所不可不止。文理自然，姿态横生”(《答谢民师书》)的艺术境界。苏轼散文著述宏富，与韩愈、柳宗元和欧阳修三家并称。文章风格平易流畅，豪放自如。释德洪《跋东坡忼池录》说：“其文涣然如水之质，漫衍浩荡，则其波亦自然成文。”

苏轼在诗、文、词、书、画等方面，在才俊辈出的宋代均取得了登峰造极的成就。是中国历史上少有的文学和艺术天才。苏轼在当时的作家中享有巨大的声誉，一时与之交游或接受他的指导者甚多，黄庭坚、秦观、晁补之和张耒四人都曾得到他的培养、奖掖和荐拔。故称苏门四学士。苏诗内容广阔，风格多样，而以豪放为主，笔力纵横，穷极变幻，具有浪漫主义色彩，为宋诗发展开辟了新的道路。苏轼的词冲破了专写男女恋情和离愁别绪的狭窄题材，具有广阔的社会内容。苏轼在我国词史上占有特殊的地位。他将北宋诗文革新运动的精神扩大到词的领域，扫除了晚唐五代以来的传统词风，开创了与婉约派并立的豪放词派，扩大了词的题材，丰富了词的意境，冲破了诗庄词媚的界限，对词的革新和发展做出了重大贡献。

二、拓展训练

阅读下面文章，分析回答问题。

《史记·留侯世家》(节选)

良尝闲从容步游下邳圯上，有一老父，衣褐，至良所，直堕其履圯下，顾谓良曰：“孺子！下取履！”良鄂然，欲殴之。为其老，强忍，下取履。父曰：“履我！”良业为取履，因长跪履之。父以足受，笑而去。良殊大惊，随目之。父去里所，复还，曰：“孺子可教矣!后五日平明，与我会此。”良因怪之，跪曰：“诺。”五日平明，良往。父已先在，怒曰：“与老人期，后，何也？”去，曰：“后五日早会。”五日鸡鸣，良往。父又先在，复怒曰：“后，何也？”去，曰：“后五日复早来。”五日，良夜未半往。有顷，父亦来，喜曰：“当如是。”出一编书，曰：“读此则为王者师矣。后十年兴，十三年孺子见我济北，谷城下黄石即我矣。”遂去，无他言。不复见。旦日视其书，乃《太公兵法》也。良因异之，常习诵读之。

沛公将数千人，略地下邳西，遂属焉。沛公拜良为厩将。良数以《太公兵法》说沛公，沛公善之，常用其策。良为他人言，皆不省。良曰：“沛公殆天授。”子房始所见下邳圯上老父与《太公书》者，后十三年从高帝过济北，果见谷城山下黄石，取而葆祠之。

留侯死，并葬黄石。每上冢伏腊，祠黄石。

讨论：《留侯世家》和《留侯论》二文，除了对于张良成功原因的说法不同之外，还有哪些不同点？

三、口语训练

口语交际的原则(三)

3. 真诚原则。是指发自内心的诚挚。缺乏真诚，愉快原则就成了骗人的伎俩，合作原则就成为谋私的手段。真诚让人与人相互理解，相互帮助，人与社会，人与自然和谐发展。深圳蛇口工业区负责人，在国外和一个财团谈判，由于对方拥有先进的技术设备，便漫天要价，使谈判陷入僵局。正在这时候，这个财团所在的商会请他去发表演说。他讲道："中国是个文明古国。我们的祖先早在一千多年以前，就将四大发明——指南针、造纸、印刷术和火药的生产技术，无条件贡献给人类，而他们的后代子孙，从来没有埋怨他们不要专利权是一种愚蠢的行为；相反，却称赞祖先为世界科学的进步作出了杰出贡献。现在，中国在与各国的经济活动中，并不要求各国无条件让出专利，只要价格合理，我们一个钱也不少给……"这番发自蛇口工业区负责人内心的讲话，在外国人心目中，引起了巨大的震动和强烈的反响，引起了与会者的热烈掌声，他们的先进技术，许多正是从中国导入。蛇口工业区负责人的讲话，使谈判对手终于愿意降低专利费，双方达成了近三亿美元的合作项目。

(1) 谦虚诚实，是中华民族的传统的一种心理预期。如果达到，双方感觉都好，反之，双方都有失败感。

(2) 不自我称赞。

(3) 知错能改。在现实生活中，骄傲者一般说来业务都不错，工作起来很卖力，可就是老虎屁股摸不得。天老大，他是老二，谁都比不上。对谁都不留面子。结果是领导与他若即若离，群众对他敬而远之。就因为不给人留面子，造成全线的人际关系紧张。可以看出，要想不伤害他人，就必须谦恭待人。美国前总统富兰克林年青的时候很骄傲，不可一世，后来一位朋友将他叫到面前，用很缓和的语气说："你从不曾尊重他人，自以为是，别人受了几次难堪后，谁还愿意听你骄傲的言论？朋友将一个个离开你。你再也不能从别人那里学到知识与经验。"富兰克林听了这番话后，很受感动，痛改前非。他处处注意，言行谦恭委婉，谨防损害他人的尊严和面子，不久，他便从一个被人敌视，无人愿意与之交往的人，变为很受人们欢迎的成功人物。可以看出，骄傲自大，容易伤人面子。谦卑待人，才能得到友谊。

(4) 不讲我原则。在人声嘈杂的会议室里，在熙熙攘攘的人群中，我们听不见与己无关的夸夸其谈，可当有人提到我们的名字，这种声音我们自己最熟悉，会下意识地左顾右盼，寻找呼唤你的人，一位心理学家断言，在人们自己心目当中，只有自己的名字最动听，唯有关于他自己的事他最关心。根据这种情况我们要在谈话中更多地提到对方，多讲你，多讲他，少讲我，这才符合我国民族的心理习惯。"我"字讲得太多，就显得自私，并有炫耀自己的意思，在三个人以上的谈话时尤其如此。青年人在谈恋爱的时候，他们有意无意地遵循了这个原则，我们经常听到的语言是：你是多么的漂亮，你是多么美丽，你的眼睛圆又亮，你的辫子粗又长，你就像那冬天里的一把火，你好像冬天里的红太阳。总是较多地提到对方，让对方感到高兴，为什么我们不可以在交际过程中更多地使用这种方法？

口语交际是最为普遍的社会现象，口语交际是人们无法回避的社会交际方式。我们要研究交际对象的心理预期，遵循一定的交际原则，才能达到“你好，我也好”的交际目的。人生有三大幸福：成功的事业，真诚的友谊，甜蜜的爱情，这些都离不开成功的口语交际，口语交际的方式将永久地存在于人们的生活当中，左右我们的情感，影响我们的生活。人生的美好是人情的美好，人生的丰富就是人际关系的丰富，愿成功的口语交际伴随大家走向生活的美好境界。

口语练习：有一位朋友生病住院，准备切除阑尾。正躺在病床上，十分忧愁。这时，你去看望他，你会说什么？

四、课文内容强化训练

(一)选择题

1. 宋代作家中文学创作成就最为全面的作家是(　　)。

A. 欧阳修　　B. 苏轼　　C. 王安石　　D. 苏洵

2. 苏轼《前赤壁赋》中所说之理是(　　)家之理。

A. 儒　　B. 佛　　C. 道　　D. 法

3. 苏轼字(　　)。

A. 明允　　B. 东坡　　C. 子由　　D. 子瞻

4. 苏轼的赤壁词、赤壁赋的写作地点是(　　)。

A. 密州　　B. 黄州　　C. 惠州　　D. 儋州

5. 苏轼《题西林壁》中的“西林”是指(　　)。

A. 庐山　　B. 西林子　　C. 庐山西林寺　　D. 西边的一片林子

6. 苏轼《饮湖上初晴后雨》中有“欲把西湖比西子，淡妆浓抹总相宜”句，这是(　　)。

A. 一种以物比人的绝妙比喻　　B. 两种类似现象的绝妙类比

C. 一种以人比物的绝妙比喻　　D. 一种联想式的比喻

7. 代表宋代散文创作最高成就的作家是(　　)。

A. 范仲淹　　B. 欧阳修　　C. 王安石　　D. 苏轼

(二)文学常识填空题

1. 苏轼是_______(时代)著名文学家、书画家、散文家和诗人，与他的父亲_______、弟弟_______皆以文学名世，世称“三苏”；与汉末“三曹父子”(曹操、曹丕、曹植)齐名。且苏轼与唐代的_______、_______和宋代的_______、_______、_______、_______、_______合称“唐宋八大家”。并与_______、_______、_______被称为最能代表宋代书法成就的书法家，合称为“宋四家”。北宋与苏轼并称“苏黄”的诗人是_______。

2. 苏轼开创了与婉约派并立的_______，扩大了词的题材，丰富了词的意境，冲破了_______的界限，对词的革新和发展作出了重大贡献。

3. 苏轼认为作文应达到“如行云流水，初无定质，但常行于所当行，_______。”

4. 苏轼的思想受儒、________、________三家的影响，性情达观。

(三)整体感知

1. 本文蕴含着关于张良成功原因的不同观点，你能根据文中有关语句来谈谈吗？

2. 按照事件发生的先后顺序，本文共写了有关张良的这样三件事：击秦帝、受兵书、教高祖。这三件事有什么内在的联系？

3. 本文是从什么角度论证中心论点的？

4. 本文题目是否可以换成“忍论”或“论忍”？

5. 如果以“忍论”或“论忍”为题，如何处理张良的事例为宜？

五、写作训练

古人说：“尽信书，不如无书。”本文是一篇史论，实际上也是一篇读书笔记。作者认真读书，却并不迷信前人的看法，他善于思考，敢于怀疑，一翻旧案，自抒新见，这样的治学精神和思维品质值得我们学习。

苏东坡先生别出心裁地评价了历史人物，旨在劝人学会忍，可他自己却偏偏忍不了。王安石施行新政，苏子对于某些不利于民生之策，忍不住出头讽谏，落得个被贬黄州的下场。欧阳修废止新政，苏子为新政中那些有利于国计民生的法令遭到废止而惋惜，又忍不住为新政欢呼，再次被贬岭南，终老蛮夷之地。苏轼的观点是针对前人对张良成功的荒谬说法而树立的，自有其合理之处，可是一旦离开了这种针对性，去泛泛而谈“忍小忿而就大谋”，在事理上无疑是有漏洞的，因为当忍则忍，不当忍则不能忍。

是不是一切情况下都要“忍”？合理运用资料谈谈你对这个问题的看法。写成议论文，800字以上。

参考答案

二、圯上老人为谁？前者认为是鬼物，是谷城山下的黄石，他能预见到张良“后十年兴”；而后者认为是秦之世出而试之的隐君子。老人来到圯上的用意是什么？前者认为是为了授书，这样张良“读此则为王者师矣”，后来“良数以《太公兵法》说沛公，沛公善之，常用其策”；而后者认为是为了“深折”少年张良，教他“能忍”。

三、略

四、(一) 1～5 BBDBC　　6～7 CB

(二) 1. 北宋　苏洵　苏辙　韩愈　柳宗元　欧阳修　苏洵　苏辙　王安石　曾巩　黄庭坚　米芾　蔡襄　黄庭坚　　2. 豪放词派　诗庄词媚　　3. 常止于所不可不止　4. 道　佛

(三) 1. 作者认为张良成功在于他能“忍”，而前人认为张良成功在于他得到了一本神奇的书。

2. 都围绕“忍”字，分别是不忍、能忍、用忍。它们分别是从反面、正面、正面来论证“忍”的，通过正反对比，观点鲜明、有说服力。

3. 伊尹、太公是从正面，荆轲、聂政是从反面，郑伯、勾践是从正面，项羽是从反面，刘邦既是从正面又是从反面(因为刘邦有能“忍”之时，也有不能“忍”之时，而需张良教之)。由此可知，本文在论证上有一个显著的特点，就是正反对比。

4. 不能，因为本文属于史论，是由史书上有关张良的荒谬说法引发思考的，而作者所引用的主要也是张良的事例。“留侯论”这一题目表明了本文论述的主要对象。这说明，史论具有很强的针对性，写作时应该突出主要人物、主要事件，做到重点突出、主次分明。

5. 对张良的理性分析少一点，对前人关于张良奇遇的荒谬说法不提或尽量少提，对张良的三件事进行集中论述。

五、略

廉耻(节选)

顾炎武

学习目的与要求

1. 了解作者所阐释的廉耻的内涵。
2. 学习廉耻的现实意义。
3. 了解“礼义廉耻是治国的大纲，它关系着国家的存亡”，我们学习它的现实意义。

学习重点

学习廉耻，培养廉耻心、爱国情。

一、知识拓展

顾炎武(1613—1682 年)原名绛，字忠清。江苏昆山人，明亡后改名炎武，字宁人，亦自署蒋山佣，学者尊为亭林先生。他出生于江苏昆山一个官僚地主家庭，14 岁时以其敏捷的才思、广博的学识，顺利考取了秀才，不久他慕名参加了学术组织“复社”，同士大夫等知识分子广泛接触和联系。他们不定期进行集会，评议国政，对当朝的政治、经济和文化等情况进行研讨，1645 年 5 月，清军南下，占领杭嘉湖等地区。在攻克南京后，颁布剃发令，顾炎武积极投身于抗清斗争，他怒斥一些明代达官贵人随波逐流的庸俗人生观，响亮地提出了“国家兴亡，匹夫有责”的口号，这句话成为激励后世的爱国主义格言。清王朝建立统一政权后，顾炎武依然坚持反清活动，决心“拯斯人于涂炭，为万世开太平”。他断然拒绝了清廷欲令其到明史馆纂修《明史》和参加博学鸿词科考试的举荐。顾炎武晚年定居于华山脚下。1681 年由华阴迁至山西曲沃。由于旅途劳顿，患了重病。次年正月，因骑马失足，跌伤病逝，享年 70 岁。

顾炎武被称作是清朝“开国儒师”、“清学开山”始祖、文化巨人、思想大家，是著名的经学家、史地学家、音韵学家。顾炎武与黄宗羲、王夫之并称为明末清初三大儒。平生不做无益之文，主张“文不苟作”，“须有益於天下”；治学强调“经世致用”，他一生辗转，行万里路，读万卷书，开创了一种新的治学门径，他提倡经世致用，反对空谈，注意广求证据。他一生著述宏富， 在地理、金石、音律上都有建树，所著《肇域志》、《天下郡国利病图》、《金石文字记》、《音学五书》等书都具有很高的学术价值。代表作《日知录》较为系统地阐述了他在哲学、政治、经济学等方面的观点。晚年侧重经学的考证，考订古音，分古韵为 10 部。

顾亭林学术的最大特色是一反宋明理学的唯心主义的玄学，而强调客观的调查研究，开一代之新风，提出"君子为学，以明道也，以救世也。徒以诗文而已，所谓雕虫篆刻，亦何益哉？"顾亭林强调做学问必须先立人格："礼义廉耻，是谓四维"，提倡"国家兴亡，匹夫有责"。

二、拓展训练

阅读下面文章，分析回答问题。

顾炎武手不释卷

凡先生之游[1]，以二马三骡载书自随。所至厄塞[2]，即呼老兵退卒询其曲折[3]；或与平日所闻不合，则即[4]坊肆[5]中发[6]书而对勘[7]之。或径行平原大野，无足[8]留意，则于鞍上默诵诸经注疏[9]；偶有遗忘，则即坊肆中发书而熟[10]复之。(选自《亭林先生神道表》)

【注释】[1]凡先生之游：凡是先生外出旅行。先生，指顾炎武。[2]厄塞：险要的地方。[3]曲折：详细情况。[4]即：靠近，引申为走向。[5]坊肆：街市中的客店。[6]发：打开。[7]对勘：核对校正。[8]无足：没有值得。[9]诸经注疏：各种经典著作的注解疏证。[10]熟：仔细认真。

1. 上面这段文字所描述的顾炎武对待读书的态度是________。

"有亡国，有亡天下。亡国与亡天下奚辨？曰：易姓改号，谓之亡国；仁义充塞，而至于率兽食人，人将相食，谓之亡天下。……保国者，其君其臣，肉食者谋之；保天下者，匹夫之贱与有责焉耳矣！"(《日知录 正始》)

2. 梁启超将这段文字概括为八个字："____________"。

文须有益于天下

文之不可绝于天地者，曰明道也，纪政事也，察民隐也，乐道人之善也。若此者，有益于天下，有益于将来。多一篇，多一篇之益矣。若夫怪力乱神之事，无稽之言，剿袭之说，谀佞之文，若此者，有损于己，无益于人，多一篇，多一篇之损矣。(《日知录》)

3. 本文从哪几个方面论述了文章的作用？

4. 写出文中词类活用的词的用法。

明：　　　　　　　　　善：

5. 分析下面几个句式特点。

(1)绝于天地者：　　　　　　　　(2)文之不可绝于天地者：

(3)有益于天下，有益于将来：　　(4)有损于己，无益于人：

6. 结合《文须有益于天下》，说说自己对"经世致用"思想的认识。

三、口语训练

什么是三三两两讨论法

三三两两讨论法是指每两人或三人自由组成一组，在三分钟的限时内，就讨论的主题，互相交流意见及分享。三分钟后，再回到团体中作汇报。这种小组活动重点在于能让参与者就研讨的问题，进行较深入的讨论、分析及分享。

该方法目的重点在于能让参与者就讨论的主题或问题，进行较深的分析及分享。

三三两两讨论法可按以下四步进行。

1．先将大团体自由分成小组，每组两人或三人。

2．各组在三分钟之内，就讨论的主题或问题互相交流意见及分享。

3．各组推派一位代表提出该小组讨论的结果。

4．最后予以统合归纳，并对各组所进行之讨论情形的优缺点予以评估。

——选自《智库百科》

讨论下列话题。

1．大学生就业问题。

2．大学生寝室创业现象。

3．现在很多的大学生都在叫喊着自己很迷茫，没有方向感，前途渺茫。

4．关于兼职。

四、课文内容强化训练

(一)选择题

1. 对下列句子加线词语解释不正确的一项是(　　)。

A. 廉耻，立人之大节　　节:节操

B. 弃礼义，捐廉耻　　捐：捐献

C. 顷读《颜氏家训》有云　顷：近来，不久前

D. 稍欲通解　　稍：稍微

2. 以下各组句子中加线词词性不同的一组是(　　)。

A. 人而如此，则祸败乱亡，亦无所不至　人之不廉，而至于悖礼犯义　死而有之，其几何离

B. 其原皆生于无耻也　　然而松柏后凋于岁寒　　激于义而死焉者也

C. 吾观三代以下，世衰道微　　以此伏事公卿，无不宠爱　　木欣欣以向荣

D. 然而四者之中，耻尤为要　　廉耻者士人之美节　今者项庄拔剑舞，其意常在沛公也

3．下面各组句子全都表明作者对社会废弃礼义、舍弃廉耻的痛恨之情的一组是(　　)。

①人而如此，则祸败乱亡，亦无所不至。②故士大夫之无耻，是谓国耻。③然而四者之中，耻尤为要。④然而松柏后凋于岁寒，鸡鸣不已于风雨。⑤异哉，此人之教子也。⑥若由此业自致卿相，亦不愿汝曹为之。

A. ①④⑤　　B. ②③⑥　　C. ①⑤⑥　　D. ②③④

4. 下列对原文有关内容的分析和概括不正确的一项是(　　)。

A. 一个人若没有了廉耻之心，就会肆无忌惮，无所不为，最终会惹祸上身，招致耻辱

B. 一个国家的最大危险在于社会上层的腐败，腐败会造成无耻，造成国家败亡和耻辱

C. 如果朝廷有教化，士人便有廉耻；士人有廉耻，天下才有良风美俗

D. 明末清初，一些享有盛名的士大夫变节投降，屈膝取官，深为作者不耻，写作此文旨在指责当时寡廉鲜耻的士风

5. 把下面的句子翻译成现代汉语。

(1)“耻之于人大矣，为机变之巧者，无所用耻焉。”

(2)“异哉，此人之教子也！若由此业自致卿相，亦不愿汝曹为之。”

(二)填空题

1. 顾炎武的名言有_______、_______、_______(任举三例)。

2. 顾炎武是_______(时代)杰出的思想家，他批判君主专制，提出_______，主张_______。和他同时期的还有_______、_______、_______等。

(三)整体感知

1.《廉耻》这篇文章告诉了我们什么道理？

2. 什么是国之四维？维指什么？

3. 文中引用《颜氏家训》上的一段话的作用是什么？

五、写作训练

撰文论述如何培养人的廉耻观，进而在全社会形成良风美俗。

参考答案

二、1. 对待读书做学问老老实实，认认真真

2.“天下兴亡，匹夫有责”

3. 本则主要从四个方面：阐明道理，记述政事、体察百姓困苦、乐于称道别人的善行，正反两个角度陈述了文章的作用。

4. 明：形容词作动词，阐明。善：形容词作名词，善行。

5. (1)绝于天地者：“于天地者绝”，状语后置。(2)文之不可绝于天地者：判断句。(3)有益于天下，有益于将来：均是状语后置。(4)有损于己，无益于人：均是状语后置。

6. 略

三、略

四、(一)1～4 BCBB

5. (1)羞耻心对于人是很重要的，从事投机应变巧术的人，是没什么事情会感到羞耻的。(2)真是奇怪啊！这个人这样教导孩子！倘若用这种卑鄙的方式，去换取富贵，如果循着这样的学习过程就能够求得公卿宰相的高位，我也不希望你们这样做！

(二)1. 天下兴亡，匹夫有责　君子之学，死而后已　天下无不可之风俗

2. 明末清初　众治主张　经世致用，注重实学　李贽　黄宗羲　王夫之

(三)1. 顾炎武在《廉耻》中认为“廉耻，立人之大节。盖不廉则无所不取，不耻则无所不为。”廉耻之心是人类所独有的，一个人的不廉洁，乃至于违犯礼义，推究其原因都产生在无耻上。因此(国家领袖人物)士大夫的无耻，可谓国耻。这就告诉大家什么该做，什么不该做，要知荣弃耻、褒荣贬耻、扬荣抑耻；同时告诉我们礼义廉耻四者中，“耻尤为要”。

2. 礼、义、廉、耻，维：指纲，总纲，亦指法度。

3. 借此批评时人，讽刺士大夫，说明加强自我修养的重要性。

五、略

爱尔克的灯光

巴金

学习目的与要求

1. 理解作者的人生态度及对封建家庭进行深刻批判的复杂情感。
2. 通过对“灯光”的分析，把握本文的结构线索，学习使用象征手法。
3. 运用朗读技巧，恰当地表达本文的内容、情感。
4. 理解“长宜子孙”并联系现实进行思考。

学习重点

理解灯光的象征性意义以及作者的情感变化，联系现实思考长宜子孙的意义。

一、知识拓展

巴金(1904—2005 年)，原名李尧棠、字芾甘，笔名佩竿、余一、王文慧等。四川成都人。1920 年入成都外国语专门学校。1923 年从封建家庭出走，就读于上海和南京的中学。1927 年初赴法国留学，写成了处女作长篇小说《灭亡》，发表时始用巴金的笔名。1928 年底回到上海，从事创作和翻译。从 1929 年到 1937 年中，创作了主要代表作长篇小说《激流三部曲》中的《家》，以及《海的梦》、《春天里的秋天》、《砂丁》、《萌芽》(《雪》)、《新生》、《爱情的三部曲》(《雾》、《雨》、《电》)等中长篇小说，出版了《复仇》、《将军》、《神・鬼・人》等短篇小说集和《海行集记》、《忆》、《短简》等散文集。以其独特的风格和丰硕的创作令人瞩目，被鲁迅称为“一个有热情的有进步思想的作家，在屈指可数的好作家之列的作家”(《答徐懋庸并关于抗日统一战线问题》)。其间任文化生活出版社总编辑，主编《文学月刊》和《文学丛刊》等。

抗日战争爆发后，巴金在各地致力于抗日救亡文化活动，编辑《呐喊》、《救亡日报》等报刊，创作《家》的续集《春》和《秋》，长篇小说《抗战三部曲》(又名《火》)，出版了短篇小说集《还魂草》、《小人小事》，散文集《控诉》和《龙・虎・狗》等。在抗战后期和抗战结束后，巴金创作转向对国统区黑暗现实的批判，对行将崩溃的旧制度作出有力的控诉和抨击，艺术上很有特色的中篇小说《憩园》、《第四病室》，长篇小说《寒夜》便是这方面的力作。中华人民共和国成立后，巴金曾任全国文联副主席、中国作家协会主席、中国笔会中心主席、全国政协副主席等职，并主编《收获》杂志。他热情关注和支持旨在繁荣文学创作的各项活动，多次出国参加国际文学交流活动，首倡建立中国现代文学馆。出版有短篇小说集《英雄的故事》、报告文学集《生活在英雄们中间》、散文集《爝火集》、散文小说集《巴金近作》、随笔集《随想录》五集，以及《巴金六十年文选》、《创作回忆录》等多种。中华人民共和国成立前的作品大都收集在 14 卷《巴金文集》内，新编的《巴金全集》于 1986 年起陆续出版。他的作品已被译成多种外文出版。多年来他还出版了大量译作。巴金小说创作最为著称的是取材于旧

家庭的崩溃和青年一代的叛逆反抗的作品，《家》就是这方面写得最成功、影响最大的代表作，曾激动过几代青年读者的心灵，奠定了他在现代文学史上的重要地位。他善于在娓娓动听的叙述和真挚朴实的描写中，倾泻自己感情的激流，细腻独到，具有一种打动人的艺术力量。

二、拓展训练

阅读下面文章，分析回答问题。

水 性 江 南

王本道

江南是烟柳繁华之地，温柔富贵之乡。江南出芳草鲜花、才子佳人，出缠绵悱恻的爱情故事。但江南又是英雄辈出的地方，古往今来，这里孕育出诸多骁勇的斗士。那用于刺杀的锐利兵器——剑，发展的鼎盛时期正是在地处江南的吴越之地，许多彪炳史册的著名战役也是在江南发生的。那么，是什么力量使得缠绵悱恻与剑气凌厉这两种反差极其悬殊的气质，能够天衣无缝地契合在一地呢？我曾一度处于大惑不解之中。

一次重读先贤经典，《老子》中的一句名言让我顿开茅塞。“天下莫柔弱于水，而攻坚强者莫之能先，以其无以易之也。”老子的话，一语道破了水的柔弱秀美与坚韧顽强的两重性。江南是水乡，是水的故乡，河流纵横，池湖密布，它们流淌在青山脚下，穿行于广袤的田畴。“瓜洲渡口山如浪，扬子桥头水似云。”“西风作意送行舟，帆饱清淮碧玉流。”还有那直落九天的瀑布，山中奏鸣的清泉——<u>千百年来，是水，滋养着江南的风物和江南的人，孕育了江南独特的文化属性。</u>

江南的水，如轻纱雾霭，随风起舞，变幻无穷，滋润着江南。江南的景物风姿绰约，江南的人风情万种。宋祖英的一曲《又唱江南》，浓缩了一年四季江南的秀美景色：“二月你看江南的花，花如野火遍地燃”；“清明你看江南的雨，雨中藏着万重山”；……江南的人也一如江南的风物，温婉细腻，柔肠百转。“春风十里扬州路，卷上珠帘总不如。”杜牧对江南人的赞美虽有些夸张，但说的却是实情，那无边的波光水影之中，充溢着无边的风月。秦淮河上的桃花渡，莫愁湖畔的莫愁女，瓜洲古渡的杜十娘，西泠桥畔的苏小小，还有惠山的明月、西湖的断桥、绍兴的沈园……深受上天厚爱的才子佳人，他们的柔情蜜意在江南大地上留下了诸多生命的足迹和美丽传说。物美、人美、情浓，就连江南人讲话也是吴侬软语，唱起来就更让人心旌摇动。我十分喜欢江南曲艺的代表苏州评弹，唱词娓娓如述，琵琶弦乐清丽委婉，其优美儒雅，婉转沉静，就像曲水清流，清澈纯净又韵味悠长，就连草木也会为之摇曳。

江南的水也时有“乱石穿空，惊涛拍岸，卷起千堆雪”之势。这坚韧与顽强的性情，也涵养了江南风物和江南人那种英豪之气。江南大地布满了崇山峻岭，其中许多气势恢弘，似有峥嵘剑气腾越穿行其中。杭州栖霞岭上的剑门，绍兴的会稽山，常熟的虞山，都是雄伟挺拔，气宇轩昂，占尽风云。那山间的瀑布、涧水，山下的清流，是养育大山的支支血脉。江南的人，也因为有了“水性”，才有了那种独特的剑气。据说古代铸剑的工艺，先是把剑放在火中煅烧，然后再放到水中浸泡，经过淬剑过程中两种力量的交合，才会使剑在百转千回，缭绕交错的剑法中得心应手。这种浸泡过剑的江南之水，千百年来也曾造就了诸多慷慨激昂之士。卧薪尝胆的勾践、竭忠尽智的岳飞、与扬州共存亡的史可

法……众多仁人志士用他们的生命与鲜血谱写了一首首壮怀激烈的诗篇。文武兼备的陆游、辛弃疾、文天祥，他们的诗句至今读来，仍洋溢着当年的铁骨雄风，“夜阑卧听风吹雨，铁马冰河入梦来。”“醉里挑灯看剑，梦回吹角连营。”“人生自古谁无死，留取丹心照汗青。”还有，活跃二十个世纪二三十年代的鲁迅，更是把文人的凌厉剑气推向了极致。就连文雅娟秀的女子，也尽显侠骨柔情，秋瑾就是最优秀的代表。

说到江南的“水性”，还应该涵盖它的秀慧与智巧。江南的水是很有灵气的，正是这灵秀之水，涵养了江南人的那种聪颖与睿智。当今中国科学院院士，江苏籍的就占了半数，近代和当代全国琴棋书画大师，也大多出自江南。

江南的水哺育了如水的江南。有人说，正是因为江南太美了，阴柔之气过重，因此江南的男人大多被美色所雌化，是美人的风韵像灭火器似的扑灭了男子的阳刚之气。这种说法是过于偏重水乡的温柔与细腻了……

1. 课文中涉及的江南“慷慨激昂之士”有________________。(除本文提及外)

2. 第二段引用《老子》中的一句名言，好处是什么？

3. 第二段画横线的句子与第三、四、五段之间是_______关系。

4. 作者在第一段、第四段均提到“剑”，各有什么用意？

5. 下列说法正确的两项是(　　)。

A. 本文从“水”对江南风物、江南人产生影响的角度，介绍了江南独特的文化属性

B. 作者写莫愁女、杜十娘、苏小小等是为了表明江南大地充满柔情蜜意和美丽传说

C. 江南文人的凌厉剑气经由陆游、辛弃疾、文天祥的淬炼，最后被鲁迅推向了极致

D. 在“水性”的润泽下，江南的女性尽显侠骨柔情，江南的男性却多是“奶油小生”

E. 文中引用了大量的诗词名句，生动形象地说明了江南水乡的特点以及不同“水性”

F. 本文语言优美、华丽，热烈奔放，表达了作者对水乡江南的魂牵梦萦与赞颂之情

6. 从全文看，江南的“水性”包括哪些具体的内容？请作简要的概括。

7. 文末说：“这种说法是过于偏重水乡的温柔与细腻了……”请以“其实”开头续写一段 100 字左右的文字。

8. 在下列横线处填入句子，与上下文衔接恰当的一组是(　　)。

她站起来，感到心里很是满足，风也柔和了许多。她发现月亮是这样明净，______，像母亲庄严、神圣的胸脯；_______，卷起来像一树树金铃铛，她第一次听清了它们在夜晚，_______，“豁啷啷”地歌唱。

①月光笼罩着群山　②群山被月光笼罩着　③那秋风吹干的一树树核桃叶

④那秋风吹干了一树树核桃叶　⑤在风的怂恿下　⑥在风的咆哮下

A. ①③⑤　　B. ②④⑥　　C. ②③⑤　　D. ①③⑥

三、口语训练

提炼主题，就是运用各种思维方式，深入发掘文章材料的固有意义，以形成某种独特

的思想或事理。提炼主题要做到：第一，立足全部材料，从占有的全部材料中提炼出正确的思想观点；第二，开掘事物本质，摒弃表象，开掘事物的内在含义，反映事物的本质及其规律性，作者应站在时代的高度，洞察事物本质，加深开掘深度，作者还要考虑记叙、议论、说明、抒情等各种不同文章的表达功能，从不同侧面去开掘事物本质；第三，选取新颖独特的角度，探求事物的新意，新的角度是指新的观察角度(从不同的侧面开掘主题)和新的认识角度(表达出作者独到的见解)。

提炼下面两则短文的主题。

1. “留侯，指张良，字子房。五世相韩，韩为秦灭，寻秦复仇，破家散金，求得力士沧海，椎击始皇于博浪沙中，误中副车，大索天下十日，弗获，匿迹下邳。后佐高祖定天下，辞官归隐，从赤松子游。史有留侯世家。良为高祖刘邦的重要谋士，高祖平定天下，大封功臣，而良无战功。刘邦说：‘运筹策帷幄中，决胜千里外，子房功也，自择齐三万。’良辞不受，后封为‘留侯’。留，城名，在今徐州市，有一种说法，具体在今睢宁境内。”

(苏城读书网，古文辑录——人物篇，2010-10-13)

2. 年轻人之所以为年轻人，并不是单靠着年纪轻，假如是单靠年纪轻，我们倒看见有好些年纪轻轻的人，却已经成了老腐败，老顽固，甚至活的木乃伊——虽然还活着，但早已死了，而且死了几千年。反过来我们在历史上也看见有好些年纪老的人，精神并不老，甚至有的人死了几千年，而一直都还像活着的年轻人一样。所以一个人的年轻不年轻，并不是专靠着生理上的年龄，而主要的还是精神上的年龄。便是“年轻精神”充分的，虽老而不死；“年轻精神”丧失的，年虽轻而人已死了。

(郭沫若《在萧红墓前的五分钟演讲》)

四、课文内容强化训练

(一)选择题

1. 文学革命正式开始的时间是(　　)。

A. 1915 年　　B. 1917 年　　C. 1918 年　　D. 1921 年

2.《人的文学》作者是(　　)。

A. 李大钊　　B. 陈独秀　　C. 周作人　　D. 胡适

3. 中国左翼作家联盟成立于(　　)。

A. 1928 年　　B. 1930 年　　C. 1937 年　　D. 1942 年

4. 1938 年 3 月中华全国文艺界抗战协会成立于(　　)。

A. 上海　　B. 武汉　　C. 重庆　　D. 香港

5.《七月》杂志的主编是(　　)。

A. 巴金　　B. 老舍　　C. 胡风　　D. 茅盾

6. 延安文艺座谈会召开于(　　)。

A. 1937 年　　B. 1938 年　　C. 1942 年　　D. 1945 年

7. 1921 年 1 月成立的第一个新文学社团是(　　)。

A. 创造社　　B. 语丝社　　C. 新月社　　D. 文学研究会

8.《青年杂志》(后改为《新青年》)创刊于(　　)。

A. 1915 年　　B. 1917 年　　C. 1919 年　　D. 1921 年

9. 中国现代文学史上的第一本散文诗集，并开“独语体”散文之先河的是(　　)。

A.《呐喊》　　B.《朝花夕拾》　　C.《野草》　　D.《坟》

10. 曹禺在大学期间创作的《雷雨》1934 年 7 月在《文学季刊》一卷三期发表，是由一位著名作家和编辑推荐的，这位作家和编辑是(　　)。

A. 鲁迅　　B. 茅盾　　C. 老舍　　D. 巴金

(二)填空题

1. 巴金原名_______，现代文学家、_______、翻译家。同时也被誉为是“五四”_______以来最有影响的作家之一，是 20 世纪中国杰出的文学大师、中国_______的巨匠。巴金晚年提议建立_______和文化大革命_______。

2. 巴金作品有激流三部曲_______；爱情三部曲_______；晚年作品有_______.

3. 1918 年 5 月，鲁迅的_______发表于《新青年》。此后，他的_______、《阿 Q 正传》、《祝福》等接连发表，引起巨大反响。

4. 在受到老师们主办《新青年》影响而创办的北京大学学生刊物_______上，出现了一个活跃的作家群，创作出新文学早期的一批诗歌、小说、散文和戏剧。

(三)整体感知

1. “长宜子孙”的含义及作品的批判意识。
2. 实际上，文章展示了哪两条人生道路。
3. “灯光”的象征意味和抒情氛围。
4. 文中灯光的艺术作用。
5. 理解“心灵的灯光”的含义。
6. 巴金小说的题材大致可分为几类？请举例说明(每一类举出一部作品即可)。

五、写作训练

材料

一个衣衫破旧的老者，向你哭诉说，他有好几天没吃饭了，你于是心软了，你给了他钱。可后来你听人说，他是一个骗子！

一个年轻的腿部残疾者，走过一条崎岖不平的路，你走过去搀扶他一把，他把你一手甩开，还给你一个厌恶的眼神……

同情心怎么了？

要求：请以同情心为题写一篇文章，可以写自己的感受和体验，也可以发表看法。体裁不限，题目自拟，不少于 800 字。

参考答案

二、1. 于谦、方孝孺、“东林党人”、“复社众人”、朱自清等。

2. 内容上：老子的话，一语道破了水的柔弱秀美与坚韧顽强的两重性，为作者的看法

找到了依据。结构上：承上启下，既解答了上文的提问，又自然过渡到下文对江南之水两重性的写作。

3. 总分　　4. 第一段提到“剑”，为了点出江南具有凌厉强悍的气质；第四段提到“剑”，为了表明江南的水涵养了江南人的英豪之气。

5. AE　　6. (1)变幻无穷，风姿绰约，风情万种。(2)具有坚韧与顽强的性情。(3)很有灵气，涵盖秀慧与智巧。

7. 例：其实人不分南北，如果能多一分柔情与细腻，懂得感情，懂得珍藏，心中维系着自己的审美镜框和情感秘笈，并以此为尺度去发现和发掘生活中美妙的、值得神往和迷醉的东西，不是会给男人(也包括女人)增添力度和精神上的健美吗？这样的多情，不更意味着一种不寻常的正直与高尚！

8. C

三、略

四、(一) 1～5 BCBBC　6～10 CDACD

(二) 1. 李尧棠　出版家　新文化运动　当代文坛　中国现代文学馆　博物馆。2. 《家》、《春》、《秋》、《雾》、《雨》、《电》、《随想录》　3. 《狂人日记》、《药》、《孔乙己》　4. 《新潮》

(三) 1. 为子孙着想，希望自己造就的这份家业，能为子孙后代长久地安排一种舒适的生活，希望自己创立的家庭制度和自己遵循的封建礼教，能够得到子孙后代的继承。(1)这个封建家庭已经摧残了许多年轻可爱的生命，祖辈的遗产已经破坏了许多美好纯洁的心灵，“长宜子孙”这个遗训只能断送有为的青年。(2)封建家庭里的青年，如果没有生活的技能，即使有了万贯家产，也不能拯救自己被毁灭的命运。(3)一个有为的青年，应该走出家庭，到广大的外面世界去寻找光明。

2. 一条是祖辈依照“长宜子孙”的家训，希冀为儿孙谋求幸福，实质却囚禁了许多年轻善良的心灵，葬送了年轻可爱生命的道路。又一条是作者自己正走着的路，即与封建旧家庭作彻底决裂，走出狭小的家，“走向广大的世界中去”，探求新的人生道路。

3. 第一种灯光是出现在旧居大门内亮起的灯光。此灯光“是阴暗中的一线微光”，“并不曾照亮什么”。这灯光代表了笔者的故居，象征那个狭小的家，象征旧家庭，旧礼教的没落与衰亡。第二种灯光是哈立希岛上的灯光，即姐姐爱尔克的灯光，因此这灯光是照路的灯，希望的灯，又是生活悲剧和希望破灭的象征。他在文中讲述爱尔克的灯光，既表现了姐弟之情，又使它来象征苦难与希望的破灭。第三种灯光是“我心中的灯”，这灯光是在作者走向广大世界的前进路上展现的，它象征着作者坚定的生活信念和对理想的追求。

4. 灯光使文章充满诗意，使丰富的思想感情得到生动形象的表现。灯光还成为本文的线索，文章中，以“灯光”贯穿始终，把不同地点、时间的生活材料有机串联在一起，最后则以心灵的灯光作结，体现了作者思想和感情的推进和深化。

5. 作者谈及“心灵的灯光”已在文章的结尾部分。那灯光只是作者的感觉，是他“走向广大的世界中去”的欣慰与追求光明、理想的信念，并且，作者认为这一“心灵的灯光”，将“永远给我指示着我应该走的路。”应该说“心灵的灯光”与“旧居的灯光”、“爱尔克的灯光”有着完全不同的含义，这“心灵的灯”是作者心目中认定的人生道路，是他对生活的信念和对理想的追求的象征。

6. 异国生活题材如短篇小说集《复仇集》，青年生活题材主要有《灭亡》、《死去的太阳》、《新生》、《春天里的秋天》、《爱情三部曲》(《雾》、《雨》、《电》)、《火》，工农生活题材有《砂丁》、《还乡》、《月夜》等，家庭生活题材有《激流三部曲》、《憩园》。

五、略

追 悼 志 摩

胡适

学习目的与要求

1. 理解志摩追求“美与爱与自由”的理想。
2. 学习作者借抒发悼念徐志摩而对他不受羁绊的才华的赞美之情的写作方法。
3. 学习本文说理抒情的写法。
4. 学会使用典型材料，提高综合应用典型材料的能力。
5. 了解什么是学者散文。

学习重点

1. 理解志摩追求“美与爱与自由”的理想。
2. 学习分析问题旁征博引而又细致入微，说服力极强的写作艺术。

一、知识拓展

胡适说：“我的思想受两个人的影响最大：一个是赫胥黎，一个是杜威先生。赫胥黎教我怎样怀疑，教我不信任一切没有充分证据的东西。杜威先生教我怎样思想，教我处处顾到当前的问题，教我把一切学说理想都看作待证的假设，教我处处顾到思想的结果。这两个人使我明了科学方法的性质与功用。” （《介绍我自己的思想》）

实际上胡适的思想受美国哲学家杜威的影响很大，从实验主义出发他提出了“大胆的假设，小心的求证；认真的做事，严肃的做人”、“身行万里半天下，眼高四海空无人”、“对人事可疑处不疑，对原则不疑处存疑”、“有几分证据说几分话，想怎么收获就怎么栽”、“多谈些问题，少谈些主义”等观点，在当时也引起了一些争议，但我们有必要全面了解和看待胡适的人生观和哲学观，从而正确认识胡适的思想。

（《胡适哲学思想资料选》，华东师范大学出版社，1981 年 2 月）

胡适(1891—1962 年)，字适之，现代诗人、学者。安徽绩溪人，生于一个官僚地主兼商人家庭。1910 年留学美国，入康奈尔大学，后转入哥伦比亚大学，从学于杜威，深受其实验主义哲学的影响。1917 年初在《新青年》上发表了《文学改良刍议》。1917 年获哲学博士学位，同年回国，任北京大学教授。参加编辑《新青年》，出版新诗集《尝试集》，成为新文化运动中很有影响的人物。1923 年与徐志摩等组织新月社。1924 年与陈西滢、王世杰等创办《现代评论》周刊。1938 年任国民政府驻美国大使。1946 年任北京大

学校长。1948 年离开北平，后转赴美国。1958 年任台湾“中央研究院院长”。1962 年在台北病逝。

胡适积极参加新文化运动和文学革命运动。率先发表白话文学的创作，1920 年出版中国新文学史上第一部白话诗集《尝试集》，写成一种解放了的新诗体。他第一个用白话写作独幕剧《终身大事》，确立了现代话剧的新形式，该剧产生了广泛而强烈的反响。抗日战争胜利后胡适任北京大学校长。胡适一生著述宏富，著有《中国章回小说考证》、《白话文学史》、《胡适论学近著》、《四十自述》、《藏晖室记》、《中国哲学史大纲》(上卷)、《胡适书评序跋集》，以及《胡适文存》、《胡适作品集》等。译有《短篇小说集》二集、易卜生剧本《娜拉》(与罗家伦合译)等。胡适一生在哲学、文学、史学、古典文学考证诸方面都有成就，并有一定的代表性。

二、拓展训练

阅读下文，分析回答问题。

毕业即失业？
——赠与大学毕业生

胡适(1934)

两年前的六月底，我在《独立评论》(第七号)上发表了一篇“赠与今年的大学毕业生”，在那篇文字里我曾说，我要根据我个人的经验，赠与三个防身的药方给那些大学毕业生：第一个方子……成功不必在我，而功力必然不会白费。

这是我对两年前的大学毕业生说的话，今年又到各大学办毕业的时候了。前两天我在北平参加了两个大学的毕业典礼，我心里要说的话，想来想去，还只是这三句话：要寻问题，要培养兴趣，要有信心。

但是，我记得两年前，我发表了那篇文字之后，就有一个大学毕业生写信来说：“胡先生，你错了。我们毕业之后，就失业了！吃饭的问题不能解决，那能谈到研究的问题？职业找不到，那能谈到业余？求了十几年的学，到头来不能糊自己一张嘴，如何能有信心？所以你的三个药方都没有用处！”

对于这样失望的毕业生，我要贡献第四个方子：“你得先自己反省：不可专责备别人，更不必责备社会。”你应该想想：为什么同样一张文凭，别人拿了有效，你拿了就无效呢？还是仅仅因为别人有门路有援助而你没有呢？还是因为别人学到了本事而你没学到呢？为什么同叫做“大学”，他校的文凭有价值，而你母校的文凭不值钱呢？还是仅仅因为社会只问虚名而不问实际呢？还是因为你的学校本来不够格呢？还是因为你的母校的名誉被你和你的同学闹得毁坏了，所以社会厌恶轻视你的学堂呢？——我们平心观察，不能不说今日中国的社会事业已有逐渐上轨道的趋势，公私机关的用人已渐渐变严格了。凡功课太松，管理太宽，教员不高明，学风不良的学校，每年尽管送出整百的毕业生，他们在社会上休想得着很好的位置。偶然有了位置，他们也不会长久保持的。反过来看那些认真办理而确能给学生一种良好训练的大学——尤其是新兴的清华大学与南开大学——他们的毕业生很少寻不着好位置的。我知道一两个月之前，几家大银行早就有人来北方物色经济学系的毕业人才了。前天我在清华大学，听说清华今年工科毕业的四十多人早已全被各种工业预聘去了。现在国内有许多机关的主办人真肯留心选用各大学的人才。两三年前，社

会调查所的陶孟和先生对我说："今年北大的经济系毕业生远不如清华毕业的，所以这两年我们没有用一个北大经济系毕业生。"刚巧那时我在火车上借得两本杂志，读了一篇研究，引起了我的注意；后来我偶然发现那篇文字的作者是一个北大未毕业的经济系学生，我叫他把他做的几篇研究送给陶孟和先生看看。陶先生看了大高兴，叫他去谈，后来那个学生毕业后就在社会调查所工作到如今，总算替他的母校在陶孟和先生的心目中恢复了一点已失的信用。这一件事应该使我们明白社会上已渐渐有了严格的用人标准了；在一个北大老教员主持的学术机关里，若没有一点可靠的成绩，北大的老招牌也不能帮谁寻着工作。在蔡元培先生主持的中央研究院里，去年我看见傅斯年先生在暑假前几个月就聘定了一个北大国文系将毕业的高材生。今年我又看见他在暑假前几个月就要和清华大学抢一个清华史学系将毕业的高材生。这些事都应该使我们明白，今日的中国社会已不是一张大学文凭就能骗得饭吃的了。拿了文凭而找不着工作的人们，应该要自己反省：社会需要的是人才，是本事，是学问，而我自己究竟是不是人才，有没有本领？从前在学校挑容易的功课，拥护敷衍的教员，打倒严格的教员，旷课，闹考，带夹带，种种躲懒取巧的手段到此全失了作用。躲懒取巧混来的文凭，在这新兴的严格用人的标准下，原来只是一张废纸。即使这张文凭能够暂时混得一支饭碗，分得几个钟点，终究是靠不住保不牢的，终究要被后起的优秀人才挤掉的。打不破"铁饭碗"不是父兄的势力，不是阔校长的荐书，也不是同学党派的援引，只是真实的学问与训练。能够如此，才是反省。能够如此反省，方才有救援自己的希望。

"毕了业就失业"的人们怎样才可以救援自己呢？没有别的法子，只有格外努力，自己多学一点可靠的本事。二十多岁的青年，若能自己勉力，没有不能长进的。这个社会是最缺乏人才又是需要人才的。一点点的努力往往就有十倍百倍的奖励，一分的成绩往往可以得着十分百分的虚声，社会上的奖掖只有远超过我们所应得的，决没有真正的努力而不能得着社会的承认的。没有工作机会的人，只有格外努力训练自己可以希望得着工作，有工作机会的人而嫌待遇太薄地位太低的人，也只有格外努力工作可以靠成绩来抬高他的地位。只有责己是生路，因为只有自己的努力最靠得住。

1. 作者为什么在第四个方子中告诉我们要先"反省"？
2. 我们应该反省什么？
3. "毕了业就失业"的人们怎样才可以救援自己呢？作者的方法和前三个方子有什么关联？
4. 作者以社会生活为准绳，对即将走上社会的大学生面临的问题进行了细致分析，并提出了诚挚的忠告，体会作者一番苦心，谈谈如何珍惜我们的大学时光？

三、口语训练

2006 年 2 月，在意大利都灵举行的冬季奥运会上，中国双人花样滑冰运动员张丹(女)和张昊(男)这对很有希望获得金牌的年轻小将，在完成重大比赛中尚未有人尝试过的高难度动作——"抛四周跳"时，20 岁的张丹不慎摔伤膝盖。在大家都以为他们会放弃比赛的时候，张丹只经过 5 分钟的短暂处理就重新回到冰面上，忍着伤痛与张昊一起流畅地完成了余下的动作，获得了银牌。

请你根据以上情境，对张丹、张昊说一段赞美的话。要求话语连贯、得体，语言有文采，不超过 60 字。(资料来源于 2006 年高考语文试题 四川卷)

你对张丹、张昊说：“____。”

四、课文内容强化训练

(一)选择题

1. 下列关于作者介绍正确的是(　　)。

A. 胡适是学者、诗人、文学家，哲学家　　B. 郭沫若是美学家和文学家

C. 巴金是小说家、散文家、美学家　　D. 老舍是戏剧家、政论家

2. 下列不属于新月派的作家是(　　)。

A. 陈西滢　　B. 鲁迅　　C. 闻一多　　D. 胡适

3. 中国新文学史上第一部白话诗集《尝试集》的作者是(　　)。

A. 徐志摩　　B. 朱自清　　C. 郭沫若　　D. 胡适

4. 发表于 1917 年 1 月《新青年》的《文学改良刍议》，其作者是(　　)。

A. 鲁迅　　B. 陈独秀　　C. 胡适　　D. 李大钊

5.《人的文学》的作者是五四时期因倡导“人的文学”、“平民的文学”而名声大振的(　　)。

A. 鲁迅　　B. 周作人　　C. 胡适　　D. 沈雁冰

6. 文学研究会重要的小说家，除由新潮社而来的叶绍钧和俞平伯外，还有冰心、落华生等，其中，落华生是指(　　)。

A. 王统照　　B. 庐隐　　C. 许地山　　D. 许杰

7.《教我如何不想她》流传甚广，并首次使用“她”字，经赵元任谱曲后，成为传唱至今的流行歌曲，这首诗的作者是(　　)。

A. 郭沫若　　B. 胡适　　C. 刘半农　　D. 鲁迅

8. 文中引志摩诗句“我攀登了万仞高岗”，用来比喻志摩(　　)。

A. 一生对爱的追求　　B. 对人、对生活的热情

C. 独立的人格　　D. 不被残酷现实所压倒的精神

(二)填空题

1. 1917 年 2 月，《新青年》第 2 卷第 6 号上发表了_______的八首白话诗，这被视为新诗的起点。如果说胡适的《尝试集》是中国新诗现代性的开端，那么郭沫若的_______则是自觉实践并取得决定性成果的标志。

2. 1926 年，徐志摩接编《晨报副刊》，创办《诗镌》专栏，请_______任主编，开始新月社的新诗创作和理论建设，培养了一大批青年诗人，形成早期_______。

3. 徐志摩著有诗集《志摩的诗》、_______、_______、《云游》等。

4. 胡适于 1917 年在《新青年》上发表的_______引发了一场声势浩大、影响深远的文学革命。

(三)整体感知

1. 徐志摩单纯信仰的人生观是什么？

2. 试举例分析本文中创造性地穿插被悼念者的诗作的特点。

3. 以驳议为内核展示人物的内心世界的特点。

4. 分析下面句子的含义。

(1) 志摩走了，我们这个世界里被他带走了不少云彩。他在我们这些朋友之中，真是一片最可爱的云彩，永远是温暖的颜色，永远是美的花样，永远是可爱。

(2) 他自己的歌唱有一个时代是几乎消沉了；但他的歌声引起了他的园地外无数的歌喉，嘹亮的唱，哀怨的唱，美丽的唱。

5. 作者说："我忍不住我的历史癖，今天我要引用一点神圣的历史材料"，作者怎样引用他人的评价、徐志摩本人的诗，以及未公开的史料来支持自己的观点？领会学者散文的特点。

6. 为什么文中说："那样的死法也许只有志摩最配"？

五、写作训练

1. 作者说徐志摩的追求理想是不被世俗所容，你是否理解？谈谈你的看法。

2. 写一篇议论散文，以自己的生活经历、阅历和经验为题材，表达自己对生命、对人生的理解和感悟，或写出生活昭示给我们的哲理。

参考答案

二、1. 针对有的大学生毕业即失业现象，作者强调个人在社会中的作用，以反省来激励即将毕业的大学生，不能怨天尤人。

2. 一是是否有真才实学，二是母校是否因你而受到社会上的非议。

3. 这个社会是最缺乏人才又是需要人才的，所以只有格外努力，多学一点可靠的本事。第四个方子仍是在说明"成功不必在我，而功力必不唐捐"。

4. 略。

三、略

四、(一) 1～5 ABDCB　6～8 CCA

(二)1. 胡适 《女神》　　2. 闻一多　新月诗派　　3. 《翡冷翠的一夜》《猛虎集》
4. 《文学改良刍议》。

(三) 1. 一个是爱，一个是自由，一个是美。

2. 文章开篇即引了志摩诗："悄悄的我走了，/正如我悄悄的来；/我挥一挥衣袖，/不带走一片云彩。"这是《再别康桥》的最后一小节，读者读了开头的文字即可明了文章所悼念的是一位诗人。原诗本来说的是志摩对康桥真诚的热爱和依恋。可作者在采撷了其中的一片语之后，立刻引申其意写道："志摩这一回真的走了！可不是悄悄地走。"这就赋予了原诗句新的内含。引出志摩的诗，是对他的思念；引申改变诗句的意向，是对他真心的痛悼。特别是诗中的"云"字，更是多次显现，直至结尾，或总说志摩的"永远是可爱"；或诅咒这意外事故的发生"被狂风卷去了"；或表现志摩对理想的追求"我向飘渺的云天外望"；或抒发作者无尽的哀思"他投的影子永远留在我们的心里"。这种引申、借用和创造性的发挥遍布全篇。如写志摩是"爱的象征"，引出了"我攀登了万仞的高冈……"；写志摩在失败中的不屈，引出了"在妖魔的脏腑中挣扎……"；写对志摩死的

悲哀，引出了“冲破浓密，化一朵彩雾……”；写对志摩的怀念，引出了“在那交会时互放的光芒”。行文中信手拈来引用的诗句也不少。正是这种引用，把志摩的人生，特别是志摩对生活的憧憬、追求、奋争，志摩的爱与热情，挥洒得淋漓尽致；也把作者对志摩的爱惜、歌赞与哀悼推到了顶峰。这样的引申与发挥只有在深知志摩其人、深解其诗的基础上才可能写得如此顺遂自然，天衣无缝，这表达了胡适对志摩的真感情。

3. 文章几乎处处显示着作者对志摩人生的解说和辩解。其中驳议的文字几乎占了全文的中心部分。这里面固然有叶公超、陈通伯几位先生的夸赞，而更多的则是“社会上对于他的行为，往往有不能谅解的地方”，“不曾懂得志摩的‘单纯信仰’的人生观”。作者因此引用了“神圣的历史材料”加以声情并茂的反驳：一是事实真相，二是志摩提出离婚的信，三是梁启超的信和志摩的复信。从而揭示出“我们必须先认清他的单纯信仰的人生观，方才认得清志摩的为人”，回击了社会对志摩的攻击。

4. (1) 这里，他的理想、信仰、光亮、温暖、同情心……永远留给了人们。以虚代实的文字包孕着作者深厚的赞美与惋惜的情感。

(2)“美与自由”已从徐志摩的个人理想渐渐成为一种社会理想，成为人们追求美好人生的指南。这其中的比喻和排比，以酣畅的气势把对人物的礼赞推到了最高点。

5. 作者辩解的方式显出了他的学者本色，就是他自称的“历史癖”，他引用了徐志摩致张幼仪、梁启超与徐志摩、徐志摩复梁启超等三封信，详加辨析，最后得出结论：社会的误解主要源于对诗人爱、美、自由三位一体的“单纯信仰”的不理解；诗人为理想人生而战之所以最后失败，原因是信仰的太单纯和社会的太复杂，进而他的追求不但该同情甚至可恭敬可佩服。这样，作者达到了为亡友辩白的目的，同时也让我们看到了一种别样的有意义的人生形式。作者一只脚站在往事如烟的历史尘埃上，另一只脚又牢牢地立足于现在。通过对其他资料的引用，指出徐志摩追求“美与爱及自由”的理想，肯定他不流于世俗地追求一种“梦想的神圣境界”。这既是今人对于古人的叩访与审视，反过来也是逝者对于现今还活着的人的灵魂的拷问，拉着他们站在历史这面镜子前照鉴各自的面目。

6. 徐志摩个性率真，他的思想就是理想主义，对人生和社会都怀抱着满腔的热忱与理想，这在当时的社会，别说是一般的人了，就是一些作家，一些他的朋友，都是很少见的，他的热忱能感染任何一个人，所以胡适会这么说。

五、略

论　解　嘲

林语堂

学习目的与要求

1. 整体感知课文，理解“解嘲”的含义。
2. 把握作者幽默闲适、旷达随意的文风。
3. 学习作者杂收并蓄、各色兼用的语言风格。
4. 让学生能够通过作者所论的“解嘲”，了解作者为人，并以此为参照思考自己的人生。
5. 理解作者对待生活的态度，培养良好的生活意识。

学习重点

1. 欣赏作者的客观人生态度。
2. 学习作者幽默中有睿智，洒脱中显凝重的散文风格。

一、知识拓展

《无所不谈合集》是林语堂的一本散文集。谢友祥认为林语堂作文信手信腕，笔随意转，不见刻意经营，只见漫不经心。所以文章写得很散，常常是拉拉扯扯，纵笔直书。有的有主旨，很多是无主旨，只有一个谈话范围。时见旁枝逸出，或就一点漫漶开去，晕成一片，自成风景。灵感来时，下笔如飞，不假思索，更无暇斟字酌句，说到特别痛快淋漓之处，不成熟的观点有之，不准确的表达有之，算是白璧微瑕。常见思绪奔腾而来，给人汪洋恣肆而天花缤纷的感觉，而在那肆流中到处是奇思妙想在闪闪烁烁。读他的一些文章，就像海中拾贝，不在乎把握全篇，将那些散落各处的好东西收拾起来就够了。这里要点在散而不破，杂而不芜，漫而不长。林语堂做到了。功力不足就难，郁达夫因而说中学生若取范本，还是叶绍钧那种“脚踏实地造次不苟”的散文为宜。(《中国新文学大系·现代散文导论(下)》)

二、拓展训练

阅读下面文章，分析回答问题。

论幽默(节选)

林语堂

幽默本是人生之一部分，所以一国的文化，到了相当程度，必有幽默的文学出现。人之智慧已启，对付各种问题之外，尚有余力，从容出之，遂有幽默——或者一旦聪明起来，对人之智慧本身发生疑惑，处处发现人类的愚笨、矛盾、偏执、自大，幽默也就跟着出现。如波斯之天文学家诗人荷麦卡奄姆，便是这一类的。“三百篇”中《唐风》之无名作者，在他或她感觉人生之空泛而唱“子有车马，弗驰弗驱，宛其死矣，他人是愉”之时，也已露出幽默的态度了。因为幽默只是一种从容不迫达观态度，《郑风》“子不我思，岂无他人”的女子，也含有幽默的意味。到第一等头脑如庄生出现，遂有纵横议论捭阖人世之幽默思想及幽默文章，所以庄生可称为中国之幽默始祖。太史公称庄生滑稽，便是此意，或索性追源于老子，也无不可。战国之纵横家如鬼谷子、淳于髡之流，也具有滑稽雄辩之才。这时中国之文化及精神生活，确乎是精力饱满，放出异彩，九流百家，相继而起，如满庭春色，奇花异卉，各不相模，而能自出奇态以争妍。人之智慧在这种自由空气之中，各抒性灵，发扬光大。人之思想也各走各的路，格物穷理各逞其奇，奇则变，变则通。故毫无酸腐气象。在这种空气之中，自然有谨愿与超脱二派，杀身成仁，临危不惧，如墨翟之徒；或是儒冠儒服，一味做官，如孔丘之徒，这是谨愿派。拔一毛以救天下而不为，如杨朱之徒，或是敝屣仁义，绝圣弃智，看穿一切如老庄之徒，这是超脱派。有了超脱派，幽默自然出现了。超脱派的言论是放肆的，笔锋是犀利的，文章是远大渊放不顾细谨的。孜孜为利及孜孜为义的人，在超脱派看来，只觉得好笑而已。儒家斤斤拘执棺椁之厚薄尺寸，守丧之期限年月，当不起庄生的一声狂笑，于是儒与道在中国思想史上成

了两大势力，代表道学派与幽默派。后来因为儒家有“尊王”之说，为帝王所利用，或者儒者与君王互相利用，压迫思想，而造成一统局面，天下腐儒遂出。然而幽默到底是一种人生观，一种对人生的批评，不能因君王道统之压迫，遂归消灭。而且道家思想之泉源浩大，老庄文章气魄，足使其效力历世不能磨灭，所以中古以后的思想，表面上似是独尊儒家道统，实际上是儒道分治的。中国人得势时都信儒教，不遇时都信道教，各自优游林下，寄托山水，怡养性情去了。中国文学，除了御用的廊庙文学，都是得力于幽默派的道家思想。廊庙文学，都是假文学，就是经世之学，狭义言之也算不得文学。所以真有性灵的文学，人人最深之吟咏诗文，都是归返自然，属于幽默派、超脱派、道家派的。中国若没有道家文学，中国若果真只有不幽默的儒家道统，中国诗文不知要枯燥到如何，中国人之心灵，不知要苦闷到如何。

幽默有广义与狭义之分，在西文用法，常包括一切使人发笑的文字，连鄙俗的笑话在内。(西文所谓幽默刊物，大多是偏于粗鄙笑话的，若《笨拙》、《生活》，格调并不怎样高。若法文 Sourire，英文 Ballyhoo 之类，简直有许多“不堪入目”的文字。)在狭义上，幽默是与郁剔、讥讽、揶揄区别的。这三四种风调，都含有笑的成分。不过笑本有苦笑、狂笑、淡笑、傻笑各种的不同，又笑之立意态度，也各有不同，有的是酸辣，有的是和缓，有的是鄙薄，有的是同情，有的是片语解颐，有的是基于整个人生观，有思想的寄托。最上乘的幽默，自然是表示“心灵的光辉与智慧的丰富”，如麦烈蒂斯氏所说，是属于“会心的微笑”一类的。各种风调之中，幽默最富于情感，但是幽默与其他风调同使人一笑，这笑的性质及幽默之技术是值得讨论的。

(选自《林语堂经典作品选：论幽默、论读书》)

1. 归纳这段文字的主旨。
2. 文中说“中国人得势时都信儒教，不遇时都信道教”，为什么？
3. 文中最后一段的作用是什么？

三、口语训练

通过阅读下面的材料，谈谈你对快乐的看法，你是怎样追求快乐的？我们应该怎样追求快乐？

“林语堂特别重视演讲。他不仅认为演讲(尤其是对群众的演讲)必须像女孩子穿的迷你裙一样愈短愈好，千万不要像老太婆的裹脚布，又臭又长，还认为一篇成功的演讲必须事先有充分准备，才能到时有优良的表现。他说美国总统林肯最有名的葛底斯堡演讲就是事先做了充分准备，而演讲结束后，又让人看不出有准备的功夫，他认为这是成功的演讲，因此，林语堂最反对临时请人演讲，尤其是在吃饭的时候，临时请人讲话，令人措手不及，那是多么窘相的事呀！有一次，他到一所大学去参观。参观后，校长请他到大餐厅和学生们共餐。校长认为这是一次难得的机会，就临时请他和学生讲几句话。林语堂很为难，无奈之下，就讲了一个笑话。他说，罗马时代，皇帝残害人民，时常把人投到斗兽场中，给猛兽吃掉。这实在是一件惨不忍睹的事！可是，有一次皇帝又把一个人丢进斗兽场里，让狮子去吃。这个人胆子很大，看到狮子却不十分害怕，并且走到狮子身旁，在狮子身边讲了几句话，那狮子掉头就走，也不吃他了。皇帝觉得很奇怪，狮子为什么不吃他呢？于是又让人放一只老虎进去。那人还是毫无惧色，又走到老虎身旁，也和他耳语一番。说也奇怪，老虎也悄悄地走了，同样没有吃他。皇帝诧异极了！怎么回事？便把那人叫出来，盘问道：‘你究竟向狮子和老虎说了些什么，竟使它们不吃你呢？’那人答道：‘陛下，很简单，我只提醒它们，吃我很容易，可吃了以后，你们得演讲一番！’说罢就坐下了。哗，顿时全场雷动，得一个满堂彩！校长却弄得啼笑皆非。林语堂有名的一句话是：既然人生本质是悲剧式的，那么我们就应该善待它，去努力地创造一种快乐的生活。”(摘自《文史博览》，李宣奇《林语堂演讲趣事》，2009(4))

四、课文内容强化训练

(一)填空题

1. 林语堂，是中国现代文学大家。原名玉堂，提倡“________”的小品文。被世人称为________，主要散文集有________、________等。

2. 以上海为主要阵地的“论语派”，因林语堂等创办的________半月刊而得名。1934年、1935 年分别创办________、《宇宙风》，提倡“以自我为中心，以闲适为格调”写作的林语堂，成为________的主要人物。

3. 林语堂 1935 年后，在美国、法国创作《吾国与吾民》、________等文化著作和长篇小说。

(二)整体感知

1. 谈谈本文的语言风格。
2. 谈谈杂收并蓄、各色兼用的语言风格。
3. “‘施之者比受之者有福。’可惜我们常人能知不能行，常做不到。”这句话是什么意思？
4. 简述林语堂幽默闲适的小品的艺术特征。
5. 作者幽默闲适、旷达随意的人生态度对我们有什么借鉴意义？

五、写作训练

“在中国，常常有人鼓励学生‘苦学’。有一个实行苦学的著名学者，有一次在夜间读书的时候打盹，便拿锥子在股上一刺。又有一个学者在夜间读书的时候，叫一个丫头站在他的旁边，看见他打盹便唤醒他。这真是荒谬的事情。如果一个人把书本排在面前，而在古代智慧的作家向他说话的时候打盹，那么，他应该干脆地上床去睡觉。把大针刺进小腿或叫丫头推醒他，对他都没有一点好处。这么一种人已经失掉一切读书的趣味了。有价值的学者不知道什么叫做‘磨炼’，也不知道什么叫做‘苦学’。他们只是爱好书籍，情不自禁地一直读下去。”　　(节选自林语堂《读书的艺术》)

林语堂打破了传统的教育模式，以他独特的语言风格阐释了他对读书的理解，以“桃李不言，下自成蹊”为题写一篇文章。要求写成议论文，字数 800～1000 字。

参考答案

二、1.幽默到底是一种人生观，一种对人生的批评，不能因君王道统之压迫，遂归消灭。　　2.因为儒家有“尊王”之说，为帝王所利用，或者儒者与君王互相利用，压迫思想，而造成一统局面，天下腐儒遂出；道家思想之泉源浩大，足使其效力历世不能磨灭，他们敝屣仁义，绝圣弃智，看穿一切，孜孜为利及孜孜为义的人，在他们看来，只觉得好笑而已。　　3.从中国到世界，反映了作者渊博的知识，看似信手拈来，实际是作者多年的生活积累，同时更是为“幽默”本身作了详尽的解说。

三、略

四、(一)1. 以自我为中心，以闲适为格调　幽默大师　《剪拂集》、《大荒集》、《无所不谈合集》等都可　2. 《论语》　《人间世》　“论语派”　3. 《风声鹤唳》、《京华烟云》

(二) 1. 林语堂的散文一篇有一篇的格式，一篇有一篇的写法，千姿百态。结构大多很随便，也找不出起伏、勾色、呼应等痕迹，只流动着自然的韵律，散发出粗朴的气息。它以真情和独见，构成了林语堂的“个人笔调”。这是属于林语堂自己的气息。

2. 林语堂在语言运用上也是很“恣肆”的，杂收并蓄，各色兼用。敢骂“他妈的”，常称“狗领带”。他曾说，“泼妇骂街，常近圣人之言。”语言上朴实无华，不堆砌，不追新，除了 20 世纪 30 年代那些为实验而作的语录体、文言体，都干净质朴，口语化程度很高。如前所说，表达上也只用传统平常的手法，不玩“现代”花招。他主张文学语言可以将文言、白话及方言俗语融为一体。

3. 常人总是自私而不愿付出很多。

4. 特征：一是题材庞杂，无所不谈；二是追求幽默的情味；三是娓语式笔调

5. 略。

五、略

钱

梁实秋

学习目的与要求

1. 学习梁实秋写作上的中西结合包含深厚文化底蕴的创作方法。
2. 学习本文琐事入笔、典雅出锋的散文风格。
3. 树立一种正确的对待钱财的态度，养成“自得其乐”的好习惯。

学习重点

体会琐事入笔、典雅出锋的散文风格。

一、知识拓展

《雅舍小品》

梁实秋(1903—1987 年)，号均默，原名梁治华、梁秋实，字实秋，笔名子佳、秋郎等，祖籍邢台市沙河县，出生于北京。中国著名的散文家、学者、文学批评家、翻译家，国内第一个研究莎士比亚的权威，曾与鲁迅等左翼作家笔战不断。一生给中国文坛留下了两千多万字的文字创作，其散文集创造了中国现代散文著作出版的最高纪录。代表作有

《雅舍小品》、《英国文学史》、《莎士比亚全集》。

在“五四”新文学的著名作家中，梁实秋是一个特殊而又复杂的人物。在 20 世纪二三十年代，他作为“新月”的文学批评家，与鲁迅曾有过激烈的论战；抗战期间，他又因“与抗战无关”的言论受到左翼文化界的严厉批判。他对新民主主义革命感到隔膜，抱有偏见，又对国民党的文化专制和独裁深致不满。他具有强烈的民族意识和爱国思想，为人耿直，做事认真，生活严谨。他厌恶官场，清高自许，到台湾后更逐渐不谈政治，甘于教书与著述生涯。与他那个时代的许多正直的读书人一样，在他的身上既有着中国传统的许多美德，又有着浓厚的西方民主自由的思想。可以说，他是一个典型的自由主义知识分子。

梁实秋在文学上的成就是多方面的，举凡文学批评、散文创作、学术研究和英国文学翻译等，都有着他杰出的贡献。

现代中国文学基于民族救亡的忧患意识，往往与时代贴得太近，与社会贴得太近。这使得作品能够及时反映社会生活，但是缺点是超越性不够。而《雅舍小品》的魅力就在梁实秋似乎跳出了时代与现实社会生活的直接性，专心致志地描写人性。《雅舍小品》总计 142 篇，创作时间跨度从 1939 年至 1987 年，长达半个世纪。总观《雅舍小品》，绝大部分是有关人和人生的描述。梁实秋被公认为华语世界中散文天地的一代宗师之一，他的《雅舍小品》流播海内外，先后印行了三百多版。朱光潜在致梁实秋的信中认为：“大作《雅舍小品》对于文学的贡献在翻译莎士比亚的工作之上。”也就是说，译介莎翁戏剧可由他人承担，但书写《雅舍小品》则鲜有“替人”——直至今日，尚未有人能在小品写作上有梁实秋那样的功力、实力和创力。

二、拓展训练

阅读下面文章，分析回答问题。

女　　人

梁实秋

有人说女人喜欢说谎；假如女人所捏撰的故事都能抽取版税，便很容易致富。这问题在什么叫做说谎。若是运用小小的机智，打破眼前小小的窘僵，获取精神上小小的胜利，因而牺牲一点点真理，这也可以算是说谎，那么，女人确是比较的富于说谎的天才。有具体的例证。你没有陪女人买过东西吗？尤其是买衣料，她从不干干脆脆地说要做什么衣，要买什么料，准备出多少钱。她必定要东挑西拣，翻天覆地，同时口中念念有词，不是嫌这匹料子太薄，就是怪那匹料子花样太旧，这个不禁洗，那个不禁晒，这个缩头大，那个门面窄，批评得人家一文不值。其实，满不是这样一回事，她只是嫌价码太贵而已！如果价钱便宜，其他的缺点全都不成问题，而且本来不要买的也要购储起来。一个女人若是因为炭贵而不升炭盆，她必定对人解释说：“冬天升炭盆最不卫生，到春天容易喉咙痛！”屋顶渗漏，塌下盆大的灰泥，在未修补之前，女人便会向人这样解释：“我预备在这地方安装电灯。”自己上街买菜的女人，常常只承认散步和呼吸新鲜空气是她上市的唯一理由。艳羡汽车的女人常常表示她最厌恶汽油的臭味。坐在中排看戏的女人常常说前排的头等座位最不舒适。一个女人馈赠别人，必说：“实在买不到什么好的，——”其实这东西根本不是她买的，是别人送给她的。一个女人表示愿意陪你去上街走走，其实是她顺便要买东西。总之，女人总欢喜拐弯抹角的，放一个小小的烟幕，无伤大雅，颇占体面。这也是艺

术，王尔德不是说过“艺术即是说谎”么？这些例证还只是一些并无版权的谎话而已。

女人善变，多少总有些哈姆雷特式，拿不定主意；问题大者如离婚结婚，问题小者如换衣换鞋，都往往在心中经过一读二读三读，决议之后再复议，复议之后再否决，女人决定一件事之后，还能随时做一百八十度的大转弯，做出那与决定完全相反的事，使人无法追随。因为变得急速，所以容易给人以“脆弱”的印象。莎士比亚有一名句：“‘脆弱’呀，你的名字叫做‘女人！’”但这脆弱，并不永远使女人吃亏。越是柔韧的东西越不易摧折。女人不仅在决断上善变，即便是一个小小的别针位置也常变，午前在领扣上，午后就许移到了头发上。三张沙发，能摆出若干阵势；几根头发，能梳出无数花头。讲到服装，其变化之多，常达到荒谬的程度。外国女人的帽子，可以是一根鸡毛，可以是半只铁锅，或是一个畚箕。中国女人的袍子，变化也就够多，领子高的时候可以使她像一只长颈鹿，袖子短的时候恨不得使两腋生风，至于钮扣盘花，滚边镶绣，则更加是变幻莫测。“上帝给她一张脸，她能另造一张出来。”“女人是水做的”，是活水，不是止水。

女人善哭。从一方面看，哭常是女人的武器，很少人能抵抗她这泪的洗礼。俗语说：“一哭二闹三上吊”，这一哭确实其势难当。但从另一方面看，哭也常是女人的内心的“安全瓣”。女人的忍耐的力量是伟大的，她为了男人，为了小孩，能忍受难堪的委曲。女人对于自己的享受方面，总是属于“斯多亚派”[1]的居多。男人不在家时，她能立刻变成为素食主义者，火炉里能爬出老鼠，开电灯怕费电，再关上又怕费开关。平素既已极端刻苦，一旦精神上再受刺激，便忍无可忍，一腔悲怨天然的化作一把把的鼻涕眼泪，从“安全瓣”中汩汩而出，腾出空虚的心房，再来接受更多的委曲。女人很少破口骂人(骂街便成泼妇，其实甚少)，很少揎袖挥拳，但泪腺就比较发达。善哭的也就常常善笑，迷迷的笑，吃吃的笑，格格的笑，哈哈的笑，笑是常驻在女人脸上的，这笑脸常常成为最有效的护照。女人最像小孩，她能为了一个滑稽的姿态而笑得前仰后合，肚皮痛，淌眼泪，以至于翻筋斗！哀与乐都像是常川有备，一触即发。

女人的嘴，大概是用在说话方面的时候多。女孩子从小就往往口齿伶俐，就是学外国语也容易琅琅上口，不像嘴里含着一个大舌头。等到长大之后，三五成群，说长道短，声音脆，嗓门高，如蝉噪，如蛙鸣，真当得好几部鼓吹！等到年事再长，万一堕入“长舌型”则东家长，西家短，飞短流长，搬弄多少是非，惹出无数口舌；万一堕入“喷壶嘴”型，则琐碎繁杂，絮聒唠叨，一件事要说多少回，一句话要说多少遍，如喷壶下注，万流齐发，当者披靡，不可向迩！一个人给他的妻子买一件皮大衣，朋友问他“你是为使她舒适吗？”那人回答说：“不是，为使她少说些话！”

女人胆小，看见一只老鼠而当场昏厥，在外国不算是奇闻。中国女人胆小不至如此，但是一声霹雷使得她拉紧两个老妈子的手而仍战栗不止，倒是确有其事。这并不是做作，并不是故意在男人面前做态，使他有机会挺起胸脯说：“不要怕，有我在！”她是真怕。在黑暗中或荒僻处，没有人，她怕；万一有人，她更怕！屠牛宰羊，固然不是女人的事，杀鸡宰鱼，也不是不费手脚。胆小的缘故，大概主要的是体力不济。女人的体温似乎较低一些，有许多女人怕发胖而食无求饱，营养不足，再加上怕臃肿而衣裳单薄，到冬天瑟瑟打战，袜薄如蝉翼，把小腿冻得作“浆米藕”色，两只脚放在被里一夜也暖不过来，双手捧热水袋，从八月捧起，捧到明年五月，还不忍释手。抵抗饥寒之不暇，焉能望其胆大。

女人的聪明，有许多不可及处，一根棉线，一下子就能穿入针孔，然后一下子就能在线的尽头处打上一个结子，然后扯直了线在牙齿上砰砰两声，针尖在头发上擦抹两下，便能开始解决许多在人生中并不算小的苦恼，例如缝上衬衣的扣子，补上袜子的破洞之类。至于几根篾棍，一上一下的编出多少样物事，更是令人叫绝。有学问的女人，创辟“沙龙”，对任何问题能继续谈论至半小时以上，不但不令人入睡，而且令人疑心她是内行。

【注释】[1] 斯多亚派：斯多亚学派建议人人都独立于外部因素。如果我们想要确保我们的幸福，我们必须学会尽可能独立于这些无法控制的外部事物，学会生活在我们能够控制的内在自我之中。斯多亚学派认为幸福实际上并不依赖于任何外在的善。

1. 这段文字介绍了女人的哪些性格特点？作者的态度是怎样的？

2. 当遇到“有学问的女人，创辟‘沙龙’，对任何问题能继续谈论至半小时以上”时，作者的评价“不但不令人入睡，而且令人疑心她是内行”是什么意思？

3. 女人的善变的原因是什么？作者的分析是否正确？

三、口语训练

生活中幽默无处不在，或带着黑色，或带着眼泪，但它都是生活自身的一种色调。顺应并加以利用，则化解烦恼，愉悦身心，于事业于人生得心应手，益处多多；反之则身陷其中，窘困拮据，忧心忡忡，于事业于人生处处掣肘，阻碍重重。

当今社会，竞争日趋激烈，“无边落木萧萧下，不尽长江滚滚来”，这正是人们生存竞争的真实写照。除了实力和才华，幽默同样不可或缺。(萧胜平，《赢在幽默》，中国纺织出版社，2007)

练习：寻找你认为最幽默风趣的模范典型，学习他思维的逻辑，以及制造笑料的方法，并且把它们适当用在平日生活的对话之中。

四、课文内容强化训练

(一)选择题

1. 以一人之力，持续 40 载，完成了《莎士比亚全集》的翻译，晚年又用 7 年时间完成了百万言学术著作《英国文学史》的著名作家是(　　)。

A 穆旦　　B. 林语堂　　C. 冯至　　D. 梁实秋

2. 20 世纪 30 年代的抒情散文，在形式上精雕细琢、匠心独运，一种追求唯美的散文风格蔚然成风，其重要的代表作家是(　　)。

A. 郁达夫　　B. 丰子恺　　C. 何其芳　　D. 梁遇春

3. 在改良运动中，“诗界革命”的一面旗帜是(　　)。

A. 梁启超　　B. 谭嗣同　　C. 黄遵宪　　D. 龚自珍

4. 创作中国第一部白话小说《狂人日记》的是(　　)。

A. 郭沫若　　B. 胡适　　C. 茅盾　　D. 鲁迅

5. “字字写来都是血，十年辛苦不寻常”和“文不甚深，言不甚俗”分别讲的是中国古典文学中的(　　)。

A.《水浒》和《聊斋志异》　　B.《西游记》和《聊斋志异》

C.《儒林外史》和《三国演义》　　D.《红楼梦》和《三国演义》

(二)填空题

1. 梁实秋是著名的散文家、学者、_______，同时也是著名的翻译家，是国内第一个_______研究的权威。曾与_______、_______创办新月书店，主编_______月刊。

2.《野草》和_______代表了鲁迅的“文艺性散文”的创作实绩，以_______两种体式，开创了现代散文的_______两大创作潮流。

(三)整体感知

1. 怎么才是一个正确的对待钱财的态度呢？怎么才能聚财守财而不至贪得无厌发展到敛财和贪财呢？

2. 文中用了哪些典故和俚语？其作用是什么？

3. 为什么称钱为“阿堵物”？

五、写作训练

金钱，能给人快乐；金钱，尤其能给有思想的人，带来真正的快乐！能够赚钱，能够控制钱，又能够淡泊钱的人，才是真正高尚的人。许多人说，金钱使人堕落，其实，金钱是一种催化剂，使堕落的人更堕落，高尚的人更高尚。我们需要素质教育，也需要金钱教育。让高尚的人掌握金钱的权利，才能使金钱发挥作用。

有一句流传很广的话：“穷得只剩下钱了”，这句话已经被许许多多的人接受。请以“穷与富”为话题，写一篇作文，文题自定，除诗歌外，文体自选，不少于八百字。

参考答案

二、1. (1)喜欢“说谎”，言之“说谎”，实则喜欢“拐弯抹角”而已，说一些小小的虚话，“无伤大雅”，却又“颇占体面”；(2)善变；(3)善哭；(4)爱说话；(5)胆小；(6)聪明在女人的性格缺点方面，梁实秋没有用尖刻的话来批评，也没有要批判的意思，因为他觉得这些都只是些无伤大雅的“艺术”。他并不是要攻击女人这个跟男人不一样的特点，但是却带着一种调侃。他眼里的女人虽然都是并没有恶意的撒谎，但都是因为一些没有价值的虚荣而撒谎，并且还要表现得自己很高明，而实际上早已被人看破。这就带着一种居高临下的态度在调侃，似乎觉得这是一种优越性，好像在看一出已经知道结果的戏，而演戏的人还陶醉于自己的表演，殊不知看客实际上是在看一个笑话。

2. 这是有反语效果的评价，既然“疑心她是内行”，就表达了一种惊异的语气，表示这种情况并不多见，女内行并不多。可见他还是对女人的学问并不是正面赞赏，还是用一贯的幽默语气揶趣。

3. 其实善变是因为女人的心思比较细密，做事情会思前想后，考虑得太多。但男人会觉得这是女人太不可琢磨的地方。他们不理解女人的衣服和发饰样式为何可以那么多变，因为他们更多的是注意女人的外表，所以他们对女人这点小聪明应该是有点崇拜的。但是，男人却不承认这种他们缺乏的创造力，而把它作为一种女人异于男人的特质来加以评论。

三、略

四、(一)1～5　DCCDD

(二)1. 文学批评家　莎士比亚　徐志摩　闻一多　《新月》　2.《朝花夕拾》“独语体”和“闲谈体”

(三)1. 钱应是“无冻馁之忧，有安全之感”即可，最高明的是“不求生活水准之全面提高，而是在几点上稍稍突破，自得其乐”，切不可“人为财死”而后已！

2. 历史人物如和峤、石崇、陶朱公、印第安酋长、雅典的泰蒙等，言论有《庄子》、《孟子》、《西京杂记》等，市井俚语有“常将有日思无日，莫待无时思有时”、“人无横财不富，马非夜草不肥”、“腰缠十万贯，骑鹤上扬州”、“积财千万，不如薄技在身”，作用是增强了文章的说服力和艺术表现力。

3. “阿堵”为六朝时口语“这个”意。时人王夷甫因雅癖而从不言“钱”，其妻故将铜钱堆绕床前，夷甫晨起，呼婢“举却阿堵物”(搬走这个东西)，仍不言。作者用在这里是对那些自命清高、耻于言钱的人的讽刺。

五、略

柳　侯　祠

余秋雨

学习目的与要求

1. 领略余秋雨散文的丰厚的文化底蕴。
2. 学习作者小说化艺术形态的表现手法。
3. 学习本文语言宏大、取材广泛、写法自由、文情并茂的创作特色。
4. 深入了解作者所赞颂的中国传统知识分子的人生价值。
5. 掌握作家余秋雨的作品浓郁的思辨色彩。

学习重点

学习本文语言宏大、取材广泛、写法自由、文情并茂的创作特色。

一、知识拓展

《文化苦旅》是当代散文家余秋雨的散文集。《文化苦旅》的散文标题初看过去大部分是一个个人们耳熟能详的地名，宛若旅游景点的简介，其实不然，其层面远高于此。越往下读就越能发觉其中所涵盖的文化韵味。正如书名《文化苦旅》，中华文化在传承中经历了怎样一个历程，一段令作者痛心的历程。这段历程作者是不忍心走的，作者含辛走完，心都痛了，是为了让后人记着这条路。作者从迷雾、杂草中掀起，开拓这条文化的辛酸路，正是作为一个文化人的负责。战争，人为破坏，自然灾害，一次又一次，特别是战争，使得中华文化的传承遇难后又遭不幸。比如说到天柱山，这个道家圣地，原来是文人大师朝思暮想的归隐地，但历经几次大的战争破坏，庙宇建筑全被破坏，只留下一堆堆废墟让人深思。人们怕了，怕了战争，于是很少再有人去光顾。

(节选自笔箫西风文章《〈文化苦旅〉的辛酸和底蕴》[城市评说、书文])

《文化苦旅》文字优美，知识丰厚，见解独到，意境超远，以小说的笔法讲述了一个

个古代文化方面的故事，读来令人荡气回肠。余秋雨是继周作人、梁实秋之后，又一位散文大家。他的笔下见常人所未见，思常人所未思，往往通过游历祖国的山水而对现实和历史重新审视，由历史沧桑感引发出人生沧桑感，他跋涉的是山水，也是历史，正如作者所说"我心底的山水并不完全是自然山水，而是一种'人文山水'。这是中国历史文化的悠久魅力和它对我的长期熏染造成的，要摆脱也摆脱不了"，每一位有良知的中国人何尝不想反思，那些悠久，那些遗迹，代表的仅仅是过去吗？当代大学生该何去何从，是热衷于个人的功名利禄，还是立足于国家社会的长远利益？史可借鉴的有李冰父子、张骞、骆宾王等，在他们身上我们应该感受到一腔热血，我们应该认识到没有承接，也就没有发展的根基，我们的根基就在脚下。

二、拓展训练

阅读下文，分析回答问题。

泪　与　笑

梁遇春[1]

匆匆过了二十年，我自然是常常哭，也常常笑，别人的啼笑也看过无数回了。

可是我生平不怕看见泪，自己的热泪也好，别人的呜咽也好；对于几种笑我却会惊心动魄，吓得连呼吸都不敢大声，这些怪异的笑声，有时还是我亲口发出的。

当一位极亲密的朋友忽然说出一句冷酷无情冰一般的冷话来，而且他自己还不知道他说的会使人心寒，这时候我们只好哈哈哈莫名其妙地笑了，因为若是不笑，叫我们怎么样好呢？我们这个强笑或者是出于看到他真正的性格和我们先前所认为的他的性格的矛盾，或者是我们要勉强这么一笑来表示我们是不会被他的话所震动，我们自己另有一个超乎一切的生活，他的话是不能损坏我们于毫发的，或者……但是那时节我们只感觉到不这么大笑一声不好，所以才笑，实在也没有闲暇去仔细分析自己了。

当我们心里有说不出的苦痛缠着，正要向人细述，那时我们平时尊敬的人却用个极无聊的理由来解释我们这穿过心灵的悲哀，看到这深深一层的隔膜，我们除开无聊赖地破涕为笑，还有什么别的办法吗？

我们一生忙碌，把不可再得的光阴消磨在马蹄轮铁，以及无谓敷衍之间，整天打算，可是自己不晓得为什么这么费心机，为了要活着用尽苦心来延长这生命，却又不觉得活着到底有何好处，自己并没有享受生活过，总之黑漆一团活着，夜阑人静，回头一想，哪能够不吃吃地笑，笑里感到无限的生的悲哀。

这几种笑声发自我们的口里，自己听到，心中生个不可言喻的恐怖，或者又引起另一个鬼似的狞笑。若使是由他人口里传出，只要我们探讨出它们的源泉，我们也会惺惺惜惺惺而心酸，同时害怕得全身打颤。

此外失望人的傻笑，挨了骂的下人对主子的赔笑，生离永别时节的苦笑——这些笑全是"自然"跟我们为难，把我们弄得没有办法，我们承认失败了的表现，是我们心灵的堡垒下面刺目的降幡[2]。

莎士比亚的妙句"对着悲哀微笑"说尽此中的苦况，传出"笑"的悲剧的情调。

泪却是肯定人生的表示。因为生活是可留恋的，过去的是春天的日子，所以才有伤逝的清泪。若使生活本身就不值得我们一顾，我们哪里会有惋惜的情怀呢？当一个中年妇人死了丈夫的时候，她嚎啕地大哭，她想到她儿子这么早失去了父亲，没有人指导，免不了伤心泪流，可是她隐隐地对这个儿子有无穷的慈爱和希望。她的儿子又死了，她或者会一声不响地料理丧事，或者发疯狂笑起来，因为她已厌倦于人生，她微弱的心已经麻木得死了。

我每回看到人们流泪，不管是失恋的刺痛，或者丧亲的悲哀，我总觉人世真是值得一活的。眼泪真是人生的甘露。当我还是小孩的时候，常常觉得心里有说不出的难过，故意去臆造些伤心事情，想到有味的时候，有时会不觉流下泪来，那时就感到说不出的快乐。现在却再寻不到这种无根的泪痕了。哪个有心人不爱看悲剧，亚里士多德所说的净化的确不错。我们精神所纠结郁积的悲痛随着台上的凄惨情节发出来，哭泣之后我们有形容不出的快感，好似精神上吸到新鲜空气一样，我们的心灵忽然间呈非常健康的状态。

果戈里的著作人们都说是笑里有泪，实在正是因为后面有看不见的泪，所以他的小说会那么诙谐百出，对生活处处有回甘的快乐。

中国的诗词说高兴赏心的事总不大感人，谈愁与恨却是易工，也由于那些怨词悲调是泪的结晶，有时会逗我们洒些同情的泪，所以亡国的李后主，感伤的李义山始终是我们爱读的作家。

天下最爱哭的人莫过于怀春的少女和情海中翻身的青年，可是他们的生活是最有力，色彩最浓，最不虚过的生活。人到老年了，生活力渐渐消磨尽了，泪泉也枯了，剩下的只是无可无不可的那种行将就木的心境和好像慈祥实在是生的疲劳所产生的微笑——我所怕的微笑。

十八世纪初期浪漫诗人格雷在他的诗里说：

流下也就忘记了的泪珠，

那是照耀心胸的阳光。

这些热泪只有青年才会有，它是同青春的幻梦同时消灭的；泪尽了，每个人心里都像苏东坡所说的“存亡惯见浑无泪”那样的冷淡了……

【注释】 [1]梁遇春(1906—1932 年)，现代散文家。[2]幡：一种窄长的旗子。

1. 文中划线句子“对于几种笑我却会惊心动魄，吓得连呼吸都不敢大声”，请分别概括出使作者不敢大声呼吸的几种笑的具体内容。

2. 文中划线句子“是我们心灵的堡垒下面刺目的降幡”，使用了什么修辞手法？请谈谈你对这句话的理解。

3. “我每回看到人们流泪，不管是失恋的刺痛，或者丧亲的悲哀，我总觉人世真是值得一活的。”作者为什么这么说？

4. 本文视角独特，立意新颖，请简要分析。

三、口语训练

朗读下面短文，根据自己的体会，请继续阐述读书的乐趣。

书是我的恩师。贫穷剥夺了我童年的幸福，把我关在学校大门的外面，是书本敞开它宽厚的胸脯，接纳了我，给我以慷慨的哺育。没有书，就没有我的今天。——也许我早就委身于沟壑。书是我的良友。它给我一把金钥匙，诱导我打开浅短的视界，愚昧的头脑，闭塞的心灵。它从不吝啬对我的帮助。书是我青春的恋人，中年的知己，暮年的伴侣。有

了它，我就不再愁寂寞，不再怕人情冷暖、世态炎凉。它使我成了精神世界的富翁。我真的是“不可一日无此君”。当我忙完了，累极了；当我愤怒时，苦恼时，我就想亲近它，因为这是一种绝妙的安抚。

(节选自柯灵散文《书的抒情》)

四、课文内容强化训练

(一)填空题

1. 做到“一粒沙里见世界，半瓣花上说人情”，要达到这种境界，_______是关键。

2. 散文在文质上有三大特质，即_______、_______、_______。

3. 散文从表达方式上可分为_______、_______、_______三类

4. 余秋雨是我国当代_______家、_______家，主要著作有_______、_______和散文集_______。

5. 柳宗元，字子厚，唐代河东(今山西省永济市)人，著名文学家、思想家，人称_______。参加了王叔文、王伾的永贞革新运动，只有半年时间便宣告失败，柳宗元被贬为永州司马。这次同时被贬为司马的，还有七人，所以史称这一事件为_______。唐中叶，柳宗元和_______在文坛上发起和领导了一场古文运动。他们提出了一系列思想理论和文学主张，提出_______。其游记_______已成为我国古代山水游记名作。

(二)整体感知

1．余秋雨之所以被广泛认可的原因是什么？

2．余秋雨是如何把文化和历史结合在一起的？

3．谈谈余秋雨对原有散文文体模式的突破及创新。

4．“床边似长出齐膝荒草，柳宗元跨过千年飘然孑立，青衫灰黯，神色孤伤”在全文的表达中起什么作用？

5．“华夏文学又一次凝聚出了高峰性的构建”意在评价什么？

6．为什么作者说“他是中国人，他是中国文人，他是封建时代的中国文人”？

7．下面对文章有关内容的评析，不恰当的一项是(　　)。

A．“中国，太寂寞”是说封建制度扭曲了文化人格，具有普遍性

B．作者认为只有经历如柳宗元般的人生磨砺才会取得如其的文学成就

C．在文章中，作者既有对时代的抨击又有对柳宗元多元性格的辩证分析和评价

D．“永州归还给他一颗比较完整的灵魂”是说那种孤独和宁静成就了他文学的辉煌

8．文中第二部分“实现自己的价值”是指什么？“迷惘着自己的价值”又是指什么？

五、写作训练

考察你附近的名胜古迹或民居建筑，探寻其中蕴含的文化精神，写一篇短文，与同学交流。

参考答案

二、1. ①当一位亲密的朋友说出冷酷无情的话时，我们只好莫名其妙地笑。②当我们向尊敬的人倾诉悲苦，他却轻描淡写地加以应付时，我们只好无聊赖地笑。③当我们一生

忙碌，费尽心机，却不知生的意义而感到悲哀时，我们只好吃吃地笑。

2. 使用了暗喻(或比喻)的修辞手法。现实生活中的种种因素把我们弄得无可奈何，只好痛苦地承认自己的失败。

3. 作者认为泪是对人生的肯定，是人生的甘露，它能使人感到快乐，净化人们的情感，让人们的心灵呈现出非常健康的状态。

4. 人生在世，哭笑本是人之常情，笑是快乐的表示，泪是痛苦的表现。但是，作者从中翻出新意：透过笑看到生的悲苦，揭示出笑的悲剧情调；透过泪看到生的快乐，揭示出泪的阳光意味。文章独特的视角，新颖的立意，表现出作者的机敏与睿智。

三、略

四、(一)1. 构思　2. 自我性　内向性　表现性　3. 记叙散文　抒怀散文　议论散文　4. 文艺理论　散文《戏剧审美心理学》《中国戏剧文化史述》《文化苦旅》　5. 柳河东或柳柳州　“二王八司马事件”　韩愈　“文道合一”、“以文明道”　“永州八记”

(二)1. 不全在于其高贵的思考，豪华的知识阵容，风格的老道成熟，表达的分寸感及遣词造句的精妙，而在于有平民之心，大众之心，真正属于天下人的心。一个不关注人类命运及其文化的人，一个鼠目寸光、心地狭隘的人，不可能写出这种东西。

2. 这正是他的散文独特之处，他的散文打破了传统散文文体的束缚，开创了散文的一代新风。他是把文化和历史用一种我们的审美经验和理解能够接受的方式进行解读，这种解读方式的特点也许是现代的、通俗的，但这种化艰涩为明白简单其实才是真正的水平！无论多么深奥的道理他都能深入浅出的娓娓道来，让人很容易明白，但又饱含深意，让人不由自主地一遍又一遍地读，又总会有新的收获，平易却绝不肤浅。

3. 余秋雨并不局限于传统的散文创作规范，而采用了虚拟性的小说手法，发挥了合理的想象，把抽象概念的历史材料，给予生动形象的艺术再现。他的长篇散文能吞吐古今，驰骋中外，具有黄钟大吕的磅礴气势，读起来令人荡气回肠。描写、记叙、抒情与议论水乳交融，充满睿智与情趣，富含哲理。余秋雨散文的核心表达方式是议论，但又多与抒情融合，在余秋雨的散文中，最具特色和魅力的地方正是来自这种用抒情笔法进行理性思考的议论。总之，语言宏大、取材广泛、写法自由、文情并茂是他的散文特色。

4. 渲染一种凄凉的意境，奠定下文抒情基调；引出下文作者游览及由柳祠引发的思考。

5. 高度评价柳宗元在文学上所取得的伟大成就。

6. (1)他具有追求完美人格的精神特性。(2)在被贬的宁静中他创造了中国文学的又一座高峰。(3)他不甘心于那种被贬的宁静和所取得的文学成就，“取仕”仍是他的追求中的一个重要追求。　7. B　8 略

五、略

殊途同归

尤今

学习目的与要求

1. 了解尤今作品的格调。

2. 学习尤今中西结合的语言风格和独特的美感。

3. 学习“卒章显志”的小说式表现手法。

4. 学习尤今关注生活的视角，独特的审美意蕴。

5. 掌握借身边琐事寓大于小、寓远于近地抒发对生活的感悟，阐述人生哲理的写作方法。

学习重点

学习作者借身边琐事寓大于小、寓远于近地抒发对生活的感悟，阐述人生哲理的写作方法。

一、知识拓展

《尤今散文集》是新加坡著名华文作家尤今的散文集，共分 4 辑，它们分别是：“微笑的人生”、“悸动的生命”、“人间有爱”和“人在旅途”，共 44 篇文章。这些散文，每篇都是一个精彩的小故事，感情充沛细腻，读后使人受到启迪教育，文中处处流露出作者对祖国、对同胞、对华人及华语的热爱，其爱之深，使人感动，催人泪下，读后会使人受到一次优秀传统文化的教育，灵魂受到净化，思想受到震动。

尤今，原名谭幼今。1950 年 10 月 10 日出生于马来西亚北部的怡保镇，现为新加坡著名华人作家。毕业于南洋大学中文系，获荣誉学士学位。先服务于国家图书馆，后到南洋商报任记者和副刊编辑，现执教于某初级学院。尤今酷爱旅游，至今足迹已遍及亚、非、欧、美、澳及北极圈的五十多个国家和地区。尤今是新加坡、马来西亚、中国大陆、台湾等地多家报刊的专栏作家，尤今酷爱写作，至今已出版小说、散文、小品、游记、报告文学等五十多部图书，其中 28 部在新加坡出版，25 部在在中国大陆、台湾、香港等地出版，她的作品还散见于中国大陆、台湾、香港以及美国、泰国和欧洲等地的报刊杂志上。尤今的创作体裁共分四类：小品文、小说、游记、散文。小品文又分生活小品与旅游小品。以写游记小说见长，作品风格细腻，真实地反映了现实生活里的人和事。至今已出版的小说、散文、小品、游记、报告文学等 135 部。

二、拓展训练

阅读下面文章，分析回答问题。

塑像与目光

张鲜明

那种眼光，那种洞穿曲折回环的文明的眼光，高高悬在历史的上空。

在黄河岸边，在邙山脚下，在蓝天白云之间，突然就看到了那两尊巨型塑像，炎黄二帝的塑像。

不是看见，而是炎黄二帝铺天盖地而来，覆盖了我的整个眼睛。不，占据了我整个心灵!

一座山，整整一座山啊，嶙峋地站着，峥嵘地站着，站成两个活生生的头颅，山人合一，在无垠的苍穹之下，以浩瀚无际的目光，与太阳和月亮一起，与波光粼粼的黄河一起，照耀着我们，沐浴着我们，谁能不为之深深地震撼?

这震撼，来自灵魂和血脉的渴望。

多少年，多少代，多少灵魂在追寻：我是谁？我们的血脉在不停地叩问：我从哪里来？

爷爷奶奶说，咱们是炎黄子孙；父亲母亲说，咱们的血脉像黄河、长江一样悠长，而这血脉的源头，来自炎帝部落、黄帝部落。

可是，可是，炎帝是什么模样？黄帝是什么模样？到哪里去祭奠他们？我们千百次追问着。我们只能把炎黄二帝的祭坛设在心里，想象他们筚路蓝缕的身影，想象他们开疆拓土的豪壮，想象他们仰观天象的智慧，想象他们俯察万物的艰辛就像回味着《史记》里那一页页像风一样飘渺的传说。

终于，一群中原儿女，再也按捺不住对于炎黄二帝的渴念，在古老的黄河岸边，以一座高山的挺拔和巍峨，去复原和描摹他们灵魂深处对于人文始祖的想象。

这是一场伟大的接力。开始是几个人，在黄河岸边，在邙山脚下，悄悄地创意和谋划；后来是几十个人在一起规划和行动；再后来是几百人、几千人、几万人、几十万人、几百万人、几千万人、几万万人从百姓到官员，从海内到海外，所有炎黄子孙都投入和关注着这个伟大的工程。他们规划设计，他们捐款筹款，他们宣传发动，他们风雨无阻地投入建设。从一九八七年到二零零七年，整整二十个年头，无数中华儿女，用双手，用双肩，用心血，用汗水，用整个心灵，测量着天地的高度、日月的光亮，并用这一切雕塑着人文始祖的高大和辉煌。

终于，炎黄二帝回来了，回到了他们创业和出发的地方。他们以山的姿态，站在黄土高原的终点，站在地上悬河的起点，站在苍茫的天地之间。<u>他们比肩而立，一个凤目龙准，英姿勃发，气宇轩昂；一个广额厚唇，智慧深邃，宽厚仁爱。</u>他们在凝望，西望雄关，北眺太行，东览华北大平原。不，是在凝望整个华夏大地！

看啊，炎黄二帝，在深情地看着我们，在天地之间凝视着他们的子孙！我的眼睛，化作趋光的蝴蝶，与香烛一样燃烧着的黄河一起，沿着巍然屹立的邙山，袅袅上升，袅袅上升，去承接那天光一般清澈、深邃的目光。

那目光，像时空隧道一样深远。与之对接的一刹那，天啊，五千年的岁月，带着披荆斩棘的意象，带着星河流转的沧桑，带着奋发和创造的力量，像滔滔黄河一样滚滚而来，把我深深地裹挟，把我高高地托举。

面对这目光，弯曲的腰板必定挺直；面对这目光，疲软的心灵必定坚挺、坚毅、坚强。

也许，我们也有软弱的时候，也有懈怠的时光，那么，让我们来到黄河岸边，来到邙山脚下，来接受那伟大目光的洗礼吧，它将告诉你：大地在下，苍天在上，人是万物的灵长，创造是我们的宿命，奋进是我们的方向，开拓是我们屹立于天地之间的凭仗！

(选自《散文选刊》，2008(3))

1．作者为什么会有“覆盖了我的整个眼睛占据了我整个心灵的感觉”？

2．画线的句子使用了什么修辞手法？描写的侧重点是什么？

3．给炎黄二帝塑像的原因是什么？

4．文章的题目是《塑像与目光》，文中运用了虚实结合的手法。请结合文本的内容和结构加以分析。

三、课文内容强化训练

(一)填空题

1. 台湾女作家、剧作家三毛原名_______，祖籍浙江舟山，后旅居台湾。三毛散文取材广泛，不少散文充满异国情调，文笔朴素浪漫而又独具神韵，表达了作者热爱人类、热爱生命、热爱自由和大自然的情怀。第一部作品_______在 1976 年 5 月出版。最后一部作品是_______ (1990)。她曾在文化大学任教，1984 年辞去教职，而以_______为重心。三毛为读者构筑了一个有泪有笑、欲罢不能的文学世界。

2. 在 20 世纪 90 年代大陆又开始重视尤今，她是_______ (国家)女作家，以写_______见长，作品风格细腻，真实、真诚、真挚地反映了现实生活里的人，现实生活里的事。尤今的创作体裁共分四类：_______。她的作品还散见于中国大陆、台湾、香港、美国、泰国和欧洲等地的报刊杂志上。

(二)整体感知

1．文章开篇作者借眼前珊蒂的女儿，发挥想象，讲述了一个孩子从蹒跚学步到成人自立的成长过程，每个时期孩子对母亲的教育表现的不同态度是什么？

2．“想为她放个安全的垫子”中“安全的垫子”在文中的含义是什么？这表达了母亲怎样的感情？

3．第 6 段写出的母亲眼中的孩子童年的形象是：_______

第 11 段在孩子成长的“岔路口”时概括她的形象是：_______

4．为什么作者认为母女俩不管是朝着同一个方向走，还是朝不同的方向走，对母亲而言，都是一种很圆、很满、很大的幸福？请结合全文内容，谈谈你的理解。

5．本文在行文上用了很多重叠词，分析它的表达效果。

6．正处在成长岔路口的你如何看待你父母目前的教育方法？请结合具体事例谈谈你的看法。

四、写作训练

结合实际谈谈如何看待你父母目前对你的教育方法。

参考答案

二、1. (1)炎黄二帝塑像的高大雄伟，作者感到“覆盖了整个眼睛”(从视觉、形象而言)。(2)炎黄二帝的灵魂、血脉、精神博大，使作者心灵受到了“深深的震撼”，因而占据了“整个心灵”。

2. 这句话运用了对偶的修辞手法，前者侧重气度(外部神态等)，后者侧重性格(内心世界等)。

3. (1)炎黄二帝是炎黄子孙血脉的源头；(2)纪念和缅怀他们的丰功伟绩；(3)表达后代子孙对他们的无限崇敬之情；(4)激励后代子孙努力“创造”和“奋进”“开拓”。

4. 写“在黄河岸边见到炎黄二帝的巨型塑像”和介绍“塑像的建造过程”是实写，写对塑像目光的感受是虚写。(或写炎黄二帝的塑像是实写，写塑像的目光是虚写)，本文的结构是“虚—实—虚”：以虚写炎黄二帝的目光开篇，然后实写见到炎黄二帝的巨型塑像和介绍塑像建造过程，最后虚写对塑像目光的感受。

三、(一)1. 陈平 《撒哈拉的故事》 《滚滚红尘》 写作、演讲　2. 新加坡 游记 小说 小品文、小说、游记、散文

(二)1. (1)童年时代，孩子对母亲的态度是：“惟母亲马首是瞻，不会置疑，不会反抗”或“全心全意地模仿，百分百地顺从”或“她的心跟着母亲走”或“母亲说一，她不会说二”。答“顺从”或“服从”也可。(2)青少年时代，母女之间的矛盾是：“母亲想为孩子放个安全的垫子，可是她嫌母亲多事、怨母亲剥夺自己的自由，因而刻意把垫子抽调、丢掉”。或答出“孩子对母亲的教育方法不认同”也可。(3)长大成人，母女双方感情的变化：多了一分谅解和理解，宽容与包容。

2. “安全的垫子”指母亲希望孩子少犯错误、少跌跤、少受苦而给予的种种忠告、帮助或安排。表达了母亲对孩子的爱。

3. 驯良如绵羊、可爱如天使。　倔强如牛犊，可恶如魔鬼。

4. 朝同一个方向走：说明孩子能听从母亲的规劝，在母亲的帮助下少走弯路，对母亲而言，这是一种幸福。朝不同的方向走：给孩子自主的权利，自由发展的空间，让孩子有更多的人生体验，在锻炼中成长，这是一种爱的方式，也是一种幸福。

5. “另一方面，却又希望她一尺一尺、一丈一丈快快快快地成长。”“一尺一尺”、“一丈一丈”“快快快快”这几个重叠词使句子富有节奏感，并生动地写出了母亲希望女儿迅速长大地迫切心理。其表达效果是生动形象、强调突出、增强节奏感等　6. 略

四、略

论 嫉 妒

培根

学习目的与要求

1. 学习培根对人生精妙的哲理认识。
2. 分析培根警句的深刻内涵。
3. 正确对待生活中关于嫉妒的行为，提高自己的道德修养。
4. 区分公妒和私妒对我们有什么启发意义。

学习重点

1. 学习培根对人生精妙的哲理认识。
2. 正确对待生活中关于嫉妒的行为，提高自己的道德修养。

一、知识拓展

弗兰西斯·培根(1561—1626 年)是英国杰出的哲学家、科学家及散文家。他是文艺复兴的代表人物之一，他通过持之以恒地用科学方法思考及依靠观察而非权威学说获取知识的态度成为现代科学的奠基人。他的《培根散文集》是英国文学中这一流派的典范，并被誉为英语散文发展的重要里程碑。他所运用的一些新鲜词汇还进入了英国文学传统。被马

克思称为“英国唯物主义和整个现代实验科学的真正始祖”。他在逻辑学、美学、教育学方面也提出许多思想，著有《新工具》、《论说随笔文集》等。

培根的哲学思想是与其社会思想是密不可分的。他是资产阶级上升时期的代表，主张发展生产，渴望探索自然，要求发展科学。他认为是经院哲学阻碍了当代科学的发展。因此他极力批判经验哲学和神学权威。他还进一步揭露了人类认识产生谬误的根源，提出了著名的“四假相说”。他说：读史使人明智，读诗使人灵秀，数学使人周密，物理学使人深刻，伦理学使人庄重，逻辑修辞之学使人善辩；凡有所学，皆成性格。

培根是近代哲学史上首先提出经验论原则的哲学家。他重视感觉经验和归纳逻辑在认识过程中的作用，开创了以经验为手段，研究感性自然的经验哲学的新时代，对近代科学的建立起了积极的推动作用，对人类哲学史、科学史都做出了重大的历史贡献。为此，罗素尊称培根为“给科学研究程序进行逻辑组织化的先驱”。

培根的科学方法观以实验定性和归纳为主。他继承和发展了古代关于物质是万物本源的思想，认为世界是由物质构成的，物质具有运动的特性，运动是物质的属性。培根从唯物论立场出发，指出科学的任务在于认识自然界及其规律。但受时代的局限，他的世界观还具有朴素唯物论和形而上学的特点。

二、拓展训练

阅读下面文章，分析回答问题。

苏　七　块

冯骥才

苏大夫本名苏金散，民国初年在小白楼一带，开所行医，正骨拿踝，天津卫挂头牌，连洋人赛马，折胳膊断腿，也来求他。

他人高袍长，手瘦有劲，五十开外，红唇皓齿，眸子赛灯，下巴儿一绺山羊须，浸了油似的乌黑锃亮。张口说话，声音打胸腔出来，带着丹田气，远近一样响，要是当年入班学戏，保准是金少山的冤家对头。手下动作更是“干净麻利快”，逢到有人伤筋断骨找他来，他呢？手指一触，隔皮截肉，里头怎么回事，立时心明眼亮。忽然双手赛一对白鸟，上下翻飞，急如闪电，只听“咔嚓咔嚓”，不等病人觉疼，断骨头就接上了。贴块膏药，上了夹板，病人回去自好。倘若再来，一准是鞠大躬谢大恩送大匾来了。

人有了能耐，脾气准格色。苏大夫有个格色的规矩，凡来瞧病，无论贫富亲疏，必得先拿七块银元码在台子上，他才肯瞧病，否则决不搭理。这叫嘛规矩？他就这规矩！人家骂他认钱不认人，能耐就值七块，因故得个挨贬的绰号叫做：苏七块。当面称他苏大夫，背后叫他苏七块，谁也不知他的大名苏金散了。

苏大夫好打牌，一日闲着，两位牌友来玩，三缺一，便把街北不远的牙医华大夫请来，凑上一桌。玩得正来神儿，忽然三轮车夫张四闯进来，往门上一靠，右手托着左胳膊肘，脑袋瓜淌汗，脖子周围的小褂湿了一圈，显然摔坏胳膊，疼得够劲。可三轮车夫都是赚一天吃一天，哪拿得出七块银元？他说先欠着苏大夫，过后准还，说话时还哼哟哼哟叫疼。谁料苏大夫听似没听，照样摸牌看牌算牌打牌，或喜或忧或惊或装作不惊，脑子全在牌桌上。一位牌友看不过去，使手指指门外，苏大夫眼睛仍不离牌。“苏七块”这绰号就表现得斩钉截铁了。

牙医华大夫出名的心善，他推说去撒尿，离开牌桌走到后院，钻出后门，绕到前街，远远把靠在门边的张四悄悄招呼过来，打怀里摸出七块银元给了他。不等张四感激，转身打原道返回，进屋坐回牌桌，若无其事地接着打牌。

过一会儿，张四歪歪扭扭走进屋，把七块银元"哗"地往台子上一码。这下比按铃还快，苏大夫已然站在张四面前，挽起袖子，把张四的胳膊放在台子上，捏几下骨头，跟手左拉右推，下顶上压，张四抽肩缩颈闭眼呲牙，预备重重挨几下，苏大夫却说："接上了。"当下便涂上药膏，夹上夹板，还给张四几包活血止疼口服的药面子。张四说他再没钱付药款，苏大夫只说了句："这药我送了。"便回到牌桌旁。

今儿的牌各有输赢，更是没完没了，直到点灯时分，肚子空得直叫，大家才散。临出门时，苏大夫伸出瘦手，拦住华大夫，留他有事。待那二位牌友走后，他打自己座位前那堆银元里取出七块，往华大夫手心一放。在华大夫惊愕中说道：

"有句话，还得跟您说。您别以为我这人心地不善，只是我立的这规矩不能改!"

华大夫把这话带回去，琢磨了三天三夜，到底也没琢磨透苏大夫这话里的深意。但他打心眼儿里钦佩苏大夫这事这理这人。

1. 阅读全文，简析苏七块这一人物形象的特点。

2. "格色"一词在文中的含义是什么？小说介绍苏七块"格色的规矩"有什么作用？

3. 小说中多处运用细节描写刻画人物形象，任选一处加以赏析。

4. 本篇小说的总体构思是先整体勾勒人物，然后通过具体事例展示人物；情节发展上前有伏笔，后有照应。请任选一点写一段鉴赏性文字。

三、口语训练

与人沟通的技巧

1. 自信的态度

一般经营事业相当成功的人士，他们不随波逐流或唯唯诺诺，有自己的想法与作风，但却很少对别人吼叫、谩骂，甚至连争辩都极为罕见。他们对自己了解得相当清楚，并且肯定自己，他们的共同点是自信，日子过得很开心，有自信的人常常是最会沟通的人。

2. 体谅他人的行为

这其中包含"体谅对方"与"表达自我"两方面。所谓体谅是指设身处地为别人着想，并且体会对方的感受与需要。在经营"人"的事业过程中，当我们想对他人表示体谅与关心，唯有我们自己设身处地为对方着想。由于我们的了解与尊重，对方也相对体谅你的立场与好意，因而作出积极而合适的回应。

3. 适当地提示对方

产生矛盾与误会的原因，如果出于对方的健忘，我们的提示正可使对方信守承诺；反之若是对方有意食言，提示就代表我们并未忘记事情，并且希望对方信守诺言。

4. 有效地直接告诉对方

一位知名的谈判专家分享他成功的谈判经验时说道："我在各个国际商谈场合中，时常会以'我觉得'(说出自己的感受)、'我希望'(说出自己的要求或期望)为开端，结果常会令人极为满意。"其实，这种行为就是直言不讳地告诉对方我们的要求与感受，若能有

效地直接告诉你所想要表达的对象，将会有效帮助我们建立良好的人际网络。但要切记“三不谈”：时间不恰当不谈，气氛不恰当不谈，对象不恰当不谈。

5. 善用询问与倾听

询问与倾听的行为，是用来控制自己，让自己不要为了维护权利而侵犯他人。尤其是在对方行为退缩，默不作声或欲言又止的时候，可用询问行为引出对方真正的想法，了解对方的立场以及对方的需求、愿望、意见与感受，并且运用积极倾听的方式，来诱导对方发表意见，进而对自己产生好感。一位优秀的沟通好手，绝对善于询问以及积极倾听他人的意见与感受。

一个人的成功，20%靠专业知识，40%靠人际关系，另外 40%需要观察力的帮助，因此为了提升我们个人的竞争力，获得成功，就必须不断地运用有效的沟通方式和技巧，随时有效地与“人”接触沟通，只有这样，才有可能使你事业成功。

口语练习：刚到一个新环境，你将如何与人沟通？

四、课文内容强化训练

(一)填空题

1．弗兰西斯·培根是英国著名的唯物主义_______。他在文艺复兴时期的巨人中被尊称为哲学史和科学史上划时代的人物。马克思称他是“_______。”第一个提出“_______”的人。

2．培根揭露了人类认识产生谬误的根源，提出了著名的“_______”。第一种是“_______”，这是由于人的天性而引起的认识错误；第二种是“_______”是个人由于性格、爱好、教育、环境而产生的认识中片面性的错误；第三种是“_______”，即由于人们交往时语言概念的不确定产生的思维混乱。第四种是“_______”这是指由于盲目迷信权威和传统而造成的错误认识。

3．弗兰西斯·培根是近代哲学史上首先提出_______的哲学家。他重视感觉经验和归纳逻辑在认识过程中的作用，开创了以_______为手段，研究感性自然的经验哲学的新时代，对近代科学的建立起了积极的推动作用，对人类哲学史、科学史都作出了重大的历史贡献。为此，罗素尊称培根为“_______”。

4．培根说：_______使人明智，_______使人灵秀，数学使人周密，物理学使人深刻，伦理学使人庄重，_______使人善辩；凡有所学，皆成性格。

(二)整体感知

1．总结本文的主要内容。

2．公妒和私妒的区别是什么？

3．分析嫉妒产生的原因。

五、写作训练

请你谈谈在生活中如何避免被嫉妒？如何避免嫉妒他人？

参考答案

二、1. 医术精湛，行医规矩奇特，性格倔强，善良。

2. “格色”意为特别，含贬义。推动情节的发展(或为情节发展做铺垫)；能更鲜明地塑造人物形象。

3. 苏七块赠送药物这一细节描写，突出地表现了苏七块善良的本性和鲜明的个性。又如：“张四抽肩缩颈闭眼呲牙，预备重重挨几下，苏大夫却说：‘接上了。’”这一细节描写从侧面表现了苏大夫医术精湛。

4. ①小说构思精巧。作者先从整体上勾勒人物的医术精湛和规矩“格色”，然后通过具体事件展现人物个性，将概括交代与细致描写有机结合，使人物形象栩栩如生。②小说情节曲折。作者运用伏笔和照应，先写车夫求医无钱，再写华大夫暗中相助，最后写苏七块赠药退钱，可谓一波三折，引人入胜。

三、略

四、(一)1. 哲学家和科学家　英国唯物主义和整个现代实验科学的真正始祖　知识就是力量　2. 四假相说　种族的假相　洞穴的假相　市场的假相　剧场的假相　3. 经验论原则　经验　给科学研究程序进行逻辑组织化的先驱　4. 读史　读诗　逻辑修辞之学

(二)1. 作者一针见血地对人们常见的嫉妒心理进行了鞭辟入里的剖析，分析了人们嫉妒的原因，指出了嫉妒的巨大危害，警示人们警惕这个“恶魔”。

2. 私妒是害人害己。公妒是公愤，可以强迫大人物收敛与节制；如果这种民众的公愤已扩展到几乎所有的大臣身上，那么这个国家体制就必定将面临倾覆了。

3. 嫉妒总是来自于自我与别人的比较。易引起嫉妒的人：微贱的人一旦升腾、没有付出血汗的富家公子、那种骄傲自大的人物是最易招来嫉妒的。不易引起嫉妒的人：获得世袭贵胄的称号的人、一个循序渐进地高升的人、饱经艰难之后才获得的幸福的人；利用自己的优越地位来保护他的下属们的利益的人。

五、略

寂　寞

梭罗

学习目的与要求

1. 阅读文章，了解梭罗所说的回归自然的生活方式。
2. 学习本文分析问题的哲理性以及文字的澄澈优美。

学习重点

《寂寞》是美国自然文学的经典之作，学习它绵密的思想和层出不穷的见解。

一、知识拓展

《瓦尔登湖》

亨利•戴维•梭罗(Henry David Thoreau，1817—1862 年)，美国著名作家、哲学家，著有散文集《瓦尔登湖》和论文《论公民的不服从权利》(又译为《消极抵抗》)。梭罗出生

于马萨诸赛州的康科德城，1837 年毕业于哈佛大学。梭罗除了被一些人尊称为第一个环境保护主义者外，还是一位关注人类生存状况的有影响的哲学家，他的著名论文《论公民的不服从权利》影响了托尔斯泰和圣雄甘地。

梭罗生前，只出版了两本书。1849 年自费出版了《康科德河和梅里麦克河上的一星期》，他的第二本书就是《瓦尔登湖》了，于 1854 年出版。当时没有受到应有的注意，随着时光的流逝，这本书的影响越来越大，业已成为美国文学中的一本独特的，卓越的名著。《瓦尔登湖》是一本寂寞、恬静、智慧的书。文章文字精美流利，形象地描绘了大自然的优美景色，叙写了瓦尔登湖边原始朴素的生活。其分析生活，批判习俗，有独到处；说理透彻，精辟深入，充满了哲理的火花。这本书对于春天，对于黎明，作了极其动人的描写。读着它，自然会体会到，一股向上的精神不断地将读者提升、提高。哈丁说《瓦尔登湖》至少有五种读法：①作为一部自然的书籍；②作为一部自力更生、简单生活的指南；③作为批评现代生活的一部讽刺作品；④作为一部文学名著；⑤作为一本神圣的书。梭罗的这本书近年在西方世界更获得重视。严重污染使人们向往瓦尔登湖和山林的澄净的清新空气。梭罗从食物、住宅、衣服和燃料，这些生活之必需出发，以经济作为本书的开篇，他崇尚实践，含有朴素的唯物主义思想。

二、拓展训练

阅读下面文章，分析回答问题。

野草·题辞

鲁迅

当我沉默着的时候，我觉得充实；我将开口，同时感到空虚。

过去的生命已经死亡。我对于这死亡有大欢喜，因为我借此知道它曾经存活。死亡的生命已经朽腐。我对于这朽腐有大欢喜，因为我借此知道它还非空虚。

生命的泥委弃在地面上，不生乔木，只生野草，这是我的罪过。人的血和肉，各各夺取它的生存。当生存时，还将遭践踏，将遭删刈，直至于死亡而朽腐。

但我坦然，欣然。我将大笑，我将歌唱。

我自爱我的野草，但我憎恶这以野草作装饰的地面。

地火在地下运行，奔突；熔岩一旦喷出，将烧尽一切野草，以及乔木，于是并且无可朽腐。

但我坦然，欣然。我将大笑，我将歌唱。

1. 第一段文字，作者为什么要这么说？

2. 第二段文字中，作者为什么说对“死亡”和“朽腐”有“大欢喜”？“野草”象征什么？

3. 从这段文字中可见作者怎样的精神意蕴？

三、口语训练

态势语训练

态势语是通过体势、手势、表情、眼神等非语言因素传递信息的一种辅助形式。要求坐、立、行要端正、挺直、稳健、轻捷；手势要简洁、适度、有力、协调；表情要鲜活、

灵敏、真实、自然；服饰要美观、高雅、大方、不俗。

《瓦尔登湖》记录了梭罗返璞归真、亲近自然的生活，是美国所有必读书籍推荐名录上不可缺少的经典书目。但是在现今这个充斥着手机、网络和电子游戏的时代，西安一项调查显示网络冲击大学生读书生活，调查还显示，在购买和借阅图书的学生中，近 70%的学生都是选择购买和借阅学习参考书和其他一些杂志。40%的学生承认，很少看或不看其他课外书，60%看课外书的学生看得最多的是杂志和小说。在调查中，60%的大学生认为网络的普及对自己的读书生活有很大影响。那么，结合实际讨论梭罗的独立生活实践对现代人有什么样的意义？注意使用态势语。

四、课文内容强化训练

(一)选择题

1. 作者有许多观点与庄子相通，下列观点与庄子不一致的是(　　)。

   A. 我在大自然里以奇异的自由姿态来去，成了她自己的一部分

   B. 我们居住的整个地球，在宇宙之中不过是一个小点

   C. 神鬼之为德，其盛矣乎

   D. 不论我有如何强烈的经验，我总能意识到我的一部分在从旁批评我，好像它不是我的一部分，只是一个旁观者，并不分担我的经验，而是注意到它：正如他不是你，他也不能是我

2. 对“视之而弗见，听之而弗闻，体物而不可遗”理解不正确的一项是(　　)。

   A. 这是引用孔子《论语》中的一句话，反映了作者渊博的知识

   B. 这句话说明了鬼神无处不在，人们观察事物时应时时牢记

   C. 这句话批评了一种迷信的思想，他认为鬼神是不存在的

   D. 这句话赞美了神——即上帝的伟大，人与神的世界是永远心心相通的

(二)填空题

亨利·戴维·梭罗是美国著名_______家，_______家。著有散文集_______。他是美国文学和精神的_______者之一，梭罗除了被一些人尊称为_______之外，他还是一位有影响的哲学家，他的著名论文_______影响了托尔斯泰和圣雄甘地。

(三)整体感知

1. 文章以“寂寞”为题，那么“寂寞”表现在哪里？
2. 作者真的寂寞吗？为什么？
3. 对于这种“独处”的生活，作者是怎样看待的？情感有变化吗？
4. 过独处的生活而不觉寂寞，是因为大自然的缘故，如果说文章表现了对大自然的赞美之情，你同意吗？从哪些地方可以看出？
5. 文中对于大自然的描写有很多，作者用了何种修辞(从文中找出例子)？

五、写作训练

每当冷气寒潮袭来的时候，便有人经受不住，伤风感冒，问医问药，甚至卧床不起。

但有的人却精力充沛，健康如常，无伤无损。这说明自然现象跟人体健康关系甚大。社会生活中也有某些类似“冷气冷潮”的现象，危害的是人们的思想。请从现实生活中选择一个有意义的话题，用自然界的“寒潮”作比喻，以《寒潮·健康·免疫力》为题写一篇议论文，800字以上。

参考答案

二、1. 充实指他虽然沉默但是他的心是热情的，活跃的，因为他有希望。虚指他想指出社会的弊端可是又无能为力，因为人们的麻木，他不被认同。

2. 不矛盾，只有腐朽透了烂透了才会迎来新生 (只有让所有人认清统治者的真面目才会对他们死心，积极地寻找新的希望)。“野草”很平凡，“根不深，花叶不美”但它是在战斗中求生存，发挥了战斗作用的。以顽强的生命力同反动派挑战，因而不可避免地遭到反动派的“践踏”和“删刈”。“野草”在“存活”中完成了对反动派无情的揭露和尖锐批判的历史任务。

3.《题辞》的思想意义在于它是一篇革命的预言，它既标志着鲁迅世界观的跃进，也是鲁迅开始新的进军的誓词。

三、略

四、(一)1. C　2. C

(二)1. 作　哲学　《瓦尔登湖》　奠基　第一个环境保护主义者　《论公民的不服从权利》。

(三)1. 梭罗认为，大部分时间内，寂寞是有益于健康的。一个在思想着、工作着的人总是单独的，但单独并非寂寞，因为他是自由的，有独立的自我。

2. 在作者看来，在瓦尔登湖独居，毫不寂寞。有大自然作伴，不寂寞；有思想、工作在，不寂寞；有人类(互相拜访)在，不寂寞……在独处的时候，“太阳，风雨，夏天，冬天，——大自然的不可描写的纯洁和恩惠，他们永远提供这么多的康健，这么多的快乐！”

3. 梭罗的生活在外人看来是孤独的，但是他却不觉得寂寞，“在任何大自然的事物中，都能找出最甜蜜温柔，最天真和鼓舞人的伴侣”。

4. 从宇宙、文明、人与社会的关系等方面。

5. 拟人、比喻、排比。

五、略

第四单元　小说

小说的欣赏与写作

学习目的与要求

1. 熟悉小说的常识以及欣赏小说的方法。
2. 了解短篇小说和长篇小说的写作方法。

学习重点

熟悉小说的写作常识。

小说内容强化训练

(一)单项选择题

1. 短篇小说的篇幅和容量比较短小，一般(　　)字以下。

A. 一万　　B. 两万　　C. 三万　　D. 四万

2. 小说偏重于对(　　)的描述。

A. 虚幻世界　　B. 神奇事物　　C. 客观生活　　D. 具体事件

3. 《风波》选自鲁迅的小说集(　　)。

A.《呐喊》　　B.《彷徨》　　C.《故事新编》　　D.《朝花夕拾》

4. 在现代文学史上，具有鲜明的民族风格和浓郁的北京味的“人民艺术家”是(　　)。

A. 鲁迅　　B. 茅盾　　C. 巴金　　D. 老舍

5. 下列(　　)项不是短篇小说的特点。

A. 具有简短性　　B. 具有较鲜明、生动的形象

C. 具有独特性　　D. 有一定的思想内涵

6. 微型小说篇幅微小，不超过(　　)字。

A. 1000　　B. 1500　　C. 2000　　D. 3000

(二)不定项选择题

1. 小说通过(　　)来反映生活，表达思想。

A. 塑造人物　　B. 叙述故事　　C. 描写环境　　D. 抒发感情

2. 小说世界的三要素(　　)。

A. 人物　　B. 感情　　C. 环境　　D. 情节

3. 小说按篇幅长短分为(　　)。

A. 长篇小说　　B. 中篇小说　　C. 短篇小说　　D. 微型小说

4. 短篇小说的特点是(　　)。

A. 较鲜明生动的形象　　B. 具有独特性

C. 具有一定的思想内涵　　D. 有丰富的环境描写

5. 下列属于鲁迅的短篇小说是(　　)。

A.《狂人日记》　B.《风波》　C.《祝福》　D.《朝花夕拾》

6. 微型小说的三要素是(　　)。

A. 立意新颖　B. 笔调幽默　C. 情节严谨　D. 结局新奇

7. 微型小说的特点是(　　)。

A. 微　B. 新　C. 密　D. 奇

(三)填空题

1. 小说通过_______、_______、_______来反映生活、表达思想。

2. _______、_______、_______三要素构成了完整的小说世界。

3. 小说按篇幅长短可分为_______、_______、_______、_______。

4. 短篇小说至少有三个条件，即_______、_______、_______。

5. 曹雪芹名_______，字_______，号______。他是我国______代的伟大的______家。

6. 鲁迅原名_______，他发表的第一篇白话小说是_______。

(四)名词解释

1. 章回小说　2. 志怪　3. 唐传奇　4. 拟话本　5. 话本
6. 三言　7.二拍

(五)整体感知

1. 应该从哪几个方面欣赏一部小说？

2. 在明清长篇小说名著中列举四部代表作品，说明它们属于哪种小说类型？

参考答案

(一)1～5 BCADA　6. B

(二)1. ABC　2. ACD　3. ABCD　4. ABC　5. ABC　6. ACD　7. ABCD

(三)1. 塑造人物　叙述故事　描写环境　2. 人物　情节　环境　3. 长篇小说　中篇小说　短篇小说　微型小说　4. 鲜明生动的形象　独特性　有一定的思想内涵　5. 梦阮　雪芹　芹辅　清　现实主义　6. 周树人　《狂人日记》

(四)1. 章回小说是我国古代长篇小说的主要形式，其特点是分回标目，故事连接，段落整齐。

2. 志怪即记神鬼怪异的事。神鬼怪异之事本来并不存在，是人们虚构的想象的产物，在魏晋南北朝时大量出现。

3. 唐传奇是在前代志怪小说和史传文学的基础上发展起来的。

4. 拟话本是文人模拟话本体制而创作的白话短篇小说。

5. 话本是宋代兴起的白话小说，用通俗文字写成，多以历史故事和当时社会生活为题材，是宋元民间艺人说唱的底本。

6. 三言是明代冯梦龙纂辑的短篇小说集，是《喻世明言》、《警世通言》、《醒世恒言》的合称。

7. 二拍是指中国拟话本小说集《初刻拍案惊奇》和《二刻拍案惊奇》，作者凌蒙初。与“三言”合称“三言二拍”。

(五)1.① 情节梳理：要立足文本特点，不能僵化为开端、发展、高潮、结局的格式切分。了解行文思路，认识多样的展开情节的方式；抓作者对人物的介绍和评价来把握人物，抓典型事件把握人物特征，从人物的外貌、语言、行动和心理描写来分析人物。②主题阐释：多种角度理解问题，而不要统一答案，僵化思维。从背景、人物塑造、情节发展、语言特色等方面考察主题。

2. 历史演义小说，如《三国演义》。英雄传奇小说，如《水浒传》。神魔小说，如《西游记》。人情小说，如《金瓶梅》、《红楼梦》。讽刺小说，如《儒林外史》。公案侠义小说，如《三侠五义》。

韩凭夫妇

干宝

学习目的与要求

1. 了解作家干宝的生平及作品。
2. 掌握《韩凭夫妇》的写作特点。
3. 积累重点文言词句、培养阅读文言文的语感。

学习重点

掌握文章的写作特点。

一、知识拓展

《搜神记》作品内容及艺术成就

《搜神记》作者为晋朝人干宝，官拜散骑常侍。不过目前流传的 20 卷本并非干宝原著，后人增改的地方相当多，这是民间传说经常发生的事。他的原著也有许多不是自己写的，四库全书目录提要即说，第六卷和第七卷全抄《续汉书五行志》。

整本《搜神记》并不全是有价值的民间传说，妖狐鬼怪的记录相当多，因此旧文学家将它看成谈神说怪的小说，而摒弃在主流文学门外。新文学家沿此观念，也不屑一读。事实上有点冤枉，书中若干记载不仅真实，而且可当研究史料，价值颇高。

《搜神记》所叙多为神灵怪异之事，也有不少民间传说和神话故事，主角有鬼，也有妖怪和神仙，杂糅佛道。大多篇幅短小，情节简单，设想奇幻，极富浪漫主义色彩。《搜神记》对后世影响深远，如唐代传奇故事，关汉卿的《窦娥冤》，蒲松龄的《聊斋志异》，神话戏《天仙配》等许多传奇、小说、戏曲，都和它有着密切的联系。

《搜神记》原本已散失。今本系后人缀辑增益而成，20 卷，共有大小故事 454 个。所记多为神灵怪异之事，也有一部分属于民间传说。其中《干将莫邪》、《李寄》、《韩凭夫妇》、《吴王小女》、《董永》等，暴露统治阶级的残酷，歌颂反抗者的斗争，常为后人称引。

《搜神记》中的故事大多篇幅短小，情节简单，设想奇幻，极富于浪漫主义色彩。后有托名陶潜的《搜神后记》10 卷和宋代章炳文的《搜神秘览》上下卷，都是《搜神记》的仿制品。

二、拓展训练

1. 简述《搜神记》的主要艺术特色。
2. 分析《韩凭夫妇》思想内容。
3. 简述《搜神记》在我国古代小说发展史上的意义。

三、口语训练

河北大学 2011 年 1 月发生交通肇事逃逸案，致两名工商学院大一女生一死一伤，事故发生后，李启铭仍驾车继续行驶，被同学拦截后，李启铭竟口出狂言称：“有本事你们告去，我爸爸是李刚。”面对这些，你作何感想？

四、课文内容强化训练

(一)选择题

1. 对下列句子加点字解释有误的一项是(　　)。

　A. 王囚人，论为城旦　　　　论：定罪。

　B. 其雨淫淫，河大水深　　　　淫淫：雨水连绵不断的样子。

　C. 宿昔之间，便有大梓木……　　　　宿昔：旦夕，形容时间短。

　D. 旬日而大盈抱，屈体相就　　　　旬日：半个月，即十五天。

2. 下列各句中加点的词的意义，古今不同的一句是(　　)。

　A. 河大水深，日出当心　　　　B. 尔夫妇相爱不已

　C. 其歌谣至今犹存　　　　D. 俄而凭乃自杀

3. 下列语句全表现韩凭夫妻相亲相爱的一组是(　　)。

　①妻密遗凭书　②其妻乃阴腐其衣　③俄而凭乃自杀　④妻遂自投台

　⑤王与之登台　⑥根交于下，枝错于上　⑦又有鸳鸯雌雄各一

　A. ①②⑤　　B. ③④⑤　　C. ①③④　　D. ⑤⑥⑦

4. 对本文思想内容概括有误的一项是(　　)。

　A. 本文运用倒叙的手法讲述了韩凭妻不慕富贵，忠于爱情，投台自杀，终与韩凭合葬一处的故事，故事曲折动人，富有浪漫主义色彩

　B. 本文热情地歌颂了韩凭夫妇坚贞不渝的爱情以及韩凭妻机智勇敢，不畏强暴，不慕富贵的高贵品质

　C. 本文通过写韩凭夫妇忠贞不渝的爱情故事，也从侧面揭露了宋康王之类封建统治者的残暴无耻

　D. 本文的结局写韩凭夫妇的墓上长出两棵大树，根交枝错，且有鸳鸯栖鸣于上，极富浪漫主义色彩，体现了作者和广大劳动人民的美好愿望

(二)整体感知

1.《搜神记》的主要内容是什么？

2.《搜神记》的艺术特色是什么？

3. 志怪小说对后世的影响是什么？

五、写作训练

宋楚瑜在清华大学演讲时说：“清华大学的经验就是中西合成的再生的经验。西方科学实务的态度，跟中华人文精神在清华巧妙结合，在这里既有王国维先生、朱自清先生等一流的文学大师，也有李政道、杨振宁等诺贝尔奖获得者。”

请你结合大学生的学习情况，联系自己的思想实际，论述大学生怎样将“科学态度”与“人文精神”结合起来。

参考答案

二、略

三、略

四、(一)1～4　DAAD

(二)1.《搜神记》的主旨是“发明神道之不诬”，故书中多神仙道术，鬼怪灵异的内容。书中也保存了不少民间故事和神话传说；有的反映了统治者的残暴和人民的反抗，如《干将莫邪》，通过巧匠干将为楚王铸剑反被杀害，其子在山中客的帮助下终得复仇的故事，表现了强烈的反暴思想；有的反映了青年对婚姻自由的渴望和为争取幸福婚姻的斗争精神，如《韩凭夫妇》，写康王抢占韩凭的妻子，并把韩凭定罪，致使其夫妇双双殉情的悲剧故事，暴露了统治者荒淫残暴，歌颂了韩凭夫妇的坚贞爱情；有的反映了人们不怕鬼魅，敢于铲除鬼魅的大无畏精神，如《李寄斩蛇》。

2. 从艺术上看，《搜神记》还处于小说发展的初期，总体上还显得幼稚粗糙，但其中的优秀篇章，结构完整，情节曲折多变，描写细致生动，语言疏宕，已粗具短篇小说的规模。如《干将莫邪》篇幅虽短，情节却富于变化。

除《搜神记》外，张华的《博物志》、葛洪的《神仙传》、王嘉的《拾遗记》、东阳无疑的《齐谐记》、吴均的《续齐谐记》以及托名陶潜的《搜神后记》，总计约三十余种，均有一定的成就。

3.《搜神记》为后世戏曲、小说提供了丰富的素材。罗贯中的《三国演义》、冯梦龙的《三言》，都吸收了《搜神记》的若干材料；关汉卿的《窦娥冤》、汤显祖的《邯郸梦》，是《东海孝妇》和《焦湖庙祝》的进一步发展。鲁迅的历史小说《铸剑》取材于《干将莫邪》，黄梅戏《天仙配》来自于《董永》。《搜神记》对后世小说中鬼狐一派有直接影响，如宋洪迈的《夷坚志》，明瞿佑的《剪灯新话》，清蒲松龄的《聊斋志异》，都和它有一脉相承的关系。《搜神记》为后世小说发展提供艺术借鉴，如故事的叙述、情节的安排、人物的刻画、细节的描写，以及现实与想象相结合的创作方法等。

(三)略

五、略

霍 小 玉 传

蒋防

学习目的与要求

分析霍小玉的性格特征。

学习重点

1. 分析霍小玉的悲剧根源。
2. 了解课文的历史背景。

一、知识拓展

浅谈《霍小玉传》的悲剧意蕴

韩 玫

唐人传奇，历来备受称道，它以绚烂多姿的内容和精湛的艺术手法成为文学史上的一朵奇葩。蒋防的《霍小玉传》，是唐传奇中写得最好的、最感人至深的篇章。作品的女主人公霍小玉，因父死而被遣，沦入娼门，后遇李益，为之痴情，魂思梦萦，望眼欲穿，以致“羸卧空闺，遂成沈疾”，最终饮恨而死。在中国文学史上，写才子佳人的作品很多，而霍小玉尤为惨烈，《李娃传》中的李娃，被封为“汧国夫人”；《莺莺传》中的崔莺莺，最终觅得归处；《离魂记》中的倩娘也有情人终成眷属，唯有霍小玉凄然一身，独赴黄泉，使人为之落泪。明代学者胡应麟评论说：“唐人小说记闺阁事，卓有情致，此篇尤为唐人最精彩动人之传奇，故传颂弗衰。”

一、悲剧人物之一：霍小玉

《霍小玉传》是一部悲剧作品， 以霍小玉作为悲剧人物的典型代表。文章一开始，鲍十一娘向李益介绍霍小玉，“故霍王之小女，字小玉，王甚爱之。母曰净持——净持，即王之宠婢也。王之初薨，诸弟兄以其出自贱庶，不甚收录。因分资财，遣居于外，易姓为郑，人亦不知其王女。”这概括了霍小玉的出身和卑微处境，第一，她是被人驱逐的贱庶之女。第二，娼妓的身份。在唐朝这个等级制度十分严格的社会，她的出身必定造就她终生的悲剧。《唐律疏议》规定：“人各有偶，色类须同。良贱即疏，何宜配合。”这就说明只有本阶层的人才能互相通婚，霍小玉属“贱”，李益属“良”，阶层十分明显。另外，唐朝的选官制度也将霍小玉与李益分隔在不同世界。《册府元龟》记载，唐朝选官时，应选之人须先将自己的姓名、籍贯、父祖官名、内外族姻等情况，具状交郡，由郡呈尚书省审核，并明文规定刑家之子和工贾殊类之徒，均不得应选。娼妓便为“殊类”，霍小玉与李益相识之时，李益正“进士擢第，其明年，拔萃，俟试于天官。”如果李益不顾一切与霍小玉成婚，那他必定是自毁前程，而且将会殃及子孙后代。

霍小玉对自己的身份有着清醒的认识，她也曾两次对李益提及自己的担忧，李益“引喻山河，诚指日月”，使她的心有所宽慰。但她很清楚自己和李益绝不可能结为夫妻，但她又不想继续沦落娼门，于是便向李益提出了八年之期，八年之后，李益可“妙选高门”，而她将“舍弃人事，剪发披缁”，殊不知，在那个社会，她这点可怜的要求仍然是

不可能实现的。

霍小玉痴情，同时又十分刚烈，这些美好的品质出现在她——一个娼妓的身上，这同样是一种悲剧。如果她不痴情，她就不会在李益逾期未到之后，“数访音信”，“求神问卜”，耗尽家资，典卖东西，她也不会因未找到李益而“羸卧空床，遂成沈疾”。如果她不刚烈，她就不会在得知李益负心之后，丝毫不哀求，临死前的梳妆及对李益的斥责，令观者为之震惊。

“我为女子，薄命如斯；君是丈夫，负心若此。韶颜稚齿，饮恨而终。慈母在堂，不能供养。绮罗弦管，从此永休。征痛黄泉，皆君所致。李君李君，今当永诀，我死之后，必为厉鬼，使君妻妾，终日不安！”

这是全文最为悲壮的场景，强化了全文的悲剧意味，更突出了霍小玉的悲剧性。

二、悲剧人物之二：卢氏

文中出现的另一个女子是卢氏，身为甲族之女，名门之后，身价百万的她，最后的命运同样让人悲慨。

卢氏与李益的结合，纯粹是出于家族利益，而并不是儿女情感。“卢亦甲族也，嫁女于他门，聘财必以百万为约，不满此数，义在不行”，卢家嫁女，一是为了谋求百万资财，二是自恃其贵，同样，李家也是为了借联姻来提高自身的名望，以使李益在仕途上飞黄腾达。这种没有感情的婚姻怎么能说不是一种悲剧呢？卢氏与李益的结合，这只是她悲剧的开端而已。他们奉命成婚之后，李益常有疑病，他先是“心怀疑虑，猜忌万端，夫妻之间，无聊生矣”，之后更加变本加厉，“愤怒吼叫，声如豺虎，引琴撞其妻，诘令实告”，“尔后往往暴加捶楚，备诸毒虐”，其至最后“讼于公庭而遣之”。卢氏在婚后遭遇家庭暴力，并被抛弃，由此可见，即使卢氏身为甲族之女，她的地位仍然是低下的，名门之女遭遇尚且如此，普通女子的遭遇便可想而知了，至于霍小玉之流的“殊类”，她们的命运只能是更悲惨。女人，在那个时候仅仅是男人的附庸而已，只能逆来顺受，别无选择。《霍小玉传》以霍小玉和卢氏的悲惨遭遇，揭示了整个唐代女性的生存状况和命运。

三、悲剧人物之三：李益

从表面上来说，是李益造成了霍小玉与卢氏的悲剧，究其根源，唐代的等级制度才是这个悲剧的缔造者，为这种制度殉葬的不仅仅是霍小玉和卢氏，李益同样也是。

他初见霍小玉之时，“但觉一室之中，若琼林玉树，互相照耀，转盼精彩摄人”，既而两人极其欢爱，李益“引喻山河，诚指日月，句句恳切，闻之动人”，在赴任之时，李益告诉霍小玉“至八月，必当却到华州，寻使奉迎，相见非远”。在霍小玉死后，李益“为之缟素，旦夕哭泣甚哀”，连霍小玉的灵魂都为之动容，“愧君相送，尚有余情，幽冥之中，不能感叹”，与卢氏结婚之时，他仍“伤情感悟，郁郁不乐”。从文中的诸多描述可以看出，自始至终，李益对霍小玉都是有着一份强烈的感情的。

李益之所以辜负霍小玉，并非是出于他的本心，当他离开霍小玉，回家之时，他“未至家日，太夫人已与商量表妹卢氏，言曰已定”，可见李益的婚姻也是父母决定的，他自己同样无权对自己未来进行选择，况且“太夫人素严毅”，李益从小的家教又很严格，家庭又加上对自己未来前途的思考，他根本没有反驳的余地，只有“逡巡不敢辞让”。从本质上讲，李益同卢氏是一样的，是家族利益的牺牲者，封建家长手中的傀儡。

在自己负约之后，他“自以辜负盟约，大愆回期，寂不知闻，欲断其望，遥托亲故，

不遗漏言”，“自以愆期负约，又知玉疾候沉绵，惭耻忍割，终不肯往，晨出暮归，欲以回避”，可见，他并没有心安理得地将霍小玉置之不理，而是自觉理亏，无言以对，没有颜面再见霍小玉，但他并没有采取欺骗的手段，只是自始至终他都保持着沉默。不像《莺莺传》中的张生，开始缠缠绵绵，最后为了自己的前程将莺莺视为“祸水”，并说她“不妖其身，必妖于人”。李益没有诽谤霍小玉，他回避霍小玉，不让她得知自己的消息，是为了让她对这份感情死心，然后这份感情就可以无疾而终了。换句话说，即便是李益见了霍小玉，结局也不见得会有什么改变，只会演绎成另一出悲剧而已。但是，在李益这段沉默的过程中，他忽略了霍小玉的痴情与刚烈，以为只要回避霍小玉她就会死心，结果事与愿违，造成了终生的悲剧。

李益与霍小玉的感情是段悲剧，他以后的婚姻生活仍然是悲剧。因为自己的疑病，将卢氏虐待并遣出，以后娶的妻子也遭遇了卢氏一样的下场。李益同样成为了等级社会的殉葬者，成为不完美婚姻的受害者。

无论对霍小玉，还是李益，还是生活在李益和霍小玉夹缝中的妻妾，霍小玉的死都是他们人生的转折点。从霍小玉、卢氏与李益的人生悲剧折射出当时等级制度下的社会悲剧，这种制度对个体人幸福的扭曲以及生命本身的坚韧、凄美，震撼着每位读者。《霍小玉传》确实是唐传奇中的精品。

二、拓展训练

1. 收集《唐传奇》中的经典小说，课后阅读。
2. 了解《太平广记》的由来。
3. 浅谈霍小玉的爱情得失。

三、口语训练

中国网络电视台消息：央视《感动中国 2010 年度人物评选》结果揭晓，获得“感动中国”荣誉的是：科学泰斗钱伟长，“信义兄弟”孙水林、孙东林，“玉树铁汉”才哇，“雷锋传人”郭明义，“舟曲之子”王伟，“草原曼巴”王万青，“英雄翁婿”王茂华、谭良才，三栖尖兵何祥美，“最美”洗脚妹刘丽以及“警界保尔”孙炎明。“感动中国”特别奖授予了三个群体，分别是：在海地地震中遇难的八位维和英烈，铁道部 K165 次列车乘务组，中国志愿者群体。谈谈他们是怎样感动了你。

四、课文内容强化训练

1. 请分析比较《李娃传》、《霍小玉传》和《莺莺传》。
2. 概括全文的中心思想。
3. 解释下列重点词语

惮　　琼林玉树　　援笔成章　　愆　　侪辈　　恸

五、写作训练

以《我的珍藏》为题，写一篇不少于 800 字的记叙文。

参考答案

二、1. 略。

2.《太平广记》是宋代人编的一部大书。全书500卷，目录10卷，取材于汉代至宋初的野史小说及释藏、道经等和以小说家为主的杂著，属于类书。宋代李昉、扈蒙、李穆、徐铉、赵邻几、王克贞、宋白、吕文仲等12人奉宋太宗之命编纂。开始于太平兴国二年(977年)，次年完成。因成书于宋太平兴国年间，和《太平御览》同时编纂，所以叫做《太平广记》。　3. 略。

三、略

四、1. 略。

2. 霍小玉不是妓女，而是被封建贵族遗弃的贵族，是正逐步融入市民阶层的城市贵族；霍小玉的悲剧与社会与时代固然有关系，而直接和主要的责任还是在于李益个人，其所以负心，主要是缘于软弱和自私。小说的主题是在男女情感的视域下，探讨什么是“丈夫(男人)”和怎样去做“丈夫(男人)”的问题，旨在教谕文人士子们：女子本性柔弱、痴情而善良，为女子所倾心的文人才士务须珍视她们的爱，对她们的爱负责任，随意作践和伤害她们和她们的爱，到头来不仅害人也会害己。《霍小玉传》的思想价值，一是揭露了封建文人轻视和践踏妇女的罪恶，反映了封建时代一部分进步文人的自我反省和自我批判精神；二是揭示了“礼”与“情”的矛盾冲突，反映了礼教害人的残酷现实；三是揭示了市民阶层对现实社会的一定超越，反映了唐代市民思想解放的程度；四是揭示了封建社会对事实婚姻的漠视，反映了“始乱终弃”的悲剧不断上演的社会根源。

3．惮：害怕。琼林玉树：泛指精美华丽的陈设。琼，美玉。援笔成章：拿起笔来就写文章，形容文思敏捷。愆：罪过，过失。侪辈：同辈、朋辈。恸：极其悲痛。

五、略

小　翠

蒲松龄

学习目的与要求

1. 了解蒲松龄的生平和经历。
2. 了解《聊斋志异》的写作背景。
3. 学习本课中的重点文言词汇。

学习重点

理解《聊斋志异》的思想内涵。

一、知识拓展

蒲松龄(1640－1715年)字留仙，一字剑臣，号柳泉居士，世称聊斋先生，自称异史氏，现山东省淄博市淄川区洪山镇蒲家庄人，汉族。出生于一个逐渐败落的中小地主兼商人家庭。19岁应童子试，接连考取县、府、道三个第一，名震一时。补博士弟子员。以后

屡试不第，直至 71 岁时才成岁贡生。为生活所迫，他除了应同邑人宝应县知县孙蕙之请，为其做幕宾数年之外，主要是在本县西铺村毕际友家做塾师，舌耕笔耘，近四十二年，直至 61 岁时方撤帐归家。1715 年正月病逝，享年 76 岁。创作出著名的文言文短篇小说集《聊斋志异》。

《聊斋志异》里大概有一百篇小说，都是改写自前人作品。前人作品有时候记得非常简单。比如说，在六朝小说和唐传奇当中，记了三个小故事，叫《纸月》、《取月》、《留月》。纸月就是有一个人，能够剪个纸的月亮照明，另一个人取月，能够把月亮拿下来放在自己怀里，没有月亮时候照照，第三个人留月，把月光放在自己的篮子里边，黑天的时候拿出来照照。都很简单，多至一百来个字，少则几十个字。蒲松龄把这三个小故事拿来写了《劳山道士》。这是大家很熟悉的聊斋故事。

二、拓展训练

1．请引用鲁迅的话简要说明《聊斋志异》的最主要的艺术特色。

2．《聊斋志异》的思想内容是什么？

3．简述《聊斋志异》在中国古代文言短篇小说发展史上的地位。

4．分析《婴宁》的思想内容和艺术特点。

三、口语训练

在四川地震之后，人们纷纷使用号码百事通 114 查找自己亲人的消息。在四川的 114 忙碌了一段时间后，上海的 114 接着进行这项工作，但遇到了语言上的问题，因此招收懂得四川方言的志愿者。灾后，在救治人们的伤病的同时，也需要对灾区的人们进行心理指导，有专家指出，使用普通话与他们交流，人们的反应不明显，而使用四川方言则效果好。

你怎样认识推广普通话的意义？

四、课文内容强化训练

(一)选择题

1. 蒲松龄《席方平》：“越道避之，因犯卤簿。”“卤簿”是指(　　)。

　　A. 史书　　B. 帐册　　C. 法律条文　　D. 仪仗

2. 《聊斋志异》的文体类型是(　　)。

　　A. 文言长篇小说　B. 文言短篇小说　C. 白话长篇小说　D. 白话短篇小说

3. 《聊斋志异》的版本中，一般通行本的底本是(　　)。

　　A. 手稿本　　B. 铸雪斋抄本　　C. 青柯亭刻本　　D. 会校会注会评本

(二)填空题

1．《聊斋志异》是我国_______小说的_______之作，也是_______最主要的著作。

2．蒲松龄，号_______，世称_______，_______人，出身于_______，直到 71 岁才得到一个“_______”的资格，饱尝生活的艰辛，著述丰富，其中《聊斋志异》是我国优秀的_______之一。

(三)整体感知

1．分析这篇小说的结构特点、艺术特色。

2．概括本文的思想内容。

五、写作训练

结合自己的见闻和经历，以“生命是如此脆弱，生命又是如此坚强”为题，写作一篇800字左右的文章。

参考答案

二、略

三、略

四、(一)1～3 DBC

(二)1. 文言短篇小说　顶峰　蒲松龄　　2. 柳泉居士　聊斋先生　山东淄川一个微寒的书香人家　岁贡生　文言短篇小说集。

(三)略

五、略

痴情女情重愈斟情

曹雪芹

学习目的与要求

1. 了解曹雪芹的生平。

2. 分析作品，说明作品是如何通过内心活动揭示人物性格的。

3. 如何看待林黛玉的爱情。

学习重点

分析人物的性格。

一、知识拓展

《红楼梦》，中国古代四大名著之一，章回体长篇小说，成书于 1784 年(清乾隆四十九年)，梦觉主人序本正式题为《红楼梦》。它的原名《石头记》、《情僧录》、《风月宝鉴》、《金陵十二钗》等。作者曹雪芹，续作是由高鹗完成。本书是一部具有高度思想性和高度艺术性的伟大作品，作者具有初步的民主主义思想，他对现实社会、宫廷、官场的黑暗，封建贵族阶级及其家庭的腐朽，封建的科举、婚姻、奴婢、等级制度及社会统治思想即孔孟之道和程朱理学、社会道德观念等都进行了深刻的批判，并且提出了朦胧的带有初步民主主义性质的理想和主张。

“满纸荒唐言，一把辛酸泪。都云作者痴，谁解其中味。”曹雪芹所创造的《红楼梦》是一部具有高度思想性和高度艺术性的伟大作品，可以代表古典小说艺术的最高成

就，它继承了《金瓶梅》的网状结构特点，以荣国府的日常生活为中心，以贾宝玉、林黛玉、薛宝钗的爱情婚姻悲剧及大观园中点滴琐事为主线，以金陵贵族名门贾、王、薛、史四大家族由鼎盛走向衰亡的历史为暗线。展现了穷途末路的封建社会终将走向灭亡的必然趋势。并以其曲折隐晦的表现手法，凄凉深切的情感格调，强烈高远的思想底蕴，容百家之长，汇集百科之粹，在我国古代民俗、封建制度、社会图景、建筑金石等各领域皆有不可替代的研究价值，达到我国古典小说的高峰。《红楼梦》在流传初期是通过名为《石头记》的手抄本形式流传，手抄本仅有八十回(根据有些学者的研究，流传下来的手抄本实为七十九回，今存手抄本的第八十回仅仅是第七十九回的后半节，被后人割裂，以凑足八十回的整数；也有部分学者认为今七十九回、八十回二回本均为续作混入)。

二、拓展训练

1. 分析《红楼梦》的思想内容。
2. 简述《红楼梦》在中国古代文言短篇小说发展史上的地位。

三、口语训练

如果你和朋友在一起谈论你们各自心目中的英雄或偶像，你会选择谁？谈谈你的理由。

四、课文内容强化训练

1. 试分析贾宝玉的人物性格。
2. 分析林黛玉的人物性格。
3. 《红楼梦》的主题是什么？

五．写作训练

清末及民国初年国学大师王国维在《人间词话》里说，“古今之成大事业大学问者，必经过三种境界：‘昨夜西风凋碧树，独上高楼，望尽天涯路。’此第一境界也。‘衣带渐宽终不悔，为伊消得人憔悴。’此第二境界也。‘众里寻他千百度，蓦然回首，那人却在灯火阑珊处。’此第三境界也。”请联系实际，谈谈你的体会。自拟标题，1000 字左右。

参考答案

二、略

三、略

四、1．贾宝玉是《红楼梦》中的第一主人公；是曹雪芹满怀理想和激情，倾其心血和才力创造的艺术形象；是中国文学史上第一次出现的全新的不朽典型。脂砚斋称贾宝玉是“古今未见之一人”，并说：“不独于世上亲见这样的人不曾，即阅古今小说传奇中，也未见这样的文字。”贾宝玉这一人物形象既丰满深刻，又生动鲜明。然而，旧世界里出现的新人，往往被世俗看成乖僻邪谬，不近人情，甚至被人看成狂、疯、痴、呆、傻，无复人理。这正是先觉者们普遍的命运。贾宝玉不仅在《红楼梦》中成了“百口嘲谤，万目睚眦”的对象，被看作疯、痴、呆、傻，被王夫人骂为“孽根祸胎”、“混世魔王”，就是在读者和“红学”家眼里，也有不同的看法。有人认为贾宝玉是封建贵族阶级的叛逆

者；有人说他是新兴市民阶层的代表；还有人说，贾宝玉的民主主义思想是“古已有之”的，他的叛逆性格是对古代民主传统的继承和发展；也有人说，贾宝王叛逆性格的形成，是由于受大观园“女儿国”的影响。热爱女性、尊重女性、崇拜女性，是贾宝玉这个典型的最突出的特征。《红楼梦》反复写了这个特征，有时还用神话(如神瑛侍者与绛珠仙草的故事，“太虚幻境”的描写)和夸张的笔墨(如“抓周”试志，对刘姥姥信口开河信以为真)渲染强调这一特征。这就是鲁迅所概括的：“爱博而心劳”，也如警幻仙子所说的“意淫”。这样概括和形容贾宝玉的性格特性，不单因为贾宝玉生长在少女群中，多所眷爱，而且他的爱并非只是男女之爱，而是更广泛意义上的对周围不幸者的爱。所谓“爱博”或云“博大的爱”似应包含两层意思：其一，这种爱是广义的，包括亲近、爱恋、体贴、尊重、同情等；其二，这爱所及的对象也就是比较广泛的，不限于黛、钗、湘，也包括晴、袭、紫鹃、鸳鸯、平儿、香菱和其他一些小丫头，他的心怀，可算得较为博大的。即以其对林黛玉的爱而言，如果仅属单纯的性爱，也不至于“劳心”到那种地步。他对黛玉的爱，正是以同情、关切、尊重、相知为基础的。

2．林黛玉可谓是内向型女子的一个典型，林黛玉的性格特点是敏感、细心、绝顶聪明，悟性极强。她在对待和宝玉的感情问题上常常表现过分自卑、猜疑和忧虑，既不相信自己，更不相信别人。这种猜疑结果，常常一方面伤害自己，另一方面又伤害自己的心上人。这类性格就是心理学家定义的内向型性格。其心理特点上往往具有高度的情绪易感性，她们的行为孤僻，寡言，但又常为一些别人认为微不足道的事情而动感情。表面上看，她们有时似乎很坚强，但内心世界却充满自卑和怯懦。

3．《红楼梦》以贾宝玉、林黛玉、薛宝钗之间的恋爱婚姻悲剧为主线，描写了以贾家为代表的四大家族的兴衰，揭示了封建大家庭的各种错综复杂的矛盾，表现了封建的婚姻、道德、文化、教育的腐朽、堕落，塑造了一系列贵族、平民以及奴隶出身的女子的悲剧形象，展示了极其广阔的封建社会的典型生活环境，曲折地反映了那个社会必然崩溃、没落的历史趋势。作品还歌颂了贵族的叛逆者和违背封建礼教的爱情，体现出追求个性自由的初步的民主主义思想，并深刻而全面地揭示了贾、林、薛之间爱情婚姻悲剧的社会根源。但由于历史的局限，作者在写出封建大家族没落的同时，也流露出惋惜和感伤的情绪，使作品蒙上了一层宿命论和虚无主义的色彩。

五、略

在酒楼上

鲁迅

学习目的与要求

1. 了解鲁迅的写作风格。
2. 知道鲁迅的几部代表作。

学习重点

了解《在酒楼上》一文的思想内容。

一、知识拓展

鲁迅(1881—1936 年)，浙江绍兴人，原名周树人，字豫山、豫亭，后改名为豫才。他时常穿一件朴素的中式长衫，头发像刷子一样直竖着，浓密的胡须形成了一个隶书的“一”字。毛主席评价他是伟大的无产阶级的文学家、思想家、革命家，是中国文化革命的主将。也被人民称为“民族魂”。

鲁迅先生的小说作品数量不多，意义却十分重大。鲁迅把目光集中到社会最底层，描写这些底层人民的日常生活状况和精神状况。这是与鲁迅的创作目的分不开的。鲁迅说：“我的取材，多采自病态社会的不幸人们中，意思是在揭出病苦，引起疗救的注意。”(《南腔北调集·我怎么做起小说来》)这种表现人生、改良人生的创作目的，使他描写的主要是华老栓、单四嫂子、阿 Q、祥林嫂、爱心这样一些最普通人的最普通的悲剧命运。这些人生活在社会的最底层，最需要周围人的同情和怜悯、关心和爱护，但在缺乏真诚爱心的当时的中国社会中，人们给予他们的却是侮辱和歧视、冷漠和冷酷。这样的社会难道是一个正常的社会吗？这样的人际关系难道是合理的人际关系吗？最令我们痛心的是，他们生活在无爱的人间，深受生活的折磨，但他们彼此之间也缺乏真诚的同情，对自己同类的悲剧命运采取的是一种冷漠旁观甚至欣赏的态度，并通过欺侮比自己更弱小的人来宣泄自己受压迫、受欺侮时郁积的怨愤之气。在《孔乙己》里，有恶意嘲弄孔乙己的短衫顾客；在《阿 Q 正传》中，别人欺侮阿 Q，阿 Q 则欺侮比自己更弱小的小尼姑；在《祝福》中，鲁镇的村民把祥林嫂的悲剧当作有趣的故事来欣赏……所有这一切，让人感到一股透骨的寒意。鲁迅对他们的态度是“哀其不幸，怒其不争”。鲁迅爱他们，希望他们觉悟，希望他们能够自立、自主、自强，拥有做人的原则。

最充分体现鲁迅先生创造精神和创造力的还应该首推他的杂文。“杂文”古已有之，在外国散文中也能找到类似的例证，但只有到了中国现代文化史上，到了鲁迅的手中，“杂文”“是匕首、是投枪”，这种文体才表现出它独特的艺术魅力和巨大的思想潜力。鲁迅的杂文可以说是中国现代文化的一部“史诗”，它不但记录了鲁迅一生战斗的业绩，同时也记录了鲁迅那个时代中国的思想史和文化史。当中国现代知识分子要创造适应于中国现代发展的新文化、新思想时，遇到的是从各种不同的阶层、各种不同的人物、从各种不同的角度、以各种不同的方式进行的诬蔑和攻击。

二、拓展训练

1. 鲁迅的主要写作手法有哪些？
2. 鲁迅的作品有哪些？简要介绍。

三、口语训练

说话时总会出现一些意想不到的事情，如果没经过太多的磨炼，很多人会感到难以应付，出现张口结舌、瞠目瞪眼的场面，这些当然很难堪。如果听了一些难听的、有挑衅性的话就反应过度，做出一些失态的举动，肯定也会被人看作缺乏修养。苏轼说：“天下有大勇者，卒然临之而不惊，无故加之而不怒，此其所挟持者甚大，而其志甚远也。”他是评说豪杰之士的应付大变之态，作为生活修养，我们即使面对一些小事也应理智耐心、冷静沉着，力避焦躁紧张、感情用事。

请思考下列问题。

1. 讲话时突然有不速之客插入，设想该如何与之交谈。

2. 讲话时突然被不大友好的插话打断，设想一下该如何办。

四、课文内容强化训练

(一)选择题

1. 下列人物都是鲁迅小说中的人物形象，它们分别对应于鲁迅的哪些小说？请选出排列正确的一项(　　)。

(1)单四嫂子　(2)九斤老太太　(3)爱姑　(4)子君

A. (1)《风波》 (2)《伤逝》 (3)《离婚》 (4)《在酒楼上》

B. (1)《明天》 (2)《风波》 (3)《白光》 (4)《伤逝》

C. (1)《一件小事》 (2)《风波》 (3)《祝福》 (4)《长明灯》

D. (1)《明天》 (2)《风波》 (3)《离婚》 (4)《伤逝》

2. 以辛亥革命为背景展开的小说是(　　)。

A.《风波》　B.《祝福》　C.《孔乙己》　D.《药》

(二)填空题

1. 鲁迅继“五四”新文学诞生期推出了《狂人日记》等小说之后，又创作了《故乡》、《阿Q正传》等小说，1923年8月结集为_______。1926年8月鲁迅又出版了第二本小说集《彷徨》，收1924年至_______年创作的11篇小说。

2. _______年5月，鲁迅在_______上发表了他的第一篇白话短篇小说_______，成为中国现代小说的伟大开端。

3. 鲁迅的小说《_______》以张勋复辟为背景，通过主人公七斤经历的一场“辫子风波”，表现了辛亥革命后农村社会和农民思想的面貌。

4. 在新文学史上，享有盛名的“周氏兄弟”是指鲁迅和_______。

5. 鲁迅是周树人发表_______开始使用的笔名。

五、写作训练

结合你的见闻和体会，谈谈你的理想。

参考答案

二、1. 环境描写——简单而真实。文学作品是一种观念形态，写景的目的无非为了或者是间接的或者是直接的写情。用白描的语言写景，必须使“情”更加含蓄地躲在“景”里。

人物刻画——白描与写意。鲁迅在描写上，继承并大大发扬了白描和写意的手法——版画似的外貌描写，绘画艺术最基本的语言是色彩和线条，但是黑白木刻版画的色彩与线条的运用比起一般的绘画具有显著的特点。在色彩方面，它抛开一切有彩色，只选择最单纯的黑白二色，利用黑与白强烈的明暗对比衬托或黑与白的协调过渡来暗示大千世界的缤纷色彩；在线条的运用方面，它以刀为笔刻出的富有金石之味的各种粗线、细线、直线、

曲线来勾勒形象，建构既抽象又具有表现力的空间。这种表现方式使黑白木刻不以模拟周围世界为能事，而将表现艺术家对这个世界的感觉。鲁迅在塑造人物形象这方面反映出来的最鲜明的特点，是他的“画眼睛”的手法。他曾经说：“忘记是谁说的了，总之是，要极省俭地画出一个人的特点，最好是画他的眼睛。”眼睛是人的灵魂的天窗，心灵的镜子。人的内心世界常常通过眼睛集中地反映出来，人的心灵的秘密也常常通过眼睛最先泄露出来。古今的一切伟大的画家，也都是把自己的全部精力集中在画人物的眼睛上。一幅成功的肖像画，它的最先打动人心的地方，它的摄魂震魄的魅力，也无不表现在一双充满生命的眼睛上。鲁迅因为非常了解这种塑造人物的特殊方法，所以他在自己的作品中，如同列夫·托尔斯泰一样，非常注意去描写各种人物的眼睛，写出它的不同的神态和变化。一个作家要用极简练的笔墨写出生动的人物来，应该集中力量去表现人物的内心世界、性格特征，不应该过多地去描写与人物的内心世界、性格特征关系不十分密切的细枝末节。总之，鲁迅的描写手法以简练而精确为主，将版画艺术巧妙融于写作之中，运用白描写意画眼睛等手法，渲染气氛，塑造出了丰富而又生动的人物形象正是鲁迅的独特的艺术才能之所在。

2. 略

三、略

四、(一)1D 2D

(二)1.《呐喊》 1925　2. 1918 《新青年》 《狂人日记》　3. 风波　4. 周作人　5.《狂人日记》

五、略

菉竹山房

吴组缃

学习目的与要求

1. 了解作家吴组缃。
2. 了解课文的思想感情。

学习重点

了解文中的景物描写所起的作用。

一、知识拓展

吴组缃(1908—1994 年)，20 世纪著名作家，原名吴祖襄，字仲华，安徽泾县人。1921 年起先后在宣城安徽省立八中、芜湖省立五中和上海求学。在芜湖五中念书时曾编辑学生会创办的文艺周刊《赭山》，并开始在《皖江日报》副刊发表诗文。1929 年秋进入清华大学经济系，一年后转入中文系。1932 年创作小说《官官的补品》，获得成功。1934 年创作《一千八百担》。作品结集为《西柳集》、《饭余集》。 吴的作品，以皖南农村现实生活中经济与制度的衰落为题材和鲜明的写实主义风格享誉文坛，尤其是 1933 年创作的短篇《一千八百担》，借宋氏家族的一次宗族集会，具体而微地表现了 30 年代中国农村社会经济的破产和宗族制度的分崩离析。这些作品后来结集为《西柳集》和《饭余集》刊

行。吴组缃的创作朴素细致，结构严谨，尤其擅长描摹人物的语言和心态，有浓厚的地方特色，堪称写皖南农村风俗场景的第一人。

1935 年中断学习，应聘担任了冯玉祥的家庭教师及秘书。1938 年发起并参加中华全国文艺界抗敌协会，担任协会理事。抗战时期创作长篇小说《鸭嘴涝》(又名《山洪》)，描写抗日战争中农民民族意识觉醒的曲折历程，塑造出章三官这个质朴善良、坚韧勇敢的农民形象，是抗战文艺园地中的一朵奇葩。1946 年至 1947 年间随冯玉祥访美，此后任金陵女子文理学院教授、清华大学教授和中文系主任，1952 年任北京大学教授，潜心于古典文学尤其是明清小说的研究，任《红楼梦》研究会会长。

二、口语训练

发言时，应该重视自己发言的开场白和结束语，它们会给谈判对手留下深刻的印象。为此，有关人士对这个问题拟订了如下 10 个法则，你同意哪些条？为什么？

1. 寻找对方注视的东西。
2. 让对方知道你很感激他的帮助。
3. 如对方有重大困难，应帮助解决。
4. 让他想到这个计划的惊险和兴奋。
5. 答应给予报酬尽量多一些。
6. 告诉他这个方案的成果和效益。
7. 让对方知道这个计划非他不可。
8. 绝不对计划做类似解释的事。
9. 采取有自信的态度。
10. 对对方打心底保持兴趣。

三、课文内容强化训练

1. 谈谈菉竹山房的社会批判意识。
2. 《菉竹山房》二姑姑的身世的悲剧意义。

四、写作训练

《日出》剧中黄省三原是大丰银行的小录事，在这次裁员减薪中被裁掉。他苦苦哀求，李石清叫他去偷，去死，潘月亭叫他滚，见他不滚，最后照胸一拳，将他打昏过去。根据以上情节，黄省三的结局可能会是什么？请你联系当时社会实际，自拟题目，发挥想象，续写(作文)下去……不少于 800 字。

参考答案

二、略

三、1. 中国封建社会是以男权为核心的等级制社会，封建制度下根深蒂固的男权文化决定了男女两性之间特殊道德关系的形成，女性作为男性的附属品，其存在价值只有在服从并保障男权永远至高无上的前提下才能得以实现。吴组缃的《菉竹山房》通过二姑姑的人生悲剧真实再现了旧中国男权社会的黑暗现状，并触及女性悲惨命运的最触目惊心之

处，多角度地批判了封建顽疾对人性的禁锢、生命的摧残。表现在小说创作中作者首先从女性视角对畸形的婚姻形式——冥婚，进行了猛烈的抨击，指出封建婚姻制度就是扼杀无辜生命的祭坛；其次，从政治的层面对封建宗法制度进行了尖锐的指斥，深刻揭示了宗族观念对男权的强化最终使女性成为了封建宗法制度的牺牲品；最后，从人性的角度无情鞭挞了封建伦理道德的反人性，指出封建伦理道德是奴役女性的精神枷锁，从而彻底否定了封建制度的合理性。

2. 作者的写作意图并非单纯地表达传统文化对二姑姑正常人性的压抑，而是参照着一系列现代性的观念，通过传统和现代的对比，揭示出封建传统文化对人性的压抑与摧残。作者的意图决定了其在创作时对视角的选择，二姑姑和少年之间到底是不是爱情已不重要，重要的是社会如何看待他们之间的故事，在那样的社会里，左右女性命运的不是自己，是他人，是社会，这也正是作者没有把二姑姑的故事处理成人鬼情未了似的爱情故事的原因。所以，在封建政体虽然解体但传统文化中糟粕因素仍然存在的广大农村，不可否认，二姑姑的故事有客观现实的基础，二姑姑是一个有血有肉的典型人物，但在作者现代文化的烛照下，相对于作者的意图来说，二姑姑的故事是被主观化、符号化的。

四、略

丈　夫

沈从文

学习目的与要求

1. 通过学习，了解沈从文的生平及创作。
2. 品读沈从文的小说《丈夫》，了解其批判现实的主旨。
3. 分析小说的人物与情节，学习小说的写作特色。

学习重点

品读沈从文小说《丈夫》的主旨。

一、知识拓展

《边城》

沈从文通过《边城》这部爱情悲剧，揭示了人物命运的神秘，赞美了边城人民淳良的心灵。

《边城》作为一部中国的乡土抒情的经典之作，作为一部“牧歌”的经典之作，集中表现了湘西的人性之善、人性之美，这是它最集中地表现的一个方面。在这部小说里面，人性之善展示得是非常充分的，比如说表现渡船老人，表现顺顺以及他的大佬、二佬，他们之间的这种关系。就渡船老人来说，他的职责就是管理那个渡船，他勤劳、善良、本分、敦厚，凡是一切的传统美德，他都不缺少。他管理渡船不论风吹雨淋、寒暑春秋，都非常忠实于自己的职责。他因为是食公家的粮禄，所以过渡人看他忠实于自己的职责，有时候给他一些钱物，而他一概极力退还，在不得已的情况下所接受来一些好处，他总是想方设法地超量地去报答。翠翠乖巧、心善、勤劳，是爷爷的好帮手。而顺顺这个人，是当

地地方上有头脸、有身份的人物，他的美德也不缺少。但是他跟渡船老人的美德不一样，渡船老人是忠于职守，而顺顺却要来得大气豪迈得多。他仗义疏财、扶强济困、正直、公平，深受当地人的尊重。两个儿子也是道德的楷模——豪爽、直率，与人搏斗时敢于挺身而出，吃苦、出力的时候从不退缩。这些传统的美德在这些人物身上，都有非常好的体现，所以这种美德在《边城》里边表现得是非常充分的。

另外就是人性之美，人性所流淌出来的这种诗意，一个是善、一个是美，这种美实际上是沈从文在《边城》里边所强调的一个重点——就是诗意，人性的诗意、山水的诗意。比如说翠翠为什么会喜欢二佬，而不喜欢大佬；如果仔细阅读这部作品的话，你会发现非常吸引翠翠的二佬身上最本质的品质，就是他的诗意。二佬长得很英俊，小说里边讲他像岳云，所以二佬跟翠翠之间的这种关系的发展过程也充满着一种诗意。最初翠翠见到二佬是在龙舟竞渡结束之后，天已经黑了。翠翠在那里等爷爷等不来，正在害怕的时候，二佬赶鸭子从水里面上了岸。在这样一个时刻，实际上二佬充当了她的保护人这样一个角色。后来是二佬回家，因为翠翠对他有误解，二佬就回家叫他们家的长工打着火把把翠翠送回家的，他实际上充当了她的保护人。但是这个场景非常浪漫，非常有诗意。在他们对话的过程中，二佬曾经说过一句话，说："你在这里，大鱼会吃掉你。"结果这句话，就成了后来两个人关系发展非常好的一种隐喻。只要提起这句话，翠翠心头就会洋溢起浓郁的诗意，一种温柔的回忆。如果我们把《边城》看作是一个完美的、诗意的中国形象的造型，那么人性之善、人性之美是其中最重要的体现，它构成了《边城》的乐园图式的核心。

《边城》的结局是一个悲剧，在这里边有很多构成悲剧的因素。比如从现实的方面去理解《边城》的悲剧性，就是作品里面碾坊和渡船的冲突。碾坊代表了一种实用的、功利的，以金钱地位为标准的婚恋观；渡船所代表的是一种自由的、出于心灵相互吸引的传统古朴的爱情观。这两种爱情观发生了冲突，在作品里边，事实上是以碾坊为代表的这种力量、这样一种势力取得了胜利。爷爷之死，两个人没有最终结合，都跟现实层面的这两种力量的冲突有着密切关系。

第二个层面，就是这种命运感，也是《边城》的这种忧伤和悲情的一个非常重要的来源。就是这种宿命感，它在作品里面呈现的是非常丰富的。实际上仔细阅读这部作品，我们会发现《边城》的当事人，从这些人的行动和性格来看，金钱关系对翠翠和二佬的爱情的破坏，就是现实的那一面对爱情的破坏是有限的，或者可以说它不是一个根本性的破坏。翠翠的爱情萌生得非常简单，她第一次见到二佬可以说一见钟情，二佬对她也是一见钟情。从这个外部环境来看，爷爷对翠翠和二佬的爱情是极力地促成的。在作品里唯一的反对者，就是有力量去反对他们爱情的二佬的父亲顺顺，可是他的反对态度上并不坚决。后来渡船老人死了以后，顺顺表示要接翠翠到家里面住，等二佬回来完婚。显然在大佬死了以后，顺顺已经同意了二佬和翠翠之间的这种婚姻，这说明他对自己过去的行为是有所悔悟的。由此可见在翠翠和二佬的爱情道路上没有过多的人为的、社会的这种障碍。那么既然这个障碍很少，翠翠和二佬他们的爱情应该有一个幸福的结局，但是事情却没有成功，造成了悲剧，这是为什么呢？这就归纳到我们讲的第二个层面，就是它的命运感。

《边城》是沈从文的代表作，展示给读者的是湘西世界和谐的生命形态。酉水岸边的吊脚楼、碾房、竹篁、白塔、绳渡，茶峒的小街、码头、店铺，是令人神往的湘西景物画；那元宵的鞭炮烟火、舞龙耍狮，端午的龙舟竞渡、泅水捉鸭等，则是墨彩交融的风俗

画；加上那儿人们古朴的风习、淳厚的人性、带有地域性的传统道德观念等，一起勾勒出一个新奇独特的世界。这里的一切都是那样纯净自然，展现出一个诗意的自然环境与人类社会。

二、拓展训练

阅读《端午日》，回答问题。

端午日

沈从文

边城所在一年中最热闹的日子，是端午、中秋和过年。三个节日过去三五十年前如何兴奋了这地方人，直到现在，还毫无什么变化，仍能成为那地方居民最有意义的几个日子。

端午日，当地妇女、小孩子，莫不穿了新衣，额角上用雄黄蘸酒画了个王字。任何人家到了这天必可以吃鱼吃肉。大约上午 11 点钟左右，全茶峒人就吃了午饭。把饭吃过后，在城里住家的，莫不倒锁了门，全家出城到河边看划船。河街有熟人的，可到河街吊脚楼门口边看，不然就站在税关门口与各个码头上看。河中龙船以长潭某处作起点，税关前作终点，作比赛竞争。因为这一天军官、税官以及当地有身份的人，莫不在税关前看热闹。划船的事各人在数天以前就早有了准备，分组分帮，各自选出了若干身体结实、手脚伶俐的小伙子，在潭中练习进退。船只的形式，与平常木船大不相同，形体一律又长又狭，两头高高翘起，船身绘着朱红颜色长线，平常时节多搁在河边干燥洞穴里，要用它时，拖下水去。每只船可坐十二个到十八个桨手，一个带头的，一个鼓手，一个锣手。桨手每人持一支短桨，随了鼓声缓促为节拍，把船向前划去。坐在船头上，头上缠裹着红布包头，手上拿两支小令旗，左右挥动，指挥船只的进退。擂鼓打锣的，多坐在船只的中部，船一划动便即刻嘭嘭铛铛把锣鼓很单纯的敲打起来，为划桨水手调理下桨节拍。一船快慢既不得不靠鼓声，故每当两船竞赛到剧烈时，鼓声如雷鸣，加上两岸人呐喊助威，便使人想起梁红玉老鹳河时水战擂鼓的种种情形。凡是把船划到前面一点的，必可在税关前领赏，一匹红布，一块小银牌，不拘缠挂到船上某一个人头上去，都显出这一船合作努力的光荣。好事的军人，当每次某一只船胜利时，必在水边放些表示胜利庆祝的500响鞭炮。

赛船过后，城中的戍军长官，为了与民同乐，增加这个节日的愉快起见，便派士兵把30 只绿头长颈大雄鸭，颈脖上缚了红布条子，放入河中，尽善于泅水的军民人等，自由下水追赶鸭子。不拘谁把鸭子捉到，谁就成为这鸭子的主人。于是长潭换了新的花样，水面各处是鸭子，同时各处有追赶鸭子的人。

船与船的竞赛，人与鸭子的竞赛，直到天晚方能完事。

1. 本文以端午日一天的活动为线索，详写了哪些内容，略写了哪些内容？这样详略安排的目的是什么？

2. 文中作者描写湘西民风纯朴，人们不讲等级，不谈功利，人与人之间真诚相待。请从文中找出有关内容加以概括(不少于三点)。

三、口语训练

口头语言表达能力的培养和提高需要在长期的实践中强化训练。只有多听、多学、多练才能逐渐达到表达的准备、流畅。据说曾任日本首相的田中角荣原来说话口吃，发音不准，吐词不清晰，但他刻苦训练，经过参加演讲活动，不放过任何一次锻炼自己的机会。有一次他准备作政治演讲，由于天气原因(狂风暴雨、交通中断)，来听报告的只有一名老人、一名妇女和一名儿童，他面对三名听众，把他们看成是三千名听众，非常有激情地、投入地进行了自己的政治演说，竟使三位不同年龄段的听众被深深地打动了。掌握口语训练的常用方法，可以强化自己的语言形象，有时还能产生意想不到的效果。

常用训练参考方法：

1. 认真聆听口才好的人的发言、演讲，学习他们的讲话艺术。

2. 有意识地多听广播、多看电视、录像等，学习播音员、节目主持人、辩论赛的辩手的语言表达。

3. 选择自己最感兴趣的、最熟悉的话题讲给亲朋好友听。

4. 强化参与意识，把握机会，通过参加演讲、辩论、即兴发言、与陌生人交谈等实际训练，提高水平。

5. 每周自拟一个主题表达自己的观点，先写成书面讲稿，反复朗读、修改，直到熟练后脱稿演讲。

6. 录音训练：录下自己的演讲，反复听、练习。

(节选自李荣建《社交礼仪》，清华大学出版社，2007)

四、课文内容强化训练

(一)选择题

1．沈从文先生不仅是著名的作家，还是著名的历史学家、考古学家，他撰写出版了《中国丝绸图案》、《唐宋铜镜》、《龙凤艺术》、《战国漆器》、《中国古代服饰研究》等学术专著，特别是有一巨著影响很大，填补了我国文化史上的一项空白，此巨著是(　　)。

A.《中国古代服饰研究》B.《中国丝绸图案》C.《唐宋铜镜》　D.《战国漆器》

2．翠翠是(　　)中的人物形象。

A.《子夜》　B.《边城》　C.《神巫之爱》　D.《长河》

(二)填空题

1．沈从文的代表作是《边城》。此外，他还有长篇小说________，散文集________和《湘行散记》等。

2．沈从文创作的小说主要有两类，一种是以湘西生活为题材，一种是以________为题材。

3．《丈夫》这篇小说的男主人公是“男子”，作品中并没有赋予明确的名字。然而这并不重要，“男子”一词在文中可以有两个含义。一个是指________，一个则可以认为是________。

(三)判断题

1. 被看作是京派小说“鼻祖”的小说家不是沈从文，而是曾参加过语丝社的废名。

(　　)

2. 沈从文生长在湘西沅水流域，地处湖南、四川、贵州三省的交界处，他出生的凤凰县是土家族、苗族等少数民族的聚居地。 (　　)

3．沈从文(1904—1988年)，原名沈岳焕。现代小说大家。尤其善于描写湘西边地的风土人情，被称作乡土小说别具一格的代表。 (　　)

4. 沈从文的创作取材极广，艺术手法灵活多样，但他最执著追求表现的是那种纯真的带有某种原始意味的人性美，他在山清水秀的湘西边地苦苦地构筑他的人生形态。 (　　)

5．发表于 1930 年的《丈夫》，是沈从文最出色的短篇小说。这部作品可以说是沿袭了 20 世纪 20 年代鲁迅先生开创的乡土文学创作，在体恤下层民众的同时，更向我们展示旧中国农村种种违背人伦道德的陈规陋俗以及民众尚未开化觉悟时的尊严丧失。 (　　)

五、写作训练

根据鲁迅的诗歌：“无情未必真豪杰，怜子如何不丈夫，知否跟前慈爱者，内心深处亦孤独”，写作一篇短文，谈谈你的理解、感想或想象。

参考答案

二、1．详写了活动前人们的参与、活动中竞赛者是如何全面组织以达到“合作努力”、活动后的奖励以及赛后余波；对具体的竞赛场面，作者写得很少，只有寥寥几句。作者这样详略安排的目的就在于着重表现那湘西纯朴的民风，人们不讲等级、不谈功利，人与人之间是真诚相待的。从而为我们展现了生动丰富的社会风俗画和浓郁的乡土气息。

2．(1)从前来参观活动的人来看，可谓是“全民参与”、“官民同乐”；(2)从对竞赛获胜者的奖励上来看，人们并非为了“红布”、“银牌”、“鸭子”，是为乐而竞赛；(3)从参赛的人来看，大家精诚合作，真诚相待。

三、略

四、(一)1. A　2. B

(二)1．《长河》　《湘西》2．都市生活

3．女主人公老七的丈夫　所有在花船上卖身女子的丈夫的总称

(三)1、2、4、5 对 3 错

五、略

立　　正

许行

学习目的与要求

1. 了解作家许行。

2. 学习本文的写作风格。

学习重点

学习有关小小说的知识。

一、知识拓展

许行(1923—2006 年)辽宁义县人。中共党员。1945 年肄业于四川东北大学中文系。历任豫鄂行署代理文书科长，延吉县区长、土改工作队长、第一中学校长，东北人民政府教育部科长、办公室副主任，中共吉林省委宣传部文教处处长，《长春》月刊主编，四平师专副校长，作家协会吉林分会副主席。1940 年开始发表作品。1980 年加入中国作家协会。著有诗集《跋涉之路》(1989)；短篇小说集《第四片枫叶》(1987)、《春天没有老去》(1998)，中篇小说集《异国情人》(1991)；小小说集《野玫瑰》(1989)、《苦涩的黄昏》(1992)、《情书曲》、《许行小小说选评》(1993)、《生死恋》(1997)、《许行小小说》(1997)、《一束鲜花》(2001)、《许行自选集》(2005)。其中小小说《立正》、《抻面条》连续获 1987—1988 年度、1989—1990 年度《小小说选刊》优秀作品奖；《抻面条》、《最准确的回答》、《白雪雕像》、《老姜太太的眼力》、《立正》、《小白鞋》、《孤树根》、《一步棋》、《天职》、《熊》等十篇获首届中国小小说金麻雀奖；2002 年名列中国当代小小说风云榜“小小说 36 星座”之首，2005 年荣获“小小说创作终身成就奖”；并曾获得“全国满族文学奖”、“东北文学奖”、“世界华人微型小说奖”、吉林省政府“长白山文艺奖”等奖项；其中《立正》、《夫子事件》、《老姜太太的眼力》、《最准确的回答》、《白雪雕像》、《熊》、《牛老大和他那口锅》、《天职》等作品被 8 家出版部门编入各种不同的大、中、小学语文教材。《立正》、《火红的枫叶》、《抻面条》等多篇小小说被译成日、英、法、韩、捷克等国文字。

二、拓展训练

阅读下面这篇小小说，回答问题。

流浪汉的公园

白小易

天快黑了。

公园的冷饮店关了门。流浪汉把藏在树丛里的麻袋片拿过来，在冷饮店后身的水泥台阶上铺好了自己的床。这个时候还经常有散步和谈恋爱的人走过，不远处的塑像下，还有一群老头儿老太太在聊天。但流浪汉上床的时间到了，也就不管那么多，倒头便躺下了。

他的存在显然没有影响那些老人的兴致。他们根本连看都不看他一眼。

躺了一会儿，天色越来越暗，老人们一哄而散了。

一对恋人却在十几步外的一棵树下软语哝哝。他俩同样对流浪汉视而不见，就像附近的一棵树或一块石头一样。

流浪汉还不想睡，就看着他们。两个人都很瘦小，看上去也就是中学生。男孩儿很普通，女孩儿的模样儿看不清，但体形很让人眼馋。牛仔裤和吊带衫之间亮着一片白晃晃的肉。流浪汉乱想道：把这样的人肉给他吃，他一定是吃得下去的。

今晚他只吃了半餐盒基围虾，没找到可吃的主食，更没吃到肉——现在就饿了。

然后，他迷迷糊糊似睡非睡了。

女孩儿的尖叫声惊扰了他——还有一些男人的吼叫声。他躺着没动，只用眼睛看过去。

三四个男人正在揪扯那对恋人。是四个。男孩儿被三个人打倒了，他们手上拿着刀子

在他身上乱扎……

他们做着这一切的时候，也没把流浪汉当一回事。

流浪汉觉得有点看不下去了，他觉得起码他的觉今天是睡不安生了。

女孩儿的尖叫声变成了惨叫。还有这几个男人的笑声、骂声和喘息声。

后来终于传来了警车的呼啸声。

从几个方向赶来的警察把那四个歹徒抓获了。女孩儿被他们安抚着，穿上撕破了的衣服。警察们在勘察现场。

这时又有救护车鸣叫着开过来。

折腾了一会儿，所有的人都离开了。最后一辆警车开动的时候，前大灯明晃晃地照在流浪汉盖着的麻袋片上。

车子在他身边停下了。

“应该把这家伙带回去录个口供。”一个声音说。

“都抓住了，有那两个被害人作证就够了。这是个废人，你惹他干什么？他要是赖着不走，你养活他啊？”

车里一片笑声。

“走吧，关键是得把那个打电话报警的人找到。回去要查查那个手机号码。”

车子就这么开走了。

流浪汉依然蜷缩在麻袋片的被窝里，一脸不屑地关闭了手机。

1. 你认为本篇小说的情节安排有什么特点？
2. 小说在人物塑造上有何特点？
3. 根据自己的阅读，总结一下白小易小小说的特点。

三、口语训练

创智公司应聘问答实录

公司简介：创智是一家比较大型的 IT 公司，专门从事软件开发，并和计算机系一起合办了 NIIT 班。所以公司在招软件工程师、系统分析员、售前工程师、程序员等。

1. 创智的徐总看我的个人资料(包括个人简历、自荐信、证书复印件、学校推荐信)。
2. 徐总向我提问。

问：你的英语学得还可以吧？

答：嗯，还可以。

问：那你可以用英语跟别人交谈吗？

答：可以。

问：那你接下来全部用英语讲好吗？

答：(用英语说)当然可以。

问：你们在学校里面都拿了一些什么证书？

答：(对照证书说)计算机等级证、BEC 初级证书等。

问：你们在学校里面有没有学习 C 语言、C++、Java 等课程？

答：学了，但是说实话我对这个还不是很感兴趣。

问：你对这些语言都不是很懂，那你今后想要做什么呢？

答：我想当经理。

问：你认为当经理要怎么做呢？

答：我觉得我首先得把管理知识学好，人际关系搞好，把专业学得更好。

问：那你认为你现在有什么资本可以得到一个能让你通向经理的职位呢？你得要一个工作平台呀！

答：我曾经自己办过英语培训班，做过家教，在公司里面做过，而且我的这些工作我都做得比较好，我相信你只要给我一个机会，我会有这个能力，至少我会努力地去锻炼我的能力。

问：你想不想做报纸方面的工作？

答：想。我比较喜欢写作，而且有一定的工作经验。

3. 徐总递给我一张名片并要我将我写过的一些文章、演讲稿以及我曾经策划过的节目寄到他的邮箱。

4. 整个谈话结束。

这是一场应聘问答实录，请分析其中的优缺点。如果是你，该如何回答？

四、课文内容强化训练

1. 小小说又叫_______、_______、超短篇小说等。

2. 小小说具有短篇小说的一般特征，也要以_______作为中心，但比一般短篇小说更为短小，多半只有_______字左右的篇幅。

3. 现当代小小说创作比较普遍的路径之一是靠单一而精美的_______取胜。现当代以来的多数小小说走的就是这样一条路子。

五、写作训练

《书》曰："满招损，谦得益。"请以"有益的格言"为题写一篇文章。要求：必须写成议论文。不少于800字。字迹工整，内容健康。

参考答案

二、1. 结局的意外反转　　2. 侧面描写较多　　3. 善于运用意外结局的反转。

三、略

四、1. 微型小说　袖珍小说　　2. 塑造人物　千　　3. 情节

五、略

绳子的故事

莫泊桑

学习目的与要求

1. 了解莫泊桑的生平及创作。

2. 通过学习本文，了解作者批判资本主义社会道德的荒唐和丑恶。

3. 了解本文的写作特点。

学习重点

了解莫泊桑小说的创作特色。

一、知识拓展

居伊·德·莫泊桑(Guy de Maupassant)，是一位法国19世纪后半期优秀的批判现实主义作家。莫泊桑早就有神经痛的征兆，他长期顽强地与病魔斗争，坚持写作，巨大的劳动强度与未曾收敛的放荡生活，使他逐渐病入膏肓。直到1891年，他已不能再进行写作，在遭受疾病残酷的折磨之后，终于在1893年7月6日逝世，享年仅43岁。一生创作了6部长篇小说和三百五十多篇中短篇小说，及3部游记。

莫泊桑1850年出生于法国西北部诺曼底省的一个没落的贵族家庭。1870年到巴黎攻读法学，适逢普法战争爆发，遂应征入伍。退伍后，先后在海军部和教育部任职。19世纪70年代是他文学创作的重要准备阶段，他的舅父和母亲的好友、著名作家福楼拜是他的文学导师。莫泊桑的文学成就以短篇小说最为突出，有“世界短篇小说巨匠”的美称。他擅长从平凡琐屑的事物中截取富有典型意义的片断，以小见大地概括出生活的真实。他的短篇小说侧重摹写人情世态，构思布局别具匠心，细节描写、人物语言和故事结尾均有独到之处。莫泊桑在诺曼底的乡间与城镇度过了他的童年，只是在1859年至1860年随父母到巴黎小住就读于拿破仑中学，后因父亲无行、双亲离异而随母又回到诺曼底。故乡的生活与优美的大自然给莫泊桑的影响很深，成为了他日后文学创作的一个重要源泉。

莫泊桑在福楼拜的具体指导下刻苦磨砺达十年之久。在此期间，他于1876年又结识了阿莱克西、瑟阿尔、于斯曼等作家，他们都共同以左拉为崇拜对象，经常在左拉坐落在巴黎郊区的梅塘别墅聚会，是为“梅塘集团”。1880年，“梅塘集团”六作家以普法战争为题材的合集《梅塘之夜》问世，其中以莫泊桑的《羊脂球》最为出色，这个中篇的辉煌成功，使莫泊桑一夜之间即蜚声巴黎文坛。莫泊桑是法国文学史上短篇小说创作数量最大、成就最高的作家，三百余篇短篇小说的巨大创作量在19世纪文学中是绝无仅有的；他的短篇所描绘的生活面极为广泛，实际上构成了19世纪下半期法国社会一幅全面的风俗画；更重要的是，他把现实主义短篇小说的艺术提高到了一个前所未有的水平，他在文学史上的重要地位主要就是由他短篇小说的成就所奠定的。由于有了莫泊桑，法国北部这个海滨地区的自然风光、人情世态、风俗习惯，都得到了十分精彩的描绘。莫泊桑关于诺曼底题材的短篇为数甚多，重要的有《一个农庄女工的故事》、《戴丽叶春楼》、《瞎子》、《真实的故事》、《小狗皮埃罗》、《一个诺曼底佬》、《在乡下》、《一次政变》、《绳子》、《老人》、《洗礼》、《穷鬼》、《小酒桶》、《归来》、《图瓦》等。

二、拓展训练

阅读文章，回答问题。

茉 莉 橘 子

叶倾城

深秋极其潦草短促的黄昏时分，夜色萧萧而下，女医生急着下班，门诊却转来了病

人，是一位患白内障的老人，正由老妻搀扶着走来。

女医生只草草问了几句，便开出住院通知单，起身说："你跟我去病房。"并交代老太太，"到那边去交费。"

老太太却不动，只微笑侧头，指指自己的耳朵。老人静静地开口："医生，还是我和她一起去交费吧。我妻子，她听不见。"

女医生错愕地抬头，陡然看见：老人一丝不苟的白发下，面容安详儒雅，瞳孔却是灰蒙蒙的，暗淡无光，仿佛被废弃的矿坑。他的眼睛，已经死了。

他是盲的，而她，是聋的？

乍看上去，他们竟如此平常，老人泰然闭目养神，老太太就无声地忙前忙后，一脸谦和的笑。午后，老太太坐在床沿上，一瓣瓣剥开橘子，细细撕去筋络，轻轻递过去，老人总是适时地张开嘴接过。老太太目不转睛地看着老人的咀嚼与吞咽，微笑着，自己也吃一瓣，再将下一瓣橘子喂到老伴儿嘴边……

他不能看，她不能听，要怎样才能沟通交流，接下命运无穷的招数？一个巨大的谜团，由这只苍老的手拥满。女医生猜不透，终有一次耐不住地问起，老人无光的眼中透出微微的笑意："你以后会明白的。"

那"以后"，却来得太过迅猛，以至于无从反应。一天，她看见老太太提着水瓶从水房蹒跚而出，刚想上前帮忙，却已有炸裂声，惊天动地，代替了她不被听见的呼喊。老太太仆倒——却仍艰难地用手比划着。

没人懂得手语，却没人不懂得她的心意：请不要告诉他，请帮我，照顾好他。

女医生默默脱下白大褂，将纤纤素手在水龙头下洗了洗，她要冲掉所有医院的气息，然后静静走向老人，坐在老太太惯做的位置上，轻轻地，剥开橘子……

橘子递到老人唇边的瞬间，他开了口："她，我的妻子，怎么样了？要不要紧？"

40 年前，他便走上黑暗的不归路。那年攻关小组里几昼夜的不眠不休后，眼前忽地一片血红，随即死一般的漆黑。

再醒来已在绷带背后，他没有通知乡下的父母，又独自躺在小屋里，从不知黑暗的重量会这般的以万钧之势压下。22 岁的大男孩终于哭了。

忽然泛来淡淡茉莉花香，一双女性的手，正隔着纱布，轻柔地为他拭泪。

他不禁动容，哑声问："你是谁？"

一无回音，却有什么软软的凉凉的东西抵着他的嘴唇，他惊疑地、机械地张开嘴，一瓣染着茉莉花香的橘子甘甜地喂到他嘴里……

整整 7 天，没有声音，没有光，却有茉莉橘子日复一日，滋润他干枯的喉咙，这是黑暗国度里唯一的安慰与期待。只是，她为什么从来不对他说一句话呢？

绷带拆除的刹那，他的双目渴盼地四处张望，喧哗的人群里，却要到哪里才能觅到一瓣清甜的茉莉橘子？

却在无意间，他握到了她的手，嗅到她掌心淡淡的茉莉芳香。他松开她的手，复又紧紧握住，然后拉到自己怀里，自然，握住一生不变的温柔。

40 年后，老人仍有同样坚毅的面容，令年轻的女医生肃然起敬。

1. 文章中划横线的句子运用了什么表现手法？其作用如何？

2. 对待患白内障的老人，女医生起先是"草草问了几句"，后来是"肃然起敬"，为什么？

3. 老人很敏感，而且对老伴的举手投足了如指掌，文章写了这样一件事，请用一句话概括。

4. 写老太太提着的水瓶因步履蹒跚而炸裂的事，是文章构思精巧的部分，说说它的作用。

三、口语训练

谈判活动中，处理同一问题可能会有甲乙两种不同的说法。试比较下列四例中的甲说与乙说，你认为哪种好，哪种不好？为什么？

例一：介绍本公司产品。

甲：本公司产品品质优良，世界一流。

乙：本公司的产品先后获得经贸部荣誉证书，部优产品称号和国际“尤里卡”金奖。

例二：促使外商决定投资。

甲：我认为中国的投资环境将进一步改善。

乙：中国的领导人讲过，中国的投资环境会进一步改善。

例三：宣传本公司的经济实力。

甲：本公司资金雄厚。

乙：中国人民银行把本公司信用等级评为 AAA 级(特级)。

四、课文内容强化训练

1.《绳子的故事》的作者_______是_______国 19 世纪后半期著名的批判现实主义作家。

2. 莫泊桑的小说在艺术手法上有很深的造诣，特别是短篇小说。其特点是：第一_______，　第二_______。

3. 莫泊桑是著名的小说巨匠，代表作品有长篇小说《_______》、《_______》；中短篇小说《_______》、《_______》、《_______》等，这些作品都不同程度地讽刺和揭露了资本主义的罪恶，尤其是在资产阶级思想腐蚀下的人们精神的堕落。

4. 莫泊桑尤其著名的是他的短篇小说，其主题大致可分为三个方面：第一是_______，如《_______》、《_______》；第二是_______，如《_______》；第三是_______，如《_______》。

五、写作训练

以《大学语文》为话题作文，(结合自己的专业和学习实际，可谈该课学习的意义和作用，或是收获、感想体会等)题目自拟，不得直接用话题为题目，除诗歌外，体裁不限，不少于 800 字。要求有理有据，表达明确，条理清楚，有自己的见解和体会。

参考答案

二、1. 运用了对比的方法。表层对比：“面容安详儒雅”和“瞳孔灰蒙暗淡”。深度对比：对人生的热爱超然和人生巨大不幸。这种对比，即强化了主人公的不幸，也启迪人们更要热爱珍惜自己美好的人生，积极乐观地对待人生的不幸。

2. 因为这对儿老人的真心相爱感动了她。

3. 这件事是：女医生假扮老太太喂橘子。

4. 作用一：为表现女医生的善良和医德做铺垫。作用二：表现老人的敏感及一对夫妻生活的和谐。作用三：为老人的回忆做准备。作用四：为解开女医生的谜团开了一个间接的头。

三、略

四、1.莫泊桑　法

2. 重视结构的布局，行文引人入胜，情节巧妙真实，结局出人意料，又在情理之中　用洗练的笔墨揭示人物内心世界，塑造了很多鲜明生动的艺术形象

3. 《一生》　《漂亮朋友》　《菲菲小姐》　《项链》　《我的叔叔于勒》

4. 讽刺虚荣心和拜金主义　《项链》　《我的叔叔于勒》　描写劳动人民的悲惨遭遇，赞颂其正直、淳朴、宽厚的品格　《归来》　描写普法战争，反映法国人民的爱国热情　《羊脂球》

五、略

最后一片藤叶

欧·亨利

学习目的与要求

1. 通过勾划时间线索，理清全文情节结构。
2. 通过对人物形象的分析，感受人与人之间相濡以沫的真情，理解人性美。
3. 通过勾划、朗读，体会小说语言的幽默风格。

学习重点

引导学生理解文章生动的故事情节，难点放在体会文章真切细腻的描写所蕴含的强烈情感上。

一、知识拓展

1862 年 9 月 11 日，美国最著名的短篇小说家之一欧·亨利(O. Henry)出生于美国北卡罗来纳州一个小镇。曾被评论界誉为曼哈顿桂冠散文作家和美国现代短篇小说之父。他出身于美国北卡罗来纳州格林斯波罗镇一个医师家庭。父亲是医生。15 岁在叔父的药房里当学徒。五年后去得克萨斯州一个牧场放牛。1884 年后做过会计员、土地局办事员和银行出纳员。1896 年，当银行出纳员时，因银行短缺了一笔现金，为避免审讯，离家流亡中美的洪都拉斯。1897 年，后因回家探视病危的妻子被捕入狱，判处 5 年徒刑。在狱中曾担任药剂师，他在银行工作时，曾有过写作的经历，担任监狱医务室的药剂师后开始认真写作。他开始以欧·亨利为笔名写作短篇小说，于《麦克吕尔》杂志发表。1901 年，因“行为良好”提前获释，来到纽约专事写作。

欧·亨利创作的短篇小说共有三百多篇，收入《白菜与国王》(1904)、《四百万》(1906)、《西部之心》(1907)、《市声》(1908)、《滚石》(1913)等集子，其中以描写纽约曼哈顿市民生活的作品为最著名。他把那儿的街道、小饭馆、破旧的公寓的气氛渲染得十分逼真，故有“曼哈顿的桂冠诗人”之称。他曾以骗子的生活为题材，写了不少短篇小说。作者企图表明道貌岸然的上流社会里，有不少人就是高级的骗子，成功的骗子。

欧·亨利对社会与人生的观察和分析并不深刻，有些作品比较浅薄，但他一生困顿，常与失意落魄的小人物同甘共苦，又能以别出心裁的艺术手法表现他们复杂的感情。他的作品构思新颖，语言诙谐，结局常常出人意料，又因描写了众多的人物，富于生活情趣，被誉为“美国生活的幽默百科全书”。他最出色的短篇小说如《爱的牺牲》、《警察与赞美诗》、《带家具出租的房间》、《麦琪的礼物》、《最后一片藤叶》等都可列入世界优秀短篇小说之中。

从艺术手法上看，欧·亨利善于捕捉生活中令人啼笑皆非而富于哲理的戏剧性场景，用漫画般的笔触勾勒出人物的特点。作品情节的发展较快，在结尾时突然出现一个意料不到的结局，使读者惊愕之余，不能不承认故事合情合理，进而赞叹作者构思的巧妙。他的文字生动活泼，善于利用双关语、讹音、谐音和旧典新意，妙趣横生，以含泪的微笑著称。他还以准确的细节描写，制造与再现气氛，特别是大都会夜生活的气氛。

二、拓展训练

阅读文章，回答问题。

马　缨　花

季羡林

曾经有很长的一段时间，我孤零零一个人住在一个很深的大院子里。从外面走进去，越走越静，自己的脚步声越听越清楚，仿佛从闹市走向深山。等到脚步声成为空谷足音的时候，我住的地方就到了。

院子不小，都是方砖铺地，三面有走廊。天井里遮满了树枝，走到下面，浓荫迎地，清凉蔽体。从房子的气势来看，依稀可见当年的富贵气象。等到我住进去的时候，富贵气象早已成为陈迹，但是阴森凄苦的气氛却是原封未动。再加上走廊上陈列的那一些汉代的石棺石椁、古代的刻着篆字和隶字的石碑，我一走回这院子里，就仿佛进入古墓。这样的气氛同我当时的心情是相适应的，我一向又不相信有什么鬼神，所以我住在这里，也还处之泰然。

我是不是也有孤寂之感呢？应该说是有的。当时正是“万家墨面没蒿莱”的时代，北平城一片黑暗。白天在学校里的时候，同青年同学在一起，从他们那蓬蓬勃勃的斗争意志和生命活力里，还可以吸取一些力量和快乐，精神十分振奋。但是，一到晚上，当我孤零零一个人走回这个所谓家的时候，我仿佛遗世而独立。没有一点活气。寂寞像毒蛇似地偷偷地袭来，折磨着我，使我无所逃于天地之间。

有一天，在傍晚的时候，我从外面一走进那个院子，蓦地闻到一股似浓似淡的香气。我抬头一看，原来是遮满院子的马缨花开花了。我站在树下，仰头观望：细碎的叶子密密地搭成了一座天棚，天棚上面是一层粉红色的细丝般的花瓣，远处望去，就像是绿云层上浮上一团团的红雾。香气就是从这一片绿云里洒下来的，洒满了整个院子，洒满了我的全身。花开也是常有的事，开花有香气更是司空见惯。但是，在这样一个时候，这样一个地方，有这样的花，有这样的香，我就觉得很不寻常，甚至有感激的心情了。从此，我就爱上了马缨花，把它当成了自己的知心朋友。

可惜不久我就搬出了那个院子，同那些可爱的马缨花告别了。

时间也过得真快，才一转眼的工夫，已经过去了十三年。这十三年里，我看了、学习

了很多新东西，走了很多新地方，当然也看了很多美妙动人的奇花异草。然而使我深深地怀念的却仍然是那些平凡的马缨花。我是多么想见到它们呀!

最近几年来，北京的马缨花似乎多起来了。公园里，马路旁边，都可以看到新栽种的马缨花，绿云红雾飘满了北京。给首都增添了绚丽与芬芳。我十分高兴。仿佛是见了久别重逢的老友。但是，我却隐隐约约地感觉到，这些马缨花同我记忆中的那些很不相同。它们不同之处究竟何在呢?

我最初确实是有些困惑。后来，我扩大了我回忆的范围，把当时所有同我有关的事物都包括在里面。不管我是怎样喜欢院子里那些马缨花，回忆的范围一扩大，同它们联系在一起的不是黄昏，就是夜雨，否则就是迷离凄苦的梦境。我好像是在那些可爱的马缨花上面从来没有见到哪怕是一点点阳光。

然而，今天的马缨花，却仿佛总是在光天化日之下。即使是在黄昏时候，在深夜里，我看到它们，它们也仿佛是生气勃勃，同浴在阳光里一样。它们仿佛想同灯光竞赛，同明月争辉。同我记忆里那些马缨花比起来，一个是照相的底片，一个是洗好的照片；一个是影，一个是光。影中的马缨花也许是值得留恋的，但是光中的马缨花不是更可爱吗?

我从此就爱上了这光中的马缨花，我也爱藏在我心中的这一个光与影的对比。

我愿意马缨花永远在这光中含笑怒放。

(选自《光明日报》，1962-10-01)

1．作者为什么说“有孤寂之感”？

2．解释下列两句话在文中的含意。

(1) 等到脚步声成为空谷足音的时候，我住的地方就到了。

(2) 即使是在黄昏时候，在深夜里，我看到它们，它们也仿佛是生气勃勃，同浴在阳光里一样。

3．作者为何用了很多笔墨写过去“大院子里”的生活？

4．文中所说的“光与影的对比”具体指什么？文章写马缨花有什么寓意？

三、口语训练

《最后一片藤叶》最成功之处就是描写了一种人与人互相之间的关怀帮助，试想：如果琼西是你的朋友，你会怎么做？

四、课文内容强化训练

(一)基础知识

1. 下列各项有错别字的一组是(　　)。

A. 账款　昵称　苔藓　错综复杂　　B. 倾泻　嘲弄　愚蠢　提心吊胆

C. 一幢　暴燥　窗槛　唠唠叨叨　　D. 纳闷　疲倦　颤抖　面面相觑

2.“他的鞋子和衣服都湿透了，冰凉冰凉的”的“透”你觉得用得好不好，为什么？

3. 把题目《最后一片藤叶》换成《最后的常春藤叶》好不好？为什么？

(二)同步解读

“有五成希望，”医生一面说，一面把苏细瘦的颤抖的手握在自己的手里，“好好护理，你会成功的。现在我得去楼下看另一个病人。他的名字叫贝尔门——听说也是个画

家。也是肺炎。他上年纪了，身体又弱，病得很重。他是治不好的了；今天要把他送到医院里，让他舒服一点。”

第二天，医生对苏说：“她已经脱离危险了，你成功了。现在只剩下营养和护理了。”

下午苏跑到琼西的床前，琼西正靠在那儿，安详地编织着一条毫无用处的深蓝色毛线披肩。苏用一只胳臂连枕头带人一把抱住了她。

“我有件事要告诉你，小家伙，”她说，“贝尔门先生今天在医院里患肺炎去世了。他只病了两天。头一天早晨，门房发现他在楼下自己那间房里痛得动弹不了。他的鞋子和衣服全都湿透了，冰凉冰凉的。他们搞不清楚在那个凄风苦雨的夜晚，他究竟到哪里去了。后来他们发现了一盏没有熄灭的灯笼，一把挪动过地方的梯子，还有几支散落的画笔，一块调色板，上面涂抹着绿色和黄色的颜料，还有——亲爱的，瞧瞧窗子外面，瞧瞧墙上那最后一片藤叶。难道你没有想过，为什么风刮得那样厉害，它却从来不摇一摇，动一动呢？唉，亲爱的，这片叶子才是贝尔门的杰作——就是在最后一片叶子掉下来的晚上，他把它画在了那里。”

4. 人们怎么知道这幅画是贝尔门画的呢？请从最后一个自然段里找出有关的句子。

5. 从选段中你能体会苏是一个怎么样的人吗？

五、写作训练

影视走入我们的生活，在我们的生活中占据着不容忽视的位置，它们不仅作为艺术形式满足我们文化消费的需求，其实也在有形无形地影响着我们的生活，影响着我们的思考，在某种程度上，也在影响消费时尚的走势。作为一个青年学生，自然不可能不关心影视艺术。我们欣赏它，我们评价它，我们有权利也有必要对它“说三道四”。请以“影视与生活”为话题，写一篇文章。

要求：立意自定，标题自拟，除诗歌外，文体不限，不少于800字。

参考答案

二、1. ①作者独自住在一阴森凄苦的大院里。②当时正是“万家墨面没蒿莱”的时代，北京城一片黑暗。

2. (1)①孤独的脚步声表明作者一步步走近住处。②暗示了环境的幽深。

(2)①表明在新的生活环境中，马缨花无论何时都充满生机；②就像作者喜悦幸福的心情。

3. ①为马缨花的出现做反衬；②为对比马缨花十三年前和如今的不同提供背景。

4. (1)①“光与影的对比”是指新旧时代马缨花的对比(过去的马缨花是影，是底片，现在的马缨花是光，是照片)；②“光”中的马缨花在阳光下，充满生机和活力；③“影”中的马缨花长在阴森凄苦的深院里，给苦闷寂寞的作者以心灵的慰藉。

(2) ①马缨花是作者在新旧时代情感寄托的载体；②作者通过写对马缨花感情的变化，表现出心情和生活态度的变化。

三、略

四、1. C　　2.“透”字说明贝尔门没穿雨具，看出他舍己为人的精神。　　3. 略。4. 头一天早晨……调色板。　　5. 略

五、略

第五单元　戏剧

戏剧常识与欣赏

学习目的与要求

1. 了解戏剧的基本常识。

2. 掌握中国和西方戏剧的发展脉络，了解重点作家、作品的名称及其重要地位。

学习重点

从文学史的角度理解名家、名篇的重要性。

一、课文内容强化训练

(一)单项选择题

1.《等待戈多》是 (　　)戏剧的代表作品。

A. 表现主义　B. 存在主义　C. 象征主义　D. 荒诞派

2. 贝克特的《秃头歌女》是(　　)戏剧的代表作品。

A. 表现主义　B. 存在主义　C. 象征主义　D. 荒诞派

3. 在西方戏剧史上，命运悲剧的代表作是(　　)。

A. 被缚的普罗米修斯　B. 俄狄浦斯　C. 哈姆雷特　D. 奥塞罗

4. 在意大利的著名歌剧中，唯一一部以中国女子为题材的作品是(　　)。

A. 蝴蝶夫人　B. 绣花女子　C. 图兰朵　D. 茶花女

5. 莎士比亚创作的《哈姆雷特》是一部(　　)作品。

A. 悲剧　B. 喜剧　C. 正剧　D. 悲喜剧

6.《牡丹亭》是(　　)朝代著名戏曲家汤显祖的作品。

A. 宋　B. 元　C. 明　D. 清

7.《等待戈多》为荒诞派戏剧家(　　)的代表作。

A. 贝克特　B. 热奈　C. 爱德华·阿尔比　D. 品特

(二)不定项选择题

1. 戏剧结构可分为(　　)。

A. 开放式　B. 正叙式　C. 封闭式
D. 倒叙式　E. 夹叙夹议式

2. 世界上三种古老戏剧是(　　)。

A. 古希腊的悲剧和喜剧　B. 古印度的梵剧
C. 古埃及的戏剧　D. 中国的戏曲　E. 古罗马戏剧

3. 莎士比亚的悲剧有(　　)。

A.《哈姆雷特》　B.《麦克白》　C.《李尔王》

D.《奥赛罗》　　　　　　　E.《温莎的风流娘们》

(三)填空题

1. 戏剧起源于古代的_______，它与_______有着血缘的关系。

2. 剧本是以_______为媒介，为戏剧表演者提供“_______”，构成戏剧艺术的一个重要组成部分，并以_______为手段，集中反映_______的一种文学体裁。

3. 戏剧的分类，按题材分有：_______、_______；按作品内容性质分有：_______、_______、_______；按结构分有：_______、_______；按艺术表现形式分有：_______、_______、_______、_______等。

4. 人与人、人与物通过具体的故事联系在一起，这些故事在小说中叫_______，而在戏剧中称_______。戏剧鉴赏的切入点正是_______。

5. 戏剧冲突是戏剧的基础，无冲突不成戏剧。其重要作用有：_______，_______，_______。这些都离不开尖锐、激烈的矛盾冲突。

6. 戏剧语言也是戏剧文学的重要内容，它包括_______和_______。人物语言即_______，戏剧情节的发展，人物性格的揭示和作者的评价，都需人物语言来完成。舞台说明从形式上是一种_______语言，它说明人物的动作、_______、_______，以解释作者的思想，是读者阅读，导演和演员创造舞台形象的参考。

7. 在元杂剧剧本中，_______ (简称_______)是剧中人物的言语，而_______ (简称_______)是指人物的动作表情和音响效果。

8. 元杂剧中的女主唱称为_______，男主唱则称为_______。

9. 著名的散曲套数《不伏老》是元代杂剧作家_______的自叙之作。作者自称是“普天下郎君领袖，盖世界浪子班头”，这几乎是一篇浪子文人的宣言。

10. 燕燕、赵盼儿、王瑞兰分别是关汉卿在杂剧《_______》、《_______》和《_______》中塑造的三个各具特色的女性形象。

11. 《单刀会》是元代杂剧家_______的历史剧代表作。剧中突出了关羽豪迈无畏的英雄气概，并借关羽之口抒发了深沉的历史沧桑之感。

12. 元代剧作家_______的杂剧《梧桐雨》曲辞缠绵悱恻，细腻传神，朴实而优雅，赢得了无数的赞誉。他描写李千金和裴少俊爱情故事的杂剧《______》则比较爽朗轻松。

13. 李逵是元代水浒戏中最受欢迎的角色，康进之的《_______》和_______的《双献功》就是以他为核心人物的优秀剧本。

14. 元代剧作家_______创作的《赵氏孤儿》是一部著名的历史悲剧，剧中表现了屠岸贾的残暴奸诈，突出了程婴等义士赴汤蹈火的牺牲精神。

15. 元明的杂剧传奇很多改编自唐传奇，如王实甫的《西厢记》改编自元稹的《_______》，郑光祖的杂剧《_______》改编自陈玄稹的《离魂记》，石君宝的《曲江池》改编自白行简的《_______》，汤显祖的《_______》改编自沈既济的《枕中记》。

16. 明代剧作家_______的杂剧《中山狼》借寓言来抒写自己的心情，王九思的杂剧《_______》则借前代诗人杜甫之口发泄自己的积愤。

17. 南戏《_______》写刘知远由流浪汉而成为皇帝的故事，属于在民间颇受欢迎的发迹变泰题材。

18. 南戏《________》与《张协状元》、《赵贞女》等谴责文人负心的作品不同，它借书生王十朋和钱玉莲的爱情故事，赞扬了文人在科场得意后对爱情的忠贞。

19. 四大南戏之一的《拜月亭》是根据元代剧作家________的杂剧《闺怨佳人拜月亭》改编的。剧中描写了蒋世龙与王瑞兰、陀满兴福与蒋瑞莲聚散悲欢的爱情故事。

20. 赵五娘是南戏《________》中的人物。

21. 梁辰鱼创作的传奇《________》是第一部用改革后的昆山腔演唱的剧本，它使昆山腔在戏曲舞台上迅速流传开来。

22. 汤显祖的“玉茗堂四梦”包括传奇《牡丹亭》、《邯郸记》、《________》和《________》。

23. 明代著名剧作家汤显祖又成为其他剧作的表现对象，如清代蒋士铨的《________》就以戏曲形式为汤显祖作传。

24. 清初传奇创作非常繁荣，洪昇的《________》和________的《桃花扇》代表了这一阶段传奇创作的最高成就。

25. “原来姹紫嫣红开遍，似这般都付与断井颓垣”，是传奇《________》中的曲词。

26. 清初以李玉为代表的苏州派剧作家，以戏曲来反映现实政治和平民生活，李玉、朱素臣等合作的《________》是其代表作之一，剧中反映了东林党人和苏州人民反阉党魏忠贤的斗争。

27. 白朴的杂剧《________》描写了唐明皇和杨贵妃的爱情故事，________创作的《汉宫秋》则描写了汉元帝和昭君之间的感情。

(四) 名词解释

1. 中国古典十大悲剧　2. 中国古典十大喜剧　3. 台词　4. 戏剧文学　5. 戏剧　6. 南戏(永嘉杂剧)　7. 四大南戏

二、探讨分析

戏剧文学的基本特征。

参考答案

一、(一)1～5 DDBCA　6～7 CA

(二)1. ABCD　2. ABD　3. ABCD

(三)1. 祭祀性歌舞　歌舞　2. 语言文字　脚本　人物台词　矛盾冲突　3. 历史剧　现代剧　悲剧　喜剧　正剧　独幕剧　多幕剧　话剧　歌剧　舞剧　戏曲小品　4. 情节冲突　戏剧冲突　5. 推动戏剧情节的发展　塑造人物形象　表现主题　6. 人物语言　舞台说明　台词　叙述　心理　环境　7. 宾白　科范　科　8. 正旦　正末　9. 关汉卿　10. 调风月　救风尘　拜月亭　11. 关汉卿　12. 白朴　墙头马上　13.李逵负荆　高文秀　14. 纪君祥　15. 莺莺传　倩女离魂　李娃传　邯郸记　16. 康海　杜子美沽酒游春　17.白兔记　18. 王状元荆钗记　19. 关汉卿　20. 琵琶记　21. 浣纱记　22. 荆钗记　南柯记　23. 临川梦　24. 长生殿　孔尚任　25. 牡丹亭　26. 清忠谱　27. 梧桐雨　马致远

(四)

1．中国古典十大悲剧：《窦娥冤》—(元)关汉卿，《赵氏孤儿》—(元)纪君祥，《精忠旗》—(明)冯梦龙，《清忠谱》—(清)李玉，《桃花扇》—(清)孔尚任，《汉宫秋》—(元)马致远，《琵琶记》—(明)高则诚，《娇红记》—(明)孟称舜，《长生殿》—(清)洪升，《雷锋塔》—(清)芳成培。

2．中国古典十大喜剧：《救风尘》—(元)关汉卿，《西厢记》—(元)王实甫，《看钱奴》—(元)郑延玉，《中山狼》—(明)康海，《墙头马上》—(元)白朴，《李逵负荆》—(元)康进之，《幽闺记》—(元)施君美，《绿牡丹》—(明)吴炳，《玉簪记》—(明)高濂，《风筝误》—(清)李渔。

3．台词是戏剧表演中角色所说的话语，是剧作者用以展示剧情，刻画人物，体现主题的主要手段。也是剧本构成的基本成分。

4．戏剧文学指供戏剧舞台演出用的剧本，是“一剧之本”，它是一种与小说、散文、诗歌并列的文学体裁。

5．戏剧是一种综合的舞台艺术，是把文学、表演、雕塑、绘画、音乐、舞蹈等多种艺术综合而成的一种独立的艺术样式。

6. 南戏是中国最早成熟的戏曲形式，是北宋末年至明嘉靖末期，由最初的“温州杂剧”流布长江中下游和东南沿海各地繁衍而成的，时称“南戏文”、“南曲”、“南戏”。由于南戏最早起源于浙江温州，元之前曾将所有戏剧杂技表演形式称为“杂剧”，故早期南戏流传外地，被称为“温州杂剧”或“永嘉杂剧”。

7．四大南戏指《荆钗记》、《白兔记》、《拜月亭》、《杀狗记》，简称“荆刘拜杀”，这是元末明初南戏的代表作，也是在明清两代的戏曲舞台上一直非常活跃的四个剧本。四大南戏在情节安排、人物塑造、语言等方面取得了诸多的成绩，对后来的南戏、传奇的创作影响深远。与《琵琶记》一起，提高了南戏在曲坛的地位，彰显着南曲创作的生命力。

二、戏剧文学是剧本的泛称，是用角色对话直接表现矛盾冲突过程的文体。其基本特征是：①主要运用人物语言塑造形象，人物语言具有口语化、动作性、个性化和文学性的特征，并富于潜台词；②人物、事件、时间、场景高度集中；③具有尖锐、紧张的矛盾冲突。

影视常识

学习目的与要求

1. 了解影视的基本常识。
2. 掌握中国和西方影视的发展脉络，了解重点作家、作品的名称及其重要地位。

学习重点

从文学史的角度理解名家、名篇的重要性。

课文内容强化训练

(一)不定项选择题

1. 蒙太奇的艺术功能主要有(　　)。

A. 能创造出时间和空间　　B. 能制造快慢强弱等节奏

C. 能更丰富地表现色彩　　D. 能产生声画以外的崭新意义

2. 下列属于刘震云作品的是(　　)。

A.《单位》　　B.《编辑部的故事》

C.《一地鸡毛》　　D.《塔铺》

3. 下列属于冯小刚贺岁电影的是(　　)。

A.《功夫》　B.《甲方乙方》　C.《大腕》　D.《无极》

4. 2003 年上演的《手机》剧中人物有(　　)。

A. 阮大伟　B. 费墨　C. 刘元　D. 严守一

(二)填空题

1. ________被认为是继诗歌、散文、小说、戏剧之后的第五种文学样式。

2. 现代影视是一门________结合的艺术。

3. 影视的声画关系通常有三种形式________、________、________。

4. 所谓蒙太奇就是将若干________构成片段，将若干片段构成________，将若干场景构成________，将若干________构成整片。

参考答案

(一)1. ABD　2. ACD　3. BC　4. BD

(二)1. 影视　2. 声画　3. 声画合一　声画分立　声画对位　4. 视听元素　场景　段落　段落

惊梦(节选)

汤显祖

学习目的与要求

了解戏剧的有关常识，体会《牡丹亭》的思想内涵。

学习重点

掌握传奇剧的结构特点，进一步了解作者的创作思想。

一、知识拓展

关汉卿的主要作品及特色

1. 关汉卿《窦娥冤》和《单刀会》的简要故事情节

《窦娥冤》中的女主角窦娥是一位年轻的寡妇，她三岁丧母，七岁时她的父亲为了还

债和筹措进京应试的旅费，将她送给债主蔡婆做了童养媳，十数年后，窦娥与丈夫成婚，可不久丈夫就死去了，于是婆媳俩相依为命。蔡婆讨债遇险，被恶汉张驴儿父子救起，张氏父子借机威胁蔡氏婆媳嫁给他们二人，以霸占他们的财产。窦娥执意不从，张驴儿借蔡婆卧病的机会，设计要毒死蔡婆，不料下了毒药的羊肚汤，被自己的父亲误食身死。张驴儿遂诬告窦娥毒死公公，在公堂上，窦娥怕打坏了婆婆，屈招是自己所为，被官府问成死罪斩首，临刑前她发下三桩大愿，死后“三愿”一一应验。最后窦娥托梦给她任廉访使的父亲，冤狱得以昭雪。

《单刀会》是关汉卿历史剧的代表作。剧中鲁肃定计，要借请关羽赴宴的机会索取荆州，乔国老和司马徽坚决反对，但鲁肃坚持己见，关羽明知此宴有诈，却毫不畏惧带小辛赴宴，最终不但使鲁肃的诡计落空，而且迫使鲁肃把自己送回船上，安全离开江东。

2．关汉卿杂剧的文人色彩

关汉卿的作品表露了鲜明的儒家思想。他以杂剧为抒情写志的工具，借助杂剧来表现他对社会的观察与思考。他以他所受的教育、以他的意识观念反映现实生活，捕捉问题，选择角度，通过剧本来剖析社会，剖析人生。总之，关汉卿的剧本于市民之外，表现出一定的文人性。当他以儒者的视野观察社会、体味人生、审视历史的时候，他深切地体会到了现实的丑陋，历史的变幻，人性的弱点，以及卑微生命与命运的抗争。他评价历史，慨叹人生，使其剧作流露出儒者的悲思。

二、拓展训练

分析杜丽娘、崔莺莺、林黛玉三者形象的异同。

三、口语训练

1. 讨论，你如何看待《牡丹亭》所反映的那个时代的“还魂婚姻”？

2. 朗读并细细品味【步步娇】、【醉扶归】、【皂罗袍】等唱段，说说它们表现了杜丽娘怎样的内心情感。

四、课文内容强化训练

(一)填空题

1.“传奇”一词含义多变，唐代的传奇指的是_______，宋、元时期指的是_______。宋、元时期的_______也称“传奇”，后来南戏、杂剧等也称为“传奇”。到了明代，传奇成为以_______为主的长篇戏剧的专称。

2. 明代传奇最杰出的是汤显祖的_______，也是他的代表作。此外，明传奇戏还有_______、_______等。

3. 明代杰出作家汤显祖的四大传奇戏是_______、_______、_______、_______，合称“_______”。

4. 汤显祖这四大传奇也称“_______”。

5. 到了清代，传奇戏的代表作是洪昇的《_______》和_______的《_______》。

6. 18 世纪以后，中国戏剧由传奇走向了地方戏时代，在地方戏的发展中，_______是发展最强劲的一支。

(二)整体感知

1. 通过讨论分析杜丽娘的人物形象。
2. 《牡丹亭》中是否存在消极成分，如果有，表现在哪里?
3. 分析《牡丹亭》的艺术特色。

五、写作训练

文学创作中，人物的心理描写是刻画、塑造人物的重要手段。请你写一篇描写人物心理的短文，要求表现人物突出的性格特征。

参考答案

二、略

三、略

四、(一)1. 文言小说　话本　诸宫调等说唱艺术　演唱南曲　2.《牡丹亭》《宝剑记》《鸣凤记》　3. 《牡丹亭》《邯郸记》《南柯记》《紫钗记》　临川四梦　4. 玉茗堂四梦　5. 长生殿　孔尚任　桃花扇　6. 京剧

(二)1. 略

2.《牡丹亭》的浪漫主义也带有消极成分。汤显祖为了突出显示“情”的力量，便把主人公的斗争基本上限制在个人精神生活的领域，结果主观感情决定一切。他对“情”本身的理解，也陷入了不可知论，说是“情不知所起”，因而有关杜丽娘“花花草草由人恋，生生死死随人愿”的描写，总像蒙上了一层烟雾，再加上曲词往往幽深隐晦，就更给人以迷离恍惚的感觉。汤显祖曾说过：“以若有若无为美。”这种审美观念的背后是他的浮生若梦的虚无主义思想，这种思想在他晚年的剧作，如《南柯记》、《邯郸记》就发挥为“情悟”，就是说“色即是空”，汤显祖后来就从宗教去寻求归宿和解脱了。

3. (1)把浪漫主义手法引入传奇创作。首先，贯穿整个作品的是杜丽娘对理想的强烈追求。其次，艺术构思具有离奇跌宕的幻想色彩，使情节离奇，曲折多变。再次，从“情”的理想高度来观察生活和表现人物。(2)在人物塑造方面注重展示人物的内心世界，发掘人物内心幽微细密的情感，使之形神毕露，从而赋予人物形象以鲜明的性格特征和深刻的文化内涵。(3)语言浓丽华艳，意境深远。全剧采用抒情诗的笔法，倾泻人物的情感。另一方面，具有奇巧、尖新、陡峭、纤细的语言风格。这些特点向来深受肯定。一些唱词直至今日仍然脍炙人口，表现出很高的艺术水准。

五、略

蔡文姬(节选)

学习目的与要求

1. 了解人物及剧情，进而掌握作品主人公的性格特点。
2. 学习此剧的艺术特色。
3. 学习此剧的语言特点。

学习重点

这部历史剧的语言特点。

一、知识拓展

蔡文姬(约 177 年—?)名琰，原字昭姬，晋时避司马昭讳，改字文姬，东汉末年陈留圉(今河南开封杞县)人，东汉大文学家蔡邕的女儿，是中国历史上著名的才女和文学家。代表作有《胡笳十八拍》、《悲愤诗》等。

蔡文姬的父亲蔡邕是当时大名鼎鼎的文学家和书法家，还精于天文数理，妙解音律，是曹操的挚友和老师。生在这样的家庭，蔡文姬自小耳濡目染，既博学能文，又善诗赋，兼长辩才与音律。蔡文姬从小以班昭为偶像，也因此从小留心典籍、博览经史，并有志与父亲一起续修汉书，青史留名。可惜东汉末年，社会动荡，蔡文姬被掳到了南匈奴，嫁给了虎背熊腰的匈奴左贤王，12 年后，曹操统一北方，想到恩师蔡邕对自己的教诲，用重金赎回了蔡文姬。文姬归汉后，嫁给了董祀，并留下了动人心魄的《胡笳十八拍》和《悲愤诗》。《悲愤诗》是中国诗歌史上第一首自传体的五言长篇叙事诗。

蔡文姬的一生是悲苦的，“回归故土”与“母子团聚”都是美好的，人人应该享有，而她却不能两全。蔡文姬也确实非常有才气。在一次闲谈中，曹操表示出很羡慕蔡文姬家中原来的藏书。蔡文姬告诉他原来家中所藏的四千卷书，几经战乱，已全部遗失时，曹操流露出深深的失望，当听到蔡文姬还能背出四百篇时，又大喜过望，于是蔡文姬凭记忆默写出四百篇文章，文无遗误，可见蔡文姬才情之高。曹操把蔡文姬接回来，在为保存古代文化方面做了一件好事。历史上把“文姬归汉”传为美谈。蔡文姬传世的作品除了《胡笳十八拍》外，还有《悲愤诗》，被称为我国诗史上文人创作的第一首自传体的五言长篇叙事诗。“真情穷切，自然成文”，激昂酸楚，在建安诗歌中别构一体。

二、拓展阅读

《蔡文姬》

同名历史剧《蔡文姬》是郭沫若先生专门为北京人艺创作的一部五幕历史剧，剧情描写了距今两千多年前东汉才女蔡文姬的坎坷际遇。郭沫若以磅礴的气势和浪漫的情调在剧中成功地塑造了蔡文姬的形象，同时也重新对曹操给予全新的解释。

1959 年，著名导演焦菊隐先生将这部戏搬上舞台，一经亮相，就成为戏剧界最走红的一部名剧。1978 年，北京人艺以原班人马重演这部剧时，观众人山人海，居然把广场的南墙都挤塌了。2002 年，在北京人艺建院 50 周年之际，剧院推出了以徐帆、濮存昕、梁冠华等实力派演员为阵容的复排版《蔡文姬》，也取得了巨大成功。

该剧由郭沫若写于 1954 年，发表于同年第三期《收获》。取材于文姬归汉的基本史实，描写汉朝著名学者蔡邕之女蔡文姬，因战乱流落南匈奴，与左贤王成婚，并生下一儿一女。后来，丞相曹操派特使董祀、周近携重金至南匈奴，希望赎回以承父业，撰述《续汉书》。左贤王为曹操之文治武功所动，同意文姬归汉，并立誓与汉代世代通好。归途中的文姬因思念儿女，含泪写下《胡笳十八拍》。董祀动之以情，晓之以礼，使她得以从悲哀中解脱。后董祀不幸落马骨折，留华阴治疗。周近趁机诬陷董祀与匈奴“暗通关节”，与文姬“行为不端”。曹操轻信谗言，令董祀自裁。文姬以实情相告，曹操才撤消成命，

并晋升为典农中郎将。八年后，文姬的儿女，遵从父亲遗嘱来到汉朝，将文姬行前送给父亲的一面铜镜转赠董祀，曹操会意，主婚文姬与董祀结为夫妇。

作品热情歌颂了曹操政策的胜利，表现了“以国事为重”、“忧以天下，乐以天下”的深刻主题。

三、口语训练

以小组为单位，找出经典对话，分角色练习朗读台词并进行表演。

四、课文内容强化训练

(一)填空题

1. 我国三国时期著名的女诗人是_______。

2. 在20世纪50年代，郭沫若创作了两部历史剧，其中，直到今天仍被北京人民艺术剧院作为保留节目的是_______。

3. 郭沫若的历史剧《卓文君》、《王昭君》和《_______》，1926年结集为《_______》出版。

4. 曾以一部《女神》开中国现代诗歌浪漫主义先河的郭沫若，20世纪50年代以后诗风大变，从一位旧时代的诅咒者变成了新时代的热情歌手，但他这时的诗歌多为应制之作，艺术上已不足观，但也以惊世骇俗的新观点创作了两部历史剧《_______》和《_______》。

5. 郭沫若20世纪50年代以后以惊世骇俗的新观点创作的历史剧《_______》，实际上是一篇为历史上的“白脸”形象曹操所作的“翻案文章”。

(二)不定项选择题

1. 郭沫若的《三个叛逆的女性》，除了《卓文君》、《王昭君》外，还有(　　)。

   A.《蔡文姬》　B.《屈原》　C.《武则天》　D.《聂嫈》

2. 历史题材话剧《蔡文姬》的作者是(　　)。

   A. 郭沫若　B. 曹禺　C. 田汉　D. 老舍

3. 郭沫若在1941年12月至1943年4月这一年半的时间里，完成了6部历史剧，其中主要有(　　)等。

   A.《高渐离》　B.《屈原》　C.《卓文君》　D.《虎符》　E.《孔雀胆》

4. 在我国现代文学史上曾写出了《蔡文姬》、《雷雨》、《龙须沟》等作品的三位作者分别是(　　)。

   A. 夏衍、茅盾、老舍　B. 郭沫若、曹禺、老舍
   C. 田汉、茅盾、夏衍　D. 田汉、曹禺、老舍

5. 下列各句没有语病的一项是(　　)。

   A. 由北京人民艺术剧院复排的大型历史话剧《蔡文姬》定于5月1日在首都剧场上演。日前，演员正在紧张的排练之中

   B. 近年来，我国加快了高等教育事业发展的速度和规模，高校将进一步扩大招生，并重点建设一批高水平的大学和学科

C. 不难看出，这起明显的错案迟迟得不到公正判决，其根本原因是党风不正在作怪

D. 我哪里会想到，出版一本译作需要那么多人的努力才能面世

(三)名词解释

“爱美”剧

(四)问答题

简述郭沫若的《屈原》在当时历史剧创作方面的代表性。

五、写作训练

观看话剧，组织一次鉴赏讨论。

参考答案

三、略

四、(一)1. 蔡文姬　2.《蔡文姬》　3.《聂嫈》　《三个叛逆的女性》　4.《蔡文姬》　《武则天》　5.《蔡文姬》

(二) 1. D　2. A　3. ABDE　4. B　5. A.

(三)“爱美”剧：20 世纪 20 年代初出现的一种话剧演出形式。“爱美”是法语 Amateur 的音译，意即“非职业的”、“业余的”。这是民众戏剧社成员受欧洲“小剧场运动”的影响，为使新兴的戏剧不再重蹈“新剧”的覆辙，摆脱资本家的操纵，防止商业化的重新出现而提倡的一种非职业化的小型戏剧。

(四)“皖南事变”后，国统区出现了一大批运用历史剧反映现实生活的作品。主要有两大类：一是以郭沫若的《屈原》为代表的“战国史剧”；一是以阳翰笙、欧阳予倩、于伶、阿英、陈白尘等为代表的“太平天国史剧”。这些作品从不同角度表现了反侵略、反暴政、反卖国投降、主张团结御侮的共同主题。《屈原》借古抒怀以鉴今，以楚国对秦国外交上两条路线的斗争为情节线索，构成了以屈原为代表的爱国路线与以南后为代表的卖国路线之间的戏剧冲突，成功地塑造了屈原的形象，深刻地表现了中国人民不畏强暴、坚持斗争的思想主题，是其中影响最大、成就最高的作品。

五、略

一只马蜂

丁西林

学习目的与要求

1. 了解本剧冲突、结构，分析人物性格。
2. 学习此剧的艺术特色：以幽默机智见长，充满讽刺的意味。
3. 学习此剧的语言特点。

学习重点

从情节和语言上分析该剧的喜剧特点。

一、知识拓展

丁西林(1893—1974 年)，中国剧作家、物理学家、社会活动家。原名丁燮林，字巽甫。1893 年 9 月 29 日生于江苏省泰兴县黄桥镇。1913 年毕业于上海交通部工业专门学校(上海交通大学前身)，1914 年，入英国伯明翰大学攻读物理学和数学。1920 年归国，历任北京大学物理系教授、国立中央研究院物理研究所所长。

1923 年发表处女作《一只马蜂》。抗战开始后，随研究所西迁昆明。1940 年到香港。香港沦陷后，携眷逃出，在广州遭汪伪软禁。汪伪政府曾约请他去南京任职和中山大学任教，均遭拒绝。后化装逃出广州。抗战胜利后，于 1947 年初辞去物理研究所所长职务，赴山东大学任教。1948 年曾去台湾大学任理学院院长职务 5 个月。9 月仍回山东大学执教。1949 年 9 月参加了第一届中国人民政治协商会议。中华人民共和国成立后，为第一、二、三届全国人民代表大会代表，政协第二、三届全国委员会委员，并先后担任了政务院文化教育委员会委员、文化部副部长，中国人民对外文化协会副会长、对外文化联络委员会副主任、北京图书馆馆长、中国文字改革委员会副主任、中国戏剧家协会常务理事等职。1974 年 4 月 4 日逝世。

作为现代著名剧作家，自幼喜爱文艺，在英国留学期间阅读了大量欧洲戏剧、小说名著。归国后从事业余戏剧创作，成为“五四”以来致力于喜剧创作有影响的剧作家之一。解放以后，长期从事对外文化交流工作。在繁忙工作的间隙仍坚持不懈地探索戏剧的创作与发展，在形式和内容上进行多方面的尝试，创作出多部话剧、舞剧、歌舞剧及新篇戏曲等。

在中国现代戏剧史上，丁西林是唯一一位专门写作喜剧的作家。他的喜剧风格颇为独特，在剧作中常有悖于常理的情节和语言出现，以幽默机智见长，充满讽刺的意味。

二、拓展训练

丁西林自幼喜爱文艺，留学期间阅读了大量欧洲戏剧、小说名著。归国后从事业余戏剧创作，成为“五四”以来致力于喜剧创作的有影响的剧作家之一。丁西林发表的剧作共 10 部：《一只马蜂》(1923)、《亲爱的丈夫》(1924)、《酒后》(根据叔本华同名小说改编，1925)、《压迫》(1926)、《瞎了一只眼》(1927)、《北京的空气》(1930)、独幕喜剧《三块钱国币》(1939)、四幕喜剧《等太太回来的时候》(1939)、《妙峰山》(1940)、《孟丽君》(1961)。其中 7 部是独幕剧。丁西林生前未发表的《干杯》和《智取生辰纲》已一并收入 1985 年中国戏剧出版社出版的《丁西林戏剧集》。

丁西林的喜剧有着较高的艺术成就，集中体现在《一只马蜂》、《压迫》和《三块钱国币》中。

《一只马蜂》写的是有封建思想的吉母，干涉儿子的婚姻自由，又想把一位余小姐说与侄儿为妻。岂料儿子早已与余小姐相爱，当他们接吻被吉母撞见后，就戏弄地说：“喔，一只马蜂”，以蒙混吉母。此剧发表后，许多大学曾演出。1926 年由北京国立艺术专门学校戏剧系公演，赵太侔导演。

《压迫》反映的是大城市一些房东普遍不招单身房客的现象。剧中写一个男房客交了房钱之后，房东太太却以无家眷不租为由要赶走男房客。此时又来了一个单身女房客要租房，于是二人假称夫妻租下了房子。此剧于 1926 年 6 月 5 日由北京国立艺术专门学校戏

剧系首演于北京，余上沅导演。

《三块钱国币》的剧情发生在抗战时期的大后方。外省逃难来的吴太太，因女仆打破一只花瓶，强行索赔三块钱国币。此事激起流亡学生杨长雄的不平，争持不下。杨某愤而将吴的另一只花瓶掷碎，同时递上三块钱国币。

丁西林认为喜剧是一种理性的感受，必须经过思考，必须有味。喜剧的笑也不同于闹剧的哄堂、捧腹，而是“会心的微笑”。他的创作实践实现了自己的理论主张。丁西林写喜剧，使用的是一种细腻的分析的笔法，一般不采用通常意义上的夸张，更不求助于外加的笑料。他的独幕喜剧大都情节单纯，人物不多，也没有大的矛盾，但能把握住剧中的喜剧性“种子”，形成核心情节，如《一只马蜂》写余小姐的谎言、《压迫》写房客的计谋、《三块钱国币》写吴太太的无理要求。丁西林喜剧所展现的是人物之间各种喜剧性矛盾关系和他们不同的喜剧性格。在剧情展开上，也是波澜起伏，妙趣横生，有鲜明的层次和节奏。他还很重视喜剧的结尾艺术，每每在全剧矛盾冲突已经结束了之后，又出人意料地添上一笔，进一步强化喜剧效果。丁西林喜剧的语言，也以幽默俏皮为人称道，对喜剧技巧的运用挥洒自如，毫无斧凿痕迹。

丁西林的剧作绝大部分都曾被搬上舞台，尤其他的独幕喜剧，堪称喜剧领域中的上乘之作，代表了中国“五四”以来话剧在喜剧创作方面的成果。

五笔软件中之所以把“木、丁、西”这三个放在 S 键这一并不符合字根规则的键上，就是软件研发者为了纪念丁西林。丁西林对汉字的难写、难认、字体混乱和查找不便等缺点深为关注，经常在业余时间从事改革的尝试。虽然简化汉字笔画和减少通行的汉字数量为汉字改革的主要课题，但改进汉字检字法也是一项刻不容缓的任务，为此他创造了“笔形查字法”，依此可以“见字知号，按号找字”，现已被吸收进《计算机中文信息笔形编码法》。

练习：总结丁西林的剧作特色。

三、口语训练

以小组为单位，找出经典对话，分角色练习朗读台词并进行表演。

四、课文内容强化训练

(一)不定项选择题

1. 被称为“独幕剧圣手”的戏剧文学作家是(　　)。
   A. 胡适　　B. 田汉　　C. 洪深　　D. 丁西林
2. 被称为“中国的莫里哀”的戏剧作家是(　　)。
   A. 胡适　　B. 丁西林　　C. 洪深　　D. 田汉
3. 丁西林的世态讽刺剧有(　　)(多选)。
   A.《兵变》　　B.《一只马蜂》　　C.《幽兰女士》　　D.《压迫》

(二)填空题

1. 1925 年由美国归来的________、赵太侔等在北京国立艺术专门学校(简称“北京艺专”或“艺专”)增设________，成为第一个国立戏剧教育机构。

2. ________年，留日学生团体春柳社在日本东京学习日本“新派剧”，演出________，接着又演出根据林译小说改编而成的《黑奴吁天录》，标志着中国早期话剧的诞生。

3. 1921 年 9 月在________成立的民众戏剧社，主要成员有沈雁冰、郑振铎、陈大悲、欧阳予倩、汪仲贤、熊佛西等人，是五四后第一个新的戏剧团体，并创办了第一个新戏剧杂志________月刊。为反对戏剧的商业化，他们还掀起了一场“________”剧(“业余演剧”、“非职业演剧”的译音)运动。

(三)名词解释

1. 文明新戏
2. 国剧运动
3. 社会问题剧
4. 独幕剧

(四)简答题

简析丁西林独幕剧创作的艺术特色。

五、写作训练

观看话剧《一只马蜂》，组织一次鉴赏讨论。

参考答案

二、(1)独特的戏剧观念。着意于对世态人情的含有温情的微讽，追求和谐、互补和相对的合理性。(2)对“欺骗”、朦胧与多义的嗜爱。(3)别出心裁的结构。其戏剧的结构通常采用“二元三人”模式。(4)机智、简洁、幽默的戏剧语言。

三、略

四、(一)1. D　　2. B　　3. BD

(二)1. 余上沅　戏剧系　　2. 1907　《茶花女》　　3. 上海　《戏剧》　爱美剧

(三)1. 文明新戏：话剧初创时期的名称，指不同于传统戏曲，借鉴西方的，以言语、动作为主要表现手段的新的戏剧形式。

2. 国剧运动：由美国留学归来的赵太侔、余上沅等倡导，以 1926 年《晨报》副刊《剧刊》为阵地，主张在传统戏曲与西方戏剧的“写意的”和“写实的”两峰间，架起一座桥梁。不过由于缺乏实绩，很快走向沉寂。

3. 社会问题剧：五四期间，受易卜生社会问题剧影响而产生的一种以戏剧的形式探讨社会问题的话剧，如胡适的《终身大事》等。

4. 独幕剧：独幕剧是戏剧作品的一种形式，全剧情节在一幕内完成。篇幅较短，情节单纯，结构紧凑，要求戏剧冲突迅速展开，形成高潮，戛然而止。多数不分场并且不换布景。

(四)戏剧具有“喜剧趣味”；讲究戏剧的结构，通常采用“二元三人”模式；注重结尾的艺术，常有出乎意外的惊人之笔；语言机智、蕴藉、幽默。

五、略

哈姆雷特(节选)

莎士比亚

学习目的与要求

1. 了解莎士比亚的人文主义思想，进而掌握作品主人公的性格特点。
2. 学习莎士比亚作品的艺术特色。
3. 学习莎士比亚戏剧的语言特点。

学习重点

莎士比亚的人文主义思想和戏剧的语言特点。

一、知识拓展

奥　赛　罗

西方有些学者说《奥赛罗》是一出“家庭悲剧”。不错，从奥赛罗及苔丝狄蒙娜这一对夫妇的不幸遭遇来看，确实是他们这一个小家庭的悲剧；但若从更为宽广的范围看，《奥赛罗》就决不只是一出“家庭悲剧”，而是一出“社会悲剧”。在这一悲剧里，我们看见了奥赛罗这样一个正直、善良、胸怀坦荡、在战场上叱咤风云的英雄人物，正是由于他的这些优秀品质，太轻信和过分善良的心，看不清社会的丑恶和奸诈才被恶棍伊阿古所欺骗和利用，一步步被蒙蔽，终至铸成大错，错杀了自己纯洁无辜并且一直热爱着他的妻子，又用自己的手同样“无情”地(其实正是他忠于爱情、忠于理想和原则)惩罚了自己。苔丝狄蒙娜在伊阿古的阴谋诡计下无辜地牺牲了，凯西奥同样是个无辜的受害人。为什么伊阿古仅仅凭了他的两面三刀、挑拨离间，就能在这些率真纯良的人们中掀起如此狂风恶浪，造成重大悲剧？伊阿古所代表的决不只是他一个人，他是资本主义原始积累时期许多社会罪恶的化身。他的目的和手段同样都十分卑劣，为了个人的升官，他把一切道德原则统统置之脑后，不惜采取任何恶劣手段，以达到自己不可告人之目的。但伊阿古只是替奥赛罗的悲剧创造了客观条件，真正的悲剧还得从主人公自己身上来找。西方曾有不少人说奥赛罗的悲剧是由于他的妒忌，这一说法是没有说服力的。奥赛罗一系列错误的造成，不在于他的所谓“妒忌”，而在于他的轻信。奥赛罗妒忌吗？当爱米利娅问及苔丝狄蒙娜“他不会妒忌吗”这一问题时，苔丝狄蒙娜的回答是：“谁，他？我想在他生长的地方，灼热的阳光已把这种气质完全从他身上吸去了。”(三幕四场 30～31 行)真正妒忌的人决非奥赛罗，而是伊阿古。伊阿古妒忌奥赛罗的赫赫功勋，妒忌苔丝狄蒙娜的美貌和品德，还妒忌凯西奥的荣誉和地位。他出于妒忌，用尽心机破坏了这些人的幸福生活。至于奥赛罗，他的真正悲剧在于他的过分轻信。伊阿古诬陷说苔丝狄蒙娜与凯西奥相爱和私通后，他仅仅是看见了他们二人谈话、并从苔丝狄蒙娜代凯西奥说情这件事就轻信了伊阿古的话。他也找证据，而所谓“证据”又只是一方失去的手帕。手帕一事，他完全没有向各有关的人核实，就认为自己妻子不贞已确切无疑，这是何等的轻率！可以设想，这样的事如落在细心的哈姆莱特身上，必然认真调查核实，然后才得出相应的结论，如果这样，悲剧便根本无从产生。奥赛罗不同，他太正直单纯了，对自己所生长的社会和人世之险恶，全无所知，对伊阿古全然不疑，相反地，他竟把这一恶棍误认为“诚实的伊阿古”，从思想

上解除了自己的正当防卫。哈姆莱特由于种种原因，一再延宕复仇，他的复仇不管付出多大的代价，总算伸张了正义。可是，奥赛罗付出这样大的代价，结果却是如此惨痛的悲剧。从中可以换得一个沉痛的教训，即：正直的人单靠心胸坦荡是不行的，还必须对各种社会罪恶有足够的警惕，必须眼明心亮，明辨是非曲直。

事实说明，单凭真挚的爱情、热情的冲动还不行，还必须头脑清醒，否则就会被恶人利用，铸成大错。这个教训是极为惨痛的。

二、口语训练

1. 讲述《哈姆雷特》的故事情节。
2. 分角色朗读剧中人物的台词。
3. 莎剧的语言充满诗意，莎剧也被称为诗剧，请以本剧为例说明。
4. 讲述《奥赛罗》的故事告诉人们什么道理。

三、课文内容强化训练

(一)填空题

1. 西方戏剧起源于_______社会_______的仪式。公元前 5 世纪至公元前 4 世纪，古希腊诞生了三位伟大的悲剧作家。被称为“古希腊悲剧之父”的是_______，代表作是《_______》。而其中的索福克勒斯被称为“_______”，代表作是《_______》。

2. 莎士比亚是欧洲_______时期最有成就的作家之一，他的剧作表现了鲜明的_______思想。他的创作除悲剧、喜剧外，还有_______和_______等。

3. 莎士比亚的“四大悲剧”包括：_______、_______、_______和_______。

4. 悲剧，按照鲁迅的说法，是将人生有价值的东西毁灭给人看。所以，悲剧的冲突是_______与_______的冲突，悲剧的结局是_______。悲剧的特点是_______与_______。

5. 在西方，就其矛盾冲突的性质而言，悲剧经历了三个不同阶段：一是古希腊时期的_______，以埃斯库罗斯的《_______》为代表；二是_______时期的性格悲剧，以_______的“四大悲剧”为代表；三是 19 世纪的_______，以奥斯特洛夫斯基的《_______》为代表。

6. 一般说来，喜剧是对人类蠢行的嘲笑，以坏人的失败而告终。喜剧表现的内容也相当复杂，就内容的差异性而言，可分为三类：_______、_______、_______。

(二)整体感知

1. 哈姆雷特性格特征是怎样的?
2. 简述《哈姆雷特》的艺术特点。

四、写作训练

戏剧冲突是戏剧文学的重要内容。尖锐激烈的戏剧冲突会让人物在有限的时空内最充分地显示自己的性格特点。请你构思并写作一篇文章，通过冲突来展现人物性格(可以借助人物语言、动作、心理、环境等的描写)，题目自拟。

参考答案

二、略

三、(一)1. 原始社会　祭奠鬼神　埃斯库罗斯　被缚的普罗米修斯　戏剧艺术的荷马　俄狄普斯王　2. 文艺复兴　人文主义　历史剧　传奇剧　3.《哈姆雷特》《奥赛罗》《麦克白》《李尔王》　4. 善　恶　好人遭厄运　严肃　庄严　5. 命运悲剧　俄狄浦斯王　文艺复兴　莎士比亚　社会悲剧　大雷雨　6. 讽刺喜剧　幽默喜剧　抒情喜剧

(二)1. (1)忧郁。①忧郁之源——理想破灭。一系列伤天害理的事变突然发生，打破了他关于人生、世界、爱情、友谊、前途等一系列人文主义的幻想。②忧郁之深。他以哲学家的深刻洞察力，解剖现实，深揭被掩盖着的社会罪恶，使其忧郁积重难返。他在精神危机里继续进行精神探索，又发现更新、更严重的社会罪恶，这些新的罪恶又使他的忧郁进一步升级，达到常人达不到的深度与广度。③忧郁之久。忧郁贯穿剧目的始终。从他穿着丧服登场，到古堡待父，到破相装疯，到戏中作戏，到后宫劝母，到海上窥奸，到墓场葬礼，到宫庭比武，一直到他最后毁灭，忧郁一直没有离开过他。因而，没有忧郁，也就没有哈姆雷特。

(2)犹豫。①犹豫原因：敌强我弱。他知己知彼，正确地估计了敌我力量的对比过于悬殊。整个时代已经颠倒混乱，而拯救者只有一个人，那就是“倒霉的我!”寄全部希望于自己，这样，以一人之力对抗整个社会，他深知这场斗争的长期性、艰巨性、复杂性和危险性，导致他行动的犹豫。任务艰巨——既要为父报仇，又要扭转乾坤，一身二任。这种独扭乾坤的重任与势孤力单的矛盾，只能产生“难扭乾坤”的哀叹：一个任务尚且力不从心，何况两个？这就使他行动时产生双重犹豫。②犹豫表现：拙于行动。他是哲学家而不是实干家，他敏于思索而拙于行动，他在没有切实可行、十拿九稳的办法之前，只会冥思苦想，他从思考到行动需要一个比常人更为复杂的过程。他决心行动而又不知如何行动，他很不容易等到一个杀掉奸王的机会，克牢狄斯在祈祷，只需抽刀一击，就能为父报仇，然而，灵魂进入天堂还是滚入地狱的无用考虑又使他错过了这千载难逢的机会。③犹豫结果。等待时机，而时机不来，一旦到来，又坐失良机；幻想行动，却一拖再拖，空有报国之心，而无匡世之策，只落得个苦闷彷徨，忧郁犹豫。结果，行动的犹豫导致了他的毁灭。

2. 情节生动丰富，人物形象个性鲜明，社会背景广阔，整合了多种艺术成分。

魂断蓝桥(节选)

学习目的与要求

1. 通过学习，了解影视文学的特色。
2. 掌握教材所选剧本的构思、情节、人物塑造及表现手法，学会欣赏和评论。

学习重点

掌握影视文学剧本用语言塑造人物形象的特点。

一、知识拓展

《魂断蓝桥》剧情：第二次世界大战前夕，英军上校罗依·克劳宁在滑铁卢桥上独自凭栏凝视，他从口袋里拿出一个象牙雕的吉祥符，20年前的一段恋情如在眼前……

那是第一次世界大战期间，回英国度假的罗依假期已满，即将奔赴法国。在滑铁卢桥上，他救了舞蹈演员玛拉一命，于是他们相识了。玛拉是一位芭蕾舞演员，她急着赶往剧院演出，临走时，玛拉将心爱的象牙雕成的吉祥符送给罗依："愿它给你带来运气"。二人一见钟情，玛拉不顾剧团女经理笛尔娃夫人的严厉反对，同罗依幽会，在苏格兰民歌《一路平安》的华尔兹舞曲中，两人翩翩起舞，含情相望。

第二天上午，罗依因行期推迟，找到了玛拉，要和她马上结婚。可当他们兴冲冲地赶到教堂时，发现错过了教堂规定的结婚时间。两人只好决定第二天再去。然而就在当天傍晚，罗依被召回军营。即将演出的玛拉在接到罗依将要提前开拔的电话后不顾一切地赶到滑铁卢车站，但是火车已经启动了。由于错过了剧团的演出，笛尔娃夫人被激怒了，她讥讽玛拉在堕落。玛拉的好友凯蒂挺身而出，为之辩护，被一同开除了。

失了业的玛拉和凯蒂只好相依为命。时隔不久，玛拉收到罗依寄来的信，信上说罗依的母亲克劳宁夫人将特意到伦敦与玛拉会面，她高兴极了。可没想到就在同克劳宁夫人会面前，玛拉无意间在报纸上得知了罗依阵亡的消息，巨大的打击使得她精神恍惚，她和克劳宁夫人不欢而散。罗依的死对玛拉来讲是灾难性的打击，失去爱情的玛拉觉得一切都失去了意义，为了生存，她和凯蒂只好沦为妓女。

一次，在滑铁卢车站招揽生意的时候，玛拉竟然在人群里看到了罗依，他还活着！喜出望外的罗依拥抱着百感交集的玛拉，向她叙述着自己的遭遇，他受过伤，失去了证件，当过德国人的战俘，差点丧命但终于逃脱。罗依询问玛拉离别后的生活，但玛拉难以启齿，罗依以为她另有所爱，玛拉深情地表白"我只爱过你"，罗依对玛拉的忠贞深信不疑，不容分说，把她带往家乡。

在苏格兰的克劳宁家，克劳宁夫人和罗依的叔叔对玛拉很满意，然而其他人很不喜欢玛拉的舞蹈演员的身份。玛拉感到了巨大的压力，她意识到爱情在社会的非难面前是无能为力的，她将实情告诉了克劳宁夫人，并求她不要告诉罗依。玛拉给罗依留下了一信说不能嫁给他，于是离开了。罗依焦急万分，他找到了凯蒂，凯蒂告诉了他一切，罗依含着泪说："我一定要找到你"。

玛拉来到滑铁卢桥上，独自倚着栏杆，眼神呆滞。一队军用卡车隆隆开来，玛拉平静地迎着卡车走去，任凭车灯在脸上照耀……在人群的惊叫声中，一个年轻的生命结束了，地上散落着手提包和一只象牙雕的吉祥符。

二、口语训练

如何培养幽默感(之二)

培养幽默感需领会幽默的内在含义，机智而又敏捷地指出别人的缺点或优点，在微笑中加以肯定或否定。幽默不是油腔滑调，也非嘲笑或讽刺。正如有位名人所言：浮躁难以幽默，装腔作势难以幽默，钻牛角尖难以幽默，捉襟见肘难以幽默，迟钝笨拙难以幽默，只有从容、平等待人、超脱、游刃有余、聪明透彻，才能幽默。

要扩大知识面，幽默是一种智慧的表现，它必须建立在丰富知识的基础上。一个人只有具有审时度势的能力，广博的知识，才能做到谈资丰富，妙言成趣，从而作出恰当的比喻。因此，要培养幽默感必须广泛涉猎，充实自我，不断从浩如烟海的书籍中和多彩的生活中收集幽默的浪花，从名人趣事的精华中撷取幽默的宝石。

陶冶情操，乐观对待现实，幽默是一种宽容精神的体现。要善于体谅他人，要使自己学会幽默，就要学会雍容大度，克服斤斤计较，同时还要乐观。乐观与幽默是亲密的朋友，生活中如果多一点趣味和轻松，多一点笑容和游戏，多一份乐观与幽默，那么就没有克服不了的困难，也不会出现整天愁眉苦脸，忧心忡忡的痛苦者。

培养深刻的洞察力，提高观察事物的能力，培养机智、敏捷的能力，是提高幽默的一个重要方面。只有迅速地捕捉事物的本质，以恰当的比喻，诙谐的语言，才能使人们产生轻松的感觉。当然在幽默的同时，还应注意重大的原则不能马虎，不同问题要区别对待，在处理问题时要极富灵活性，做到幽默而不俗套，使幽默能够为人类精神生活提供真正的养料。

反语法就是正话反说，或是反话正说，用与词语本义恰恰相反的话来表达词语本义的一种方法。其特点是：说话时表面是一种意思，而实际所要表达的却是另外一种完全相反的意思。

倒置法是把事物的正常关系在特定条件下倒置过来，从而造成滑稽可笑的效果。倒置的表现形式是多样的，在一定的情景下有角色的倒置、事理的倒置、语言的倒置等。

夸张法在这里主要是指语言上的夸张，也就是修辞学上常说的“夸张”修辞。

还可使用借讳言回答法。讳言就是在公关活动或日常生活中人们不愿或不敢说的话语。在公关工作中，难免会遇到一些难以回答或不愿回答的问题，但出言不逊或无言以对，又会有损自身的形象，于是借用讳言表达，既幽默风趣，又得体有效。

寓庄于谐是指用诙谐幽默的语言来说明事理，使人在轻松和愉悦中感受其深刻的内涵，这就是人们常说的寓庄于谐。寓庄于谐的方法很多，可以用修辞学上的对比、双关、比喻、借代等，也可以用颠倒逻辑的方法叙述某件事情，或者故意用似是而非的非理性的形式表达出一种深思熟虑的理性内容。

请做演讲练习《令我难忘的__________》，可采用以上所列的幽默表达方式，要求语言幽默生动，场面气氛热烈。

三、课文内容强化训练

(一)不定项选择题

1. 蒙太奇的艺术技巧一般以(　　)作为它的连接方式。

   A. 画外音　　B. 错觉　　C. 音乐　　D. 对话

2. 具有不朽生命力的影视作品必然具备(　　)。

   A. 有票房号召力的演员　　B. 塑造出感人的艺术形象

   C. 有时代感和现代感　　D. 揭示出生活本质

3. 女主角费雯丽曾因出演以下剧作两次获得奥斯卡最佳女主角(　　)。

   A.《乱世佳人》　　B.《飘》　　C.《欲望号街车》D.《魂断蓝桥》

4. 《魂断蓝桥》的导演茂文·勒洛依拍摄的影片雅俗共赏，他拍摄的电影还有(　　)。

A.《南征北战》　B.《出水芙蓉》　C.《鸳梦重温》　D.《生死恋》

(二)填空题

1. 影视有自己的独特语言，那就是________、________等视听因素。

2. 影视文学欣赏包括________和________两个方面。

3. 电影史上三大凄美不朽的爱情剧分别是________、________、________。

4. 《魂断蓝桥》讲述了一个荡气回肠的爱情悲剧，________、________，是影片暗含的主题。

(三)阅读与思考

分析罗伊和玛拉的语言，把握二者的性格特点。

四、写作训练

观看影片《魂断蓝桥》，组织一次影片鉴赏讨论。

参考答案

二、略

三、(一)1. ABCD　2. BCD　3. AD　4. BC

(二)1. 声音　画面　　2. 阅读和评论　3.《魂断蓝桥》《乱世佳人》《卡萨布兰卡》　4. “拒绝战争　争取和平”

(三)略

四、略

泰坦尼克号(节选)

学习目的与要求

1. 要求学生进一步了解电影剧本的特点。根据电影剧本用文字描绘画面、表现视觉形象的特点，体会画面以及画面组合的内涵。

2. 感受坚贞不渝的爱情，了解在特殊环境下表现人物的命运、性格、品质。体会男女主人公面对死亡表现了怎样的态度，理解两人诀别时的对话所表达的思想感情。

学习重点

1. 从文学欣赏上定位，爱情是文学一个永恒的主题。文中展示了多种冲突，这里有人与自然的冲突，也有人与人之间的冲突，名与利之间的冲突，注意分析在这些冲突中人物性格是如何逐步丰满的。

2. 把握故事情节和环境描写，注意剧本是怎样通过人物动作、表情来描绘人物性格的。

一、知识拓展

电影《泰坦尼克号》

1912 年 4 月 10 日，泰坦尼克号从英国南安普敦出发，途经法国瑟堡-奥克特维尔以及爱尔兰昆士敦，计划中的目的地为美国纽约，开始了这艘“梦幻客轮”的处女航。4 月 14 日晚 11 点 40 分，泰坦尼克号在北大西洋撞上冰山(大约在 41°43'55.66"N 49°56'45.02"W 附近)，两小时四十分钟后，4 月 15 日凌晨 2 点 20 分沉没，由于只有 20 艘救生艇，1523 人葬身海底，造成了当时在和平时期最严重的一次航海事故。电影《泰坦尼克号》就是根据这一真实海难改编的。

1985 年，寻宝探险家布洛克从沉船泰坦尼克号上打捞起一个锈迹斑斑的保险柜，不料其中只有一幅保存完好的素描——一位佩戴着钻石项链的年轻女子。这则电视新闻引起了一位 102 岁老妇人的注意，老人激动不已，随即乘直升飞机赶到布洛克的打捞船上。原来她叫罗斯，正是画像上的女子。

看着画像，往事一幕幕重新浮现在老人的眼前：1912 年 4 月 10 日，准备首航的泰坦尼克号停泊在港口。罗斯与她的母亲及未婚夫卡尔霍利一同登上了头等舱。与此同时，年轻的流浪画家杰克靠赌博幸运地赢到了三等舱的船票，在最后一刻登上了巨轮。

罗斯对未来和婚姻感到万分无奈，她冲向甲板，试图跳入大海结束一生。杰克及时发现并且在关键时刻以自己的真诚和独到的幽默说服了罗斯。杰克和罗斯两人从此相识并开始了解对方。在杰克的开导和陪伴下，罗斯找回了失去已久的快乐，灿烂的笑容终于重新洋溢在她的脸庞。

从相知到相爱，虽然只是短短几天时间，罗斯和杰克已经无法分开。在卧室中，罗斯戴上了“海洋之心”，由杰克绘出了那张令她永生难忘的画像。罗斯决定无视家庭和礼数的压力，在泰坦尼克号靠岸后与杰克一起生活，幸福似乎距离这对情侣仅咫尺之遥。

14 日夜晚，海面出奇的平静，泰坦尼克号仍然全速行驶。瞭望台发现正前方的冰山后立刻通知了驾驶舱和大副，可是惯性极大的轮船已来不及躲避，船身右侧被冰山割裂，多个舱室进水。号称永不沉没的泰坦尼克号将在两小时内沉没，而此时船上的救生艇只够一半乘客使用，船上陷入一片恐慌。

不料，这时杰克却被霍利以偷窃钻石之名栽赃陷害，并被关在下层船舱。罗斯不顾一切回到空无一人的船舱寻找杰克，并在紧要关头找来救生斧救出他。两人来到甲板，罗斯在杰克的劝说下上了救生艇。救生艇徐徐放下，罗斯神情恍惚，突然她放弃了也许是最后的逃生机会跳回泰坦尼克号，这对情侣紧紧地拥抱在一起。

“梦幻之船”泰坦尼克号开始缓缓下沉，一幕悲剧开始上演。漆黑的海洋和天空连成一片，无情地吞噬着绝望的乘客。杰克带着罗斯跑到船尾，爬上栏杆(也就是他们爱情开始的地方)坚持到最后，直到泰坦尼克号沉没。两人全力挣扎出巨大的漩涡之后，杰克将罗斯推上一块漂浮木板，自己却浸泡在冰冷的海水中。

几个小时之后，救援船返回救起了奄奄一息的罗斯，而此时早已冻僵的杰克却被冰海无情地吞没。罗斯信守对杰克许下的诺言，勇敢地活着。

84 年后，罗斯又来到泰坦尼克号沉没的地方，将“海洋之心”抛入海中，以告杰克在天之灵……

二、拓展训练

就以下话题进行讨论交流。

说说你认为最感人的一处对话。

说说你认为最动人的一个细节。

说说给你留下深刻印象的一个画面。

谈谈你对“真爱”的理解，用自己的话或者借用名人名言来表达。

例：真爱是一种崇高的责任；真爱是一种无私的付出；真爱是一种完全的舍己；真爱是生命的托付；把爱拿走，我们的地球将变成一座坟墓；爱是自然界第二个太阳；生命因为付出了的爱情而更为富足；爱之花开放的地方，生命便能欣欣向荣(梵高)；爱是理解的别名(泰戈尔)；爱是生命的火焰，没有它，一切变成黑暗(罗曼·罗兰)；爱是不会老的，它留着的是永恒的火焰与不灭的光辉，世界的存在，就以它为养料(左拉)。

三、口语训练

以小组为单位，找出经典对话，分角色练习朗读台词并进行表演。

四、课文内容强化训练

1. 阅读课文【思考与练习】中第一题里的台词，思考：在这段话中，最为震撼你的话是哪一句?为什么?

应当是“永远不放弃”。这句话在文中多次出现，这种出现不是重复，而是杰克和罗斯对爱情坚定的表白。

2. 阅读课文【思考与练习】第二题中的台词，播放主题曲《我心永恒》，然后根据下面这段内容想象。

我们看见杰克和罗斯在黑水上漂泊。星星在大片水面上反光。这两个人似乎是在星际空间飘荡。他们静止不动。他们双手相锁。罗斯抬头凝视苍穹，星辰在她上面旋转。音乐富于穿透力，飘荡……

想象后思考：这时候响起的音乐给你什么感受?你觉得这个时候音乐响起取得了什么效果?

3. 唐代诗人白居易写道：“在天愿为比翼鸟，在地愿为连理枝。”这成为了中国很多恋人所追求的最高境界。罗斯最终吹响了哨子，你认为罗斯应该吹响哨子吗?

五、写作训练

观看影片，组织一次影片鉴赏讨论。

参考答案

主观题，无固定答案。

士兵突击(节选)

学习目的与要求

1. 通过学习，了解影视文学剧本的特点。主要通过人物对话，把握曲折的故事情节和极具个性的人物形象。

2. 通过教材所选剧本片段，理解、学习当代军人善良、执著、坚毅的宝贵品格，体会他们“不抛弃、不放弃”、生死与共的战友情。

学习重点

体会由人物形象的个性美而体现的共性美。

一、知识拓展

《士兵突击》

《士兵突击》是反映现代我军军旅生活的作品，有同名小说、电视剧、话剧。

作者简介：兰晓龙，1997 年毕业于中央戏剧学院，后进入北京军区战友话剧团成为职业编剧。曾创作了话剧《红星照耀中国》、《爱尔纳·突击》，电视剧《石磊大夫》、《步兵团长》。话剧《爱尔纳·突击》获得 2002 年全军新剧目展演编剧一等奖。2005 年 2 月《爱尔纳·突击》获得老舍文学奖、曹禺戏剧奖。《爱尔纳·突击》后改编成电视剧《士兵突击》。2007 年《士兵突击》曾先于电视台在网络上传播，得到广泛的好评，电视剧播出之后，反响巨大。随后由电视剧改编成小说《士兵突击》。

剧情简介：

青山绿水之间，人们日出而作，日落而息。许三多喜欢读书，父亲却要把他送进部队，认为只有这样，这个从小怯懦、被他叫做“龟儿子”的许三多才会有些出息。懵懵懂懂就踏入了军营，许三多把班长史今视作依靠，副班长伍六一却仇恨般地看着他——担心他拖垮班长，还让班集体蒙羞。

新兵训练结束了，三多被分到了偏远艰苦的后勤管道维护班，一同来部队的老乡成才则去了鼎鼎大名的钢七连。维护班的生活寂寞无聊，老兵们靠打牌、找乐趣来打发时光。单纯的三多依然每天出操、训练，老兵们觉得他不合群，许三多却不明所以。班长老马随口说起当年曾想在这里修一条路，许三多把班长的话当成了命令，靠一个人的力量修成了这条路。老兵们受到了感染，五班发生了巨大的变化。团长听说了此事，把许三多调到了钢七连，许三多无奈地离开了他十分眷恋的五班。到了钢七连后，许三多成了越来越没信心的人——周围的人都比他强。越怕犯错误却错误不断，作为装甲侦察兵，他还竟然晕车。许三多拖累了全班的成绩，班长史今又一点一滴地启发教导许三多。连长高成提醒史今不要为了一个木木讷讷的许三多而影响了自己的前程。为了克服晕车，许三多一次次地在单杠上旋转，又一次次摔下来。直到在一次全团考核中，在班长的鼓励下，许三多让全连上下大吃了一惊。

渐渐地，许三多成为了训练和比赛的尖子，而班长史今由于年龄的原因，也因为三多被提拔为班长，被列入了复员退伍的名单。为了将班长留下而拼命训练出成绩的许三多蒙

了……在离别的痛苦和艰苦的训练中，许三多成长了起来。师对抗演习中，他俘获了全军闻名的侦察大队的三中队队长袁朗(段奕宏饰演)。然而他所在的钢七连却在这次演习中难逃失败的命运——由于军事变革的需要，我军传统的机械化部队向新型信息化现代作战部队快速跃进，有着光荣历史的钢七连奉命撤编。一个个战友都走了，连长也调到另外的部队，一直依附于班长和战友的许三多成了钢七连的最后一个兵，留守看护着以往充溢着青春热血的营房。三多承受着孤独和失落，时间长了甚至开始自言自语。靠坚持和每天一成不变的行动，许三多默默坚守着。父亲许百顺来到军营想让三多复员回家，伍六一带领一班战友做出许三多在部队了不得的样子。许三多拒绝了父亲又深感愧对父亲。但他的确不知道自己一旦离开部队，会是什么样子。

全军成立一支多栖作战单位，代号“A 大队”。袁朗受命组建，他首先想到的人选是曾将他俘虏的许三多。许三多、伍六一、成才参加了残酷的远距离作战比赛。伍六一付出了一条腿的代价，许三多和成才最终获得了入选资格。许三多进入了一个他从未预料到的世界——“A 大队”，与他以往的所有部队不同，这里没有理解、没有关爱，只有冷血、只有训练，袁朗为了锤炼他们，让所有的队员毫无准备地彻底放弃了自己，然后再重新打造符合现代化作战要求的军人群体。新的作战形态需要单纯的许三多头脑不能太单纯、需要喜欢依赖别人的许三多独立判断和决定自己的行动，在一次又一次挑战生理和心理极限的训练中，许三多靠本我的力量，坚持了下来。而天资聪明的成才被淘汰了，袁朗说他不会把任何个人和团体放在心里。在与境外雇佣军组成的毒贩武装的实战行动中，许三多杀死了敌人，毒贩临终的眼神和第一次杀人对三多的冲击，让许三多精神难以恢复过来，善良的许三多甚至开始怀疑自己是否还能干下去。袁朗作为一个多次经历生死的老兵，他做出了别人一时难以理解的决定——让许三多暂时离开军营，去他想去的任何地方。

许三多离开了他朝夕相伴的部队，他的身后，是所有战友们担忧的眼睛。许三多回到了老部队，遇到了当年伴他成长的战友们，作为军事机密，他不能说出他的境遇，但军人的理解让战友们看出了许三多的痛苦和挣扎。许三多寻找着一个答案、一种解脱。许三多的家庭此时也发生了重大变故。父亲办了个石灰厂，储存的炸药炸塌了房屋，进了监狱。不负责任的大哥跑了，二哥则守着家里的残垣断壁靠泼皮对付讨债的人。许三多回到家乡，从监狱里接出了父亲，又靠袁朗他们的集资让亲人们有了新的前景。许三多回来了，袁朗他们终于放下了心。在一场突发战斗中，A 大队奉命出击，迅捷无比的行动表达了一往无前的坚定信念……

二、拓展训练

查阅材料，总结《士兵突击》的故事意义。

三、口语训练

以小组为单位，找出经典对话，练习朗读台词并进行表演，体会不同人物的性格特点。

经典台词

许三多：好好活，做有意义的事。(有意义就是好好活，好好活，就是做很多很多有意义的事。)

歌词：有一个道理不用讲，战士就该上战场，是虎就该山中走，是龙就该下海洋，谁

没有爹，谁没有娘，谁和亲人不牵肠，只要军号一声响，一切咱都放一旁。

成才：从小我就有一个伟大的理想，就是加入光荣的中国人民解放军。

袁朗：因为我才三十岁，我还没玩够呢！！！

史今：见不着面，抓不着人，想的你抓心挠肝的。

伍六一：当兵最怕的一件事，人来了，人又走了。你说的对，我们不是朋友还是什么？

伍六一：作为一个瘸子，不敢太偷懒了，要不然瘸的就不光是腿了。

伍六一：你快跑呀，你看着我干什么，你瞧我被你逼成什么样了，你快跑你跑呀！

伍六一：一个精得像个鬼，一个笨得像头猪。(书中：笨得像个死人)

高城：把他拉出去给我毙了。

四、课文内容强化训练

(一)选择题

1. 电视剧《士兵突击》中一个名叫许三多的普通农村孩子，凭着对理想“不抛弃、不放弃”的执著，成长为一个优秀的士兵，这启示我们(　　)。

A. 自我价值的满足是实现社会价值的前提和基础

B. 实现人生价值需要在自己的岗位上埋头苦干

C. 理想的实现需要不怕失败、顽强奋斗的精神

D. 只要努力，就一定能够实现人生目标

A. ①②　　B. ①③　　C. ②③　　D. ③④

2. 在《士兵突击》这个没有坏人的世界和极端_______的情景中，人与人之间的冲突那么热烈、那么戏剧性，它把观众卷入其中并_______他们沉睡的正义感、神圣性，通过理想化的生存体验催生道德的价值观念。

A. 纯净　诱导　B. 纯粹　诱发　C. 干净　诱导　D. 纯洁　诱发

(二)整体感知

谈谈你对“不抛弃、不放弃”的理解，用自己的话或者借用名人名言来表达。

五、写作训练

1. 观看该电视剧，组织一次鉴赏讨论。

参考例文：《“不抛弃、不放弃”的小人物感动观众——评电视连续剧〈士兵突击〉》

2. 该剧的上演逐渐走红，主演王宝强的经历令人深思，搜集有关资料，谈谈对人生、对成功的理解。

3. 阅读下面的一段话并结合自身生活实际思考，自拟题目，写一篇不少于 600 字的作文，文体不限。

许三多从一个自卑木讷的农村孩子，成长为坚韧不拔的兵中之王。他思考不多，但坚持本心，以不抛弃、不放弃之精神做着他认为有意义的事。复杂的事物往往折服于最单纯的本质。电视剧《士兵突击》的主人公许三多，一个虚拟人物的真实存在，一个浮躁社会的强烈对照，与成败无关，与信仰、真诚、“好好活”的态度有关。

参考答案

二、故事以“不抛弃、不放弃”贯穿整体。与一般军旅剧不同的是，它发掘出了并捧红了一群人，而不只是主演一个人。把聚光灯打向所有人是件不容易的事情，能让观众都看懂他们就更不容易，而《士兵突击》就很好地做到了这一点。人们看到的第一个就是军人钢铁般的意志和顽强不放弃的精神，紧接着就看出了成功背后的艰辛。感情线也是不得不提的，当你处在生死关头，面对同生入死的战友，是离去，还是留下生死与共这是一道道义的考题，《士兵突击》始终强调“不抛弃、不放弃”的主线，在一个个生死关头书写下悲壮感人的篇章。

三、略

四、(一)1. C　2. B　(二)略

五、略

参 考 文 献

[1]黄修己. 中国现代文学简史. 北京：中国青年出版社，1984
[2]王蒙，王元化. 中国新文学大系(散文集卷). 上海：上海文艺出版社，2009
[3]傅希春. 外国文学辅导. 北京：高等教育出版社，1989
[4]李元授. 口才训练. 武汉：华中科技大学出版社，2003
[5]李树荫. 实用口才. 北京：知识出版社，1995
[6]王筱欢. 口语训练. 北京：中国戏剧出版社，2003
[7]曹础基，陈新璋，罗东升. 中国古代文学史问答. 广州：广东人民出版社，1982
[8]杨新我，马捷英、迟崇起. 古代短篇小说名著选读. 石家庄：河北人民出版社，1983
[9]刘福元. 古代诗歌名篇选读. 石家庄：河北人民出版社，1983
[10]林伟群等. 古典文学常识百题. 长沙：岳麓书社，1983
[11]王惠云，苏庆昌. 现代短篇小说名著选读. 石家庄：河北人民出版社，1983
[12]江西人民出版社. 世界文学名著选评. 南昌：江西人民出版社，1979
[13]华东师范大学中文系资料室. 古典文学名篇赏析. 上海：上海教育出版社，1984
[14]李如鸾. 古代诗文名篇赏析. 北京：北京出版社，1985
[15]晓潮，国群. 宋词三百首. 成都：天地出版社，2002
[16]庄锡昌等. 多维视野中的文化理论. 杭州：浙江人民出版社，1987
[17]易漱泉，曹让庭，王远泽. 外国文学 500 题. 沈阳：辽宁人民出版社，1986
[18]谢孟. 中国古代文学作品选(二). 北京：北京大学出版社，1984
[19]徐中玉，钱谷融. 大学语文. 北京：华东师范大学出版社，1999
[20]鞠永才. 大学语文. 北京：清华大学出版社，2010
[21]鞠永才，王淑娟. 大学语文辅学增广. 保定：河北大学出版社，2008
[22]赵和兴. 大学语文. 北京：高等教育出版社，2000
[23]潘桂云. 大学语文. 北京：北京交通大学出版社，2006
[24]百度百科，中国文明网，山东大学网络学院大学语文复习题菠萝密论坛——大学语文命题预测试卷
[25]锦州师范高等专科学校堂政办公室精品课程
[26]语文新课程资源网——人教版、苏教版、语文版资源仓库、中国教育在线、大学语言网络课程.

参考文献